베디드 시스템 아키텍처

임베디드 시스템 아키텍처

사물인터넷을 위한 임베디드 시스템의 기초

다니엘 라카메라 지음 김세영 · 정윤선 옮김

Packt> 에이콘

| 지은이 소개 |

다니엘 라카메라 Daniele Lacamera

여러 산업계의 임베디드 시스템에 대한 소프트웨어 설계 및 개발에서 방대한 경험을 갖춘 소프트웨어 전문가이자 연구원이다. 현재는 프리랜서 소프트웨어 개발자 및 트레이너로 일하고 있다. TCP/IP와 전송 프로토콜 설계 및 최적화 분야의 세계적인 전문가이며, 이 주제로 20개 이상의 논문을 썼다. 리눅스 커널을 비롯한 몇몇 프로젝트에 기여하고, IoT의 무료 및 오픈소스 소프트웨어 사용을 권장하는 여러 커뮤니티와 조직에 참여함으로써 자유 소프트웨어를 지원한다.

인내심과 면밀함으로 이 책의 기술적 검토를 맡아주었던 알레산드로 루비니에게 감사를 표하고 싶다.

| 기술 감수자 소개 |

알레산드로 루비니 Alessandro Rubini

전자 엔지니어임에도 불구하고 PhD 기간 동안 자유 소프트웨어를 발견해 자유 운영체제
용 장치 드라이버를 작성하는 데 20년을 보냈으며, 이 기술을 다룬 『Linux Device
Drivers』까지 저술했다. 파비아 Pavia 에서 계약 교수로 실시간 시스템을 가르치고 있으며,
FSFE 및 여러 자유 지향 단체의 회원이다. 현재는 주로 주변장치용 PCB를 설계하고 여
기에 배치하는 마이크로컨트롤러를 위한 펌웨어를 만들고 있다.

| 옮긴이 소개 |

김세영(xtrusia@gmail.com)

성균관대학교 정보통신공학부와 기계공학부를 졸업했으며 웹, 서버, 커널 등 여러 분야에 관심을 갖고 있다. 어떻게 하면 지식을 효율적으로 습득, 저장, 관리할 수 있는지 고민하고 있다. 현재는 캐노니컬에서 근무하며, 우분투를 발전시키고 클라우드 환경의 버그를 잡는 등, 오픈소스 프로젝트 기여에 힘쓰고 있다.

정윤선

성균관대학교 정보통신공학부를 졸업했으며 웹 기술과 서버 API, 하이퍼바이저에 관심이 많다. 아헴스, KT클라우드웨어, A2C를 거치며 웹, 가상화 등의 업무를 수행했다. 현재는 육아를 병행하며 단기 웹 프로젝트, 리액트 네이티브를 이용한 모바일 프로젝트를 진행하며 번역에 참여하고 있으며, 다시 현업으로 돌아갈 날을 손꼽아 기다리고 있다.

| 옮긴이의 말 |

사물인터넷^{IoT}으로 대변되는 현재의 임베디드 시스템 분야의 이슈는 단연 에너지 효율성 및 인터넷으로의 연결입니다. 인터넷 연결을 위해 기존 범용 시스템에서 사용되는 중첩 스택은 임베디드 분야로 넘어오면서 에너지 효율성을 일부 떨어뜨립니다. 따라서 목적에 맞게 운영체제 및 라이브러리를 선택하는 것이 더욱 중요합니다.

이 책은 임베디드 시스템 소개에서부터 작업 환경, 아키텍처 패턴, 부트업 절차, 메모리 관리, 일반 목적 주변기기 관리, 로컬 버스 인터페이스, 저전력 최적화, 분산 시스템, 병렬 작업 및 스케줄링, 임베디드 운영체제를 순서대로 살펴봅니다. 이를 통해 사물인터넷을 위한 임베디드 시스템을 구축하는 데 필요한 기초 및 상세사항들을 살펴봅니다. 또한 제한된 자원을 가진 임베디드 시스템을 목적에 맞고, 안정성 있으며, 안전하게 구축하는 방법을 서술합니다. 이를 통해 초심자부터 숙련자까지 임베디드 시스템을 접하기 위한 기본부터 놓치기 쉬운 상세사항까지를 다루기 때문에, 사물인터넷에 관심이 있는 개발자를 해당 분야에 발을 딛도록 하는 데 도움이 되는 책이라 생각합니다.

끝으로, 번역 작업을 지원해주신 에이콘 임직원 분들께 감사드리며, 쑥쑥 크고 있는 귀여운 두 아들, 힘든 상황에서 물심양면 도와주시는 부모님, 하늘에 계시는 장인어른, 장모님께도 항상 감사드립니다.

| 차례 |

10장 병렬 태스크와 스케줄링　　　　　　　　　　　　317

| 들어가며 |

컴퓨팅 능력을 높이고 마이크로프로세서와 주변장치 로직의 크기를 줄이기 위한 마이크로 전자공학 제조사 및 설계자들이 이룬 기술적인 진전 덕분에, 임베디드 시스템은 지난 20년 동안 점진적으로 인기를 얻고 있다.

이러한 시스템을 위한 소프트웨어 구성요소를 설계하고, 구현 및 통합하기 위해서는 대부분의 경우 하드웨어 기능에 직접 접근할 필요가 있다. 작업은 단일 스레드에서 구현되며 CPU 기능 및 외부 주변장치에 접근하기 위한 추상화를 제공하는 운영체제가 없다. 이런 이유로, 임베디드 개발은 개발자의 접근 방식과 워크플로가 적절하게 조정돼야 하는 소프트웨어 개발 세계에서 독자적인 영역으로 고려돼야 한다.

이 책은 전형적인 임베디드 시스템의 하드웨어 아키텍처에 대해 간단히 설명하고, 타깃 아키텍처 개발을 시작하기 위한 도구와 방법을 소개한 다음, 시스템 기능과 주변장치 상호작용을 이용해 독자들을 안내한다. 저전력 및 연결 시스템을 설계하는 데 사용되는 기술을 더 자세히 살펴보기 위해 에너지 효율 및 연결성 같은 분야가 설명되어 있다. 더 나아가, 단일 시스템 구성요소의 구현에서 시작해 더 복잡한 설계(간소화된 실시간 운영체제를 포함해서)를 구축한다. 마지막으로, 내부 구현에 대한 고려와 이상적인 애플리케이션 분야에 대한 안내를 포함하여 임베디드 장치를 위해 설계된 기존의 유효한 오픈소스 운영체제에 대한 개요가 제공된다.

애플리케이션 코드의 프로그래밍 오류에 대한 시스템의 견고성이나 무결성을 손상시키는 악의적인 시도에 대한 문제를 개선하기 위해 특별한 기술을 제안함으로써, 특정 보안 및 안전 메커니즘에 초점을 둔다.

▌ 이 책의 대상 독자

대부분의 내용은 임베디드 시스템에 대해 배우고자 하는 다른 분야의 경험을 갖춘 소프트웨어 개발자 및 설계자를 대상으로 한다.

초심자나 경험이 부족한 임베디드 프로그래머는 특정 개발 영역으로 지식을 확장할 수 있다.

숙련된 임베디드 소프트웨어 엔지니어들은 이 책에서 제기된 논의점, 특히 차세대 임베디드 시스템을 위한 안전성, 보안 연결, 그리고 에너지 효율성에 대한 영감을 얻을 수도 있다.

▌ 이 책의 구성

1장 '임베디드 시스템: 실용주의적 접근' 마이크로컨트롤러 기반 임베디드 시스템에 대해 소개한다.

2장 '작업 환경과 워크플로 최적화' 사용되는 도구 및 개발 워크플로를 설명한다.

3장 '아키텍처 패턴' 협업 개발과 테스트를 위한 계획 및 개발 방법론을 다룬다.

4장 '부트업 과정' 임베디드 시스템의 부트 절차, 부트 단계 및 부트로더에 대해 분석한다.

5장 '메모리 관리' 메모리 관리를 위한 최적의 전략을 제시한다.

6장 '일반 목적 주변기기' GPIO 핀과 기타 일반 내장 주변장치에 대한 접근을 설명한다.

7장 '로컬 버스 인터페이스' 직렬 버스 컨트롤러(UART, SPI, I²C)의 통합으로 독자를 안내한다.

8장 '저전력 최적화' 에너지 효율 시스템의 전력 소모를 줄이는 데 이용 가능한 기술을 살펴본다.

9장 '**분산 시스템과 IoT 아키텍처**' 분산 및 연결된 시스템을 구축하기 위해 요구되는 사용 가능한 프로토콜과 인터페이스를 소개한다.

10장 '**병렬 태스크와 스케줄링**' 실시간 작업 스케줄러의 구현으로 멀티태스킹 운영체제의 인프라를 설명한다.

11장 '**임베디드 운영체제**' 구현된 안전성과 보안 메커니즘에 초점을 두고, 임베디드 세계에서 이용 가능한 오픈소스 운영체제를 알아본다.

▌ 이 책을 최대한 활용하려면

- 독자가 C 언어에 능숙하며 컴퓨터 시스템 동작을 이해하고 있을 것으로 기대한다.
- 이 책에서 설명하는 개념을 적용하려면 GNU/리눅스 개발 머신이 필요하다.
- 제공된 예제 코드를 살펴보고 구현된 메커니즘을 완전히 이해해야 한다.
- 이 책에서 제시한 방법을 적용해, 제공된 예제를 수정, 개선 및 재사용해볼 것을 권장한다.

▌ 편집 규약

이 책에서는 정보의 유형에 따라서 텍스트의 스타일이 바뀐다. 각 스타일은 다음과 같은 의미를 지닌다.

문장 속에서 코드는 다음과 같이 표기한다.

".bss와 .data 섹션의 변수가 초기화되고 나면, 마침내 main 함수를 호출할 수 있게 된다."

코드 블록은 다음과 같이 표기한다.

```
#include <stdio.h>
int main(void) {
    printf("Hello, world!");
    return 0;
}
```

코드의 특정 부분을 강조할 때는 굵은 글씨체로 표현한다.

```
CFLAGS=-Wall

hello.o: hello.c
    gcc -c -o $(@) $(^) $(CFLAGS)
```

모든 명령줄 입출력은 다음과 같이 기술한다.

```
$ gcc -c -o hello.o hello.c
$ make clean
```

디버거 콘솔을 위한 명령은 다음과 같이 기술한다.

```
> add-symbol-file app.elf 0x1000
> bt full
```

새로운 용어나 중요한 단어, 그리고 메뉴나 대화상자처럼 컴퓨터 화면에 표시되는 단어는 다음과 같이 고딕체로 표기한다.

"이런 종류의 시스템을 **실시간 시스템**real-time system 이라 하며, 데스크톱, 서버 및 모바일 폰에 사용되는 멀티태스크 컴퓨팅 방식과는 다르다."

▎ 독자 의견

독자 여러분의 의견은 언제든지 환영한다. 이 책을 어떻게 생각하는지 부담 없이 이야기 해준다면 좋겠다. 더 유익한 책을 만드는 데 있어 독자의 의견은 무엇보다 중요하다.

일반적인 의견은 이 책의 제목을 메일 제목으로 해서 feedback@packtpub.com으로 보내면 된다.

특정 분야의 책을 쓰거나 기여하는 데 관심이 있다면 authors.packtpub.com을 참고하기 바란다.

▎ 고객 지원

팩트출판사의 구매자가 된 독자에게 도움이 되는 몇 가지를 제공하고자 한다.

예제 코드 다운로드

http://www.packtpub.com에 회원 가입해 팩트출판사의 도서를 구매한 모든 독자는 책에 등장하는 예제 코드 파일을 직접 내려받을 수 있다. 다른 곳에서 도서를 구매한 독자는 http://www.packtpub.com/support에 접속해 등록하면 이메일로 직접 받아볼 수 있다.

에이콘출판사의 도서정보 페이지 http://www.acornpub.co.kr/book/embedded-systems-architecture에서도 예제 코드를 내려받을 수 있다.

이 책에 수록된 코드는 깃허브에도 올려져 있고, 주소는 https://github.com/PacktPublishing/Embedded-Systems-Architecture이다. https://github.com/PacktPublishing/에는 다른 책의 코드와 동영상도 올라와 있으니 확인해보길 바란다.

컬러 이미지 다운로드

이 책에서 사용한 스크린샷이나 도표의 컬러 이미지를 PDF 파일로 제공한다. 컬러 이미지는 책의 내용을 이해하는 데 도움을 줄 것이다. 파일은 https://www.packtpub.com/sites/default/files/downloads/EmbeddedSystemsArchitecture_ColorImages.pdf에서 내려받을 수 있다.

에이콘출판사의 도서정보 페이지 http://www.acornpub.co.kr/book/embedded-systems-architecture에서도 내려받을 수 있다.

오탈자

내용을 정확하게 전달하려고 최선을 다했지만, 실수가 있을 수 있다. 팩트출판사의 책에서 텍스트나 코드상의 문제를 발견해서 알려준다면, 매우 감사하게 생각할 것이다. 그러한 참여를 통해 다른 독자에게 도움을 주고, 다음 버전에서 책을 더 완성도 있게 만들 수 있다. 오자를 발견한다면 http://www.packtpub.com/submit-errata에서 Errata Submission Form 링크를 통해 구체적인 내용을 알려주기 바란다. 보내준 내용이 확인되면 웹사이트에 그 내용이 올라가거나, 해당 서적의 정오표 섹션에 그 내용이 추가될 것이다.

https://www.packtpub.com/books/content/support를 방문해 검색창에 해당 타이틀을 입력하면 지금까지의 정오표를 확인할 수 있다. 한국어판은 에이콘출판사의 도서정보 페이지 http://www.acornpub.co.kr/book/embedded-systems-architecture에서 찾아볼 수 있다.

저작권 침해

인터넷에서의 저작권 침해는 모든 매체에서 벌어지고 있는 심각한 문제다. 팩트출판사에서는 저작권과 사용권 문제를 아주 심각하게 인식하고 있다. 어떤 형태로든 팩트출판사

서적의 불법 복제물을 인터넷에서 발견한다면 적절한 조치를 취할 수 있게 해당 주소나 사이트명을 알려주길 부탁한다.

의심되는 불법 복제물의 링크를 copyright@packtpub.com으로 보내주기 바란다.

저자와 더 좋은 책을 위한 팩트출판사의 노력을 배려하는 마음에 깊은 감사의 마음을 전한다.

질문

이 책에 관련된 질문이 있다면 questions@packtpub.com으로 문의하기 바란다. 온 힘을 다해 질문에 답해드리겠다. 한국어판에 관한 질문은 이 책의 옮긴이나 에이콘출판사 편집 팀(editor@acornpub.co.kr)으로 문의할 수 있다.

01

임베디드 시스템: 실용주의적 접근

임베디드 시스템을 위한 소프트웨어 설계 및 개발은 일반적인 고수준 소프트웨어 개발과는 다른 도전들을 제기한다. 1장에서는 이러한 도전 과제에 대해 개략적으로 설명하고, 이 책에서 레퍼런스로 사용되는 기본 구성요소와 플랫폼을 소개한다.

1장에서 다루는 내용은 다음과 같다.

- 도메인 정의
- RAM
- 플래시 메모리
- 인터페이스와 주변장치
- 연결 시스템
- 레퍼런스 플랫폼

▌ 도메인 정의

임베디드 시스템은 직접 또는 연속적인 사용자 상호작용 없이 특정 작업을 수행하는 컴퓨팅 장치다. 다양한 시장이나 기술 때문에 이런 객체들의 형태 및 크기는 다르지만, 대체로 모두 작은 크기이며 제한된 자원을 갖고 있다.

이 책에서는 자원 및 주변장치와 상호작용하는 소프트웨어 컴포넌트 개발을 통해 임베디드 시스템의 개념 및 빌딩 블록$^{building\ block}$을 분석한다. 첫 번째 단계는 임베디드 시스템의 광범위한 정의 내에서, 여기서 설명되는 기술 및 아키텍처 패턴의 타당한 범위를 정의하는 것이다.

임베디드 리눅스 시스템

임베디드 시장의 일부는 GNU/리눅스 운영체제의 변형을 운영하기 위한 충분한 전력과 자원을 가진 장치에 의존한다. 보통 **임베디드 리눅스**$^{embedded\ Linux}$라고 하는 이러한 시스템들은 이 책의 범위 밖이다. 이러한 시스템의 개발은 구성요소의 설계 및 통합 전략이 다르기 때문이다. 리눅스 커널 기반의 시스템을 실행할 수 있는 일반적인 하드웨어 플랫폼은 GNU/리눅스 배포판으로 제공되는 모든 소프트웨어 구성요소를 저장하기 위해 최대 몇 기가바이트인 다량의 RAM과 충분한 저장 공간을 갖추고 있다. 추가적으로, 시스템의 각 프로세스에 별도의 가상 공간을 제공하기 위한 리눅스 메모리 관리를 위해, 런타임에 물리 주소를 가상 주소로 전환하고 그 반대로 변환하도록 OS를 돕는 하드웨어 구성요소인 **MMU**$^{memory\ management\ unit}$가 갖춰져 있다.

이런 종류의 장치는 설계가 훨씬 더 단순하고 단일 유닛의 생산 비용을 줄일 수 있는 맞춤형 솔루션을 구축하기 위해 대개 각기 다른 특성을 갖는다. 하드웨어 제조업체와 칩 설계자들은 지난 10년간 임베디드 시장에 가장 흥미로운 기능을 제공하기 위해 하드웨어 비용, 펌웨어 복잡성, 크기 및 전력 소모를 줄이는 차세대 플랫폼을 제공함으로써 마이크로컨트롤러 기반 시스템의 성능을 향상하기 위해 새로운 기술을 연구해왔다.

몇 가지 실제 사례에서, 사양에 따라 임베디드 시스템들은 짧고, 측정 및 예측이 가능한 시간 내에 일련의 작업을 실행할 수 있어야 한다. 이런 종류의 시스템을 **실시간 시스템**real-time system이라 하며, 데스크톱, 서버 및 모바일 폰에 사용되는 멀티태스크 컴퓨팅 방식과는 다르다. 실시간 처리는 임베디드 리눅스 플랫폼에 맞추는 것이 불가능하지는 않지만 극도로 어려운 목표다. 리눅스 커널은 경성hard 실시간 처리를 위해 설계되지 않았으며, 이러한 조건을 충족시키기 위해 커널 스케줄러를 수정하는 패치patch를 이용한다 하더라도, 그 결과는 이 목적을 위해 설계된 제한된 베어메탈bare-metal 시스템과 비교할 수는 없다.

배터리 전원을 사용하거나 에너지 수집 장치 같은 일부 다른 애플리케이션 영역도 이러한 소형 임베디드 장치의 저전력 소모 기능과 보통 임베디드 연결 장치에 통합된 무선 통신 기술의 에너지 효율성으로부터 이점을 얻을 수 있다. 리눅스 기반 시스템의 더 높은 자원량이나 증가하는 하드웨어 복잡도는 에너지 수준을 충분히 줄여주지 않거나, 비슷한 수준의 전력 소비 수치를 충족시키기 위해 훨씬 더 많은 노력을 요구하곤 한다.

이 책에서 분석할 예정인 마이크로컨트롤러 기반 시스템 유형은 32비트 시스템으로, 단일 스레드의 베어메탈 애플리케이션에서 소프트웨어를 실행할 수 있을 뿐만 아니라 최소 규모의 실시간 운영체제를 통합할 수 있다. 이는 특정 작업을 매일 수행하는 데 사용하는 임베디드 시스템 산업에서 매우 인기 있으며, 더 일반적이고 다양한 목적의 개발 플랫폼을 정의하는 데 점점 더 많이 채택되고 있다.

저사양 8비트 마이크로컨트롤러

과거에는 8비트 마이크로컨트롤러가 임베디드 시장을 점유하고 있었다. 설계의 단순성으로 인해 사전 정의된 일련의 작업들을 수행하는 작은 애플리케이션을 작성할 수는 있지만, 너무 단순하고 임베디드 시스템을 구현하기 위한 자원이 너무 적었다. 특히 32비트 마이크로컨트롤러가 비슷한 가격, 크기, 전력 소비로 위와 같은 장치들을 위한 모든 경우에 사용된 이후로는 더 부족해 보였을 것이다.

현재 8비트 마이크로컨트롤러는 애호가 및 초심자에게 전자 장치에서 소프트웨어 개발의 기초를 소개하기 위한 교육용 플랫폼 키트 시장으로 거의 옮겨졌다. 8비트 플랫폼은 고급 시스템 프로그래밍과 멀티스레딩 그리고 전문적인 임베디드 시스템 구축을 위해 개발된 고급 기능을 허용하는 특성들이 부족하므로 이 책에서 다루지 않을 것이다.

이 책의 내용에서 **임베디드 시스템** embedded system 이라는 용어는 마이크로컨트롤러 기반 하드웨어 아키텍처에서 운영되고, 제한된 자원을 제공하지만 시스템 프로그래밍을 구현하기 위해 하드웨어 아키텍처에 의해 제공되는 기능을 통해 실시간 시스템을 구축할 수 있게 하는 시스템을 나타내는 데 사용된다.

하드웨어 아키텍처

임베디드 시스템의 아키텍처는 MCU microcontroller unit 라고도 하는 마이크로컨트롤러를 중심으로 한다. 기본적으로 프로세서, RAM, 플래시 메모리, 직렬 수송신기 및 기타 핵심 구성요소를 포함한 단일 집적 회로다. 시장은 아키텍처, 공급자, 가격대, 기능, 통합 자원 사이에서 여러 가지 선택사항을 제공한다. 일반적으로 단일 집적 회로에서 저렴하고 자원이 적고 에너지 소모가 적은 독립형 시스템으로 설계되는데, 이것이 바로 SoC System-on-Chip 이다.

프로세서, 메모리, 통합 인터페이스의 다양성 때문에, 마이크로컨트롤러를 위한 실질적인 레퍼런스 아키텍처가 없다. 그럼에도 불구하고, 일부 아키텍처에는 다양한 모델과 브랜드 간에, 그리고 다른 프로세서 아키텍처 간에도 공통적인 요소가 있다.

어떤 마이크로컨트롤러는 특정 애플리케이션 전용이며, 주변장치 및 외부 세계와 통신하기 위한 특별한 인터페이스 모음을 갖추고 있다. 또 어떤 마이크로컨트롤러는 하드웨어 비용을 줄이거나 매우 제한적인 에너지 소비로 솔루션을 제공하는 데 초점을 맞추고 있다. 하지만 보통 다음과 같은 구성요소들이 거의 모든 마이크로컨트롤러에 포함되어 있다.

- 마이크로프로세서
- RAM
- 플래시 메모리
- 직렬 트랜시버^{transceiver}

또한 더 많은 장치가 다른 장치 및 게이트웨이와 통신하기 위해 네트워크에 접근할 수 있다. 일부 마이크로컨트롤러는 이더넷이나 와이파이 인터페이스 같은 정립된 표준, 또는 Sub-GHz 라디오 인터페이스나 IC 내에 부분적으로 또는 완전하게 구현된 CAN^{Controller Area Network} 버스 같은 임베디드 시스템의 제한을 충족시키기 위해 특별히 설계된 특정 프로토콜을 제공할 수 있다.

모든 구성요소는 로직 조정을 책임지고 있는 프로세서 내의 버스 라인을 공유해야 한다. RAM, 플래시 메모리, 트랜시버의 제어 레지스터 모두 같은 물리 주소 공간에 매핑되어 있다.

RAM과 플래시가 매핑되어 있는 주소는 특정 모델에 따라 다르며, 일반적으로 데이터시트에 제공된다. 마이크로컨트롤러는 자신의 고유 기계 언어, 실행 중인 아키텍처에 적합한 바이너리 파일로 전달된 일련의 인스트럭션^{instruction}으로 코드를 실행할 수 있다. 기본적으로, 컴파일러는 컴파일 결과로서 일반적인 실행 파일과 타깃^{target}에서 실행 가능한 형태로 변환돼야 하는 어셈블리 연산을 제공한다.

프로세서는 보통 메모리의 0 위치 또는 마이크로컨트롤러 매뉴얼에서 지정한 다른 잘 알려진 주소에서 시작되어 매핑된 내부 플래시 메모리 및 RAM에서, 프로세서 특정 바이너리 형태로 저장된 인스트럭션을 실행할 목적으로 설계된다. CPU는 RAM에서 더 빠르게 코드를 인출^{fetch}하고 실행할 수 있지만, 최종 펌웨어는 보통 대부분의 마이크로컨트롤러에서 RAM보다 더 큰 저장 장치인 플래시에 저장되고, 전원 주입 및 재부트 중에도 데이터를 유지할 수 있게 한다.

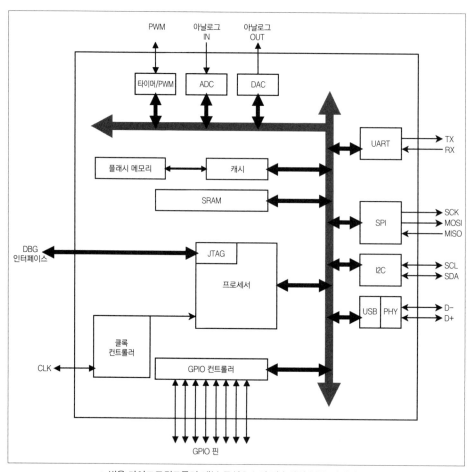

▲ 범용 마이크로컨트롤러 내부 구성요소의 단순화된 블록 다이어그램

임베디드 마이크로컨트롤러 환경에서 동작하는 소프트웨어를 컴파일하고 플래시 메모리에 로딩하려면 호스트 머신이 필요하다. 이 호스트 머신에는 특정 하드웨어 모음과 소프트웨어 도구들이 있다. 또한 컴파일러가 실행 가능한 이미지 내에 심볼을 구성하게 하기 위해 타깃 장치의 특성에 대한 약간의 지식이 요구된다. 여러 가지 이유로, C는 임베디드 소프트웨어에서 유일하게 사용 가능한 언어는 아니지만 가장 널리 사용되는 언어다. 러스트^{Rust}와 C++ 같은 고급 언어들도 특정 임베디드 런타임^{runtime}과 결합될 때나 경우에 따라 언어에서 런타임 지원을 전부 제거할 때 임베디드 코드를 생성할 수 있다. 이 책은

전체적으로 여타 고급 언어보다 덜 추상적인 C 코드에 맞춰져 있어, 코드를 보는 동안 기본적인 하드웨어 동작 설명이 용이할 것이다.

현재의 모든 임베디드 시스템 플랫폼은 디버깅 목적으로 JTAG 같은 메커니즘을 적어도 하나는 갖고 있으며, 플래시에 그 소프트웨어를 업로드해둔다. 호스트 머신에서 디버깅 인터페이스에 접근하면, 디버거가 프로세서에서 중단점 breakpoint 장치와 상호작용하며 실행을 중단 및 재개할 수 있고, 메모리의 다른 주소를 읽고 쓸 수도 있다.

임베디드 프로그래밍에서 중요한 부분은 MCU가 보여주는 인터페이스를 사용해 주변장치와 통신하는 것이다. 임베디드 소프트웨어를 개발하는 데는 전자 공학에 대한 기본적인 지식, 회로도 및 데이터시트를 이해하는 능력, 그리고 로직 분석기나 오실로스코프 같은 측정 도구에 대한 확신이 필요하다.

도전 과제 이해하기

임베디드 개발에 접근한다는 건, 항상 사양뿐만 아니라 하드웨어 제한에도 맞춰야 함을 의미한다. 임베디드 소프트웨어 개발은 일련의 특정한 작업을 수행하는 데 사용할 수 있는 자원이 제한되어 있음을 철저히 고려해 가장 효율적인 방식에 초점을 두고 지속적으로 해결해야 하는 과제다. 다른 환경에서는 일반적이지 않은 여러 가지 제한사항이 있는데, 아래에 몇 가지 예시가 있다.

- 새로운 기능을 구현하는 데 필요한 충분한 공간이 플래시에 없을 수 있다.
- 복잡한 구조체 structure 를 저장하는 데 필요한 충분한 RAM이 없거나 대형 데이터 버퍼의 복사가 불가능할 수 있다.
- 프로세서가 제때 모든 필수 계산을 하고 데이터 처리하기에 충분히 빠르지 않을 수 있다.
- 배터리 구동 및 자원 수집 장치는 평생 기대치를 충족시키기 위해 더 적은 에너지를 소비해야 할 수도 있다.

더욱이, PC와 모바일 운영체제는 물리 주소와 가상 주소의 런타임 전환을 가능케 하는 프로세서의 구성요소 MMU를 많이 사용한다. MMU는 작업들 간의, 그리고 작업과 커널 자체와의 주소 공간 분리를 구현하기 위해 필수적인 추상화다. 임베디드 마이크로컨트롤러는 MMU를 갖고 있지 않으며 보통 커널, 애플리케이션 및 라이브러리를 저장하기 위해 요구되는 비휘발성 메모리가 부족하다. 이런 이유로 임베디드 시스템은 특정 순서로 모든 데이터 처리하고 통신하는 메인 루프를 가진 단일 작업으로 운영된다. 일부 장치는 PC에 있는 장치보다 덜 복잡한 임베디드 운영체제로 실행할 수 있다.

애플리케이션 개발자들은 보통 기본적인 시스템을 필수품으로 간주하는 반면에, 임베디드 개발은 보통 부트 절차에서 애플리케이션 로직까지 전체 시스템을 맨 처음부터 구현해야 함을 의미한다. 임베디드 환경에서 다양한 소프트웨어 구성요소들은 프로세스와 운영체제 커널 간에 메모리 분리 같은 더 복잡한 추상화가 부족하기 때문에 서로 더 밀접한 관련이 있다. 처음 임베디드 시스템을 접하는 개발자들은 소프트웨어를 실행하고 결과를 읽는 것보다 일부 시스템을 테스트하고 디버깅하는 것이 약간 더 복잡하다는 사실을 알게 된다. 이는 인간과의 상호작용 인터페이스가 없거나 일부만 있도록 설계된 시스템에서 특히 그러하다.

성공적인 접근법을 위해서는 단단한 워크플로workflow가 필요하다. 여기에는 잘 정의된 테스트 사례, 절충 가능성을 식별하기 위한 사양 분석에서 비롯되는 주요 성능 지표 목록, 모든 필요한 측정을 즉시 수행하기 위한 여러 도구와 절차, 그리고 잘 정립되고 효율적인 프로토타입 단계가 포함된다.

이런 맥락에서, 보안은 약간 특별한 고려사항으로 다뤄야 한다. 늘 그렇듯이, 시스템 수준에서 코드를 작성하는 경우 시스템 전체에 오류가 발생할 수 있음을 유념해야 한다. 대부분의 임베디드 애플리케이션 코드는 하드웨어의 확장된 특권을 이용하기 시작하고, 잘못 수행된 단일 작업은 전체 펌웨어의 안정성 및 무결성에 영향을 미칠 수 있다. 앞으로 보게 되겠지만, 일부 플랫폼은 특정 메모리 보호 메커니즘 및 내장된 권한 분리 기능을 제공한다. 이는 분리된 프로세스 주소 공간을 기반으로 하는 완전한 운영체제가 없더라도 안전장치가 된 시스템을 구축하기에 유용하다.

멀티스레딩

임베디드 시스템 구축을 위해 설계된 마이크로컨트롤러를 사용할 때의 장점 중 하나는 자원의 시간 공유^{time-sharing}를 통해 별도의 실행 유닛 내에서 논리적으로 분리된 작업을 실행할 수 있다는 것이다.

임베디드 소프트웨어 설계 중 가장 대중적인 유형은 단일 루프 기반 순차 실행 모델을 기반으로 한다. 여기서 모듈과 구성요소들은 서로 콜백 인터페이스를 통해 연결되어 있다. 그렇지만 최신 마이크로컨트롤러는 시스템 개발자가 논리적으로 분리된 애플리케이션을 실행할 수 있도록 멀티태스킹 환경을 구축하는 데 사용할 수 있는 기능과 핵심 로직 특성을 제공한다.

이러한 기능들은 더 복잡한 실시간 시스템 접근 방식에서 특히 유용하며, 프로세스 격리 및 메모리 세그먼테이션^{segmentation}을 기반으로 하는 안전 모델의 구현 가능성을 이해하는 데 유용하다.

▌ RAM

"640KB 메모리는 모두에게 충분할 것이다."

– 빌 게이츠(마이크로소프트의 설립자 겸 전무 이사)

이 유명한 표현은 PC 산업의 현저한 업적과 기술적인 발전의 근간으로 지난 30년 동안 여러 번 인용돼왔다. 많은 소프트웨어 엔지니어에게는 농담처럼 들리겠지만, MS-DOS 가 처음 출시된 이후 30년이 넘도록 임베디드 프로그래밍은 여전히 이 표현에 대해 생각한다.

대부분의 임베디드 시스템은 특별히 외부 DRAM 인터페이스를 이용해 오늘날 그 한계를 벗어날 수 있지만, C로 프로그래밍할 수 있는 가장 간단한 장치는 전체 시스템 로직을 구현하는 데 이용 가능한 RAM이 4KB 정도로 작았다. 임베디드 시스템 설계에 접근할 때는 시스템이 수행해야 하는 모든 연산을 위해 잠재적으로 요구되는 메모리의 양과 주변 장치 및 주변기기와의 통신을 위해 사용할 수 있는 버퍼를 항상 고려해야 한다.

시스템 수준의 메모리 모델은 PC와 모바일 장치의 모델보다 더 간단하다. 메모리 접근은 일반적으로 물리적 수준에서 수행되므로, 코드에 있는 모든 포인터는 이들이 가리키는 데이터의 물리적 위치를 말하는 것이다. 최신 컴퓨터에서는 운영체제가 실행 작업이 표현하는 가상 주소를 물리 주소로 전환한다. MMU가 없는 시스템에서 물리 전용 메모리 접근의 장점은 코딩과 디버깅 동안 주소 변환을 다뤄야 하는 복잡성을 줄여준다는 것이다. 반면, 스와핑 및 메모리 재배치relocation를 통한 동적 주소 공간 크기 재조정 같은 최신 OS에 구현된 일부 기능은 번거롭고, 때로는 불가능하다.

메모리 처리는 임베디드 시스템에서 특히 중요하다. 애플리케이션 코드 작성이 익숙한 프로그래머는 기본적인 OS가 제공하는 일정 수준의 보호를 기대한다. 사실, 가상 주소 공간은 메모리 영역이 겹치지 않도록 하며, OS는 승인되지 않은 메모리 접근 및 세그먼테이션 위반segmentation violation을 쉽게 찾아내어 해당 프로세스를 즉각 종료시키고 전체 시스템이 손상되지 않게 한다. 임베디드 시스템에서는 특히 베어메탈 코드 작성 시, 각 주소 풀pool의 경계를 수동으로 확인해야 한다. 우연히 잘못된 메모리의 몇 비트를 수정하거나 다른 메모리 영역에 접근하는 경우라도 돌이킬 수 없는 치명적인 오류가 발생할 수 있다. 전체 시스템은 멈춤hang 상태가 되거나, 최악의 경우 예측할 수 없게 된다. 임베디드 시스템에서 메모리를 처리할 때, 특히 생명에 치명적인 장치를 다룰 때는 안전한 접근 방식이 필요하다. 개발 과정 중 메모리 오류 식별은 복잡하며, 보통 안전한 코드를 작성하게 하거나 프로그래머의 실수로부터 시스템을 보호하는 것보다 더 많은 자원을 필요로 한다.

적절한 메모리 처리 기술은 6장 '일반 목적 주변기기'에서 설명할 것이다.

▍플래시 메모리

서버나 개인 컴퓨터에서는 실행 가능한 애플리케이션 및 라이브러리가 저장 장치에 존재한다. 실행 초반에 이들을 접근, 변형, 가능한 한 압축하지 않은 상태로, 실행 시작 전에 RAM에 저장한다.

임베디드 장치의 펌웨어firmware는 보통 모든 소프트웨어 구성요소를 포함한 단일 바이너리 파일이어서, MCU 내부 플래시 메모리로 전송할 수 있다. 플래시 메모리는 메모리 영역의 고정 주소로 직접 매핑되기 때문에, 프로세서가 중간 단계 없이 메모리에서 단일 인스트럭션을 순차적으로 가져와 실행할 수 있다. 이런 메커니즘을 XIPexecute in place라 한다. 펌웨어에서 모든 변경 불가능한 부분은 메모리에 로딩될 필요가 없으며, 메모리 영역에는 직접 주소 지정direct addressing으로 접근할 수 있다. 여기에는 실행 가능한 인스트럭션뿐만 아니라 컴파일러가 상수로 표시한 모든 변수도 포함된다. 반면, XIP를 지원하려면 플래시에 저장될 펌웨어 이미지 준비 시 몇 가지 추가 단계가 요구되며, 링커linker는 타깃의 다른 메모리 매핑 영역에 대한 지시를 받아야 한다.

마이크로컨트롤러의 주소 영역에 매핑된 내부 플래시 메모리는 쓰기를 위한 접근이 불가능하다. 내부 플래시의 내용 변경은 플래시 메모리 장치의 하드웨어 특성상 블록 기반 접근을 사용해서만 가능하다. 플래시 메모리의 단일 바이트 값을 변경하기 전에, 실제로 이를 포함한 모든 블록은 삭제되고 다시 작성돼야 한다. 쓰기를 위해 대부분의 제조사들이 제공하는 블록 기반 플래시 메모리 접근 메커니즘을 IAPIn-Application Programming라 한다. 일부 파일시스템 구현은 쓰기 작업이 수행되는 블록의 임의 복사본을 생성해 블록 기반 플래시 장치에 쓰기 작업을 추상화한다.

마이크로컨트롤러 기반 솔루션용 구성요소를 선택하는 동안, 플래시 메모리의 크기를 펌웨어가 요구하는 공간과 적절하게 맞출 필요가 있다. 실제로 플래시는 보통 MCU에서 가장 값비싼 구성요소 중 하나이기 때문에, 대규모 배포의 경우 더 작은 플래시를 가진 MCU를 선택하는 것은 비용 면에서 더 효과적일 수 있다. 요즘 다른 영역에서는 코드 크기를 염두에 두고 소프트웨어를 개발하는 일이 일반적이지 않지만, 이런 작은 저장 장치에 여러 기능을 적용하려는 경우에는 필요할 수 있다. 마지막으로, 펌웨어를 빌드하고 구성요소를 연결할 때 코드 크기를 줄이기 위해 특정 아키텍처에 컴파일러 최적화가 존재할 수 있다.

MCU 실리콘 외부에 있는 추가적인 비휘발성 메모리는 일반적으로 직렬 주변장치 인터페이스Serial Peripheral Interface 같은 특정 인터페이스를 사용해 접근할 수 있다. 외부 플래시 메모리는 해당 위치에 코드를 빠르게 실행하도록 설계된 내부 플래시 메모리와 다른 기술을 사용한다. 일반적으로 더 밀도가 높고 덜 비싼 외부 플래시 메모리는 물리 주소 공간에 직접적인 메모리 매핑을 허용하지 않으므로 펌웨어 이미지 저장에는 적합하지 않다. 이런 종류의 장치에서 읽기 작업은 한 번에 한 블록만 수행되므로, RAM에 실행 가능한 심볼을 로딩하는 메커니즘이 사용되지 않는다면 순차적으로 인스트럭션을 가져오는 코드를 실행하는 것은 불가능하기 때문이다. 반면, 쓰기 작업은 IAP와 비교해볼 때 더 빠를 수 있다. 이런 종류의 비휘발성 메모리는 설계에 따라 런타임에 검색된 데이터를 저장하는 데 이상적이다.

▌ 인터페이스와 주변장치

주변장치 및 여타 마이크로컨트롤러와 통신하기 위해, 임베디드 세계에는 여러 실질적인 표준들이 잘 정립되어 있다. 마이크로컨트롤러의 일부 외부 핀은 특정 프로토콜을 이용해 외부 주변장치와 통신하도록 프로그래밍할 수 있다. 대부분의 아키텍처에서 이용 가능한 일반적인 인터페이스는 다음과 같다.

- 비동기 UART 기반 직렬 통신
- SPI Serial Peripheral Interface 버스
- I²C inter-integrated circuit 버스
- USB Universal Serial Bus

비동기식 UART 기반 직렬 통신

비동기식 통신은 UART^{Universal Asynchronous Receiver-Transmitter}에 의해 제공된다. 간단히 직렬 포트^{serial port}로 알려진 이런 종류의 인터페이스는 일반적으로 송신자 및 수신자를 동기화하기 위한 클록 신호 공유가 필요하지 않지만, 통신이 진행되는 동안 정렬될 수 있는 사전 정의된 클록 속도로 작업하여 비동기식이라 한다. 마이크로컨트롤러는 요청에 따라 특정 핀 세트에 연결할 수 있는 여러 UART를 가질 수 있다. 비동기식 통신은 2개의 독립적인 와이어를 통해 각 종단점^{endpoint}의 RX 핀을 상대방의 TX 핀에 연결해 전이중 방식 채널^{full-duplex channel}로 UART에 의해 제공된다.

서로를 제대로 이해하려면, 두 종단점의 시스템은 같은 매개변수를 사용하는 UART를 설정해야 한다. 여기에는 와이어의 바이트 프레임과 프레임 속도가 포함된다. 이러한 모든 매개변수는 통신 채널을 올바르게 설정하기 위해 두 종단점에 미리 알려야 한다. 다른 유형의 직렬 통신보다 더 단순하지만, UART 기반 직렬 통신은 여전히 전자 장치에, 특히 모뎀 및 GPS 수신기에 인터페이스로 널리 사용되고 있다. 그뿐 아니라, TTL-USB 직렬 변환기를 사용해 호스트 머신의 콘솔에 UART를 쉽게 연결할 수 있다. 이는 종종 로그 메시지를 제공하는 데 편리하다.

SPI

주변장치와의 다른 통신 방식으로 SPI가 있다. 1980년대 후반에 소개된 이 기술은 여러 가지 개선점을 소개하며, 주변장치와의 비동기식 직렬 통신을 대체하는 것을 목표로 했다.

- 종단점 동기화를 위한 직렬 클록 라인
- 마스터-슬레이브^{master-slave} 프로토콜
- 동일한 세 와이어^{three-wire} 버스를 통한 일대다 통신

마스터 장치, 보통 마이크로컨트롤러는 하나 이상의 슬레이브와 버스를 공유한다. 통신을 촉발하기 위해, 별도의 SS^{slave select} 신호가 버스에 연결된 각 슬레이브에 주소를 지정하는 데 사용된다. 버스는 2개의 독립적인 신호, 단방향 데이터 전송을 위한 신호와 통신의 양단 간 동기화를 위한 공유 클록 라인을 위한 신호를 사용한다. 마스터에 의해 생성된 클록^{clock} 라인 덕분에, 데이터 전송은 더 안정적이고, 일반적인 UART보다 더 높은 비트 전송률을 달성할 수 있다. 마이크로컨트롤러의 여러 세대에 걸쳐 SPI의 연속적인 성공의 핵심 요소 중 하나는 슬레이브 설계에 요구되는 복잡성이 낮다는 것이다. 이는 단일 시프트 레지스터만큼이나 단순하다. SPI는 보통 센서 장치, LCD 디스플레이, 플래시 메모리 컨트롤러 및 네트워크 인터페이스에 사용된다.

I²C

I²C는 좀 더 복잡하다. 이는 여러 마이크로컨트롤러와 여러 슬레이브 장치를 동일한 두 와이어^{two-wire} 버스에 연결하는 것을 염두에 두고 다른 목적으로 설계됐기 때문이다. SCL^{serial clock}과 SDA^{serial data}라는 두 가지 신호가 있다. SPI나 UART와 달리, 두 방향의 흐름이 같은 신호를 공유하기 때문에, 버스는 반이중^{half-duplex}이다. 프로토콜에 통합된 7비트 슬레이브 어드레싱^{slave-addressing} 메커니즘 덕분에, 슬레이브 선택에 적용되는 추가적인 신호가 필요하지 않다. 버스 경쟁^{bus contention}의 경우에 중재 로직을 따라 시스템의 모든 마스터를 고려하므로, 여러 마스터를 같은 라인에 허용한다.

USB

기본적으로 UART를 대체하기 위해 설계됐고, 같은 하드웨어 커넥터에 여러 프로토콜을 포함하고 있는 USB 프로토콜은 개인용 컴퓨터, 휴대용 장치, 그리고 많은 주변장치에 아주 유용하다.

이 프로토콜은 호스트 측에서 컨트롤러가 사용할 수 있는 서비스를 보여주는 장치, 통신의 한 면인 호스트 장치 모드에서 작동한다. 많은 마이크로컨트롤러에서 보이는 USB 트랜시버는 두 가지 모드 모두에서 작동한다. USB 표준의 상위 계층을 구현함으로써, 직렬 포트, 저장 장치 및 지점 간^{point to point} 이더넷 인터페이스 같은 각기 다른 유형의 장치를 마이크로컨트롤러에 의해 에뮬레이션할 수 있다. 호스트 시스템에 연결될 수 있는 마이크로컨트롤러 기반 USB 장치를 생성함으로써 말이다.

트랜시버가 호스트 모드를 지원하는 경우, 임베디드 시스템은 USB 호스트로 동작하고 장치는 호스트에 연결될 수 있다. 이런 경우, 시스템은 장치 드라이버와 장치에서 제공하는 기능을 접근하는 애플리케이션을 구현해야 한다.

두 가지 모드 모두 동일한 USB 컨트롤러에서 구현되는 경우, 트랜시버는 OTG^{on-the-go} 모드로 동작하고, 원하는 모드의 선택 및 구성은 런타임에 실행된다.

▌ 연결 시스템

각기 다른 시장을 위해 설계된 임베디드 장치의 증가로, 이제 주변 지역의 피어^{peer}와 통신하거나 광범위 네트워크 또는 인터넷에 트래픽을 라우팅하는 게이트웨이를 통해 통신할 수 있다. **사물인터넷**^{IoT, Internet of Things}이라는 용어는 이러한 임베디드 장치들이 인터넷 프로토콜을 이용해 통신할 수 있는 네트워크를 설명하기 위해 사용돼왔다. 즉, IoT 장치는 PC나 모바일 장치 같은 더 복잡한 시스템과 동일한 방식으로 네트워크 내에서 처리될 수 있으며, 가장 중요한 것은 데이터를 교환하기 위해 인터넷 통신의 전형적인 전송 계층 프로토콜을 사용한다는 것이다. TCP/IP는 IETE가 표준화한 프로토콜이며, 인터넷 및 독립적 로컬 영역 네트워크^{LAN, local area network}를 위한 패브릭^{fabric} 기반 인프라다. IP^{Internet Protocol}는 네트워크 연결을 제공하지만, 기본적인 링크가 패킷 기반 통신 및 물리적 매체를 제어하고 규제하기 위해 메커니즘을 제공한다는 조건이 있다. 다행스럽게도, 이런 요구사항을 충족시키는 많은 네트워크 인터페이스가 있다. TCP/IP와 호환되지 않는 대체 프로토콜 제품군은 여전히 몇몇 분산 임베디드 시스템에서 사용되고 있지만, 타깃에 TCP/IP 표준을 사용해 얻는 명백한 이점은 임베디드가 아닌 시스템과 통신하는 경우

LAN의 범위를 벗어난 프레임을 라우팅하는 변환 메커니즘이 필요하지 않다는 것이다.

이더넷이나 무선랜 같은 비내장형 시스템에서 널리 사용되는 링크 유형 외에도 임베디드 시스템은 IoT가 도입한 요구사항들을 위해 특별히 설계된 다양한 기술들로 이점을 얻을 수 있다. 제한된 장치에 효율적인 통신을 제공하고 특정 자원 사용량 제한 및 에너지 효율성 요구사항에 대응할 수 있는 통신 모델을 정의하기 위한 새로운 표준이 연구되고 실행됐다.

최근 들어, 새로운 링크 기술이 광역 네트워크 통신을 위한 낮은 비트 전송률과 낮은 전력 소모의 방향으로 개발돼왔다. 이러한 프로토콜들은 협대역, 장거리 네트워크 통신을 제공하기 위해 설계됐다. 프레임은 너무 작아서 IP 패킷에는 적합하지가 않다. 그래서 이런 기술들이 주기적인 센서 데이터 또는 양방향 채널이 이용 가능한 경우 장치 환경설정 매개변수 같은 적은 페이로드^{payload}를 전송하는 데 쓰이고 있으며, 이 기술은 인터넷을 거쳐가는 통신을 전송하기 위해 특정 형태의 게이트웨이를 필요로 한다.

그러나 클라우드 서비스와의 상호작용은 대부분의 경우 네트워크의 모든 노드를 연결하고 호스트에서 직접 서버와 IT 인프라가 사용하는 것과 같은 기술을 구현해야 한다. 임베디드 장치에서 TCP/IP 통신을 활성화하는 것이 항상 쉽지는 않다. 몇 가지 이용 가능한 오픈소스 구현물이 있지만, 시스템 TCP/IP 코드는 복잡하고, 크기가 크며, 충족시키기 어려울 만큼 메모리 요구사항이 높은 경우가 많다.

SSL $^{Secure\ Socket\ Layer}$/TLS $^{Transport\ Layer\ Security}$ 라이브러리에도 같은 관점이 적용된다. 해당 작업을 위해 적합한 마이크로컨트롤러를 선택하는 것이 다시 중요해졌고, 시스템이 인터넷에 연결되고 보안 소켓 통신을 지원한다면 플래시와 RAM 요구사항은 타사 라이브러리와의 통합을 보장하기 위해 설계 단계에서 갱신돼야 한다.

분산 임베디드 시스템, 특히 무선 링크 기술을 기반으로 하는 시스템들을 설계하는 데는 흥미로운 과제가 추가된다. 이러한 과제들 중 일부는 다음과 관련이 있다.

- 올바른 기술 및 프로토콜 선택
- 비트 전송률, 패킷 크기 및 매체^{media} 접근의 제한사항
- 노드의 가용성
- 토폴로지의 단일 장애 지점
- 라우트의 설정
- 관련 호스트의 인증
- 매체를 통한 통신 기밀 유지
- 네트워크 속도, 대기 시간 및 RAM 사용률에 대한 버퍼링의 영향
- 프로토콜 스택 구현의 복잡성

10장 '병렬 태스크와 스케줄링'에서 IoT 서비스에 분산 시스템 설계와 TCP/IP 통신을 결합하여 원격 통신을 제공하기 위해 임베디드 시스템에 구현된 링크 계층 기술 중 일부를 분석한다.

▌ 레퍼런스 플랫폼

임베디드 CPU 코어의 우선적인 설계 전략은 RISC$^{reduced\ instruction\ set\ computer}$이다. 모든 RISC CPU 아키텍처들 가운데, 마이크로컨트롤러에 통합할 코어 로직을 생산하기 위해 반도체 제조업체의 가이드라인으로 몇 가지 레퍼런스 설계가 사용되고 있다. 각 레퍼런스 설계는 CPU 구현의 여러 특성에서 다른 설계들과 다르다. 각 레퍼런스 설계는 다음과 같은 특성을 공유하는, 임베디드 시스템에 통합된 마이크로프로세서 제품군을 하나 이상 포함하고 있다.

- 레지스터 및 주소에 사용되는 워드 크기(8비트, 16비트, 32비트, 또는 64비트)
- 인스트럭션 세트
- 레지스터 환경설정

- 엔디언^{endianness}
- 확장된 CPU 기능(인터럽트 컨트롤러, FPU, MMU)
- 캐시^{cache} 전략
- 파이프라인^{pipeline} 설계

임베디드 시스템을 위한 레퍼런스 플랫폼을 선택하는 것은 프로젝트 요구사항에 따라 다르다. 더 작고, 더 적은 수의 다기능 프로세서는 일반적으로 에너지 소모가 적고, MCU 패키징 크기가 작으며, 저렴한 기기에 적합하다. 반면, 고성능 시스템에는 더 큰 자원 모음이 제공되며, 그중 일부는 어려운 계산(부동소수점 장치, 또는 AES^{Advanced Encryption Standard} 하드웨어 모듈 같은 대칭 암호화 작업을 맡기는 것)에 대처하기 위한 전용 하드웨어를 갖고 있다. 8비트 및 16비트 코어 설계는 32비트 아키텍처로 천천히 옮겨가고 있지만, 일부 좋은 설계는 틈새 시장과 애호가들 사이에서 상대적으로 인기가 있다.

ARM 레퍼런스 설계

ARM은 임베디드 시장에서 최고의 유비쿼터스 레퍼런스 설계 공급자로, 임베디드 애플리케이션을 위해 생산되는 100억 개 이상의 ARM 기반 마이크로컨트롤러를 보유하고 있다. 임베디드 산업에서 가장 흥미로운 핵심 설계는 ARM Cortex-M 제품군이다. 이 제품군에는 비용 및 에너지에 효율적인 제품부터, 멀티미디어 마이크로컨트롤러를 위해 특별히 설계된 고성능 코어 제품까지 다양한 모델이 포함된다. 세 가지 인스트럭션 세트(ARMv6, ARMv7, ARMv8)까지, 모든 Cortex-M CPU는 동일한 프로그래밍 인터페이스를 공유해 동일한 제품군의 마이크로컨트롤러 중 이식성을 향상한다.

이 책의 예제 대부분은 이 CPU 제품군을 기반으로 한다. 서술된 대부분의 개념은 다른 핵심 설계에도 적용 가능할 뿐만 아니라 레퍼런스 플랫폼을 선택하는 것이 기본적인 하드웨어와의 상호작용을 더 완벽하게 분석하는 기회가 될 수 있다. 특히, 이 책의 예제 중에는 일부 Cortex-M CPU 코어에서 구현된 ARMv7 인스트럭션 세트의 특정 어셈블리 인스트럭션을 사용하는 경우도 있다.

Cortex-M 마이크로프로세서

Cortex-M 제품군 32비트 코어의 주요 특성은 다음과 같다.

- 16 범용 CPU 레지스터
- 코드 밀도 최적화를 위한 썸^{thumb} 16비트용 인스트럭션
- 8~16 우선순위 수준을 갖는 내장 중첩 벡터 인터럽트 컨트롤러^{NVIC}
- ARMv6(M0, M0+) 또는 ARMv7(M3, M4, M7) 아키텍처
- 선택직 8구역 MPU$^{memory\ protection\ unit}$(메모리 보호 유닛)

전체 메모리 주소 공간은 4GB이다. 내부 RAM의 시작은 일반적으로 고정 주소 0x20000000에 매핑되어 있다. 다른 주변장치뿐만 아니라 내부 플래시에 대한 매핑은 실리콘 제조업체에 따라 다르다. 그러나 최상위 512MB(0xE0000000에서 0xFFFFFFFF까지) 주소는 SCB$^{System\ Control\ Block}$용으로 예약되어 있다. SCB는 언제든지 소프트웨어로 접근해 코어와 직접 상호작용하기 위해 몇 개의 환경설정 매개변수와 진단을 함께 그룹으로 두고 있다.

주변장치 및 여타 하드웨어 구성요소를 이용한 동기식 통신은 인터럽트 라인을 통해 촉발될 수 있다. 프로세서는 여러 디지털 입력 신호를 수신하고 인지해 소프트웨어 실행에 인터럽트를 걸고 메모리의 특정 위치에 임의로 점프^{jump}하여 즉각 반응한다. Cortex-M은 고성능 코어 제품군에 240개의 인터럽트 라인을 지원한다. 플래시의 소프트웨어 이미지 시작 부분에 위치한 인터럽트 벡터는 특정 이벤트를 자동으로 수행하도록 인터럽트 루틴의 주소를 갖고 있다. NVIC의 도움으로 인터럽트 라인은 우선순위를 할당받아, 낮은 우선순위의 인터럽트 루틴이 실행되는 중에 더 높은 우선순위 인터럽트가 발생할 경우 현재 인터럽트 루틴을 일시적으로 중단하고 더 높은 우선순위 인터럽트 라인이 서비스되게 한다. 이는 이러한 신호 라인을 위한 최소의 인터럽트 지연 시간을 보장한다. 가능한 한 빠르게 수행하려는 시스템에서 다소 중요한 것이다.

언제든지 타깃^{target}의 소프트웨어는 권한이 없거나 권한이 있는 두 가지 권한 모드에서

실행될 수 있다. CPU에는 시스템과 애플리케이션 소프트웨어 간의 권한 분리를 위한 기능이 내장되어 있어, 두 스택 포인터를 위해 2개의 다른 레지스터를 제공하기도 한다. 권한 분리를 적절하게 구현하는 방법과 타깃에 신뢰할 수 없는 코드가 실행 중일 때 메모리 분리를 강제 적용하는 방법에 대해 자세히 설명할 것이다.

Cortex-M 코어는 각기 다른 실리콘 판매사의 여러 마이크로컨트롤러에 존재한다. 소프트웨어 도구는 모든 플랫폼에서 유사하지만, 각 MCU는 고려해야 할 각기 다른 환경설정을 갖고 있다. 통합 라이브러리는 제조사별 상세 내용을 숨기고 서로 다른 모델 및 브랜드로의 이식성을 높이기 위해 이용할 수 있다. 제조업체들은 개발을 시작하는 데 필요한 레퍼런스 키트와 모든 도큐먼트를 제공한다. 이는 설계 단계 동안의 평가를 위한 것이며 또한 나중에 프로토타입을 개발하는 데 유용할 수 있다. 이런 평가 보드 중 일부는 마이크로컨트롤러의 기능을 확장하는 센서, 멀티미디어 전자 장치, 또는 그 밖의 주변장치를 갖추고 있다.

▋ 요약

임베디드 소프트웨어에 접근하려면 무엇보다도 하드웨어 플랫폼과 그 구성요소에 대해 잘 이해하고 있어야 한다. 1장에서는 현대 마이크로컨트롤러 아키텍처에 대한 설명을 통해, 임베디드 장치의 특이점과 개발자들이 요구 조건을 충족시키고 문제를 해결하기 위한 방법들을 효율적으로 재검토하면서, 동시에 타깃 플랫폼의 기능과 제한점을 고려해야 하는 방법을 지적했다. 2장에서는 임베디드 개발에 일반적으로 사용되는 도구 및 절차, 워크플로 구성 방법과 효율적인 버그 방지, 검색, 수정 방법에 대해 분석할 것이다.

02

작업 환경과
워크플로 최적화

성공적인 소프트웨어 프로젝트를 위한 첫 단계는 올바른 도구를 선택하는 것이다. 임베디드 개발은 개발자를 더욱 편하게 만들어주고, 생산성을 현격히 높여주며, 전체적인 개발 시간을 줄여주는 일련의 하드웨어와 소프트웨어 도구를 필요로 한다. 2장에서는 워크플로를 향상할 수 있는 이 도구를 설명하고, 사용 방법에 대한 조언을 준다. 첫 절에서는 네이티브^{native} C 프로그래밍에서의 워크플로 개요를 제공하고, 이를 점차 임베디드 개발 환경을 위한 모델로 전환하는 데 필요한 변경점을 다룬다. 그러고 나서, GCC 툴체인(임베디드 애플리케이션을 제작하기 위한 개발 도구 모음)과 그 구성요소를 분석하면서 소개한다. 끝으로, 두 절을 할애하여 플랫폼에서 임베디드 시스템 수행의 디버깅이나 검증용 메커니즘을 제공하기 위한 타깃과의 상호작용 전략을 제공한다.

2장에서 다루는 내용은 다음과 같다.

- 워크플로 개요
- GCC 툴체인
- 타깃과의 상호작용
- 검증

▌ 워크플로 개요

다른 모든 컴파일 언어와 마찬가지로, C로 소프트웨어를 작성할 때는 그것이 실행될 특정 타깃을 위한 실행 가능한 형태로 코드를 전환해야 한다. C는 각기 다른 아키텍처와 실행 환경 사이를 옮겨다닐 수 있다. 프로그래머는 특정 타깃에서 소프트웨어를 컴파일, 링크, 실행, 디버깅하기 위한 일련의 도구를 필요로 한다.

임베디드 시스템의 펌웨어 이미지 구축도 비슷한 도구 모음에 의존한다. 이러한 도구는 특정 타깃을 위한 펌웨어 이미지를 생성할 수 있게 해주는데, 그것이 바로 **툴체인**[toolchain]이다. 이 절에서는 C로 소프트웨어를 작성하고, 특정 머신에서 직접 실행 가능한 프로그램을 생산하는 데 필요한 일반적인 도구 모음에 대한 개요를 제공한다. 그리고 나서 워크플로는 툴체인 구성요소를 통합하기 위해 적용되거나 확장되며, 타깃 플랫폼을 위한 실행 가능 코드를 생산한다.

C 컴파일러

C 컴파일러는 소스 코드[source code]를 머신 코드[machine code]로 변환하는 역할을 하는 도구다. 이는 특정 CPU에 의해 해석[interprete]될 수 있다. 각 컴파일러는 한 환경만을 위한 머신 코드를 생성할 수도 있다. 머신 특화[machine-specific] 인스트럭션으로 함수를 변환하고, 지정 아키텍처의 주소 모델과 레지스터 레이아웃을 사용하도록 설정됨으로써 말이다.

대부분의 GNU/리눅스 배포판에 포함된 기본 컴파일러는 **GNU 컴파일러 컬렉션**^{GNU Compiler} ^{Collection}으로, 보통 **GCC**로 알려져 있다. GCC는 자유 소프트웨어 컴파일러 시스템으로, 1987년부터 GNU GPL^{general public license}하에 배포되어 있다. 그리고 이는 유닉스 기반 시스템을 성공적으로 구축해왔다. 이 시스템에 포함된 GCC는 C 코드를 컴파일러가 구동되는 머신과 같은 아키텍처에서 수행이 가능한 애플리케이션과 라이브러리로 컴파일되게 할 수 있다.

GCC 컴파일러는 확장자가 .c인 소스 코드 파일을 입력으로 받아서 확장자가 .o인 오브젝트 파일^{object file}을 생산한다. 이때 오브젝트 파일은 소스 코드 입력에서 머신 인스트럭션으로 해석된 함수 및 변수의 초깃값을 포함한다. 컴파일러는 컴파일의 마지막 단계에서 타깃 플랫폼에 특화된 추가적인 최적화를 수행하도록 설정이 가능하다. 그리고 그 후의 단계에서 디버깅을 수행하기 위한 디버그 데이터를 삽입할 수 있다. 호스트 컴파일러를 사용해 소스 파일을 오브젝트로 컴파일하는 데 사용되는 가장 간단한 명령줄로는 단지 -c 옵션만이 필요하다. 이는 GCC 프로그램으로 하여금 소스를 같은 이름을 갖는 오브젝트로 컴파일하도록 지시한다.

```
$ gcc -c hello.c
```

위 구문은 hello.c 파일에 포함된 C 소스를 컴파일하고, 이를 새로 생성된 hello.o 파일에 저장될 머신 특화 코드로 변환하려 할 것이다.

특정 타깃 플랫폼을 위한 코드 컴파일은 그 목적에 맞게 설계된 도구 모음이 필요하다. 아키텍처 특화 컴파일러는 빌드 머신과는 다른 특정 타깃을 위한 머신 인스트럭션의 생성을 제공하는 컴파일러다. 각기 다른 타깃을 위한 코드 생성 프로세스는 **크로스 컴파일** ^{cross-compilation}이라 부른다. 크로스 컴파일러는 개발 머신, 호스트에서 구동되며, 타깃에서 실행될 수 있는 머신 특화 코드를 생성하는 데 사용된다. 다음 절에서는 임베디드 타깃을 위한 펌웨어를 생성하는 목적과 함께 GCC 기반 툴체인을 소개한다. GCC 컴파일러의 문법과 특징은 그 부분에서 서술할 것이다.

요구되는 여러 모듈로 이뤄진 프로그램을 구축하기 위한 첫 단계는 모든 소스 파일을 오브젝트 파일로 컴파일하는 것이다. 그러고 나서, 마지막 단계에서 이 시스템에 필요한 구성요소들이 그룹 지어지고 조직화된다. 이들은 요구되는 모든 심볼^{symbol}의 링크^{linking}, 최후의 실행 파일을 준비(이는 툴체인의 또 다른 고유 구성요소가 수행한다)하기 위한 메모리 영역 할당 등으로 구성된다.

링커

링커^{linker}는 실행 가능 프로그램을 구성할 수 있는 도구다. 모듈들에 의해 사용된 심볼 간 모든 의존성을 처리하면서 말이다. 여기서 모듈은 입력으로 제공된 오브젝트 파일들의 집합으로 표현된다. 링커에 의해 제공된 실행 파일은 ELF 실행 파일이다. ELF는 'Executable and Linkable Format'의 줄임말로, 다수의 유닉스 및 유닉스 기반 시스템에서 프로그램, 객체, 공유 라이브러리, 심지어는 GDB 코어 덤프$^{core\ dump}$를 위한 기본 표준 포맷이다. 이 포맷은 디스크 및 기타 매체 지원에 프로그램을 저장하기 위해 설계됐다. 따라서 호스트 운영체제는 RAM에 그 인스트럭션을 로딩하고, 프로그램 데이터를 위해 공간을 할당함으로써 이를 실행할 수 있다. ELF 파일은 그 자체로는 프로그램의 코드와 데이터를 포함하며, 파일 자체에 있는 다양한 섹션^{section}을 가리키는 포인터를 포함하는 헤더로 시작한다. 이 섹션들은 ELF가 제공하는 실행 가능 프로그램을 설명하는 데 필요하다. 각각은 규약상 마침표(.)로 시작한다.

- .text: 프로그램 코드를 포함하는데, 읽기 전용이다. 이는 프로그램의 실행 인스트럭션을 포함한다. 오브젝트 파일로 컴파일되어 들어간 함수들은 링커에 의해 이 섹션으로 할당된다. 그리고 프로그램은 이 메모리 영역의 인스트럭션을 항상 실행한다.
- .rodata: 런타임에 대체되지 않는 상수 값을 포함한다. 컴파일러는 이 섹션을 상수를 저장하기 위한 기본 섹션으로 사용한다. 그리고 메모리의 읽기 전용 영역에 매핑^{mapping}될 수 있는 섹션인 ELF를 실행하는 시스템에 힌트^{hint}로서 사용된다. 왜냐하면 런타임에 저장된 값을 수정하는 것이 불가능하기 때문이다.

- .data: 프로그램의 초기화된 변수 값을 포함하는데, 런타임에 읽기/쓰기 모드로 접근이 가능하다. 이는 코드에서 초기화된 모든 변수^{variable}(정적^{static} 및 전역^{global})를 포함하는 섹션이다. 실행하기 전에, 이 영역은 일반적으로 RAM의 쓰기 가능한 위치에 재매핑된다. 그리고 런타임 시에 메인 함수를 실행하기 전에 ELF의 내용은 프로그램의 초기화 중에 자동으로 복제된다.
- .bss: 이 섹션은 초기화되지 않은 데이터를 위해 보존된 섹션이다. 런타임 시에 읽기/쓰기 모드로 접근 가능하다. 이 이름은 1950년대의 IBM 704를 위해 쓰여진 마이크로코드^{microcode}의 오래된 어셈블리 인스트럭션에서 왔다. 본래는 'Block Started by Symbol'의 축약어다. 이는 초기화되지 않은 메모리의 고정된 크기만큼 예약하기 위해 사용된다. ELF에서는 모든 초기화되지 않은 전역 및 정적 심볼을 포함한다. 이는 런타임 시에 읽기-쓰기 모드로 접근 가능해야만 한다. 여기에 할당된 값이 없기 때문에, ELF 파일은 이 섹션을 헤더에 서술만 해놓고 어떤 내용을 저장하지 않는다. 초기화 코드는 main( ) 함수의 실행 이전에, 이 섹션에 있는 모든 변수가 0으로 설정됨을 보장해야 한다.

호스트 머신에서 네이티브 소프트웨어를 빌드^{build}할 때, 링크 단계의 많은 복잡성이 숨겨져 있다. 하지만 링커는 기본적으로 컴파일된 심볼을 특정 섹션으로 할당하게끔 설정되어 있다. 이러한 섹션은 추후 프로그램을 실행할 때 프로세스의 가상 주소 공간에 할당하기 위해 운영체제에 의해 사용될 수 있다. 간단히 gcc를 호출해 호스트 머신을 위한 실행 파일을 생성할 수 있다. 이번에는 -c 옵션 없이, ELF 파일을 생산하기 위해 함께 링크돼야 하는 오브젝트 파일의 목록을 제공한다. -o 옵션은 출력 파일명을 지정하기 위해 사용된다. 여기서 기본 출력 파일명은 a.out이다.

```
$ gcc -o helloworld hello.o world.o
```

위 명령은 helloworld 파일을 빌드하려 할 것이다. 이는 호스트 시스템을 위한 ELF 실행 파일로서, 이전에 두 객체에 컴파일되어 들어간 심볼을 사용한다.

임베디드 시스템에서는 약간 달라지는데, 베어메탈 애플리케이션이 시작될 때 링크 타임에 메모리에 있는 물리 영역에 섹션을 매핑해야 하기 때문이다. 링커가 해당 섹션을 잘 알려진 물리 주소로 지정하기 위해, 사용자 정의 링커 스크립트 파일이 제공돼야 한다. 이는 실행 가능한 베어메탈 애플리케이션의 메모리 레이아웃을 서술한 것이며, 타깃 시스템에서 요구하는 추가적인 섹션을 제공한다. 링크 단계의 더 자세한 설명은 2장 후반부에서 다룬다.

빌드 자동화

빌드 프로세스를 자동화하기 위해 여러 오픈소스 도구를 사용할 수 있으며, 이들 중 일부는 이미 여러 개발 환경에서 널리 사용되고 있다. Make는 소스에서 필요한 바이너리 이미지를 생성하기 위해 요구되는 단계를 자동화할 수 있는 표준 유닉스 도구다. 이는 각 구성요소를 위한 의존성을 확인하고, 올바른 순서대로 단계를 실행한다. Make는 표준 POSIX 도구이며, 여러 유닉스 기반 시스템의 일부다. GNU/리눅스 배포판에서는 GNU 프로젝트의 일부로 별도의^{standalone} 도구로 구현되어 있다. 때문에 GNU Make 구현은 단순히 Make로 불리기도 한다.

Make는 makefile이 존재하는 작업 디렉토리에서 명령줄에 make 명령을 인수^{argument} 없이 실행함으로써 기본 빌드를 수행하게끔 설계됐다. makefile은 특정한 인스트럭션 파일로, 요구되는 출력 파일이 생성될 때까지 필요한 파일 모두를 빌드하기 위한 규칙^{rule}과 레시피^{recipe}를 포함한다. 오픈소스에는 이를 대체할 수 있는 빌드 자동화를 위한 비슷한 솔루션이 존재하는데, 바로 Cmake와 Scons이다. 하지만 이 책의 모든 예제는 Make를 이용해 빌드됐다. 이것이 빌드 시스템을 제어하기 위한 간단하고 핵심적인 방법을 제공하며, POSIX에 의해 표준화됐기 때문이다.

몇몇 통합 개발 환경은 출력 파일을 빌드하기 위한 사용자 요청이 있을 때, Make를 자동으로 호출하기 전에 빌드 단계나 makefile 생성을 조직하기 위한 내장 메커니즘^{built-in} ^{mechanism}을 사용한다. 그러나 makefile을 손수 수정하면 최종 이미지를 생성하기 위한 단계 중간에서도 완전한 제어를 할 수가 있다. 즉, 사용자가 레시피나 규칙을 사용해 원하는 출력 파일을 생성하게 할 수 있다는 뜻이다.

Coretex-M 타깃용 코드를 크로스 컴파일하기 위해 설치돼야 하는 특정 버전은 없다. 그러나 makefile 내에 타깃이나 지시자^{directive}를 작성할 때, 툴체인 바이너리의 위치나 컴파일러가 필요로 하는 특정 플래그^{flag} 등 몇몇 추가 매개변수들은 주의를 기울여야 한다. 빌드 프로세스 사용의 이점 중 하나는 타깃이 중간 구성요소에 의존성을 암시적으로 갖는 경우에도 이것이 컴파일 시간에 자동으로 해결된다는 것이다. 모든 의존성이 올바르게 설정됐다면, makefile은 중간 단계를 그것이 필요할 때만 실행한다. 이는 소스 코드의 일부만 수정됐거나 단일 오브젝트 파일이 삭제된 경우에 전체 프로젝트를 컴파일하는 시간을 줄여준다.

makefile은 규칙을 서술하기 위해 별도의 문법을 갖는다. 각 규칙은 필요로 하는 타깃 파일, 요구되는 규칙 출력물, 콜론, 그리고 규칙을 실행하는 데 필요한 파일인 사전 요구사항의 목록으로 시작된다. 레시피 아이템의 모음이 아래에 있다. 각각은 Make가 요구되는 타깃을 생성하기 위해 실행해야 하는 동작을 서술한다.

```
target: [prerequisites]
    recipe
    recipe
    ...
```

기본적으로, Make는 명령줄에서 지정된 규칙 이름이 없는 경우 파일을 해석하는 도중에 처음으로 나타난 규칙을 실행할 것이다. 사전 요구사항이 지정되지 않았다면, Make는 자동으로 같은 makefile에서 필요한 파일을 생성할 수 있는 규칙을 찾는다. 이때 탐색은 연쇄적인 요구사항을 만족할 때까지 재귀^{recursive}한다.

makefile은 실행 동안 텍스트의 사용자 정의 문자열을 내부 변수로 할당할 수 있다. 변수명은 = 연산자를 사용해 할당할 수 있으며, $ 접두어를 이용해 참조가 가능하다. 예를 들어, 다음 할당문은 두 오브젝트 파일의 이름을 OBJS 변수로 집어넣는 데 사용된다.

```
OBJS = hello.o world.o
```

규칙에서 사용되는 중요한 변수들은 다음과 같다.

변수	의미
$(@)	현재 실행 규칙을 위한 타깃 이름
$(^)	중복되지 않은 상태의 현재 규칙을 위한 모든 사전 요구사항의 목록
$(+)	중복이 허용되는 상태의 현재 규칙을 위한 모든 사전 요구사항의 목록
$(<)	사전 요구사항 목록 중 첫 번째 요소

이 변수들은 레시피 동작 줄을 사용할 때 매우 간편하다. 예를 들어, helloworld ELF 파일을 두 오브젝트 파일로부터 생성하는 레시피를 다음과 같이 작성할 수 있다.

```
helloworld: $(OBJS)
    gcc -o $(@) $(^)
```

몇 가지 규칙은 Make에 의해 암시적으로 정의된다. hello.o와 world.o 파일을 각각의 소스 파일로부터 생성하는 규칙을 예로 들어보자. Make는 이러한 오브젝트 파일 각각을 명백한 방법으로 얻을 수 있을 것이라고 기대한다. 대응되는 같은 이름을 갖는 C 소스 파일(존재한다면)을 컴파일함으로써 말이다. 이는 최소한의 makefile로도 소스로부터 두 오브젝트를 컴파일하고, 호스트 시스템을 위한 기본 옵션을 사용해 모두를 링크할 수 있음을 의미한다.

실행 파일이 사전 요구 오브젝트의 이름(.o 확장자를 제외했을 때)과 같다면, 링크 레시피 또한 암묵적일 수 있다. 최종 ELF 파일이 hello라고 가정하면, makefile은 간단히 다음과 같이 한 줄이면 될 것이다.

```
hello: world.o
```

이는 hello.o와 world.o 의존성을 자동으로 처리하고, 명시적인 타깃에서 사용했던 것과 비슷한 암묵적인 링커 레시피를 이용해 함께 링크한다.

암묵적인 규칙은 사전 정의된 변수를 사용한다. 이는 규칙이 실행되기 전에 자동으로 할당된다. 그러나 makefile에서 수정도 가능하다. 예를 들어, CC 변수를 대체함으로써 기본 컴파일러를 변경할 수가 있다. 암시적인 규칙과 레시피를 대체하기 위해 사용될 수 있는 중요도 높은 변수들은 다음과 같다.

변수	의미	기본 값
CC	컴파일러 프로그램	cc
LD	링커 프로그램	ld
CFLAGS	소스 컴파일 시 컴파일러에 전달되는 플래그	비어 있음
LDFLAGS	링크 단계에서 컴파일러에 전달되는 플래그	비어 있음

임베디드 플랫폼을 위한 베어메탈 애플리케이션을 링크할 때, makefile은 그에 따라 수정돼야 한다. 그리고 2장 후반부에서 보겠지만, 소스의 적절한 크로스 컴파일 및 메모리 섹션 조직에 요구되는 메모리 레이아웃 사용을 링커에 지시하는 데 필요한 플래그도 여럿 필요하다. 게다가, ELF 파일을 조작하고 이를 타깃 시스템에 전달 가능한 형태로 변환하기 위한 추가적인 단계도 필요하다. 그러나 makefile의 문법은 같고, 여기서 사용된 단순한 규칙은 예제를 빌드하기 위해 사용하는 데 쓰이는 규칙과 크게 다르지 않다. 암묵적인 규칙이 사용되지 않는다면, 기본 동작을 변경하기 위해서 여전히 기본 변수를 변경해야 한다.

makefile에 모든 의존성이 올바르게 설정되어 있다면, Make는 해당 타깃이 그 의존성보다 오래된 경우에만 규칙이 실행됨을 보장한다. 따라서 소스가 몇 가지만 변경된 경우나 단일 오브젝트 파일이 삭제된 경우에는 전체 프로젝트의 컴파일 시간을 줄일 수 있다.

Make는 매우 강력한 도구다. 그리고 그 가능성의 범위는 이 책에 있는 예제를 생성하는 데 사용되는 기능을 훌쩍 뛰어넘는다. 빌드 프로세스의 자동화에 숙달되면, 빌드 프로세스를 최적화하는 것도 가능하다. makefile의 문법은 조건문 같은 유용한 기능도 포함한다. 이는 각기 다른 타깃이나 환경 변수를 사용해 makefile을 호출함으로써 각기 다른 결과를 생산하는 데 사용될 수도 있다. Make의 유용성에 대해 더 자세히 이해하고 싶다면, GNU Make 매뉴얼(https://www.gnu.org/software/make/manual)을 참조하길 바란다.

디버거

호스트 환경에서, 디버거^{debugger} 도구를 사용해 운영체제 위에서 구동되는 애플리케이션 디버깅을 할 수 있다. 기존 프로세스에 붙거나, 주어진 실행 ELF 파일이나 명령줄 인수로 새 프로세스를 열 수 있다. GCC 스위트^{suite}가 제공하는 기본 디버깅 옵션은 GDB라 불린다. 이는 'GNU Debugger'의 축약이다. GDB가 명령줄 도구이긴 하지만, 실행 상태에 대한 더 나은 시각화를 제공하는 여러 프론트엔드^{frontend}들이 개발됐다. 몇몇 통합 개발 환경의 경우에는 내장 프론트엔드를 제공해서 실행되는 단일 줄을 추적하는 동안 디버거와 상호작용할 수 있다.

한 번 더 말하지만, 디버깅하고자 하는 소프트웨어가 원격 플랫폼에서 구동된다면 이야기가 조금 달라진다. 툴체인과 함께 배포됐거나 타깃 플랫폼을 위한 특정 GDB의 버전은 원격 디버그 세션에 접속하기 위해 개발 머신에서 구동이 가능하다. 원격 타깃의 디버그 세션은 GDB 명령을 핵심 부분과 통신을 수립하기 위해 핵심 CPU 및 관련된 하드웨어 인프라스트럭처의 실제 동작으로 변환하기 위한 설정을 해주는 중간 도구를 필요로 한다.

몇몇 임베디드 플랫폼은 하드웨어 중단점^{breakpoint}을 제공한다. 이는 선택된 인스트럭션이 실행되는 매 순간 시스템 예외를 촉발하는 데 사용된다.

2장 후반부에서는 현재 지점에서 실행을 가로채고, 코드를 통해 스텝^{step}[1]을 진행하고, 중단점과 감시점^{watchpoint}을 위치시키며, 메모리상의 값을 조사하기 위해 타깃에 있는 원격 GDB 세션을 수립하는 방법을 살펴볼 것이다. 임베디드 애플리케이션을 디버깅하기 위해 효율적으로 사용 가능한 GDB 명령줄 인터페이스에서 제공하는 몇몇 기능들에 대한 간편한 레퍼런스를 제공함으로써 편리한 GDB 명령을 소개한다.

---

1   GDB상 코드 진행 상태를 s 명령으로 진행하기 때문에, '단계'라 번역하지 않고 '스텝'으로 표기했음 - 옮긴이

디버거는 메모리와 CPU 레지스터에서 실행되는 방식을 직접 살펴보면서 런타임에 소프트웨어가 실제로 뭘 하고 있는지를 이해하며 프로그래밍 오류를 잡아낼 수 있도록 돕는다.

임베디드 워크플로

여타 분야와 비교한다면, 임베디드 개발 생애 주기는 추가적인 단계를 포함한다. 코드는 크로스 컴파일돼야 하고, 수정된 이미지는 타깃에 올라가야 하며, 테스트를 수행해야 한다. 그리고 측정 및 검증 단계에서 하드웨어 도구가 포함될 수도 있다. 컴파일 언어를 사용한 애플리케이션 소프트웨어 네이티브 생애 주기에서 워크플로는 다음 도식과 같이 행해진다.

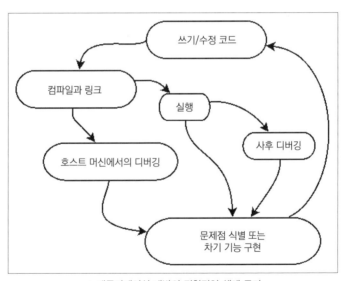

▲ 애플리케이션 개발의 전형적인 생애 주기

같은 아키텍처 내에서 소프트웨어를 작성할 때, 테스트와 디버깅은 컴파일 직후에 수행할 수 있고 문제점을 발견하기가 일반적으로 더 쉽다. 이는 위와 같은 순환 시간을 더 단축하는 결과를 만든다. 게다가, 버그[bug]로 인해 애플리케이션이 충돌한다면 기저 운영체제는 코어 덤프^{core dump}를 생산할 수 있다. 추후 이 코어 덤프를 디버거로 분석할 수 있다. 버그가 나타났을 시점의 가상 메모리 내용과 CPU 레지스터의 컨텍스트를 복원함으로써 말이다. 반면에, 임베디드 타깃에서 치명적인 오류를 가로채는 것은 좀 더 도전적인 과제다. 왜냐하면 운영체제의 한 부분에 의해 제공되는 가상 주소와 메모리 세그먼테이션의 부재로 인한 메모리와 레지스터 충돌의 잠재적 부작용 때문이다. 비록 Cortex-M에 있는 경성 장애^{Hard Fault} 처리기 같은 분석 인터럽트를 촉발함으로써 몇몇 타깃에서 비정상적인 상황을 가로챌 수는 있다 하더라도, 오류가 발생한 본래 컨텍스트를 복구하기란 일반적으로 불가능하다.

게다가 새 소프트웨어가 생성될 때마다, 이미지를 특정 포맷으로 변환하고 그 이미지를 타깃에 올리는 작업을 수행하기 위한 시간도 소요된다. 이는 타깃과 통신하는 데 사용되는 인터페이스의 속도 및 이미지의 크기에 따라 수 초에서 수 분이 걸린다.

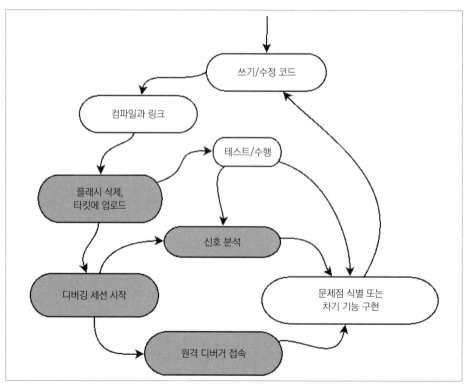

▲ 환경에 따라 필요한 추가 단계가 포함되어 있는 임베디드 개발 생애 주기

개발 단계 중 일부에서는 기능 구현이나 취약점 탐색을 마무리하기 위해 계속되는 반복을 필요로 할 수도 있다. 소프트웨어의 컴파일과 테스트 사이의 시간은 전체 생애 주기의 효율성에 영향을 준다. 직렬 혹은 네트워크 인터페이스를 통한 통신이 포함된 소프트웨어에 구현된 특정 작업에서 신호 분석을 하거나, 주변장치 및 원격 시스템이 포함된 경우 그 영향을 관측함으로써 검증할 수 있다. 임베디드 시스템에서 전기적인 영향을 분석하려면 하드웨어 설정과 기구 설정이 필요하며, 물론 시간도 더 소요된다.

마지막으로, 각기 다른 소프트웨어 이미지를 실행하는 여러 장치로 구성된 분산 임베디드 시스템 개발은 각각의 장치에 위와 같은 순환을 반복하게 될 것이다. 가능한 한, 각 장치에서 각기 다른 환경설정 매개변수를 갖는 동일한 이미지를 사용하고 병렬 펌웨어 업그레이드 메커니즘을 구현함으로써 해당 단계를 제거해야 한다. JTAG 같은 프로토콜은 소프트웨어 이미지를 같은 버스를 공유하는 다수의 타깃에 올리는 것을 지원한다. 이는 펌웨어 업그레이드에 필요한 시간을 현저히 줄여준다. 특히, 많은 수의 장치가 관련된 분산 시스템의 경우에는 더욱 그렇다.

프로젝트가 얼마나 복잡한지와는 관계없이, 초기에 소프트웨어 개발 생애 주기를 최적화하는 데 걸리는 시간은 소비할 만한 가치가 있다. 이는 추후 효율성을 증가시킨다. 어떠한 개발자도 코드 구현 단계에서 너무 오래 멀어져 있는 것을 바라지는 않는다. 또한 너무 오래 걸리는 프로세스 및 사람 간 소통을 필요로 하는 차선의 환경에서 작업하는 것이 부담스러울 수도 있다.

다음 절에서는 크로스 컴파일 GCC 툴체인에 대해 살펴볼 텐데, 그 구성요소와 임베디드 애플리케이션을 빌드하기 위해 필요한 단계를 알아볼 것이다.

▌GCC 툴체인

임베디드 툴체인은 특정 플랫폼을 위한 소프트웨어 빌드를 목적으로 하는 소프트웨어 도구 모음이다. 일부 툴체인의 복잡함을 GUI를 통해 추상화하려는 경우도 있지만, 보통 각

각 고유한 목적을 갖는 단독 애플리케이션의 모음으로 배포된다. 단일 도구를 이해하고 그 사용 방법을 배우면, 개발 프로세스의 속도를 적절히 높일 수 있고 이면의 동작 방식을 더 가까이 살펴볼 수 있다.

여러 아키텍처 백엔드를 허용하는 모듈식 구조 덕분에, GCC는 임베디드 시스템 빌드를 위한 레퍼런스 툴체인이 됐다. 이것이 오픈소스 모델이란 사실과, 파생 맞춤 툴체인을 제작할 수 있는 그 유연성에 감사하자. GCC 기반 툴체인은 임베디드 시스템에서 가장 유명한 개발 도구다.

명령줄 기반 툴체인을 사용한 소프트웨어 빌드는 몇 가지 이점이 있는데, 여기에는 소스 코드에서 마지막 이미지까지 모든 모듈을 빌드하는 중간 단계의 자동화 가능성이 포함된다. 이는 다수의 장치를 한 번에 개발할 필요가 있거나, 지속 통합^{continuous integration} 서버에서 빌드를 자동화하는 경우에 유용하다.

ARM은 유명한 모든 개발 호스트를 위한 GNU Arm 임베디드 툴체인을 배포한다. 툴체인에는 타깃을 설명하는 세 가지 접두어가 붙어 있다. GNU Arm 임베디드 툴체인의 경우 접두어는 arm-none-eabi이다. 이는 ARM을 위한 오브젝트를 생산하며, 운영체제 API에는 특별한 지원이 없고, 임베디드 ABI를 지원하기 위해 설정된 크로스 컴파일러 백엔드를 가리킨다.

크로스 컴파일러

툴체인과 함께 배포되는 크로스 컴파일러는 GCC의 파생이다. 이는 특정 아키텍처용 머신 코드를 포함하는 오브젝트 파일을 빌드하기 위해 환경설정된 백엔드를 포함한다. 컴파일의 결과물은 오브젝트 파일이며, 여기에는 특정 타깃에 의해서만 해석이 가능한 심볼들이 담겨 있다. arm-none-eabi-gcc는 C 코드를 머신 인스트럭션으로 컴파일 가능하며, 각기 다른 여러 타깃을 위한 CPU 최적화를 수행한다.

ARM 아키텍처를 위한 GCC 백엔드는 CPU에 맞는 올바른 인스트럭션을 선택하기 위한 몇 가지 머신 특화 옵션과 머신 특화 최적화 매개변수를 지원한다.

다음 표는 GCC 백엔드에서 -m 플래그로 사용 가능한 ARM 특화 머신 옵션을 나열한다.

옵션	설명
–marm/–mthumb	ARM 또는 Thumb 인스트럭션 세트를 선택한다.
–march=name	제품군 아키텍처 이름을 선택한다(예: armv7).
–mtune=name	GCC가 최적화를 할 CPU 이름을 선택한다(예: cortex-m3).
–mcpu=name	최적화 및 아키텍처를 위한 CPU 이름을 선택한다(–march와 –mtune을 동시에 사용하는 것 대신에 쓸 수 있다).

일반 ARM Cortex M4와 호환되는 코드를 컴파일하려면, 컴파일러가 호출될 때마다 -mthumb과 -mcpu=cortex-m4 옵션이 지정돼야 한다.

```
$ arm-none-eabi-gcc -c test.c -mthumb -mcpu=cortex-m4
```

이 컴파일 단계의 결과물인 test.o 파일은 호스트 gcc로 같은 소스에서 컴파일된 것과는 매우 다르다. 두 오브젝트 파일 대신에 중간 어셈블리 코드를 비교한다면 차이점이 더 도드라질 것이다. 컴파일러에 -S 옵션을 사용하면, 어셈블리 오브젝트 대신 중간 어셈블리 코드 파일을 생성할 수 있다.

호스트 GCC 컴파일러와 마찬가지로, 여러 수준의 최적화가 가능하다. 경우에 따라서는 더 작은 오브젝트 파일을 생성하기 위해 크기 최적화를 활성화하는 것이 좋다. 그러나 개발 중에는 디버깅을 하기 위해, 최적화되지 않은 이미지가 플래시에 더 맞을 수도 있다. 컴파일러가 코드의 실행 순서를 변경하고, 몇몇 변수는 숨겨버릴 수도 있어서, 최적화된 코드 흐름이 더 추적하기 어렵기 때문이다. 원하는 최적화 수준을 선택하기 위해 최적화 매개변수를 명령줄에 제공할 수 있다.

옵션	효과
-O0	최적화하지 마라(최적화를 끈다).
-O1	성능을 위한 최적화를 한다.
-O2	최적화를 좀 더 한다.
-O3	최고 수준의 성능 최적화를 한다.
-Os	크기를 최적화한다.

디버깅과 프로토타입 개발 시에 자주 사용되는 또 다른 GCC 명령줄 옵션 중 하나는 -g 플래그다. 이 플래그는 컴파일러로 하여금 최종 오브젝트에 디버깅 관련 데이터를 유지하도록 지시한다. 이는 디버거에서 수행 중일 때, 함수와 변수에 대한 읽기 가능한 핸들handle로의 접근을 가능하게 하기 위해서다.

베어메탈 애플리케이션에서 실행하는 컴파일러에 알리기 위해서는 -ffreestanding 명령줄 옵션이 사용된다. GCC 자르곤jargon에서 freestanding 환경은 링크 단계에서 표준 라이브러리의 부족 가능성으로 정의된다. 또한 다른 무엇보다도 가장 중요한 것은 이 옵션이 컴파일러에게 프로그램의 진입점으로 메인 함수를 사용하거나, 실행의 시작 전에 프리앰블preamble 코드를 제공하리라 기대하지 말 것을 알려준다는 점이다. 이 옵션은 임베디드 플랫폼을 위한 코드를 컴파일할 때 필요하다. 이것이 4장 '부트업 과정'에 서술된 부트 메커니즘을 활성화하기 때문이다.

GCC 프로그램은 여기서 간단히 소개한 것보다 훨씬 더 많은 명령줄 옵션을 제공한다. 제공된 기능에 대한 더 자세한 정보를 보길 원한다면, GNU GCC 매뉴얼(https://gcc.gnu.org/onlinedocs/)을 살펴보길 바란다.

Make를 사용하는 자동화 빌드에 크로스 컴파일 툴체인을 통합하기 위해서는 makefile 일부를 변경해야 한다.

개발 호스트에 툴체인이 올바르게 설치되어 있고 실행 경로에 접근이 가능하다고 가정해보자. makefile 내의 CC Make 변수를 사용해 기본 컴파일러 명령을 변경할 수 있다.

```
CC=arm-none-eabi-gcc
```

실행 시에 필요한 사용자 정의 명령줄 옵션은 **CFLAGS** 변수를 통해 내보내질^{export} 수 있다.

```
CFLAGS=-mthumb -mcpu=cortex-m4 -ffreestanding
```

CC와 **CFLAGS** 같은 기본 makefile 변수를 사용하면, 암묵적인 makefile 규칙을 활성화한다. 즉, 같은 이름을 갖는 C 소스와 사용자 정의 컴파일러 한경설정을 통해 오브젝트 파일을 빌드한다.

컴파일러 컴파일

여러 특정 타깃과 호스트 머신을 대상으로 하는 GCC 툴체인의 바이너리 배포를 내려받을 수 있다. ARM Cortex-M 마이크로프로세서용 코드를 컴파일하기 위해, 대부분의 GNU/리눅스 배포판에 arm-none-eabi 툴체인이 준비되어 있다. 그러나 몇몇 경우에는 전체 툴체인을 소스에서 빌드하는 편이 더 나을 수도 있다. 예를 들면 자주 사용되는 개발 환경을 위한 바이너리 포맷이 아직 제공되지 않거나, 존재하지 않는 특정 타깃을 위한 컴파일러가 필요할 때 말이다. 이 프로세스를 통해 도구를 빌드하는 데 필요한 다양한 구성요소를 더 잘 이해할 수 있다.

crosstool-NG는 오픈소스 프로젝트다. 이는 툴체인의 생성 프로세스를 자동화하기 위한 여러 스크립트로 구성되어 있다. 이 도구는 각각의 모든 구성요소를 위해 선택된 버전을 받아서, 바이너리 형태로 재배포가 가능한 툴체인의 아카이브^{archive}를 만든다. 일반적으로 이 작업은 필요치 않지만, 특정 구성요소, 예를 들면 툴체인에 최종적으로 통합된 C 라이브러리 같은 특정 구성요소를 위한 소스 수정이 필요할 때는 유용하다. crosstool-NG 내에서 새 환경설정을 생성하는 것은 매우 쉽다. 이 환경설정기^{configurator}에 감사하자. 이는 리눅스 커널 **menuconfig**를 기반으로 제작됐다. crosstool-NG를 설치하고 나면, 환경설정기를 다음과 같이 호출할 수 있다.

```
$ ct-ng menuconfig
```

일단 환경설정이 생성되고 나면 빌드 프로세스를 시작할 수 있다. 여기서 구성요소를 모두 받고, 패치[patch]하고, 툴체인을 빌드해야 하기 때문에, 호스트 머신의 속도나 인터넷 연결에 따라 수 분이 걸린다. 빌드 프로세스는 다음과 같이 시작할 수 있다.

```
$ ct-ng build
```

일반적으로 사용되는 툴체인을 컴파일하기 위해, 사전 정의된 환경설정을 사용할 수 있다. 이는 대부분 리눅스를 구동하는 타깃에 해당된다. 리눅스 타깃을 위한 툴체인을 컴파일할 때, 선택해야 할 몇 가지 C 라이브러리가 있다. 이 경우, 베어메탈 툴체인을 원하기 때문에 newlib이 기본 선택지다. uClibc나 musl 같은 라이브러리도 C 표준 라이브러리의 일부를 제공한다. newlib 라이브러리는 소형 크로스 플랫폼 C 라이브러리로, 보드상에 운영체제가 없는 임베디드 시스템을 위해 설계됐다. 그리고 이는 다수의 GCC 배포판에서 기본 값으로 제공된다. 여기에는 ARM이 배포한 arm-none-eabi 크로스 컴파일러도 포함된다.

실행 파일 링크

ELF 파일을 생성하는 데 있어 링크는 마지막 단계다. 크로스 컴파일 GCC는 모든 오브젝트 파일을 그룹 짓고, 심볼 간 의존성을 해결한다. -T 파일명 옵션을 명령줄에 전달함으로써, 링커는 파일명에 포함된 사용자 정의 스크립트로 프로그램을 위한 기본 메모리 레이아웃을 교체한다.

링커 스크립트는 타깃에서 메모리 섹션의 서술을 담은 파일이다. 이는 링커가 플래시의 올바른 위치에 심볼을 위치시키고, 코드가 참조할 수 있는 메모리 매핑 영역의 특수 위치에 대해 소프트웨어 구성요소에 지시하기 위해 사전에 알고 있어야 하는 정보다. 이 파일은 .ld 확장자로 식별된다. 경험상, 모든 컴파일된 오브젝트 하나하나로부터의 모든 심볼은 최종 실행 이미지의 섹션에 그룹 지어진다.

스크립트는 C 코드와 상호작용할 수 있고, 스크립트에 정의된 심볼을 내보낼 수 있다. 그리고 심볼과 관련된 GCC 특화 속성을 사용해 코드에 제공된 표시를 따른다. GCC에 의해 제공되는 __attribute__ 키워드는 심볼 정의 앞에 넣어서, 각 심볼을 위한 GCC 특화 비표준 속성을 활성화한다.

몇몇 GCC 속성은 다음에 관해서 링커와 통신하는 데 사용될 수 있다.

- 같은 이름을 갖는 심볼로 덮어쓸 수 있는 약한^{weak} 심볼
- 링커 스크립트에 정의된 ELF 파일의 특정 섹션에 저장돼야 하는 심볼
- 암시적으로 사용된 심볼. 이는 코드의 어디에서도 참조되지 않음으로 인해 링커가 심볼을 무시하는 것을 방지한다.

weak 속성은 약한 심볼을 정의하는 데 사용되며, 약한 심볼은 같은 이름을 통해 다른 정의를 내림으로써 코드 내의 어디에서든 덮어쓸 수 있는 심볼이다. 예를 들어, 다음 정의를 고려해보자.

```
void __attribute__(weak) my_procedure(int x) { /* 아무것도 하지 않는다. */ }
```

이 경우 위 프로시저는 아무것도 하지 않도록 정의됐다. 그러나 이는 같은 이름을 사용해 다시 한번 정의함으로써 코드의 어디에서든지 오버라이드^{override}할 수 있다. 다만 이번에는 weak 속성이 필요 없다.

```
void my_procedure(int x) { y = x; }
```

링커 단계는 최종 실행 파일이 정의된 각 심볼(속성이 없는)의 복제본을 하나씩 갖도록 보장한다. 이 메커니즘은 코드상에서 같은 기능이라도 서로 다른 구현이 가능케 하는데, 링

크 단계에서 각기 다른 오브젝트 파일을 포함함으로써 대체할 수 있게 한다. 이는 서로 다른 타깃에 이동성 있는 코드를 작성할 때 특히 유용하다. 여전히 같은 추상화 정도를 유지하면서 말이다.

ELF 서술 내에 필요한 기본 섹션과 더불어, 특정 심볼(함수나 변수 등)을 고정된 메모리 주소에 저장하기 위해 사용자 정의 섹션도 추가될 수 있다. 이는 소프트웨어 자체와는 다른 시간에 업로드되는 플래시 페이지의 시작 부분에 데이터를 저장할 때 유용한데, 타깃별 설정을 위한 경우가 바로 그런 경우다.

심볼을 정의할 때 사용자 정의 GCC 속성인 section을 사용하면, 최종 이미지의 요구되는 위치에 심볼을 위치시킬 수 있다. 섹션은 링커에 위치시킬 엔트리가 존재하는 한 사용자 정의 이름을 가질 수 있다. section 속성은 다음과 같이 심볼 정의에 추가할 수 있다.

```
const uint8_t
__attribute__((section(".keys")))
private_key[KEY_SIZE] = {0};
```

이 예제에서 배열은 .keys 섹션에 위치된다. 이 섹션은 링커 스크립트에서도 그 엔트리가 필요하다.

링커가 사용되지 않은 심볼을 최종 이미지에서 제거한다는 것은 좋은 사례가 된다. 특히 임베디드 애플리케이션에 의해 완전히 활용되지 않는 서드파티third-party 라이브러리를 사용할 때 더욱 그렇다. 이는 GCC에서 링커의 가비지 컬렉터garbage collector에 의해 이뤄지는데, -gc-sections 명령줄 옵션으로 활성화할 수 있다. 이 플래그가 제공되면, 코드 내에서 사용되지 않은 섹션은 자동으로 버려진다. 그리고 사용되지 않은 심볼은 최종 이미지에서 빠질 것이다.

링커가 특정 섹션과 관련된 심볼을 버리는 것을 막으려면, used 속성을 이용해 심볼이 암시적으로 프로그램에 의해 사용된다는 것을 표시해야 한다. 같은 선언 내에서 콤마를 이용하면 다음과 같이 여러 개의 속성을 함께 나열할 수 있다.

```
const uint8_t
__attribute__((used,section(".keys")))
private_key[KEY_SIZE] = {0};
```

이 예제에서 속성은 private_key 배열이 .keys 섹션에 속해 있다는 것과 링커 가비지 컬렉터에 의해 버려지지 않아야 한다는 것(used로 표시되어 있기 때문에) 모두를 가리킨다.

임베디드 타깃을 위한 간단한 링커 스크립트는 적어도 두 섹션이 RAM과 FLASH 매핑에 관련이 있음을 정의한다. 그리고 사전 정의된 몇몇 심볼을 내보내서, 툴체인의 어셈블러로 하여금 메모리 영역에 대해 인지하게 한다. GNU 툴체인을 기반으로 한 베어메탈 시스템은 보통 MEMORY 섹션으로 시작한다. 이는 시스템에서 각기 다른 두 영역의 매핑에 대해 서술한다.

```
MEMORY {
    FLASH(rx) : ORIGIN = 0x00000000, LENGTH=256k
    RAM(rwx) : ORIGIN = 0x20000000, LENGTH=64k
}
```

위의 코드 조각은 이 시스템에서 두 메모리 영역이 사용되고 있음을 서술한다. 첫 블록은 256k가 FLASH에 r 및 x 플래그와 함께 매핑됐음을 나타낸다. 이 플래그는 이 영역이 읽기와 실행 동작이 가능하다는 것을 가리킨다. 이는 읽기 전용 속성을 전체 영역에 강제하고, 기타 다른 변형 섹션이 여기에 위치할 수 없음을 보증한다. 반면에 RAM은 쓰기 모드로 직접 접근이 가능하다. 즉, 변수들이 이 영역의 섹션에 위치할 것이라는 뜻이다. 위의 예에서 타깃은 FLASH를 주소 공간의 첫 부분에 매핑하며, RAM은 512MB를 시작으로 위치시킨다. 각 타깃은 고유의 주소 공간 매핑 및 플래시/RAM 크기를 갖는다. 따라서 링커 스크립트는 완벽하게 타깃에 특화된다.

2장 초반에서 .text와 .rodata ELF 섹션은 읽기로만 접근이 가능하다고 했다. 따라서 FLASH 영역에 안전히 저장될 수 있다. 이들은 타깃이 구동 중에는 수정되지 않을 것이기 때문이다. 반면에, .data와 .bss는 RAM에 매핑돼야 한다. 즉, 이들은 수정이 가능하다는 뜻이다.

메모리상의 특별한 위치에 추가 섹션이 저장돼야 하는 경우에, 사용자 정의 섹션도 스크립트에서 추가될 수 있다. 링커 스크립트는 또한 메모리상의 특정 위치나 동적인 크기의 섹션에 관련된 심볼을 내보낼 수 있다. 이들은 외부 심볼로서 참조되거나 C 코드 내에서 접근이 가능하다.

링커 스크립트 구문의 두 번째 블록은 SECTIONS라 불린다. 이는 정의된 메모리 영역의 특정 위치에 섹션의 할당을 포함한다. 이 스크립트 내에 변수와 관련된 마침표(.) 심볼은 메모리 영역에서의 현재 위치를 나타낸다. 즉, 더 낮은 사용 가능 주소에서부터 점진적으로 쌓인다. 각 섹션은 매핑돼야 할 영역을 지정해야 한다. 다음 예제는 바이너리 실행 파일을 수행하기에는 여전히 불완전하지만, 링커 스크립트를 사용해 각기 다른 섹션이 어떻게 배포되는지 보여준다. .text와 .rodata 섹션은 플래시 메모리에 매핑된다.

```
SECTIONS {
    /* 텍스트 섹션(코드와 읽기 전용 데이터) */
    .text :
{
    . = ALIGN(4);
    _start_text = .;
    *(.text*) /* 코드 */
    . = ALIGN(4);
    _end_text = .;
    *(.rodata*) /* 읽기 전용 데이터 */
    . = ALIGN(4);
    _end_rodata = .;
} > FLASH
```

수정 가능한 섹션은 RAM에 매핑되는데, 여기서 두 가지 특별한 경우를 알아둬야 한다.

AT 키워드는 링커에 로드[load] 주소를 가리키는 데 사용된다. 이는 .data에 저장된 변수의 본래의 값이 있는 영역이다. 실행 시에 사용된 실제 주소는 각기 다른 메모리 구역에 위치한다. .data 섹션을 위한 로드 주소와 가상 주소에 대해 더 자세히 알고 싶다면 4장 '부트업 과정'을 참고하라.

.bss 섹션을 위해 사용된 NOLOAD 속성은, 이 섹션을 위해서는 ELF 파일 내에 사전 정의된 그 어떤 값도 저장되어 있지 않음을 보장한다. 초기화되지 않은 전역 및 정적 변수는 링커에 의해 RAM 영역(링커에 의해 할당된다)에 매핑된다.

```
_stored_data = .;
.data: AT(__stored_data)
{
    . = ALIGN(4);
    _start_data = .;
    *(.data*)
    . = ALIGN(4);
    _start_data = .;
} > RAM

.bss (NOLOAD):
{
    . = ALIGN(4);
    _start_bss = .;
    *(.bss*)
    . = ALIGN(4);
    _end_bss = .;
} > RAM
}
```

링커에게 특정 섹션을 최종 실행 파일에 두도록 강제하기 위한(링커 가비지 컬렉터로 인해 삭제되지 않게 하려면) 다른 방법은 섹션에 KEEP 인스트럭션을 사용하는 것이다. 이전에 언급한 __attribute__((used)) 메커니즘의 대안임을 알아두자.

```
.keys :
{
    . = ALIGN(4);
```

```
    *(.keys*) = .;
    KEEP(*(.keys*));
} > FLASH
```

이는 유용하기도 하고, 보통 타당하다. 링커는 .map 파일을 결과 바이너리와 함께 생성한다. 이는 -Map=파일명 옵션을 링크 단계에 추가하면 가능하다.

```
$ arm-none-eabi-ld -o image.elf object1.o object2.o -T linker_script.ld
-Map=map_file.map
```

맵 파일은 섹션별로 그룹 지어진 모든 심볼의 위치와 서술을 포함한다. 이는 유용한 심볼이 환경설정의 잘못으로 인해 실수로 버려지지 않음을 검증하고, 이미지 내에서 심볼의 특정 위치를 찾을 때 유용하다.

크로스 컴파일 툴체인은 문자열 조작이나 표준 타입 선언 같은 일반적인 기능을 위해 표준 C 라이브러리를 제공한다. 이들은 실질적으로 운영체제의 애플리케이션 공간에서 사용 가능한 라이브러리 호출의 일부로, 여기에는 표준 입출력 함수도 포함된다. 이러한 함수의 백엔드 구현은 주로 애플리케이션이 담당한다. 따라서 printf처럼 하드웨어와 상호작용이 필요한 라이브러리로부터의 함수 호출은, 쓰기 함수가 장치나 주변장치에 최종 전송을 제공하는 라이브러리 밖에서 구현된다는 것을 의미한다.

백엔드 쓰기 함수의 구현은 임베디드 애플리케이션을 위해 표준 출력으로 동작할 채널이 무엇인지 결정한다. 링커는 내장 newlib 구현을 이용해, 표준 라이브러리 호출과 관련된 의존성을 자동으로 해결할 수 있다. 표준 C 라이브러리 심볼을 링크 프로세스에서 제외하고 싶다면, -nostdlib 옵션을 링크 단계에서 GCC에 전달될 옵션에 추가하면 된다.

바이너리 포맷 변환

바이너리 포맷에 모든 컴파일된 심볼이 포함되어 있음에도 불구하고, ELF 파일은 그 내용에 대한 서술과 파일 내의 섹션 시작 위치를 가리키는 포인터를 갖는 헤더를 선두에 둔다. 이러한 정보가 임베디드 타깃에서 실행 시에 모두 필요한 것은 아니다. 따라서 링커에 의해 생성된 ELF 파일은 평문plain 바이너리 파일로 변환돼야 한다. 툴체인의 도구인 objcopy는 한 표준 포맷에서 다른 포맷으로 변환하게 해준다. 일반적으로는 심볼의 대체 없이 ELF를 원시raw 바이너리 이미지로 변환한다. 이미지를 ELF에서 바이너리 포맷으로 변환하기 위해서는 다음과 같이 호출하라.

```
$ arm-none-eabi-objcopy -I elf -O binary image.elf image.bin
```

위 명령은 본래 ELF 실행 파일에 포함되어 있는 심볼로부터 새 파일 image.bin을 생성한다. 새 파일은 타깃에 업로드가 가능하다.

보통 서드파티 도구를 이용해 타깃에 직접 업로드하는 것이 옳지 않을지도 모르지만, 디버거를 통해 심볼을 로드하거나 플래시 주소로 이들을 업로드할 수가 있다. 본래 ELF 파일은 GNU 툴체인에 포함된 다른 진단 도구(nm과 readelf 등)를 위해서도 유용하다. 이것이 각 모듈에 있는 심볼을 타입과 바이너리 이미지 내의 관련된 주소와 함께 표시해주기 때문이다. 게다가, 최종 이미지 또는 단일 오브젝트 파일에 objdump 도구를 사용함으로써 이미지에 대한 여러 자세한 정보를 얻을 수 있다. 여기에는 -d 디스어셈블 옵션을 이용한 전체 어셈블리 코드의 시각화도 포함된다.

```
arm-none-eabi-objdump -d image.elf
```

▎ 타깃과의 상호작용

개발을 목적으로 할 경우, 임베디드 플랫폼은 보통 JTAG 또는 SWD 인터페이스를 통해 접근한다. 이러한 통신 채널을 통해 타깃의 플래시에 소프트웨어를 업로드하고, 온칩on-chip 디버그 기능에 접근할 수 있다. 여러 마켓에서 보면 호스트의 USB를 통해 제어가 가능한 JTAG/SWD 어댑터가 여럿 존재한다. 몇몇 개발 보드는 USB를 통해 호스트와 연결하는 JTAG 채널을 제어하는 칩을 추가로 갖추고 있다.

타깃의 JTAG/SWD 기능에 접근할 수 있는 강력한 오픈소스 도구가 있는데, 바로 **오픈 온 칩 디버거**^{OpenOCD, Open On-Chip Debugger}다. 일단 설정이 되고 나면, 로컬 소켓을 생성해 명령 콘솔이나 디버거 프론트엔드와 상호작용하기 위해 사용이 가능하다. 몇몇 개발 보드에는 핵심 CPU와 통신하기 위한 추가 인터페이스가 갖춰져 있다. 예를 들면, ST마이크로일렉트로닉스^{STMicroelectronics}는 Cortex-M을 위한 개발 보드에 **ST-Link**라 불리는 칩 기술을 빼고는 제작하지 않는다. 이 기술은 직접적인 디버깅 접근과 플래시 조작 기능을 허용한다. 이러한 유연한 백엔드 덕분에, OpenODC는 각기 다른 전송 타입 및 물리 인터페이스를 이용해 이러한 장치와 통신할 수 있다. 여기에는 ST-Link와 기타 프로토콜이 포함된다. 여러 보드들이 지원되며, 다수의 환경설정 파일을 OpenOCD에서 찾을 수 있다.

시작 시에 OpenOCD는 두 로컬 TCP 서버 소켓을 미리 설정된 포트에 여는데, 이는 타깃 플랫폼과의 통신 서비스를 제공한다. 한 소켓은 텔넷^{Telnet}을 통해 접근 가능한 명령 콘솔을 제공하고, 다른 소켓은 원격 디버깅에 사용되는 GDB 서버로, 다음 절에서 설명할 것이다.

STM32F746-Discovery 타깃을 위해 OpenOCD를 설정하고자 한다면, 다음과 같은 openocd.cfg 환경설정 파일을 사용할 수 있다.

```
telnet_port 4444
gdb_port 3333
source [find board/stm32f7discovery.cfg]
```

source 지시자를 이용해 openocd.cfg로부터 가져온 보드 특화 환경설정 파일은 OpenOCD로 하여금 ST-Link 인터페이스를 이용해 타깃과 통신하게 하고, 모든 CPU 특화 옵션을 설정한다.

주 환경설정 파일에 지정된 telnet_port와 gdb_port를 이용한 두 포트는 OpenOCD로 하여금 리스닝^{listening} TCP 소켓을 열도록 한다.

첫 소켓은 보통 모니터 콘솔로 여겨지며, 로컬 4444 TCP 포트로 연결하면 접속할 수 있다. 명령줄에서 텔넷 클라이언트를 이용할 수 있다.

```
$ telnet localhost 4444
Open On-Chip Debugger
>
```

초기화, 플래시 삭제, 이미지 전송을 위한 OpenOCD 지시자의 순서는 다음과 같다.

```
> init
> halt
> flash probe 0
```

이 절차는 소프트웨어 이미지의 시작점에서 멈춘다. probe 명령 이후에 플래시가 초기화되며, OpenOCD는 몇 가지 정보를 출력할 것이다. 여기에는 플래시에 쓰기 위한 매핑된 주소가 포함된다. 다음은 STM32F746과 관련된 정보다.

```
device id = 0x10016449
flash size = 1024kbytes
flash "stm32f2x" found at 0x08000000
```

다음 명령을 이용하면 플래시의 지오메트리^{geometry}를 얻을 수 있다.

```
> flash info 0
```

STM32F746에서는 다음과 같이 보인다.

```
#0 : stm32f2x at 0x08000000, size 0x00100000, buswidth 0, chipwidth 0
# 0: 0x00000000 (0x8000 32kB) not protected
# 1: 0x00008000 (0x8000 32kB) not protected
# 2: 0x00010000 (0x8000 32kB) not protected
# 3: 0x00018000 (0x8000 32kB) not protected
# 4: 0x00020000 (0x20000 128kB) not protected
# 5: 0x00040000 (0x40000 256kB) not protected
# 6: 0x00080000 (0x40000 256kB) not protected
# 7: 0x000c0000 (0x40000 256kB) not protected
STM32F7[4|5]x - Rev: Z
```

이 플래시는 8개의 섹터를 갖는다. OpenOCD 타깃이 이를 지원한다면, 콘솔에서 다음 명령을 보내면 플래시는 완전히 지워질 것이다.

```
> flash erase_sector 0 0 7
```

일단 플래시 메모리가 지워지면, flash write_image 지시자를 이용해 링크되고 원시 바이너리 포맷으로 변환된 소프트웨어 이미지를 업로드할 수 있다. 원시 바이너리 포맷은 매핑 영역에 있는 목적지 주소에 대한 정보는 아무것도 갖고 있지 않기 때문에, 다음과 같이 마지막 인수로 플래시 내의 시작 주소를 반드시 전달해야 한다.

```
> flash write_image /path/to/image.bin 0x08000000
```

플래시 삭제나 갱신된 이미지를 업로드하는 등 특정 동작을 위해 필요한 모든 단계를 자동화하기 위해, 위 지시자를 openocd.cfg 파일이나 다른 환경설정 파일에 추가할 수 있다.

몇몇 하드웨어 생산자들은 장치와 소통하기 위한 고유의 도구 모음을 제공한다. ST마이크로일렉트로닉스 기기는 ST-Link 유틸리티를 이용해 프로그래밍이 가능하다. 이는 오픈소스 프로젝트로, 플래시 도구(st-flash)와 GDB 서버 부분(st-util)을 포함한다. 어떤 플랫폼은 대체 포맷이나 바이너리 전송 절차를 수행할 수 있는 내장 부트로더를 포함한다. 가장 일반적인 예는 **장치 펌웨어 업그레이드**^{DFU, Device Firmware Upgrade} 로, USB를 통해 타깃에 펌웨어를 배포하는 방법이다. 호스트 부분의 레퍼런스 구현은 dfu-util이며, 이는 자유 소프트웨어 도구다.

각 도구가 일반적이든 특수한 것이든 개발 도구에 각기 다른 인터페이스를 제공하더라도, 장치와의 소통 및 코드 디버깅을 위한 인터페이스 제공이라는 공통적인 목적을 갖고 있다.

GDB 세션

작업 중인 프로젝트의 복잡성과는 관계없이, 대부분의 개발 시간은 소프트웨어가 뭘 하는지 또는 무엇이 잘못됐는지, 왜 처음 작성한 대로 소프트웨어가 생각한 것처럼 동작하지 않는지 등을 이해하는 데 소비된다. 디버거는 툴체인의 도구 중 가장 강력한 도구다. 이는 직접 CPU와 소통할 수 있게 해주며, 중단점을 위치시킬 수 있고, 인스트럭션마다의 실행 흐름을 제어할 수 있게 하며, CPU 레지스터의 값, 로컬 변수, 메모리 영역을 확인할 수 있게 해준다. 디버거에 대한 이해가 깊을수록, 어떤 일이 벌어지는지 알아내는 데 소요되는 시간이 줄어든다. 또한 버그와 취약점 사냥을 좀 더 수월하게 할 수 있다.

arm-none-eabi 툴체인은 원격 타깃의 메모리와 레지스터 레이아웃을 해석할 수 있는 GDB를 포함한다. 이는 임베디드 플랫폼과 통신할 수 있는 백엔드로 제공된 호스트 GDB의 인터페이스와 같은 인터페이스로 접근이 가능하다. GDB 서버 프로토콜을 통해 타깃과의 소통을 제공하는 OpenOCD나 그 비슷한 호스트 도구를 통해서 말이다. 이전에 서술했듯이, OpenOCD는 GDB 서버 인터페이스를 제공하도록 설정이 가능하다. 여기서 제안하는 환경설정은 포트 3333을 사용하는 것이다.

arm-none-eabi-gdb를 시작한 이후, GDB target 명령을 이용해 실행 중인 도구에 접속해야 할 것이다. OpenOCD가 구동 중일 때 GDB 서버로의 접속은 target 명령을 통해 다음과 같이 수행할 수 있다.

```
> target remote localhost:3333
```

모든 GDB 명령은 축약이 가능하다. 따라서 다음과 같이 사용할 수도 있다.

```
> tar rem :3333
```

연결되고 나면, 타깃은 실행을 멈출 것이다. 이는 GDB가 현재 수행 중인 상태의 인스트 럭션, 스택 트레이스$^{stack\ trace}$, CPU 레지스터의 값 등에 대한 정보를 얻을 수 있게 한다.

이 시점에서부터 디버거 인터페이스는 실시간으로 코드를 한 줄 한 줄 살펴보고, 중단점 과 감시점을 위치시키며, CPU 레지스터와 쓰기 가능 메모리 영역을 조사하고 대체하는 데 사용될 수 있다.

GDB는 그 명령줄 인터페이스를 완전하게 활용 가능하다. 즉, 실행을 중지하거나 재개 하고, 메모리와 레지스터에 접근하는 등의 단축키와 명령을 사용할 수가 있다.

아래의 참조 표는 디버그 세션에서 사용 가능한 몇 가지 GDB 명령을 나열하고, 그 사용 법을 간단히 설명한다.

명령	설명
file name	호스트 파일시스템의 ELF 파일에서 전체 심볼을 로드(load)한다. 해당 ELF 파일이 GCC –g 옵션을 사용해 컴파일됐다면, 디버깅을 하기 위한 모든 데이터를 포함하고 있을 것 이다.
load	현재 로드된 심볼을 타깃으로 업로드(upload)한다. 디버그 세션 동안 새 버전의 소프트 웨어를 플래시(flash)하기 위해 사용한다.
mon	플랫폼 특화 모니터에 접근하기 위한 명령이다. OpenOCD 모니터 인터페이스는 mon reset과 mon init 같은 명령을 제공해, 코어의 전력 재시작이나 실행 초기화를 제공한다.
break(b) b function_name b line_number b file.c:line_num b address	코드의 지정된 위치에 중단점을 넣는다. 이 위치는 각기 다른 방식으로 지정할 수 있다. 중단점을 포함한 인스트럭션에 실행이 도달하게 되면, CPU는 일시적으로 멈추고, 조사 를 위해 디버거에 제어권이 반환된다.

명령	설명
watch(w) address	break와 비슷하지만, 중단점을 코드의 특정 위치에 위치시키는 대신에, 주어진 주소의 메모리 변수를 관찰하고, 값이 변경되면 그 실행을 가로챈다. 코드에서 지정된 값이 메모리에서 변경됐는지 추적하는 데 유용하다.
info b	현재 디버그 세션 내에 설정된 중단점과 감시점에 대한 정보를 제공한다.
delete(d) n	중단점 n을 제거한다.
print(p) ...	변수의 값 또는 변수와 메모리 주소를 이용해 평가가 가능한 C 표현식을 조사한다.
display ...	print와 비슷하지만, 디버거로 제어권이 반환될 때마다 표현식의 값이 초기화된다. 코드를 차근차근 살펴보는 동안 변경점을 추적하는 데 유용하다.
next(n)	다음 인스트럭션을 실행한다. 다음 인스트럭션이 함수 호출이면, 자동 중단점을 함수 반환에 위치시키고, 호출된 함수가 반환되는 경우에만 디버거에 제어권을 넘긴다.
step(s)	다음 인스트럭션을 실행한다. 다음 인스트럭션이 함수 호출이면, 자동 중단점을 함수 반환에 위치시키고, 호출된 함수가 반환되는 경우에만 디버거에 제어권을 넘긴다.
stepi(si)	step과 비슷하지만, 생성된 전체 C 코드 대신에 다음 머신 인스트럭션만 실행한다. 단일 머신 인스트럭션마다 밟아나갈 때 유용하다.
continue(c)	현재 위치에서부터 타깃의 실행을 재개한다. 중단점을 만나게 되거나 GDB 콘솔에서 Ctrl + C 버튼을 누르면, 디버거로 제어권을 넘긴다.
set var=... set $cpu_reg=...	원하는 변수(또는 표현식의 결과)를 변수나 CPU 레지스터로 할당한다. 이때 레지스터는 $ 기호를 사용해 참조한다.
backtrace(bt)	스택의 내용을 역순으로 조사한다. 여기에는 현재 위치로의 호출 트레이스(call trace)가 포함된다.
up down	현재 호출 트레이스 내에서 스택 포인터를 이동한다. up을 사용하면 호출자의 내용을 바깥 함수로 변환하고, down을 이용하면 내부 함수로 교체한다.

GDB는 매우 강력하고 완벽한 디버거이며, 이 절에서 살펴본 명령들은 실제 잠재력에 비해 아주 작은 부분이다. 요구사항에 잘 맞는 명령 모음을 찾기 위해, 매뉴얼을 통해 GDB가 제공하는 다른 기능들도 탐험해볼 것을 권한다.

▌검증

디버깅 또는 단순한 결과물 분석만으로는 시스템의 동작을 검증하고 문제점 및 코드의 부작용을 식별하기에 충분하지 않을 수도 있다. 각기 다른 조건하의 전체 시스템 동작뿐만 아니라 단일 구성요소의 구현을 검증하기 위해 각기 다른 접근법을 취할 수 있다. 비록 몇 몇 경우에는 호스트 머신에서 결과물을 직접 측정할 수 있지만, 좀 더 특수하게는 완전히 같은 시나리오를 재현하거나 시스템 결과물에서 필요한 정보를 얻는 것은 어렵다.

좀 더 복잡하고 분산된 시스템의 통신 인터페이스와 네트워크 장치의 분석에 있어서는 외부 도구가 더 편할 수 있다. 단일 모듈은 시뮬레이터 또는 에뮬레이터 환경을 이용해 코드를 일부 수행함으로써, 타깃이 없는 테스트도 가능하다.

특정 시나리오를 위한 솔루션을 제시하기 위해 이번 절에서 여러 테스트, 검증 전략, 도구들을 고려해볼 것이다.

기능 테스트

코드를 작성하기 전에 테스트 케이스$^{test\ case}$를 작성하는 것은 일반적으로 현대 프로그래밍의 가장 좋은 관습으로 여겨진다. 테스트를 먼저 작성하는 것은 개발 단계의 속도를 높여줄 뿐만 아니라, 워크플로의 구조가 향상된다. 처음부터 명확하고 측정 가능한 목적을 설정함으로써, 단일 구성요소의 설계상 개념 취약점을 나타내기 어렵게 한다. 또한 모듈 간 명확한 분리를 도와준다. 좀 더 구체적으로 말하면, 임베디드 개발자가 직접 인터페이스를 통한 시스템의 동작이 정확한지 검증하는 절차를 줄여준다. 그러므로 **테스트 기반 개발**$^{TDD,\ test\text{-}driven\ development}$은 호스트 시스템으로부터 직접적으로 측정 가능한 원하는 결과를 얻을 수 있는 한 전체 시스템의 기능적 동작과 더불어 단일 구성요소의 검증을 위해 선호되는 접근법이다.

그러나 테스트가 보통 특정 하드웨어에 의존성을 야기하고, 때로는 임베디드 시스템의 출력이 특정 하드웨어 도구를 통하거나 매우 특별하고 특이한 사용 시나리오에서만 검증 가능하다는 점도 고려해야 한다. 이런 경우 보통의 TDD 패러다임은 적용 가능성이 낮아진다. 그리고 에뮬레이터 또는 유닛 테스트$^{unit\ test}$ 플랫폼 같은 통합 환경에서 가능한 한 많은 구성요소를 테스트할 수 있는 가능성을 주기 위한 프로젝트에서는 모듈 설계에서 이득을 보기 어려워진다.

테스트 작성은 보통 호스트 프로그래밍을 포함한다. 따라서 임베디드 소프트웨어가 실행 중이거나 타깃 중단점 사이를 진행 중인 디버깅 세션 중에도 동작 중인 타깃에 대한 정보를 얻을 수가 있다. 통신 인터페이스(UART 기반 직렬 포트 등)를 통해 즉시 결과물을 제공하도록 타깃을 구성해, 호스트가 바로 해석하게 할 수 있다. 고수준 인터프리터 프로그래밍 언어를 사용해 호스트에 테스트 도구를 작성하는 것이 더 편리할 수도 있다. 테스트 케이스를 더 잘 조직화하고, 그 결과를 정규 표현식을 사용해 해석하도록 쉽게 통합하도록 말이다. 파이썬Python, 펄Perl, 루비Ruby, 기타 비슷한 특성을 갖는 언어들이 보통 이러한 목적에 잘 맞는다. 또한 테스트 결과를 수집 및 분석하고, 지속 통합 엔진continuous integration engine과 상호작용하기 위해 설계된 라이브러리와 컴포넌트를 사용할 수 있다는 점도 좋다. 잘 조직화된 테스트와 검증 인프라스트럭처는 프로젝트의 안정성stability을 위해서는 그 어느 것보다 큰 역할을 한다. 모든 변경에 대해 기존의 모든 테스트가 반복적으로 실행되면서 바로 리그레션regression을 탐지할 수 있기 때문이다. 개발 중 모든 테스트 케이스를 지속적으로 수행하면, 예기치 않은 영향을 가능한 한 빠르게 탐지하면서 효율성이 향상될 뿐만 아니라 항상 개발 목적을 볼 수 있게끔 유지하는 데 도움이 된다. 실패의 횟수를 직접 측정할 수 있게 해줌으로써 말이다. 그리고 프로젝트 생애 중 어느 단계에서든 구성요소의 리팩토링refactoring을 좀 더 효과적으로 할 수 있게 해준다.

효율성이 핵심이다. 임베디드 프로그래밍은 몇 단계의 순환 프로세스들이 계속 반복되고, 개발자에게 필요한 접근법은 때에 따라 반응하는 것보다는 더 잘 예측하는 것이기 때문이다.

하드웨어 도구

임베디드 소프트웨어 개발자를 돕기 위해 꼭 필요한 도구가 있다면, 그것은 바로 로직 분석기logic analyzer다. 마이크로컨트롤러의 입력과 출력 신호를 탐지함으로써, 그 인터페이스 프로토콜 내에서 신호의 전기적 동작, 타이밍timing, 심지어는 단일 비트의 디지털 인코딩을 탐지할 수가 있다. 대부분의 로직 분석기는 유선 전압을 탐지함으로써 연속된 심볼의 디코딩 및 식별이 가능하다. 이는 프로토콜이 정확히 구현됐는지, 주변장치 및 네트워크 말단과의 통신이 계획과 일치하는지 검증하기 위한 가장 효율적인 방법이다. 비록 역사적으로는 단일한 고유 컴퓨터로만 사용 가능하지만, 로직 분석기는 USB 또는 이더넷 인터페이스를 사용해 호스트 머신에 접속하고 신호를 취하고 디코딩하기 위해 PC 기반 소프트웨어를 사용하는 전자기기 같은 형태로도 사용 가능하다. 이 프로세스의 결과는 해당 신호의 완전한 이산 분석^{discrete analysis}이며, 이는 일정 비율로 샘플링되어 화면에 시각화된다.

오실로스코프^{oscilloscope}를 통해서도 비슷한 작업을 수행할 수 있지만, 이산 신호를 다룰 때는 로직 분석기보다 좀 더 그 구성이 복잡하다. 그럼에도 불구하고, 오실로스코프는 아날로그 오디오나 라디오 수신기 통신 같은 아날로그 신호를 분석하는 데는 최고의 도구다. 작업에 따라, 각각을 사용하는 편이 더 나을 수 있다. 그러나 보통 로직 분석기의 가장 큰 이점은 이산 신호를 분석하는 데 좀 더 나은 통찰력을 준다는 것이다. 혼합 신호 로직 분석기는 간결한 오실로스코프의 유연성과 이산 신호 로직 분석에 대한 통찰력 사이의 적절한 타협점이 된다.

오실로스코프와 로직 분석기는 일반적으로 특정 시간 간격의 신호 활동을 캡처^{capture}하는 데 사용된다. 이를 실행 중인 소프트웨어와 동기화하는 것은 도전일 수도 있다. 이러한 신호를 계속 캡처하는 것 대신에, 캡처의 시작 지점을 물리적 사건과 동기화할 수 있다. 예를 들면, 디지털 신호가 처음 변경되는 것 또는 사전 설정된 임계점을 넘어서는 아날로그 신호와 같은 것 말이다. 이는 기기가 트리거^{trigger}를 사용해 캡처를 초기화하도록 구성함으로써 가능한데, 진행 중인 분석을 위해 관심 있는 시간만을 포함하도록 캡처된 정보임이 보장된다.

오프 타깃 테스트

개발의 속도를 높이는 또 다른 방법 중 하나는 실제 타깃과의 상호작용을 가능한 한 제한하는 것이다. 물론, 이것이 항상 가능하지는 않다. 특히 실제 하드웨어에서 테스트돼야 할 장치 드라이버를 개발할 때는 더욱 그렇다. 그러나 개발 머신상에서 직접 소프트웨어를 부분적으로 테스트하는 도구 및 방법론은 존재한다.

CPU에 특화되지 않은 코드는 호스트 머신 아키텍처에서도 컴파일되고 바로 실행이 가능하다. 그 환경이 실제 환경을 시뮬레이션하기에 적당히 추상화된 경우에는 말이다. 테스트하려는 소프트웨어는 단 하나의 함수만큼 작을 수도 있다. 이 경우에는 개발 아키텍처를 위해 특별히 작성된 유닛 테스트다. 유닛 테스트는 기본적으로 잘 알려진 입력을 쥐어주고 그 출력을 검증하는, 단일 컴포넌트의 동작을 검증하기 위한 작은 애플리케이션이다. 이러한 유닛 테스트 작성을 보조해주기 위해 리눅스 시스템에는 다양한 도구가 존재한다. check 라이브러리는 전처리기 매크로를 작성함으로써 유닛 테스트를 정의하기 위한 인터페이스를 제공한다. 그 결과는 작은 독립 애플리케이션으로, 코드가 변경될 때마다 호스트 머신에서 직접 실행이 가능하다. 테스트돼야 할 함수들에 의존적인 이러한 시스템의 구성요소는 mock을 이용해 추상화된다. 예를 들어, 다음 코드는 특정 이스케이프escape를 찾고 버린다. 직렬 라인 인터페이스로부터의 입력 **Esc** + **C**에서부터, 직렬 라인의 입력에서 \0 문자가 들어올 때까지 읽는다.

```c
int serial_parser(char *buffer, uint32_t max_len)
{
    int pos = 0;
    while (pos < max_len) {
        buffer[pos] = read_from_serial();
        if (buffer[pos] == (char)0)
            break;
        if (buffer[pos] == ESC) {
            buffer[++pos] = read_from_serial();
        if (buffer[pos] == 'c')
            pos = pos - 1;
        continue;
        pos++;
    }
    return pos;
}
```

check 테스트 스위트를 사용해 이 함수를 검증하는 유닛 테스트는 다음과 같은 형태일 것이다.

```
START_TEST(test_plain) {
    const char test0[] = "hello world!";
    char buffer[40];
    set_mock_buffer(test0);
    fail_if(serial_parser(buffer, 40) != strlen(test0));
    fail_if(strcmp(test0,buffer) != 0);
}
END_TEST
```

각 테스트 케이스는 START_TEST( )/END_TEST 블록 내에 포함이 된다. 그리고 각기 다른 초기화 환경설정을 제공한다.

```
START_TEST(test_escape) {
    const char test0[] = "hello world!";
    const char test1[] = "hello \033cworld!";
    char buffer[40];
    set_mock_buffer(test1);
    fail_if(serial_parser(buffer, 40) != strlen(test0));
    fail_if(strcmp(test0,buffer) != 0);
}
END_TEST

START_TEST(test_other) {
    const char test2[] = "hello \033dworld!";
    char buffer[40];
    set_mock_buffer(test2);
    fail_if(serial_parser(buffer, 40) != strlen(test2));
    fail_if(strcmp(test2,buffer) != 0);
}
END_TEST
```

첫 번째 test_plain 테스트는 이스케이프 문자가 없는 문자열이 올바르다고 해석됨을 보장한다. 두 번째 테스트는 이스케이프 시퀀스가 스킵skip됨을 보장한다. 세 번째는 출력 버퍼에 의해 비슷한 이스케이프 문자열이 손대지 않은 채로 남겨져 있음을 검증한다. 직렬 통신은 본래의 serial_read 기능을 대체하는 mock 함수를 이용해 시뮬레이션되는데, 타깃에서 코드가 수행될 때 드라이버에 의해 제공된다. 이는 set_serial_buffer 헬퍼helper 함수를 사용해 재초기화가 가능한 상수 버퍼를 갖는 파서parser를 제공하는 간단한 mock이다. mock 코드는 다음과 같다.

```
static int serial_pos = 0;
static char serial_buffer[40];

char read_from_serial(void) {
    return serial_buffer[serial_pos++];
}

void set_mock_buffer(const char *buf)
{
    serial_pos = 0;
    strncpy(serial_buffer, buf, 20);
}
```

유닛 테스트는 코드의 질을 높이는 데 매우 유용하다. 그러나 이러한 높은 수준의 코드를 이루는 데는 프로젝트의 경제성 면에서 많은 시간과 자원이 소비된다. 기능 테스트 역시 개발 환경에서 직접 실행이 가능하다. 함수들을 독립 모듈로 그룹화하고, 특정 테스트 케이스를 위한 mock보다는 좀 더 복잡한 시뮬레이터를 구현함으로써 말이다. 직렬 파서 예에서는 호스트 머신의 각기 다른 직렬 드라이버 위에서 전체 애플리케이션 로직을 테스트하는 것이 가능할 것이다. 또한 직렬 라인 위에서 전체 통신을 시뮬레이션하고 시스템의 다른 구성요소들과 상호작용할 수 있다. 예를 들면, 가상 터미널 및 입력을 생성하는 기타 애플리케이션 같은 것 말이다. 단일 테스트 케이스에서 많은 부분의 코드를 다루면 시뮬레이션 환경의 복잡도가 증가하고, 이로 인해 호스트 머신의 임베디드 시스템 환경을 재현하는 데 필요한 작업이 많아진다. 그럼에도 불구하고, 전체 개발 사이클을 통틀어 검증 도구로서 사용되거나 자동화된 테스트 프로세스에 통합되는 경우가 좋은 예다. 시뮬레이터를 구현하면 훨씬 더 정확한 테스트를 할 수 있는 경우도 있는데, 물론 이것이 유일한 선택지일 수도 있다. 예를 들어, 위치 정보를 위해 GPS 수신기를 사용하는 임베디드 시스템을 생각해보자. 위도가 음수 값인 남반구에 있다면 애플리케이션 로직 테스트는 불가능할 것이다. 따라서 이러한 수신기로부터 데이터 수신을 복제하는 시뮬레이터의 작성은 적도를 건너도 최종 장비가 동작 중지되지 않을 것임을 검증하기 위한 가장 빠른 방법이다.

에뮬레이터

코드에 훨씬 덜 위험하고 특별한 이식성 요구 없이 개발 머신에서 코드를 실행하기 위한 또 다른 유효한 접근법은 호스트 PC에서 전체 플랫폼을 에뮬레이션하는 것이다. 에뮬레이터는 핵심 CPU, 메모리, 일련의 주변장치 등을 포함하는 전체 시스템의 기능을 복제할 수 있는 소프트웨어다. PC를 위한 현대의 가상 하이퍼바이저 중 일부는 QEMU를 계승한다. QEMU는 그것이 실행 중인 머신이 다른 아키텍처를 갖는다고 하더라도, 전체 시스템을 가상화할 수 있는 자유 소프트웨어 에뮬레이터다. 이것이 다양한 타깃의 인스트럭션 세트를 완전히 구현하고 있기 때문에, 개발 머신 운영체제상의 프로세스 중에 QEMU는 타깃을 위해 컴파일된 펌웨어 이미지를 실행할 수 있다. ARM Cortex-M3 마이크로코드를 실행할 수 있는 지원되는 타깃은 LM3S6965EVB로, QEMU에 의해 완전히 지원되는 Cortex-M 기반 마이크로컨트롤러다. LM3S6965EVB를 타깃으로 해서 바이너리 이미지가 생성되고, objcopy를 이용해 원시 바이너리 포맷으로 적절히 변환되고 나면, 다음과 같은 QEMU를 호출해 완전히 에뮬레이션된 시스템을 실행할 수 있다.

```
$ qemu-system-arm -M lm3s6965evb --kernel image.bin
```

--kernel 옵션은 에뮬레이터에 시작 시 이미지를 실행하게 한다. 비록 이름이 잘못 지어진 듯 보이지만, QEMU가 여러 조합된 타깃 위에 헤드리스headless[2] 리눅스 시스템을 구동하기 위해 사용되기 때문에 이를 kernel이라 부른다. 비슷하게, -gdb 옵션을 통해 QEMU의 내장 GDB 서버를 이용하면 간편한 디버깅 세션을 시작할 수 있다. 이는 GDB 클라이언트가 연결될 때까지 시스템을 멈출 수 있다.

```
$ qemu-system-arm -M lm3s6965evb --kernel image.bin -nographic -S -gdb tcp::3333
```

실제 타깃에서도 비슷한 방식으로 arm-none-eabi-gdb를 TCP 로컬 포트 3333으로 연결할 수 있다. 그리고 실제 플랫폼에서 구동하는 것과 같이 소프트웨어 이미지를 디버깅할 수 있다.

에뮬레이션 접근법의 한계는 QEMU가 실제 하드웨어와의 상호작용을 포함하지 않는 일반적인 기능을 위한 디버깅에만 사용할 수 있다는 점이다. 에뮬레이션된 플랫폼은 꽤 특수하며, 실제 하드웨어 플랫폼과는 시스템 레이아웃이 일치하지 않는다. 그럼에도 불구하고, Cortex-M3 타깃과 QEMU를 실행하는 것은 일반적인 Cortex-M 기능(메모리 관리, 시스템 인터럽트 처리, 프로세서 모드 등)을 숙지하는 빠른 방법이다. 왜냐하면 Cortex-M CPU의 많은 기능이 정확하게 에뮬레이션됐기 때문이다.

테스트 전략의 정의를 위해 제안된 접근법은 다양한 시나리오에 적용된다. 실험실 장비부터, 시뮬레이션 및 에뮬레이션된 환경의 오프 타깃 테스트까지, 소프트웨어 검증을 위한 여러 가능성이 있는 솔루션을 제시해왔다.

---

2   그래픽 사용자 인터페이스를 제공하지 않는 리눅스를 말한다. - 옮긴이

▌ 요약

2장에서는 임베디드 시스템의 개발 작업을 위한 도구를 소개했다. 하드웨어 플랫폼과 통신하기 위해 필요한 툴체인 및 유틸리티를 실행하고 익숙해지기 위해 간단한 접근법을 제공했다. 적절한 도구를 사용하면, 임베디드 개발을 쉽게 할 수 있고 워크플로 반복을 짧게 할 수 있다.

3장에서는 더 큰 팀에서 업무를 수행할 때의 워크플로 조직에 대해 다룬다. 실생활의 경험에 근거해 작업 분리 및 관리, 테스트 실행, 설계 단계에 따른 순환을 위한 솔루션을 제안하고, 임베디드 프로젝트의 정의와 구현을 다룬다.

03

아키텍처 패턴

임베디드 프로젝트를 밑바닥부터 시작한다는 건, 연구와 개발 단계 및 관련된 모든 부분의 시너지를 통해 마지막 솔루션으로 점차 나아간다는 것을 의미한다. 소프트웨어 개발은 이러한 단계를 통해 발전하게 된다. 과도한 부하 없이 최적의 결과를 얻기 위해 따라야 할 몇 가지 행동과 살펴봐야 할 도구들이 있다. 3장에서는 실제 경험을 기반으로 한 설정 관리와 설계 패턴으로 나아가기 위해 사용 가능한 접근법에 대해 설명한다. 이러한 접근법은 임베디드 기기 또는 솔루션을 생산하는 데 열중하는 팀에서 하는 작업 방식을 이해하는 데 도움이 될 것이다.

3장에서 다루는 내용은 다음과 같다.

- 환경설정 관리
- 소스 코드 구성
- 임베디드 프로젝트의 생애 주기

▌ 환경설정 관리

팀으로 작업을 수행할 때, 효율을 높이기 위해 협동 및 동기화를 최적화할 수 있다. 개발 생애 주기를 추적하고 제어하면, 개발 흐름을 부드럽게 할 수 있고 시간과 비용을 절약할 수 있다. 소프트웨어 생애 주기를 관리하는 데 도움이 된다고 알려진 가장 중요한 도구는 다음과 같다.

- 리비전^{revision} 제어
- 이슈 추적
- 코드 리뷰
- 지속 통합

위의 네 가지는 모두 그 사용 사례가 다르다. 소스 코드는 리비전 제어 시스템을 통해 개발자 간에 동기화된다. **이슈 추적 시스템**$^{ITS, issue tracking system}$은 시스템의 알려진 버그와 활동을 계속 추적하기 위한 웹 플랫폼으로 구성되어 있다. 코드 리뷰는 특정 웹 기반 도구와 함께 사용되며, 리비전 제어 시스템의 규칙을 통해 시행된다.

지속 통합 도구는 주기적으로 또는 코드 변경 시에 자동 수행, 테스트 결과 수집, 리그레션^{regression}[1]에 대한 개발자 통지를 위해 빌드 및 테스트 실행 작업 등을 스케줄링한다.

리비전 제어

혼자 일을 하든 큰 개발 팀에서 일을 하든 관계없이, 개발 절차를 지속적으로 올바르게 추적하는 일은 매우 중요하다. 리비전 제어 도구는 개발자로 하여금 버튼을 한 번 눌러서 언제든지 잘못된 실험을 되돌릴 수 있게 하며, 그 이력^{history}을 봄으로써 언제든지 프로젝트가 어떻게 진화하고 있는지 명확하게 볼 수 있게 한다.

1 　버그 수정을 위해 패치를 수행했지만, 그것이 다시 문제를 일으키는 경우 – 옮긴이

리비전 제어 시스템(또는 버전 제어 시스템 VCS, version control system 이라고도 함)은 병합 merge 동작을 더 쉽게 만들어서 협업을 유도한다. 가장 최신의 공식 버전은 사용하는 VCS에 따라 다르지만, 트렁크 trunk 또는 마스터 master 브랜치로 참조된다.

현대에 가장 널리 사용되는 오픈소스 VCS는 깃 Git 으로, 원래 리눅스 커널을 위한 VCS로 만들어졌다. 깃은 다양한 기능을 제공하지만, 그중에서도 각기 다른 버전 및 기능 브랜치 간의 빠르고 신뢰성 있는 전환을 허용하고, 코드상 충돌이 있는 수정사항의 통합을 허용하는 융통성 있는 방식을 제공한다는 점이 가장 중요하다. 깃이라는 단어는 이 책에서 VCS와 관련된 특정 작업을 설명할 때 사용된다.

커밋 commit 은 VCS 동작으로, 리포지터리의 새 버전을 일으킨다. 리포지터리 repository 는 일련의 커밋과 각 버전에 소개된 변경점을 그 계층 구조 내에서 추적한다. 이러한 선형 커밋의 모음을 브랜치 branch 라 한다. 브랜치의 최신 버전은 헤드 HEAD 라 한다.

깃은 마스터를 주 개발 브랜치로 인지한다. 즉, 개발 주요 지점이다. 버그 수정 bug fix 과 소규모 변경점은 마스터에 직접적으로 커밋된다. 진행 중인 실험 등 단독 작업을 위해 생성된 기능 feature 브랜치는 결국 마스터로 병합될 것이다. 잘못 사용하는 경우가 아닌 한, 기능 브랜치는 더 작은 하위 팀에서 작업을 수행할 때 완벽하게 잘 맞는다. 또한 단일 병합 merge 요청으로서 완전한 작업 검증 프로세스를 줄이기 때문에, 코드 리뷰 프로세스를 단순화할 수 있다.

병합 동작은 개발을 하면서 분기되고 코드상 충돌이 존재할 수 있는 각기 다른 두 브랜치로부터 두 버전을 합치는 것으로 구성된다. 몇몇 병합은 간단해서 VCS가 자동으로 해결할 수 있다. 일반적인 경우에는 직접 고쳐야 하지만 말이다.

의미 있고 풍부한 커밋 메시지를 사용하면 리포지터리 이력의 가독성을 높여준다. 그리고 나중에 리그레션을 추적할 때 도움이 된다. 태그 tag 는 릴리스된 버전의 중간 작업물을 추적하는 데 사용된다.

추적 활동

ITS를 이용하면 지속적인 작업 활동 추적을 단순화할 수 있다. 몇몇 도구는 리비전 제어 시스템에 직접 연결이 가능하다. 또한 작업 역시 리포지터리 내의 특정 커밋에 상호 연결될 수 있다. 일반적으로 이렇게 사용하는 것이 더 좋은데, 특정 작업을 완수하기 위해 무엇이 변경됐는지 개요를 잘 보여주기 때문이다.

먼저, 사양을 잘게 쪼개면 개발이 용이해진다. 이상적으로, 작업은 가능한 한 작아야 하고 분류별로 묶여 있어야 한다. 나중에 중간 목적 및 최종 하드웨어의 가용성에 따라 우선순위를 설정할 수 있다. 생성된 작업은 중간 마일스톤^{milestone}(몇몇 도구들이 이를 청사진 ^{blueprint}으로 참조한다)에 따라 그룹 지어져야 한다. 따라서 단일 작업으로 이뤄진 절차를 기반으로 중간 작업물을 향한 전체적인 절차를 평가할 수 있다.

ITS는 또한 프로젝트에서 실제 이슈^{issue}를 추적하는 데 사용된다. 버그 보고^{bug report}에는 그 증상 및 코드에 취약점이 있음을 증명하기 위한 동작 재연을 다른 개발자가 이해할 수 있도록 충분히 설명해야 한다. 이상적으로, 최종 사용자와 얼리 어답터^{early adopter}도 추적 시스템에 새 이슈를 등록할 수 있다. 따라서 추적 시스템 그 자체가 개발 팀과의 소통 전체를 추적하는 데 사용될 수 있다. 커뮤니티 기반 오픈소스 프로젝트는 공개적으로 접근이 가능한 ITS 인터페이스를 사용자에게 제공해야 한다.

버그 수정 활동은 일반적으로 개발 작업보다는 우선순위가 높다. 물론 예외도 존재하는데, 예를 들어 버그가 중간 프로토타입에 의해 일시적으로 이뤄진 것의 영향이어서 다음 순환^{iteration}에서는 고쳐질 것으로 기대되는 경우가 그러하다. 이전에는 동작했던 것으로 증명된 버그가 시스템의 동작에 영향을 끼칠 때, 이것을 리그레션이라 표시해야 한다. 이것이 중요한 이유는 리그레션은 일반적인 버그와는 보통 다르게 처리돼야 하기 때문이다. 리비전 제어 도구를 이용해 단일 커밋까지 추적해 들어갈 수 있다.

오늘날의 리포지터리 제어 플랫폼은 여러 가지 도구를 제공한다. 여기에는 이전에 이야기한 소스 코드 이력 탐색과 이슈 추적 기능이 포함된다. 깃랩^{GitLab}은 이러한 리포지터리 제어 플랫폼의 자유^{free} 및 오픈소스 형태의 구현으로, 단독 솔루션으로서 설치 동작이 가능하다. 커뮤니티 프로젝트는 흔히 깃허브^{GitHub} 같은 소셜 코딩 플랫폼에 호스팅되는데, 오픈소스나 자유 소프트웨어 프로젝트에 기여하도록 촉진하는 목적을 띤다.

코드 리뷰

오늘날엔 보통 ITS 도구에 통합되어 있지만, 코드 리뷰는 제안된 변경점에 대한 핵심적인 분석을 장려함으로써 팀 협업을 촉진한다. 이는 마스터 브랜치에 제안된 변경점을 더하기 전에, 잠재적인 이슈를 찾는 데 유용하다. 프로젝트 요구사항에 따라 팀에서 코드 리뷰가 권장되거나 강제사항일 수 있는데, 그 목적은 사람의 점검을 통해 최약점을 빨리 알아채고 코드의 품질을 높이는 데 있다.

VCS에 적절히 통합됐다면, 커밋을 실제로 병합하기 전에 다른 팀원으로부터의 긍정적인 리뷰에 대한 기준을 둘 수 있다. VCS에 통합된 **게릿**^{Gerrit} 같은 도구를 이용하면, 마스터 브랜치 각각의 단일 커밋 리뷰를 의무적으로 하게 할 수 있다. 커밋의 크기에 따라서, 이 메커니즘은 불필요한 오버헤드^{overhead}를 야기하기도 한다. 따라서 대부분의 경우에는 브랜치가 마스터에 병합을 위해 제안됐을 경우 브랜치에 의해 야기되는 모든 변경점을 리뷰하는 것이 더 적절하다. 병합 요청^{merge request} 기반 메커니즘은 제안된 수정사항의 전체 개발 동안 소개된 변경점에 대한 개요를 리뷰어^{reviewer}에게 보여준다.

지속 통합

이미 언급했듯이, 테스트 기반 접근법은 임베디드 시스템에서 핵심적이다. 테스트의 자동화는 개발이 진행 중인 동안 일반적으로 리그레션 및 취약점의 사전 탐지를 위한 최고의 방법이다. **젠킨스**^{Jenkins} 같은 자동화 서버를 이용하면 사용자의 요청에 따라 반응적으로 수행(모든 커밋마다), 주기적인 수행(매 화요일 새벽 1시에 수행), 또는 수동 수행 등을 위한 여러 가지 동작이나 잡^{job}을 계획할 수 있다. 임베디드 프로젝트의 효율성을 높이기 위해 자동화할 수 있는 잡 예제는 다음과 같다.

- 개발 머신의 유닛 테스트
- 시스템 검증 테스트
- 시뮬레이션 환경에서의 기능 테스트
- 물리 타깃 플랫폼에서의 기능 테스트
- 안정성 테스트
- 정적 코드 분석
- 문서 생성
- 태그, 버전, 패키지

요구되는 품질 수준은 설계 중에 결정돼야 한다. 그리고 그에 따라 테스트 케이스가 작성돼야 한다. 유닛 테스트 코드 범위는 각 테스트 실행에서 gcov를 사용해 측정할 수 있다. 생명에 관련된 애플리케이션을 위한 몇몇 프로젝트는 유닛 테스트를 위해 아주 높은 비율의 범위를 요구할 수 있다. 그러나 복잡한 시스템을 위해 완전한 테스트 모음을 작성하는 것은 전체 프로그래밍 노력에 지대한 영향을 끼친다. 그리고 개발에 필요한 비용을 현격히 증가시킬 수 있다. 따라서 대부분의 경우 효율성과 품질 간의 균형을 잘 맞추도록 연구하는 것이 타당하다.

기능 테스트에는 다른 접근법을 취해야 한다. 타깃에 구현된 모든 기능은 테스트돼야 한다. 그리고 테스트는 성능 지시자와 허용 한계점을 정의하는 데 사용하기 위해 사전에 준비돼야 한다. 기능 테스트는 실제 사용 사례와 가능한 한 비슷한 환경에서 실행돼야 한다. 타깃 시스템과 그 환경에서 전체 사용 사례를 재생성하기 불가능한 모든 경우에서도 말이다.

▌ 소스 코드 구성

코드 베이스는 소스 코드, 서드파티 라이브러리, 데이터, 스크립트, 최종 이미지 빌드를 위한 자동화 등을 모두 포함해야 한다. 별도의 디렉토리에 별도의 라이브러리를 유지하는 것이 좋다. 따라서 하위 디렉토리 자체만을 교체함으로써 새 버전으로 갱신을 쉽게 할 수 있다. makefile과 기타 스크립트는 프로젝트 루트 디렉토리에 위치할 수 있다. 애플리케이션 코드는 짧고, 종합적이어야 하며, 주요 기능들을 추상화하는 모듈에 접근해야 한다. 기능 모듈은 적절한 샘플링과 처리 이후 센서로부터 데이터를 읽는 것 같은 기저 구현에 대한 자세한 내용을 숨기는 대신 그 사용법을 서술해야 한다. 작고, 독립적이며, 적절하게 추상화된 모듈은 아키텍처의 구성요소의 테스트를 더 쉽게 만들어준다. 하드웨어에 특화된 구현으로부터 애플리케이션 구성요소를 위한 주 로직을 분리하면, 각기 다른 플랫폼으로의 이동성이 향상되고, 개발 단계 동안에도 타깃에 사용된 주변장치와 인터페이스를 변경할 수가 있다. 물론 과도한 추상화는 필요한 개발 노력과 자원에 대한 비용에 영향을 끼치므로, 적절한 균형을 연구해야 한다.

하드웨어 추상화

범용 프로토타입 플랫폼은 마이크로컨트롤러와 주변장치를 검증하기 위해 반도체 제조 회사에 의해 만들어지고 배포된다. 최종 제품의 설계가 시작되기 전이라도, 이러한 장치에서 소프트웨어 개발을 해야 할 일이 잦을 수 있다.

검증 보드에서 동작 가능한 소프트웨어는 일반적으로 레퍼런스 구현으로 배포된다. 소스 코드나 사전 컴파일된 사유proprietary 라이브러리 형태로 말이다. 이러한 라이브러리는 최종 타깃을 위해 설정되고 적용될 수 있다. 따라서 처음부터 레퍼런스 하드웨어 추상화로 사용이 가능하다. 그리고 하드웨어 구성 변경에 따라 그 설정을 갱신할 수 있다.

레퍼런스 타깃에서, Cortex 마이크로컨트롤러 소프트웨어 인터페이스 표준 CMSIS, Cortex Microcontroller Software Interface Standard 이라 불리는 라이브러리의 형태로 일반 Cortex-M 마이크로컨트롤러의 하드웨어 구성요소를 위한 지원이 가능하다. 이는 레퍼런스 구현으로 ARM이 배포했다. 반도체 제조사는 CMSIS를 확장함으로써 이러한 특정 하드웨어 추상화를 얻는다. 타깃에 특정된 하드웨어 추상화로 연결된 애플리케이션은 지정된 API 호출을 통해 주변장치에 접근이 가능하고, 핵심 MCU 기능에는 CMSIS로 접근이 가능하다.

같은 제품군에 속한 각기 다른 MCU에 접근이 가능한 이식성 있는 코드의 경우, 드라이버에 벤더 특화 API 호출의 최상위에서 추가적인 추상화 수준을 필요로 할 수 있다. HAL이 다수의 타깃을 구현한다면, 여러 플랫폼에 있는 일반 기능에 접근하기 위해 같은 API를 제공할 수 있다. 하드웨어 특화 구현은 수면 아래에 숨겨둔 채 말이다. CMSIS와 기타 자유 소프트웨어 대체재(libopencm3와 unicore-mx 같은)의 목적은 일반 Cortex-M 추상화와 공통 Cortex-M 반도체 제조사를 위한 벤더 특화 코드 모두를 함께 그룹화하는 것이다. 시스템과 그 주변장치를 제어할 때 플랫폼에 특화된 호출에 대한 차이점은 숨기면서 말이다.

하드웨어 추상화와는 관계없이, 초기 부트 단계의 초반에 필요한 코드 중 몇몇은 소프트웨어가 구동하기 위해 각 타깃에 매우 의존도가 높다. 각 플랫폼은 고유의 특정 주소 공간 세그먼테이션, 인터럽트 벡터, 환경설정 레지스터 변위 등을 갖는다. 이는 각기 다른 플랫폼 간 이식성이 있도록 코드를 작업하더라도, 빌드를 자동화하는 makefile과 스크립트는 반드시 올바른 시작 코드와 링커 스크립트를 사용해 연결하도록 구성이 가능해야 한다.

이 책에 포함된 예제는 특정 하드웨어 추상화에 의존성이 없다. 시스템 레지스터와 직접 상호작용하고, 하드웨어 구성요소와 상호작용하는 데 집중하면서 플랫폼에 특화된 장치 드라이버를 구현함으로써, 시스템 구성요소의 제어를 소개하는 것이 목적이기 때문이다.

미들웨어

몇몇 기능은 개발자 개인, 커뮤니티, 또는 회사에 의해 이미 구현된 잘 알려진 솔루션을 갖고 있을 수 있다. 이러한 솔루션은 일반적일 수도 있고, 각기 다른 플랫폼을 위해 설계됐을 수도 있다. 심지어는 임베디드 분야 밖에서 올 수도 있다. 어떤 경우든 데이터 변환, 프로토콜 구현을 위한 라이브러리 또는 이미 코드로 준비되어 프로젝트에 통합되길 기다리는 하위 시스템 모델을 찾아볼 가치가 있다.

여러 오픈소스 라이브러리와 소프트웨어 구성요소는 임베디드 프로젝트에 포함될 준비가 되어 있고, 더 다양한 기능을 구현할 수 있게 허용한다. 오픈소스 프로젝트에서 구성요소를 통합하면 표준 기능을 제공하는 데 매우 유용하다. 여기에는 다음과 같은 사항이 포함된다.

- 실시간 운영체제
- 암호화 라이브러리
- TCP/IP, 6LoWPAN 및 기타 네트워크 프로토콜
- **전송 계층 보안**^{TLS, Transport Layer Security} 라이브러리
- 파일시스템
- IoT 메시지 큐 프로토콜
- 파서

위 분류의 몇몇 구성요소는 이 책의 후반부에서 좀 더 자세하게 서술할 것이다.

운영체제 위에서 구동되는 소프트웨어는 메모리 영역 관리와 스레드^{thread} 실행을 허용한다. 이 경우 스레드는 각각이 독립적으로 수행되며, 심지어는 스레드 간, 스레드와 커널 간 메모리 분리 구현이 가능하다. 이러한 접근법은 설계의 복잡도가 증가할 때나, 재설계가 불가능한 모듈상의 잘 알려진 블로킹^{blocking} 지점이 있을 때 유용하다. 운영체제가 사용된다면 라이브러리들은 멀티스레딩 지원을 필요로 하는데, 이는 컴파일 시간에 활성화할 수 있다.

서드파티 라이브러리 통합 결정은 타깃 플랫폼의 특정 작업을 수행하기 위해 자원의 필요(코드의 크기, 메모리 사용 면에서)를 측정함으로써 평가해야 한다. 전체 펌웨어가 단일 실행 가능 파일로 배포되기 때문에, 모든 구성요소의 라이선스가 잘 맞아야 한다. 그리고 그 통합은 단일 구성요소 하나의 라이선스라도 위반해서는 안 된다.

애플리케이션 코드

애플리케이션 코드의 역할은 프로젝트 설계의 최상위 계층에 포함된 모든 모듈이 협력하게 하고, 시스템의 휴리스틱heuristics을 조율하는 데 있다. 잘 설계된 깔끔한 메인 모듈은 시스템의 모든 거시적인 블록 및 이들이 서로 얼마나 관련이 되어 있는지, 그리고 다양한 구성요소의 실행 시간 등에 대한 명료한 시야를 유지할 수 있게 해준다.

베어메탈 애플리케이션은 무한 루프 메인 함수로 구축되는데, CPU 시간을 기저 라이브러리와 드라이버의 진입점 간에 분배하는 역할을 한다. 실행은 순차적으로 이뤄지기 때문에, 코드는 인터럽트 처리기를 제외하고는 멈춰서는 안 된다. 따라서 메인 루프에서 호출되는 모든 함수와 라이브러리는 가능한 한 빠르게 반환해야 한다. 다른 모듈 내의 잠재적인 교착 지점은 시스템의 반응성을 저하시키거나 심지어는 메인 루프에서 반환을 전혀 하지 않음으로써 영원히 멈추게 할 수 있기 때문이다. 이론적으로 베어메탈 시스템에서 모든 구성요소는 이벤트 기반 패러다임을 사용하고, 메인 루프가 지속적으로 이벤트를 기다리며, 콜백callback을 등록해 특정 이벤트에서 애플리케이션을 깨우는wake up 방식 등을 사용해 메인 루프와 상호작용하도록 설계됐다.

베어메탈, 단일 스레드 접근법의 장점은 스레드 간 동기화가 필요 없고, 코드상의 모든 함수는 모든 메모리에 접근할 수 있으며, 복잡한 메커니즘(컨텍스트나 실행 모델 치환)을 구현할 필요가 없다는 것이다.

여러 작업이 운영체제 위에서 구동되도록 되어 있다면, 각 작업은 가능한 고유의 모듈 내에 국한돼야 한다. 그리고 그 시작 함수와 퍼블릭public 변수를 전역 심볼로서 명시적으로 내보내야 한다. 이 경우 작업은 슬립sleep할 수 있고, OS에 특화된 블로킹 메커니즘을 구현해야 하는 블로킹 함수를 호출할 수 있다. Cortex-M CPU의 유연성 덕분에, 시스템에서 활성화가 가능한 여러 단계의 스레드와 프로세스 분리가 존재한다. CPU는 여러 도구를 제공해서 작업, 다수 실행 모드, 커널 특화 레지스터, 권한 분리, 메모리 세그먼테이션 기술 간을 분리하는 멀티스레딩 시스템의 개발을 가능케 한다. 이러한 옵션은 설계자로 하여금 프로세스 간 권한 분리 및 메모리 세그먼테이션을 제공하는 좀 더 범용적인 애플리케이션을 지향하는 복잡한 시스템뿐만 아니라, 이런 것들이 필요치 않은 단일 목적을 위해 설계된 작고, 간단하고, 더 직관적인 시스템에 대한 정의를 가능케 한다.

비권한 스레드를 기반으로 하는 실행 모델의 선택은 시스템에서 컨텍스트의 변경에 대한 구현을 훨씬 더 복잡하게 한다. 그리고 실시간 동작의 지연 시간에 영향을 줄 수 있다. 이것이 바로 베어메탈, 단일 스레드 솔루션이 대부분의 실시간 애프리케이션에서 선호되는 이유다.

▌ 임베디드 프로젝트의 생애 주기

애자일^{agile} 소프트웨어 개발 방법론 같은 현대 개발 프레임워크는 프로젝트 개발을 하면서 작업을 더 작은 업무로 나누고, 마일스톤을 표기하며 중간 작업물을 생산하도록 권한다. 각 작업물은 아직 존재하지 않는 기능은 임시로 더미^{dummy} 코드로 대체하며, 전체 시스템의 프로토타입에 집중한다.

이러한 추천사항들은 특히 임베디드 프로젝트에서 효율적이다. 전체 시스템에 치명적일 수 있는 모든 오류가 존재하는 환경에서 작은 업무를 하나씩 수행하는 것은 코드 베이스에서 작업 중에 취약점과 리그레션을 신속히 식별하는 효율적인 방법이다. 중간 마일스톤은 가능한 한 자주 수립해야 하며, 이 때문에 개발 단계에서 가능한 한 최종 시스템의 프로토타입을 생성하는 것이 좋다. 이는 업무가 식별되고, 우선순위를 정렬하고, 팀에 분배될 때 고려돼야 한다.

목표에 도달하기 위한 단계가 정의되면, 중간 마일스톤을 위한 동작되는 프로토타입을 생산하기 위해 최적의 절차를 찾아야 한다. 개발 업무 간 의존성은 작업의 할당을 위해 우선순위를 고려해야 한다.

이럴 때 예상치 못한 이슈를 맞닥뜨림으로써, 시스템 동작과 하드웨어 한계에 대한 점진적인 이해가 개발 중인 시스템 구조에 대한 관점을 수정하게 할 수도 있다. 중간 프로토타입에서 실행된 측량과 평가의 반응으로 인해 사양을 변경할 때, 큰 코드의 재작업이 필요할 수 있다. 프로젝트의 기존 부분을 버리고 새로 잘 설계된 것으로 교체할 경우 보통은 프로젝트의 품질 면에서 이득이 될 가능성이 높고, 추후 단계에서 향상된 생산성이라는 결과를 가져올 수 있다. **리팩토링**^{refactoring}이라 알려진 이러한 프로세스를 개발 오버헤드로 생각해서는 안 된다. 설계와 시스템의 동작을 향상하는 데 그 목적이 있기 때문이다.

끝으로, 시스템 소프트웨어 제작 프로세스에는 원하는 방식으로 시스템과 소통할 수 있도록 애플리케이션을 위한 명확한 API를 정의하는 것이 포함된다. 임베디드 시스템은 많은 경우 특정 API를 제공해서 시스템 자원에 접근할 수 있게 하지만, 몇몇 운영체제와 라이브러리는 그 기능에 접근하기 위해 POSIX 호환 인터페이스를 제공한다. 어느 경우든 API는 시스템 인터페이스를 위한 진입점이 되며, 사용성을 위해 설계돼야 하고 잘 문서화돼야 한다.

프로젝트 단계 정의

사양을 분석하고, 요구되는 단계를 정의하고, 우선순위를 할당할 때는 몇 가지 요소를 고려해야 한다. PM10 공기 품질 직렬 센서를 통해 매 시간 측정 값을 내부 플래시로 저장하고, 모든 통계를 하루에 한 번 무선 송신기를 통해 게이트웨이로 전송하는 공기 품질 모니터 기기를 설계한다고 해보자. 타깃 시스템은 최종 소프트웨어를 수행하기에 적합한 크기이며 Cortex-M MCU를 기반으로 한 사용자 정의 보드다. 최종 하드웨어 설계는 송신기가 게이트웨이에 데이터를 전송하는 실제 생애 측정이 이뤄지기 전까진 사용하지 못할 수도 있다.

이러한 사양을 이끌어내는 최종 목적을 이루기 위해 수행될 단계의 목록은 다음과 같다.

1. 타깃에 최소 시스템 부트^{boot}(비어 있는 메인 루프)
2. 직렬 포트 0을 로그를 위해 설정
3. 직렬 포트 1을 센서와 통신을 위해 설정
4. 타이머 설정

5. PM10 센서 드라이버 제작

6. 매 시간 센서에서 자료를 읽는 애플리케이션

7. 측정 자료 저장/복구를 위한 플래시 하위 모듈 제작

8. 라디오 칩과 통신하기 위한 SPI 포트 설정

9. 라디오 드라이버 제작

10. 게이트웨이와 통신을 위한 프로토콜 구현

11. 24개의 측정마다, 애플리케이션은 하루 측정치를 게이트웨이로 전송

이 중 일부 단계는 다른 단계에 의존성이 있어서, 실행 순서에 제한이 있을 수 있다. 이러한 의존성 중 일부는 시뮬레이터나 에뮬레이터를 사용해 제거할 수 있다. 예를 들어, 라디오 작업 없이 통신 프로토콜을 구현하길 바랄 수 있다. 게이트웨이 자체에 시뮬레이션된 라디오 채널을 사용함으로써 게이트웨이에서 실행 중인 에이전트를 대상으로 프로토콜을 테스트할 방법이 있는 경우에만 말이다. 모듈을 독립적으로 만들고 외부에 노출된 API 호출 모음을 최소화하면, 타깃 시스템에 이들을 통합하기 전에 각기 다른 아키텍처 및 제어 가능한 환경에서 단일 모듈을 실행하고 테스트하기 위해 단일 모듈을 떼어내기가 더 간단해진다.

프로토타입 제작

이는 사양의 일부이기 때문에, 하드웨어 팀에서 설계를 진행할 수 있도록 라디오 통신에 관련된 업무의 우선순위를 할당해야 한다. 이 경우, 첫 프로토타입은 다음을 포함해야 한다.

- 타깃에 최소 시스템 부트(비어 있는 메인 루프)
- 직렬 포트 0을 로그를 위해 설정
- 직렬 포트 1을 센서와 통신을 위해 설정
- PM10 센서 드라이버 제작

- 타이머 설정
- 라디오 채널을 테스트하기 위한 메인 애플리케이션 제작(주기적으로 원시 패킷 전송)

첫 프로토타입이 벌써 최종 기기와 비슷하게 보일 것이다. 아직 이것이 센서와 통신하는 방법을 알지는 못하지만 말이다. 몇몇 테스트 케이스는 메시지가 수신되고 유효한지 검증하는 mock 게이트웨이와 동작하기 위해 이미 구현되어 있을 수 있다.

차기 프로토타입 정의로 넘어갈 때, 몇 가지 기능을 추가함으로써 시작할 수 있다. 게이트웨이의 프로토콜을 작업하는 데 있어 실제 센서 읽기는 필요치 않다. 대신 상수 테스트 값을 사용할 수가 있다. 이는 실제 하드웨어가 사용 불가능할 때 다른 작업을 진행하게 해준다.

개발 팀이 순수한 애자일^{agile} 소프트웨어 개발을 적용하든 다른 개발론으로 작업을 하든, 임베디드 개발 환경에서 프로토타입 제작을 빨리 할 경우, 보통 하드웨어의 동작과 소프트웨어상에서 행해져야 할 업무에 의존성이 있는 개발 진행상의 불확실함에 대해 더 빠른 응답을 이끌어낸다.

애자일 방법론으로부터 직접 얻은 동작 가능한 중간 작업물을 제공하는 것은 임베디드 개발 팀에서 공통적인 관습이다. 애자일 소프트웨어 개발은 정기적이고 짧은 주기로 소프트웨어 작업이 전달될 것임을 예견한다. 위의 예제와 마찬가지로 중간 프로토타입은 최종 소프트웨어 이미지의 로직 전체를 구현하고 있지는 않지만, 개념 증명이나 측정치 수집을 위해 사용되거나, 일부 축소된 시스템을 위한 예제를 제공해야 한다.

리팩토링

장애를 위한 효과 좋은 치료제로 자주 고려되는 리팩토링은 사실 시스템이 그 최종 모습으로 향하는 중에 소프트웨어를 향상하는 건강한 관습이다. 그리고 시간이 지남에 따라 소프트웨어 구성요소와 그 주변장치에 대한 지원이 향상된다.

리팩토링은 오래된 코드상에 모든 테스트가 구축되어 있고 실행될 때 더 잘 동작한다. 모듈 내부를 재설계할 때는 새 기능에 유닛 테스트를 반드시 적용해야 한다. 반면에, 모듈에 이미 존재하는 기능을 리팩토링할 때는 모듈의 API가 변경되지 않은 상태라면 테스트를 변경해서는 안 된다. 다른 모듈과의 인터페이스가 같은 상태로 남아 있는 한, 프로세스의 상태와 정확도에 대해 일관적인 피드백^{feedback}을 제공할 것이다.

더 작은 코드의 리팩토링은 더 큰 부분에 비하면 기하급수적으로 쉬워진다. 이것이 바로 각 모듈을 더 작게 유지하고, 시스템의 특정 기능에만 할당되게끔 하는 이유다. 중간 단계 프로토타입을 통한 진행은 애플리케이션 코드상의 일정한 변경을 의도한다. 즉, 하위 시스템이 다른 하위 시스템 및 애플리케이션 코드 자체와 독립적으로 설계됐을 때는 더 적은 노력이 요구된다.

API와 문서

도서를 그 표지로 판단해서는 안 된다는 사실은 누구나 알고 있다. 그러나 시스템은 그 API를 통해 판단할 수 있다. API는 시스템 설계자가 선택한 내부 구현과 설계에 대해 많은 사항을 드러낼 수 있다. 명확하고, 읽기 쉽고, 이해하기 쉬운 API는 임베디드 시스템의 가장 중요한 특징 중 하나다. 애플리케이션 개발자는 가능한 한 효율적인 방법으로 시스템을 사용하기 위해, 그 기능에 빠르게 접근하는 방법을 이해하길 바란다. API는 시스템과 애플리케이션 사이의 계약을 나타낸다. 따라서 이는 사전에 설계돼야 하며, 개발자가 최종 작업물로 향해 나아가는 중에 가능한 한 변경이 적어야 한다.

API의 몇몇 인터페이스는 때로 복잡한 하위 시스템을 서술하고, 더 정교한 특성을 추상화한다. 따라서 애플리케이션 개발자가 살펴보고, 모든 시스템 기능을 표현하는 적절한 문서를 제공하는 것이 좋다. 코드와 함께 문서를 제공하는 방식에는 여러 가지가 있다. 별도의 파일로 리포지터리 내에 사용자 매뉴얼을 배포할 수도 있고, 코드에 직접 여러 인터페이스에 대한 설명을 포함할 수도 있다.

코드 주석의 양이 그 품질을 나타내지는 않는다. 주석은 그 코드가 변경될 때마다 나이가 들어가는 경향이 있는데, 새 기능과 일치하는 주석으로 갱신하는 것을 개발자가 잊어버릴 가능성이 있기 때문이다. 게다가, 모든 코드에 주석이 필요한 건 아니다. 함수를 짧고 간단하게 유지하거나, 표현력이 좋은 심볼 이름을 사용하는 등의 좋은 습관은 대부분의 경우 코드 주석을 중복으로 만든다. 그 자체가 코드를 설명할 수 있기 때문이다. 복잡한 계산, 비트 시프트^{shift}, 정교한 조건문 또는 처음 코드를 읽으면 쉽게 알아챌 수 없는 부작용$^{side\ effect}$ 등을 포함하는 코드의 경우는 예외다. 몇몇 코드는 또한 처음부터 설명이 필요할 것이다. 예를 들어, 다중 반환 값을 갖거나 특정 오류를 처리하는 함수 같은 것들 말이다. 두 case 사이에 break 지시자를 포함하지 않는 switch/case 구문은 반드시 주석을 달아야 하는데, 이것이 실수가 아니라 의도한 바임을 나타내기 위해서다. 또한 몇몇 동작이 둘 이상의 case 사이에 묶여 있는 이유도 설명해야 할 수 있다. 코드에 대해 가치 있는 설명을 제공하지 못하는 불필요한 주석의 추가는 그 자체로 코드의 가독성을 떨어뜨리는 원인이 된다.

반면에, 별도의 편집기나 도구를 이용한 모듈 동작의 설명은 독립적이다. 모든 문서는 코드가 현격히 변경될 때마다 갱신돼야 하고, 개발자에게 실제 코드에서 그 초점을 벗어나도록 한다.

보통, 문서의 중요한 부분은 이전에 언급한 계약(애플리케이션과 기타 구성요소가 런타임에 접근할 수 있는 함수와 변수에 대해 나열 및 설명하고 있는)에 대한 서술이다. 이러한 선언이 헤더^{header} 파일 안에 묶여 있을 수 있기 때문에, 전체 계약을 서술하는 것은 내보내진 각 심볼의 선언 위에 별도의 주석을 추가함으로써 가능하다. 이러한 주석을 형식화된 문서로 변환해주는 소프트웨어 도구도 존재하는데, 가장 유명한 예로는 Doxygen이 있다. 자유 및 오픈소스 문서 생성 도구로, 전체 코드에서 특정 문법과 일치하는 주석을 파싱해 하이퍼텍스트^{hypertext}와 구조화된 PDF 매뉴얼 및 그 밖의 형태를 생산한다. 코드 베이스에 문서가 있다면, 이를 계속 추적하고 갱신하는 행위는 개발자의 워크플로에 덜 침습적이고 비교적 쉽다. 자동화 서버에 문서 생성을 통합하면, 마스터 브랜치에 가해지는 모든 커밋에 대해 모든 API용 매뉴얼의 새 복제본을 제공할 수 있다.

▌ 요약

제안된 개발론은 임베디드 프로젝트 개발을 설계하고 관리하기 위해 사용되는 레퍼런스 패턴으로 이해하길 바란다. 설명된 패턴을 모든 프로젝트에 적용할 수 있는 건 아니지만, 3장의 목표는 임베디드 설계자로 하여금 더 효율적이고 덜 비싼 소프트웨어 생애 주기를 가져오는 프로세스 향상을 알아보는 것이다.

4장에서는 간단한 베어메탈 메인 루프 접근법을 사용해 임베디드 시스템에서 부트 시간에 일어나는 일을 분석하고, 부트 가능한 애플리케이션을 준비하는 방법을 알아볼 것이다.

04

부트업 과정

이전 장에서는 메커니즘, 도구, 방법론을 살펴봤다. 이제는 타깃상에서의 소프트웨어 실행에 필요한 과정을 살펴볼 시간이다. 임베디드 시스템의 부트업은 보통 특정 시스템과 그 동작 방식에 대한 지식을 필요로 한다. 타깃에 따라, 플래시 메모리에서 실행 파일을 성공적으로 부트하기 위해 시스템이 개발자에게 무엇을 요구하는지를 매뉴얼에서 찾아야 한다. 4장에서는 레퍼런스^{reference} 플랫폼으로 결정된 Cortex-M 마이크로컨트롤러의 경우를 들어, 부트 과정의 설명에 집중한다. 특히, 다음과 같은 내용을 다룬다.

- 인터럽트 벡터 테이블
- 메모리 레이아웃
- 부트 코드 빌드 및 실행
- 다중 부트 단계

인터럽트 벡터 테이블

주로 IVT 또는 IV라 축약 표기되는 **인터럽트 벡터 테이블**^{interrupt vector table} 은 특정 예외^{exception} 를 처리하기 위해 CPU에 연관된 함수로의 포인터 배열이다. 여기에는 장애^{fault}, 애플리케이션으로부터의 시스템 서비스 요청, 주변장치로부터의 인터럽트 요청 등이 포함된다. IVT는 보통 바이너리 이미지의 시작 부분에 위치하고 있고, 플래시 메모리의 가장 낮은 시작 주소부터 저장된다.

하드웨어 구성요소나 주변장치로부터의 인터럽트 요청은 CPU를 강제로 실행 정지시키며, 이 벡터상에서 관련된 위치에 있는 함수를 실행한다. 따라서 이러한 함수들은 **인터럽트 서비스 루틴**^{ISR, interrupt service routines} 이라 불린다. 런타임 예외와 장애는 하드웨어 인터럽트와 같은 방식으로 처리할 수 있다. 따라서 특정 서비스 루틴은 같은 테이블을 통해 내부 CPU 트리거와 연결된다.

벡터 내에 열거된 ISR의 순서와 그 정확한 위치는 CPU 아키텍처, 마이크로컨트롤러 모델, 지원되는 주변장치 등에 따라 다르다. 각 인터럽트 라인은 사전 정의된 인터럽트 번호에 대응된다. 또한 마이크로컨트롤러 기능에 따르며, 우선순위를 이야기하는 것일 수 있다.

Cortex-M 마이크로컨트롤러에서 메모리 최상위 16자리는 아키텍처 의존적이고 각기 다른 형태의 CPU 런타임 예외에 관련된 시스템 핸들러의 포인터를 저장하기 위해 예약되어 있다. 최하위 주소는 스택 포인터^{stack pointer} 의 초깃값을 저장하기 위해 사용되며, 다음 15자리는 시스템 서비스와 장애 핸들러를 위해 예약되어 있다. 그러나 일부는 예약되어 있으나 어떤 이벤트에도 연결되어 있지 않다. Cortex-M CPU에서 별도의 서비스 루틴을 사용해 처리가 가능한 시스템 예외는 다음과 같다.

- 리셋^{reset}
- NMI
- 경성 장애^{hard fault}

- 메모리 예외^{memory exception}

- 버스 장애^{bus fault}

- 사용 장애^{usage fault}

- 슈퍼바이저 호출^{supervisor call}

- 디버그 모니터^{debug monitor}

- PendSV 호출

- 시스템 틱^{system tick}

위치 16에서부터 시작하는 하드웨어 인터럽트의 순서는 마이크로컨트롤러 환경설정 및 특정 반도체 모델에 따라 다르다. 인터럽트 구성은 특정 컴포넌트, 인터페이스, 외부 주변장치 활동을 참조하기 때문이다.

STM32F407과 LM3S 타깃을 위한 완전한 외부 인터럽트 핸들러는 온라인 예제 리포지터리에서 찾을 수 있다.

시작 코드

동작 가능한 시스템을 부트하기 위해서는 인터럽트 벡터를 정의하고, 정의된 함수의 포인터를 연결해야 한다. 레퍼런스 플랫폼을 위한 전통적인 시작 코드^{startup code} 파일은 GCC 속성 section을 이용해 별도의 섹션에 인터럽트 벡터를 위치시킨다. 이 섹션은 이미지의 첫 부분에 들어갈 것이므로, 초기 스택 포인터를 위해 예약된 공간을 시작(뒤이어 시스템 예외 핸들러가 따른다)으로 인터럽트 벡터를 정의해야 한다.

예약되어 있으나 사용되지 않은 부분들에는 0 값이 대응된다.

```
__attribute__ ((section(".isr_vector")))
void (* const IV[])(void) =
{
    (void (*)(void))(END_STACK),
    isr_reset,
```

```
    isr_nmi,
    isr_hard_fault,
    isr_mem_fault,
    isr_bus_fault,
    isr_usage_fault,
    0, 0, 0, 0,
    isr_svc,
    isr_dbgmon,
    0,
    isr_pendsv,
    isr_systick,
```

이 위치에서부터 다음과 같이 외부 주변장치용 인터럽트 라인을 정의한다.

```
    isr_uart0,
    isr_ethernet,
    /* ... 여러 외부 인터럽트가 더 존재한다. */
};
```

시작 코드는 배열에서 참조된 모든 심볼의 구현을 포함해야 한다. 핸들러는 void를 반환하고 인수도 없다. IV의 형태는 다음과 같다.

```
void isr_bus_fault(void) {
    /* 버스 오류, 패닉 발생 */
    while(1);
}
```

이 예제의 인터럽트 핸들러는 반환을 하지 않는데, 이는 회복 불가능한 버스 오류를 일으켜 시스템은 영원히 멈출 것이다. 빈 인터럽트 핸들러는 관련 코드 섹션에서 간단하게 재정의함으로써 장치 드라이버 모듈 내에서 오버라이드[override]될 수 있는 얕은 심볼을 사용해 시스템과 외부 인터럽트에 모두 연결될 수 있다.

리셋 핸들러

마이크로컨트롤러의 전원이 들어오면, reset 핸들러부터 실행을 시작한다. 이는 반환하지 않는 특수한 ISR로, 여기서 .data와 .bss 섹션의 초기화를 수행한다. 그리고 나서 애플리케이션의 진입점을 호출한다. .data와 .bss 섹션의 초기화는 플래시의 .data 섹션에 있는 변수 초깃값을 런타임에 접근할 변수가 있는 RAM의 실제 섹션에 복사하는 것과, RAM의 .bss 섹션을 0으로 채우는 것으로 구성된다. 따라서 정적 심볼의 초깃값은 C 규약에 따라 0임이 보장된다.

RAM의 .data와 .bss 섹션의 출발지^{source} 및 목적지^{destination} 주소는 바이너리 이미지가 생성될 때 링커에 의해 계산된다. 그리고 링커 스크립트를 사용해 포인터로서 내보내진다. isr_reset의 구현은 다음과 비슷한 형태일 것이다.

```
void isr_reset(void)
{
    unsigned int *src, *dst;
    src = (unsigned int *) &_stored_data;
    dst = (unsigned int *) &_start_data;
    while (dst != (unsigned int *)&_end_data) {
        *dst = *src;
        dst++;
        src++;
    }
    dst = &_start_bss;
    while (dst != (unsigned int *)&_end_bss) {
        *dst = 0;
        dst++;
    }
    main();
}
```

.bss와 .data 섹션의 변수가 초기화되고 나면, 마침내 main 함수를 호출할 수 있게 된다. 이 main 함수는 애플리케이션의 진입점이다. 애플리케이션 코드의 main은 무한 루프로 구현함으로써 반환하지 않아야 한다.

스택 할당

CPU의 애플리케이션 바이너리 인터페이스^{ABI, application binary interface}를 따르려면 실행 스택을 위해 메모리에 공간을 할당해야 한다. 여러 가지 방법을 사용할 수 있지만, 보통은 링커 스크립트에서 스택 공간의 끝을 표시하고, 이 스택 공간을 RAM에서 어떤 섹션도 사용하지 않는 특정 영역에 연결하는 것을 선호한다.

링커 스크립트에 의해 내보내진 END_STACK을 통해 얻어진 주소는 미사용 RAM 영역의 끝을 가리킨다. 이전에 말했듯이, 그 값은 벡터 테이블의 시작 부분(이 경우 주소 0)에 저장돼야 한다. 스택의 끝 주소는 상수여야 하며 런타임에는 계산될 수 없다. 왜냐하면 IV의 내용은 플래시 메모리에 저장되어 있고, 나중에 수정할 수 없기 때문이다.

메모리상의 실행 스택의 적절한 크기 조절은 실행 중 로컬 변수에서의 스택 사용량과 호출 트레이스의 깊이를 유념하는 등 전체 코드 베이스의 평가를 포함하기 때문에 매우 민감한 작업이다. 스택 사용량과 문제해결(다음 장에서 더 자세히 다룬다)은 모든 요소의 분석과 관련이 있다. 여기에 제공된 시작 코드는 로컬 변수와 함수 호출 스택을 포함하기에 충분히 큰 크기를 갖는다. 링커 스크립트가 .bss와 .data 섹션에서 가능한 한 멀리 매핑되기 때문이다. 스택의 위치에 대한 더 자세한 사항은 5장 '메모리 관리'를 통해 알아본다.

장애 핸들러

장애 관련 이벤트는 실행 오류가 발생하거나 정책 위반이 발생한 경우 CPU에서 촉발된다. CPU는 다음과 같은 런타임 오류를 탐지할 수 있다.

- 실행 가능으로 표시된 메모리 영역 바깥의 코드를 실행하려고 시도
- 유효하지 않은 위치로부터 데이터를 얻거나 다음 인스트럭션을 실행
- 정렬되지 않은 주소를 사용해 불법 로드 및 저장
- 0으로 나눔
- 사용 가능하지 않은 코프로세서^{coprocessor} 기능 접근 시도
- 현재 실행 모드를 위해 허용된 메모리 영역 바깥의 읽기/쓰기/실행을 시도

몇몇 코어 마이크로컨트롤러는 오류의 종류에 따른 각기 다른 종류의 예외를 지원한다. Cortex-M3/M4는 버스 오류, 사용 장애, 메모리 접근 위반, 일반 장애 등을 구별할 수 있고, 관련된 예외를 촉발한다. 다른 좀 더 작은 시스템에서는 런타임 오류의 종류가 덜 세부화된다.

장애는 시스템을 사용 불가능하게 하거나, 실행을 지속할 수 없게 만들 확률이 높다. 이는 CPU 레지스터 값이나 스택에 충돌이 일어났기 때문이다. 경우에 따라서는 중단점을 예외 핸들러에 넣는 것만으로는 문제의 원인을 찾기에 충분하지 않다. 어떤 CPU는 장애의 원인에 대한 확장된 정보를 지원한다. 이는 예외가 발생한 이후 메모리 맵^{memory-mapped} 레지스터를 통해 얻을 수 있다. Cortex-M3/M4의 경우, 이 정보는 **설정 가능한 장애 상태 레지스터**^{CFSR, Configurable Fault Status Register}를 통해 사용 가능하다. 즉, 모든 Cortex-M3/M4 CPU상의 0xE000ED28 주소에 매핑되어 있다.

메모리 위반은 해당 예외 핸들러가 특정 복구 전략을 구현하는 경우에는 치명적이지 않을 수 있다. 그리고 런타임 시의 장애를 발견하고 대응하는 데 유용할 수 있는데, 특히 멀티스레드 환경에서는 더욱 유용하다. 이 내용은 9장 '분산 시스템과 IoT 아키텍처'에서 더 자세히 살펴볼 것이다.

▌ 메모리 레이아웃

이미 알고 있겠지만, 링커 스크립트는 링커가 임베디드 시스템의 구성요소를 함께 결집시키는 방법에 대한 인스트럭션을 담고 있다. 더 구체적으로는, 메모리에 매핑되는 섹션에 대한 설명과 타깃의 플래시 및 RAM에 배포하는 방법에 대해 서술한다(2장 '작업 환경과 워크플로 최적화'에서 제공된 예제를 참조하라).

대부분의 임베디드 장치, 특히 이 레퍼런스 플랫폼에서는 모든 실행 코드를 포함하는 .text 영역은 실행 이미지의 시작 부분에 IV를 저장하기 위해 할당된 특별한 하위 섹션을 포함해야 한다.

링커 스크립트에 다른 코드가 나오기 전에 .isr_vector 섹션을 .text 영역에 추가해보자.

```
.text : {
    *(.isr_vector)
    *(.text*)
    *(.rodata*)
} > FLASH
```

시스템을 적절히 부트업하기 위한 유일하고 엄격한 요구사항은 플래시 내에 벡터 테이블 용 읽기 전용 섹션을 정의하는 것이다. isr_reset 함수의 주소는 부트 시간에 메모리상 의 0x04 주소로부터 CPU에 의해 얻을 수 있기 때문이다.

플래시에 텍스트와 읽기 전용 영역을 위한 정의 이후에, 링커 스크립트는 현재 주소(플래 시에 저장된 .data 섹션의 시작 부분)의 값을 내보내야 한다. 이 영역은 코드에서 초기화된 모든 전역 및 정적 변수의 초깃값을 포함한다. 예제 링커 스크립트에서 .data 섹션의 시 작 부분은 링커 스크립트 변수 _stored_data에 의해 다음과 같이 표시되어 있다.

```
_stored_data = .;
```

데이터 섹션은 결국 RAM에 매핑될 것이지만, 그 초기화는 isr_reset 함수에서 플래시 의 내용을 실제 RAM의 .data 영역으로 복사함으로써 수동으로 처리된다. 링커 스크립 트는 섹션을 위해 **가상 메모리 주소**^{VMA, Virtual Memory Address}와 **로드 메모리 주소**^{LMA, Load Memory Address}를 분리하는 메커니즘을 제공한다. 섹션을 정의할 때 키워드 **AT**를 사용해서 말이 다. **AT**가 지정되어 있지 않다면, 기본적으로 LMA는 VMA와 같은 주소로 설정된다. 이 경우 .data 영역의 VMA는 RAM에 있고, _start_data 포인터를 사용해 내보내진다. 이 포인터는 isr_vector에 의해 플래시로부터 저장된 심볼의 값을 복사할 때 그 목적지 주 소로서 사용될 것이다. .data의 LMA는 플래시 메모리에 위치해 있기 때문에, .data 영 역을 정의하는 동안 LMA 주소를 플래시의 _stored_data 포인터로 설정한다.

```
.data : AT (_stored_data)
{
    _start_data = .;
    *(.data*)
    . = ALIGN(4);
    _end_data = .;
} > RAM
```

.bss의 경우에는 LMA가 없다. 이 섹션의 경우 이미지에 저장된 데이터가 없기 때문이다. .bss 영역을 포함할 때, 그 VMA는 자동으로 .data 섹션의 끝으로 설정될 것이다.

```
.bss : {
    _start_bss = .;
    *(.bss*)
    . = ALIGN(4);
    _end_bss = .;
    _end = .;
} > RAM
```

끝으로, 이 설계에서 링커는 실행 스택을 위한 초깃값을 제공하도록 기대된다. 메모리의 가장 높은 주소를 사용하는 것은 단일 스레드 애플리케이션의 경우 일반적인 선택이다. 그렇긴 하지만, 다음 장에서 논의하듯이 스택 오버플로 문제를 일으킬 수 있다. 그러나 이 예에서는 적용 가능한 솔루션이며, 다음 라인을 링커 스크립트로 추가함으로써 END_STACK 심볼을 정의한다.

```
END_STACK = ORIGIN(RAM) + LENGTH(RAM);
```

메모리상에 각 심볼이 어디에 위치하게 될 것인지 더 잘 이해하기 위해, 변수 정의는 시작 파일 코드 내의 각기 다른 위치에 추가될 수 있다. 이 방법으로, 처음 실행 파일이 디버거에서 실행될 때 메모리상에 저장되는 변수의 위치를 확인할 수 있다. .data와 .bss

섹션에 모두 저장된 변수를 갖고 있다고 가정해보자. 이 예제 시작 코드의 메모리 레이아웃은 다음과 같을 것이다.

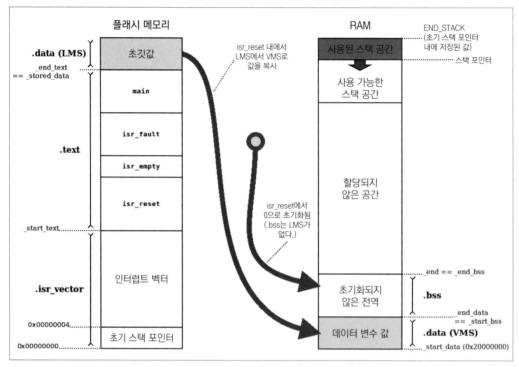

▲ 예제 시작 코드의 메모리 레이아웃

실행 파일이 링크될 때, 심볼은 메모리 내의 각 섹션의 시작과 끝을 가리키도록 컴파일 시간에 자동으로 설정된다. 이 책의 경우, 각 섹션의 시작과 끝을 가리키는 변수는 실행 파일을 생성할 때 링커가 포함할 섹션의 크기에 따라 자동으로 올바른 값으로 할당된다. 각 섹션의 크기는 컴파일 시간에 알 수 있기 때문에, 링커는 .text와 .data가 플래시에 맞는지 아닌지에 대한 상황을 식별할 수 있다. 그리고 링커 오류는 빌드의 마지막에 나타날 것이다. .map 파일의 생성은 각 심볼의 크기와 위치를 점검하는 데 유용하다. 부트업 예제 코드에서 .map 파일 내에 나타나는 .text 섹션의 모습은 다음과 같다.

```
.text 0x0000000000000000 0x168
0x0000000000000000 _start_text = .
*(.isr_vector)
.isr_vector 0x0000000000000000 0xf0 startup.o
0x0000000000000000 IV
*(.text*)
.text 0x00000000000000f0 0x78 startup.o
0x00000000000000f0 isr_reset
0x0000000000000134 isr_fault
0x000000000000013a isr_empty
0x0000000000000146 main
```

마찬가지로, 링커 스크립트에 의해 내보내진 각 섹션의 경계를 컴파일 시간에 찾을 수 있다.

```
0x0000000000000000 _start_text = .
0x0000000000000168 _end_text = .
0x0000000020000000 _start_data = .
0x0000000020000004 _end_data = .
0x0000000020000004 _start_bss = .
0x0000000020000328 _end_bss = .
0x0000000020000328 _end = .
```

이 최소 예제에서는 빈 값을 갖는 .rodata 섹션은 플래시 메모리 영역의 .text와 데이터 LMA 사이에 매핑되어 있다. 이것은 상수 심볼을 위해 예약되어 있는데, 상수는 RAM에 매핑되지 않아야 하기 때문이다. 상수 심볼을 정의할 때 C 한정어[modifier] const를 사용할 것을 권한다. RAM이 보통 가장 귀중한 자원이고 경우에 따라서는 상수 심볼을 플래시로 옮김으로써 생기는 쓰기 가능한 메모리의 약간의 여유가 프로젝트 개발에 있어 차이점을 만들 수 있기 때문이다. 플래시 메모리가 보통 훨씬 크고, 그 사용은 링크 시간에 쉽게 결정될 수 있기 때문이기도 하다.

▌ 부트 코드 빌드 및 실행

여기 제공된 예제는 타깃에서 실행 가능한 실행 이미지의 가장 간단한 형태다. 모든 것을 함께 어셈블^{assemble}, 컴파일, 링크하기 위해 모든 단계를 자동화하는 간단한 makefile을 사용할 수 있다. 이는 또한 소프트웨어 생애 주기에 집중하게 해준다.

이미지가 준비되면, 이를 실제 타깃으로 전송할 수 있다. 또는 에뮬레이터를 통해서도 실행할 수 있다.

makefile

시작 애플리케이션을 빌드하기 위한 아주 간단한 makefile은 최종 타깃(image.bin)과 이를 빌드하기 위해 필요한 중간 단계들을 서술한다. makefile의 문법은 일반적으로 매우 방대하다. 그리고 Make가 제공하는 모든 함수를 다루는 것은 이 책의 범위를 벗어난다. 그러나 빌드 프로세스를 자동화하는 데 이용 및 실행하기 위해 여기서 개념을 조금 설명한다.

makefile 내에 target을 정의하기 위한 전형적인 문법은 다음과 같다.

```
target: dependencies
    recipe
```

콜론(:)이 뒤에 붙는 target은 빌드될 출력 파일의 이름이다. dependencies는 Make가 호출되면 그 존재를 확인하고, 이미 존재해야 하는 입력 파일이다. 이 dependencies에 나열된 파일 중 하나라도 사용할 수 없거나, target 자체보다 새것이라면, Make는 의존성을 만족하는 다른 target을 찾을 것이다.

이 경우 makefile을 위한 타깃 정의는 꽤 간단하다. IV, 몇몇 예외 핸들러, 예제에서 사용되는 main 및 전역 변수를 포함하는 소스 파일 startup.c는 startup.o 오브젝트 파일로 컴파일 및 어셈블된다. 링커는 링커 스크립트 target.ld에서 제공되는 지시자를 이용해 올바른 섹션에 있는 심볼을 배포한다. 실행 이미지 .elf를 생성함으로써 말이다.

끝으로, `objcopy`는 .elf 실행 파일을 바이너리 이미지로 변환하기 위해 사용된다. 이는 타깃으로 전송되거나 QEMU를 이용해 실행할 수 있다.

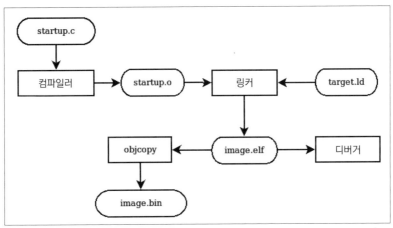

▲ 빌드 단계 및 의존성

makefile은 툴체인을 서술하기 위해 몇 가지 환경설정 변수를 포함해야 한다. 할당 연산자 `=`는 `make` 명령을 호출할 때 변수에 값을 설정할 수 있게 해준다. 이 변수 중 일부는 타깃을 위한 레시피에 명시적으로 주어지지 않는다면, 컴파일과 링크 중에 암시적으로 사용된다. `CROSS_COMPILE` 변수를 이용해 툴체인의 접두어를 정의하는 것이 일반적인 관습이며, 빌드 프로세스 중에 도구 호출을 위해 이 접두어를 사용한다.

```
CROSS_COMPILE=arm-none-eabi-
CC=$(CROSS_COMPILE)gcc
LD=$(CROSS_COMPILE)ld
OBJCOPY=$(CROSS_COMPILE)objcopy
```

이 프로젝트를 위한 기본 크로스 컴파일러의 변경은 make의 수행과, 별도의 `CROSS_COMPILE` 할당을 통해 가능하다. 도구의 모든 이름에는 이 `CROSS_COMPILE` 변수 확장이 접두어로 붙는다. 따라서 빌드 단계는 주어진 툴체인으로부터 구성요소를 사용할 것이다. 같은 방식으로, 컴파일러와 링커를 위한 기본 플래그를 정의할 수 있다.

```
CFLAGS=-mcpu=cortex-m3 -mthumb -g -ggdb -Wall -Wno-main
LDFLAGS=-T target.ld -gc-sections -nostdlib -Map=image.map
```

인수 없이 호출되면, Make는 makefile에 정의된 첫 타깃인 image.bin을 빌드한다. image.bin을 위한 새 타깃은 다음과 같이 정의할 수 있다.

```
image.bin: image.elf
    $(OBJCOPY) -O binary $^ $@
```

변수 $@과 $^는 레시피에서 타깃 및 의존성 목록과 각각 치환될 것이다. 즉, 위의 예에서 makefile은 다음과 같은 레시피를 진행할 것이다.

```
arm-none-eabi-objcopy -O binary image.elf image.bin
```

이 명령은 .elf 실행 파일로부터 원시 바이너리 이미지를 생성하기 위한 명령이다.

마찬가지로, image.elf를 위한 레시피를 정의할 수 있다. 이는 링크 단계로, 컴파일된 오브젝트 파일 startup.o와 링커 스크립트에 의존성이 있다.

```
image.elf: startup.o target.ld
    $(LD) $(LDFLAGS) startup.o -o $@
```

이 경우 의존성 목록을 위한 $^ 변수를 사용하지는 않을 텐데, 레시피가 LDFLAGS를 사용해 링커 명령줄 안에 링커 스크립트를 포함하고 있기 때문이다. 링크 단계를 위한 레시피는 main에 의해 다음과 같이 확장될 것이다.

```
arm-none-eabi-ld -T target.ld -gc-sections -nostdlib -Map=image.map
startup.o -o image.elf
```

-nostdlib을 사용하면 프로젝트에 기본 C 라이브러리를 자동으로 링크하지 않음을 보증한다. 툴체인에서 사용 가능한 것들 중에서 기본적으로 실행 파일을 생산하기 위해 링크될 것이다. 이는 어떠한 심볼도 자동으로 가져오지 않는다는 뜻이다.

의존성 해결을 위한 마지막 단계는 소스 코드를 오브젝트 파일로 컴파일하는 것이다. 이 타깃은 자동으로 확장되는 암시적인 레시피를 가질 수 있다. 따라서 startup.o 타깃 파일을 생성하기 위해 Make는 startup.c 파일을 찾을 것이다. 레시피는 다음과 같이 정의할 수 있다.

```
$(CC) -c -o $@ $^ $(CFLAGS)
```

이는 프로젝트 기본 값을 사용해 다음과 같이 변환될 것이다.

```
arm-none-eabi-gcc -c -o startup.o startup.c -mcpu=cortex-m3 -mthumb -g
-ggdb -Wall -Wno-main
```

-mcpu=cortex-m3 플래그를 사용하면, 생산된 코드가 Cortex-M3 이상의 Cortex-M 타깃에 호환성이 있다. 같은 바이너리를 이용해 결국 Cortex-M3, M4, M7 타깃 어느 곳에서든지 사용할 수 있다. 그리고 일반적으로 CPU 특화 기능의 사용 또는 하드웨어 인터럽트 핸들러를 정의하려 하지 않는다면 사용 가능하다. 이들이 특정 마이크로컨트롤러에 의존성이 있기 때문이다.

clean 타깃을 정의하면, 어디서든 깨끗한 상태에서 시작할 수 있다. 중간 타깃과 최종 이미지를 제거하고, make를 재실행함으로써 말이다. clean 타깃은 보통 같은 makefile에 포함된다. 다음과 같은 형태일 것이다.

```
clean:
    rm -f image.bin image.elf *.o image.map
```

타깃 clean은 일반적으로 의존성이 없다. make clean을 실행하면, 레시피에서 지시한 바와 같이 중간 및 최종 타깃을 모두 제거한다. 물론 소스와 링커 스크립트는 남겨둔다.

애플리케이션 실행

이미지가 빌드되고 나면, 이를 실제 타깃 또는 qemu-system-arm을 사용해 실행할 수 있다. 이는 2장 '작업 환경과 워크플로 최적화'에서 다뤘다. 애플리케이션이 에뮬레이터에서 실행되는 동안 어떠한 출력도 생산하지 않기 때문에, 소프트웨어의 실제 동작을 더 조사하기 위해서는 디버거에 붙여보는 것이 좋다. 에뮬레이터를 실행할 때, qemu-system-arm과 -S 옵션을 함께 호출해야 한다. 이 옵션은 멈춘다^{stop}는 뜻으로, 디버거가 연결되기 전까지는 실행이 시작되지 않을 것이다. 이전 단계에 있는 CFLAGS 변수가 -g 옵션을 포함하고 있기 때문에, 모든 심볼 이름은 .elf에 유지될 것이고, 디버거는 코드 한 줄 한 줄 실행을 따라가며, 변수를 위한 값을 확인하거나 중단점을 위치시킬 수 있다.

이러한 절차를 단계별로 따르고 .map 파일에 있는 그 주소와 값을 비교해보면, 전체 부트 과정의 컨텍스트 변경 및 일어나는 일을 이해하는 데 도움이 된다.

▌ 다중 부트 단계

부트로더를 통한 타깃 부트는 여러 경우에 유용하다. 실제 시나리오에서 원격지의 장치에서 실행 중인 소프트웨어를 갱신할 수 있다는 건, 첫 버전의 임베디드 시스템이 배포된 이후 개발자가 버그 수정과 새 기능을 소개할 수가 있다는 뜻이다.

이는 현장에서 버그가 발견됐을 때 또는 소프트웨어가 요구사항에 따르는 변경점을 적용하기 위해 리엔지니어링돼야 할 때, 유지보수에 큰 이점을 보여준다. 부트로더는 자동 원격 업그레이드와 그 밖의 유용한 기능을 구현한다. 예를 들면, 다음과 같다.

- 외부 스토리지에서 애플리케이션 이미지 로딩
- 부트 전에 애플리케이션 이미지의 무결성 검증
- 손상된 애플리케이션을 위한 장애 극복 메커니즘

다중 부트로더는 다중 단계 부트 과정을 실행하는 것과 연관이 있다. 이는 여러 부트 단계를 위한 별도의 소프트웨어 이미지를 갖는 것을 허용한다. 즉, 이들은 플래시에 독립적으로 업로드될 수 있다. 첫 단계 부트는 일반적으로 매우 간단하고, 다음 단계를 위한 진입점을 선택하는 데 사용된다. 그러나 경우에 따라서는 이른 단계에서 소프트웨어 업그레이드 메커니즘이나 기타 기능을 구현하기 위한 좀 더 복잡한 설계도 이득을 취할 수 있다. 여기에 제안되는 예제는 다수의 Cortex-M 프로세서에서 사용 가능한 기능을 이용해 달성할 수 있는 두 가지 부트 단계 간의 분리를 보여준다. 단순 부트로더의 단 하나의 목적은 다음 단계의 애플리케이션 부트를 위한 시스템 초기화다.

부트로더

첫 단계 부트로더는 일반적인 독립 애플리케이션으로 시작한다. 이 IV는 플래시의 시작 부분에 위치해야 하며, reset 핸들러는 관련된 .data와 .bss 메모리 섹션을 초기화한다. 이것은 단일 단계 부트의 경우와 비슷하다. 플래시의 시작에 위치하는 부분은 부트로더 .text와 .data 섹션을 위해 사용돼야 한다. 이를 위해, 부트로더를 위한 링커 스크립트는 플래시 메모리의 시작 부분만 포함할 것이다. 그리고 애플리케이션의 링커 스크립트는 같은 크기의 오프셋을 가질 것이다.

부트로더와 애플리케이션은 사실 분리된 두 바이너리로 빌드될 것이다. 따라서 두 링커 스크립터가 섹션을 위한 같은 이름을 가질 수 있으며, 링커 메모리에 있는 FLASH 파티션의 서술만 다르다. 그렇지만 다음에 제안되는 방법이 유일하게 가능한 환경설정이다. 좀 더 복잡한 설정은 모든 파티션의 시작 주소와 크기를 사용하는 전체 지오메트리를 내보냄으로써[export] 이익을 얻을 수 있다.

부트로더 파티션을 위해 4KB를 예약하려 한다면, 다음과 같이 부트로더 링커 스크립트 내의 FLASH 영역에 손수 넣을 수 있다.

```
FLASH (rx) : ORIGIN = 0x00000000, LENGTH = 0x00001000
```

마찬가지로, 애플리케이션의 링커 스크립트는 부트로더의 크기로 하드코딩된 오프셋을 갖고 있다. 따라서 애플리케이션의 .text 섹션은 항상 0x1000 주소에서 시작한다. 애플리케이션의 관점에서 전체 FLASH 영역은 0x00001000 주소에서 시작한다.

```
FLASH (rx) : ORIGIN = 0x00001000, LENGTH = 0x0003F000
```

이 경우의 플래시 지오메트리는 다음과 같이 보인다.

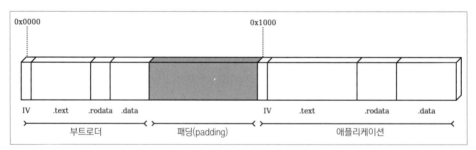

▲ 부트로더와 애플리케이션 모두의 섹션을 보여주는 플래시 내용 레이아웃

부트로더와 **애플리케이션**은 분리된 코드를 실행한다. 또한 둘 다 대응되는 단계에 사용될 핸들러를 기반으로 고유의 IV를 정의할 수 있다. 동작하는 부트로더의 가장 간단한 예는 애플리케이션의 주소를 하드코딩하고, 진입점으로 점프하며, 애플리케이션의 IV에 벡터 테이블에 오프셋 4를 저장한 reset 핸들러를 둠으로써 실현할 수 있을 것이다.

애플리케이션은 그 고유의 메모리 레이아웃을 강제할 수 있다. 시작 시에, 새 .data와 .bss 섹션을 새 지오메트리에 따라 초기화할 수 있다. 심지어는 새 초기 스택 포인터와

IV를 정의할 수도 있다. 부트로더는 0x1000에 저장된 IV의 첫 두 워드^{word}를 읽음으로써 이러한 두 포인터를 얻을 수 있다.

```
uint32_t app_end_stack = (*((uint32_t *)(APP_OFFSET)));
void (* app_entry)(void);
app_entry = (void *)(*((uint32_t *)(APP_OFFSET + 4)));
```

애플리케이션의 진입점으로 점프하기 전에, 주 실행 스택 포인터를 스택의 마지막 주소로 리셋한다. MSP는 ARMv7-M 아키텍처의 특수 목적 CPU 레지스터이기 때문에, 어셈블리 인스트럭션인 msr^{move special from register}을 사용해서만 쓸 수 있다. 다음은 부트로더에 내장된 코드로, 애플리케이션 이미지 시작 부분의 플래시에 저장된 값으로 애플리케이션 스택 포인터를 올바르게 설정하기 위한 것이다.

```
asm volatile("msr msp, %0" ::"r"(app_end_stack));
```

Cortex-M3 및 더 강력한 32비트 Cortex-M CPU에서 제어 레지스터는 시스템 제어 블록 영역에 나타나며, 런타임 시에 벡터 테이블을 위한 오프셋을 지정하기 위해 사용할 수 있다. 이는 **벡터 테이블 오프셋 레지스터**^{VTOR, Vector Table Offset Register}로, 0xE000ED08 주소에 위치한다. 애플리케이션 오프셋을 이 레지스터에 작성한다는 건, 애플리케이션에 정의된 새 IV와 인터럽트 핸들러가 예외 발생 시에 실행될 것임을 의미한다.

```
uint32_t * VTOR = (uint32_t *)0xE000ED08;
*VTOR = (uint32_t *)(APP_OFFSET);
```

이 메커니즘이 사용 불가능할 때(예를 들어, Cortex-M0 마이크로컨트롤러는 VTOR을 갖고 있지 않다), 애플리케이션은 시작 후에 부트로더와 인터럽트 벡터를 여전히 공유할 것이다. 각기 다른 인터럽트 핸들러 모음을 제공하기 위해, 관련된 함수 포인터가 플래시의 다른 영역에 저장돼야 한다. 따라서 부트로더는 매 인터럽트가 애플리케이션 공간의 테이블에서 대응되는 핸들러를 호출할 때 애플리케이션이 시작됐는지 여부를 확인할 수 있다.

인터럽트 핸들러와 기타 예외 루틴으로의 포인터를 다룰 때, 코드가 실행 중인 동안에는 언제든지 예외가 발생할 수 있다는 점을 고려해야 한다. 특히 부트로더가 주변장치를 활성화하고 CPU에 타이머를 활성화한 경우에는 더욱 그렇다. 인터럽트 루틴으로의 예측할 수 없는 점프를 방지하기 위해, 포인터가 갱신되는 동안에는 모든 인터럽트를 비활성화하는 것이 좋다.

인스트럭션 세트는 일시적으로 모든 인터럽트를 마스크^{mask} 하는 메커니즘을 제공한다. 인터럽트가 전역적으로 비활성화된 상태로 구동되는 동안, 실행은 어떤 예외로도 인터럽트를 발생시킬 수 없다. NMI를 제외하고 말이다. Cortex-M에서는 어셈블리 구문 cpsid i를 이용해 일시적으로 인터럽트를 비활성화할 수 있다.

```
asm volatile ("cpsid i");
```

인터럽트를 다시 활성화하기 위해, cpsie i 인스트럭션이 사용된다.

```
asm volatile ("cpsie i");
```

인터럽트 비활성화 상태에서의 실행은 가능한 한 엄격하게 이뤄져야 한다. 그리고 다른 솔루션이 사용 불가능한 특수한 경우에만 사용돼야 한다. 왜냐하면 전체 시스템의 지연 시간에 영향을 주기 때문이다. 이런 특수한 경우에서는 IV가 재위치^{relocate} 되는 동안 서비스 루틴을 호출할 수 없음을 보증하는 데 사용된다.

그 짧은 생애에서 부트로더에 의해 실행되는 마지막 동작은 애플리케이션 IV 내의 reset 핸들러로의 직접적인 점프다. 이 함수는 절대 반환하지 않고, 새 스택 공간이 방금 할당됐기 때문에, app_entry의 주소(이는 isr_reset이 가리킨다)로부터 실행을 시작하기 위해 CPU 프로그램 카운터 레지스터를 설정함으로써 조건 없는 점프를 강제한다.

```
asm volatile("mov pc, %0" :: "r"(app_entry));
```

우리 예제에서는 실행 스택 포인터 값을 치환했기 때문에 이 함수는 절대 반환하지 않는다. 이는 애플리케이션의 메인 함수로 점프하게 될 reset 핸들러에 의해 예측되는 동작과 호환성이 있다.

이미지 빌드

두 실행 파일이 별도의 .elf 파일에 빌드되기 때문에, 단일 이미지에 두 파티션의 내용을 함께 묶는 방법이 존재한다. 타깃에 업로드하거나 에뮬레이터에서 사용하기 위해서 말이다. .elf 실행 파일을 바이너리 이미지로 변환할 때 objcopy의 --pad-to 옵션을 사용하면, 부트로더 파티션의 그 크기만큼 0으로 채울 수 있다. 플래시의 웨어링^{wearing}은 패딩 영역을 채우기 위해 0xFF 값을 사용해 줄일 수 있는데, 이는 --gap-fill=0xFF 옵션을 전달함으로써 얻을 수 있다. 결과물인 bootloader.bin은 정확하게 4096바이트일 것이다. 그리고 애플리케이션 이미지를 그 뒤에 붙일 수 있다. 두 파티션을 포함하는 이미지 조합의 단계는 다음과 같다.

```
$ arm-none-eabi-objcopy -O binary --pad-to=4096 --gap-fill=0xFF
bootloader.elf bootloader.bin
$ arm-none-eabi-objcopy -O binary app.elf app.bin
$ cat bootloader.bin app.bin > image.bin
```

16진수 편집기로 결과물 image.bin을 살펴보자. objdump에 의해 패딩으로 사용된 0이라는 것과 애플리케이션 코드가 0x1000 주소부터 시작한다는 것을 인지함으로써, 첫 파티션 내의 부트로더의 끝을 식별할 수 있다.

플래시 물리 페이지의 시작으로 애플리케이션 오프셋을 정렬함으로써, 별도의 단계로 두 이미지를 업로드할 수가 있다. 예를 들면, 부트로더 파티션을 건드리지 않고도 애플리케이션 코드를 업그레이드하는 것을 허용한다.

다중 단계 시스템 디버깅

두 단계 이상의 분리는 두 실행 파일의 심볼이 각기 다른 .elf 파일에 링크되는 것을 말한다. 두 심볼 모음을 사용해 디버깅하는 것도 여전히 가능하지만, 두 .elf 파일의 심볼을 모두 로드하려면 디버거에서 두 단계를 거쳐야 한다. 디버거가 인수로 bootloader.elf 파일을 얻거나, GDB 명령줄에서 file 명령을 사용함으로써 부트로더의 심볼을 사용해 실행될 때, 부트로더의 심볼은 디버깅 세션의 심볼 테이블에 로드된다. 애플리케이션 .elf 파일로부터 심볼을 추가하려면, add-symbol-file을 이용해 다음 단계에서 대응되는 .elf를 추가할 수 있다.

지시자 add-symbol-file은 file과는 다르게, 두 번째 실행 파일의 심볼이 이미 로드된 것을 덮어쓰지 않고 로드됨을 보증한다. 그리고 이는 인수로서 애플리케이션 .elf 파일에 저장된 .text 섹션이 위치한 주소의 지정을 필요로 한다. 이 예에서 구성된 시스템에서, 두 심볼 모음 간 충돌은 없다. 두 파티션이 플래시의 어떤 영역도 공유하고 있지 않기 때문이다. 디버거는 그 실행을 지속할 수 있고, 부트로더가 애플리케이션 진입점으로 점프해 들어간 이후에도 모든 심볼을 여전히 사용할 수 있다.

```
> add-symbol-file app.elf 0x1000
add symbol table from file "app.elf" at
    .text_addr = 0x1000
(y or n) y
Reading symbols from app.elf...done.
```

두 실행 파일 간 섹션과 심볼을 위해 같은 이름을 공유해도 괜찮다. 두 실행 파일이 독립적이고 상호 간에 링크되어 있지 않기 때문이다. 디버거는 디버깅 동안 그 이름으로 심볼을 참조할 때, 중복되는 이름을 인지한다. 예를 들어, main에 중단점을 위치시키고 두 실행 파일에서 심볼들을 올바르게 로드했다면 중단점은 두 위치에 설정될 것이다.

```
> b main
Breakpoint 1 at 0x14e: main. (2 locations)
> info b
Num Type Disp Enb Address What
1 breakpoint keep y <MULTIPLE>
1.1 y 0x0000014e in main at startup_bl.c:53
1.2 y 0x00001158 in main at startup.c:53
```

부트 단계의 분리는 서로 간에 완전하게 분리된다. 그리고 어떠한 실행 코드도 공유하지 않는다. 이 때문에, 각기 다른 라이선스를 갖고 배포된 소프트웨어(심지어 서로 호환되지 않는 것이라도)는 분리된 부트 단계에서 실행될 수 있다. 예제에서 보듯이 별도의 두 시스템에서 실행되고 있기 때문에, 두 소프트웨어 이미지는 충돌을 발생시키지 않고 같은 심볼 이름을 사용할 수 있다.

그러나 어떤 경우에는, 다중 부트 단계가 같은 라이브러리를 사용해 구현될 수 있는 공통 기능을 가질 수도 있다. 불행히도, 분리된 소프트웨어 이미지에서 라이브러리의 심볼에 접근하기 위한 간단한 방법은 없다. 다음 예제에서 설명된 메커니즘은 플래시에 필요한 심볼을 한 번만 저장함으로써 두 단계 사이의 공유 라이브러리에 대한 접근을 제공한다.

공유 라이브러리

범용 유틸리티나 장치 드라이버를 제공하는 작은 라이브러리가 있다고 가정해보자. 그리고 이는 부트로더와 애플리케이션에서 사용된다. 비록 규모가 작다 하더라도, 플래시 메모리에 같은 함수의 정의를 중복하는 것은 피하는 게 좋다. 라이브러리는 부트로더의 고유 섹션에 링크되고 나중 단계에서 참조가 가능하다. 이전의 두 단계 예제에서는 API 함수 포인터를 0x400 주소로 시작하는 배열에 안전히 위치시킬 수 있다. 이는 현재 사용하고 있는 인터럽트 벡터의 마지막을 지나친다. 실제 프로젝트에서 이 오프셋은 메모리상의 실제 벡터 테이블보다 충분히 뒤에 있어야 한다. .utils 섹션은 링커 스크립트에서 벡터 테이블과 부트로더의 .text 시작 부분 사이에 위치시킨다.

```
.text :
{
    _start_text = .;
    KEEP(*(.isr_vector))
    . = 0x400;
    KEEP(*(.utils))
    *(.text*)
    *(.rodata*)
    . = ALIGN(4);
    _end_text = .;
} > FLASH
```

실제 함수 정의는 각기 다른 소스 파일에 위치하고, 부트로더에 링크될 수 있다. .utils 섹션에 있는 것은 부트로더의 .text 섹션 내 함수의 실제 주소로의 포인터를 포함하는 테이블이다.

```
__attribute__((section(".utils"),used))
    static void *utils_interface[4] = {
    (void *)utils_open,
    (void *)utils_write,
    (void *)utils_read,
    (void *)utils_close
};
```

이제 부트로더의 레이아웃은 0x400 주소에 정렬된 추가적인 .utils 섹션을 갖는데, 여기에는 다른 단계에서 사용을 위해 내보내질 라이브러리 함수의 포인터를 갖는 테이블이 포함된다.

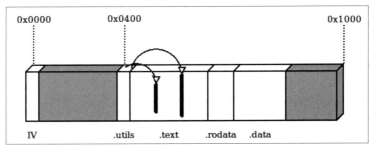

▲ .utils 섹션을 포함한 부트로더 파티션

애플리케이션은 주어진 주소에서 함수 테이블을 찾기를 기대한다.

```
static void **utils_interface = (void**)(0x00000400);
```

부트로더 내에 저장된 단일 함수의 주소를 이제 사용할 수 있다. 그러나 이 함수의 시그니처signature에 대한 정보는 없다. 따라서 애플리케이션은 포인터가 요구되는 함수 시그니처와 일치하도록 변환된 경우에만 API에 적절히 접근할 수 있다. 인라인 래퍼wrapper를 제공해서, 애플리케이션 코드가 함수에 직접 접근하게 할 수 있다.

```
static inline int utils_read(void *buf, int size) {
    int (*do_read)(void*, int) = (int (*)(void*,int))
    (utils_interface[2]);
    return do_read(buf, size);
}
```

이 경우, 계약은 두 모듈 사이에 암시적으로 공유된다. 그리고 컴파일 시간에 함수 시그니처 간 일치 및 플래시에 저장된 함수 포인터의 유효성을 확인하지 않는다. 그러나 이는 바이너리 코드 중복을 피하기 위한 유효한 접근법이다. 그리고 분리된 컨텍스트 간 심볼을 공유함으로써 플래시 사용량을 줄이는 효율적인 방법일 수 있다.

▌ 요약

부트 과정을 이해하는 것은 임베디드 시스템 개발을 향한 핵심 단계다. 여기서 베어메탈 애플리케이션으로 직접 부트하는 방법을 살펴보고, 다중 단계 시스템 부트에 포함된 구조에 대해서도 실험해봤다.

5장에서는 안전하고 신뢰성 있는 임베디드 시스템을 개발하는 도중 고려해야 할 가장 중요한 요소로 표현되는 메모리 관리를 위한 메커니즘과 접근법을 살펴볼 것이다.

05

메모리 관리

메모리를 다루는 일은 임베디드 시스템 프로그래머에게 가장 중요한 작업 중 하나다. 그리고 당연하게도, 시스템 개발의 매 단계에서 고려돼야 할 가장 섬세한 작업이다. 5장에서는 임베디드 시스템에서의 메모리 관리, 메모리의 지오메트리 및 매핑, 타깃에서 소프트웨어를 수행하는 데 있어 안정성과 안전성을 조정하는 이슈를 처리하는 방법 등에 공통적으로 사용되는 모델을 다룬다.

5장에서 다루는 내용은 다음과 같다.

- 메모리 매핑
- 실행 스택
- 힙heap 관리
- 메모리 보호 유닛

▌ 메모리 매핑

일반 환경에서 애플리케이션 소프트웨어는 메모리를 처리하기 위해 사용 가능한 다양한 추상화 요소로부터 장점을 취한다. 현대의 개인 컴퓨터용 운영체제에서 각 프로세스는 고유의 메모리 공간에 접근할 수 있는데, 다른 물리 위치를 사용 중인 메모리 블록의 크기를 변경하거나 이동하기 위해 시스템에 의해 재배치될 수도 있다. 게다가, 커널에 의해 제공되는 가상 메모리 풀^{pool}을 통해 동적 메모리 할당도 가능하다. 임베디드 장치는 이러한 메커니즘에 의존성이 없다. 가상 주소를 물리 메모리 위치로 할당하는 방법이 없기 때문이다. 모든 컨텍스트 및 실행 모드에서, 심볼은 전부 물리 메모리를 가리킴으로써 접근이 가능할 뿐이다.

이전 장에서 살펴봤듯이, 베어메탈 임베디드 애플리케이션을 부트하려면, 링커 스크립트를 통해 이용 가능한 주소 공간 내 할당된 구역에 섹션을 정의해야 한다. 이는 컴파일 시간에 이뤄져야 한다. 우리의 임베디드 소프트웨어 내에서 메모리 섹션을 적절히 구성하려면, 다양한 구역의 속성 및 메모리 영역을 조직하고 관리하기 위해 사용할 수 있는 메커니즘에 대해 분석해야 한다.

메모리 모델과 주소 공간

사용 가능한 주소의 총량은 메모리 포인터의 크기에 따라 다르다. 32비트 머신은 4GB의 연속 메모리 공간을 참조할 수 있는데, 시스템 내 모든 메모리 맵 장치를 호스트하기 위해 나뉜 것이다. 이들은 다음을 포함한다.

- 내부 RAM
- 플래시 메모리
- 시스템 제어 레지스터
- 마이크로컨트롤러에 포함된 구성요소
- 외부 주변장치 버스
- 추가 외부 RAM

모든 구역은 플랫폼의 특성에 의존적인 고정 물리 주소를 갖는다. 모든 위치는 하드코딩되어 있고, 몇몇은 플랫폼에 특화되어 있다.

ARM Cortex-M에서 지정 가능한 총 주소 공간$^{address\ space}$은 6개의 큰 구역^{region}으로 나뉜다. 구역은 그 목적에 따라 각기 다른 권한을 갖는다. 런타임에 읽기 동작을 위해서만 접근 가능한 메모리 영역이나, 그 위치에서는 실행이 허용되지 않은 구역도 있다. 이러한 제한은 하드웨어에서 구현됐지만, MPU를 포함한 마이크로컨트롤러에서는 런타임에 환경설정이 가능하다.

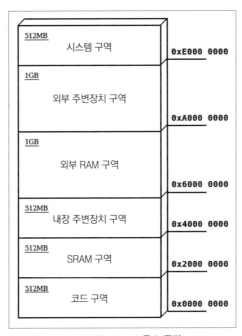

▲ ARM Cortex-M 주소 공간

일반적으로, 적은 섹션^{section}(물리 구성요소와 같은 크기)만이 이 구역 내에 매핑된다. 어떤 하드웨어에도 매핑되지 않은 메모리로의 접근 시도는 CPU에서 예외를 촉발한다. 링커 스크립트 및 소스 코드에서 사용 가능한 주소 공간의 지오메트리를 적절하게 서술하기 위해서는, 타깃 플랫폼에 접근할 때 보드의 하드웨어에 대응되는 메모리 섹션의 위치와 크기를 알아야 한다.

코드 구역

Cortex-M 마이크로컨트롤러의 주소 공간 중 하위 512MB는 실행 코드를 위해 예약되어 있다. XIP를 지원하는 타깃은 항상 이 영역에 플래시 메모리를 매핑하고, 런타임에 이 메모리를 쓰는 것은 불가능하다. 이전 예제에서 .text와 .rodata 섹션은 소프트웨어 실행 동안 상수로 남아 있기 때문에 이 구역에 매핑됐다. 추가로, 0이 아닌 초깃값으로 정의된 심볼이 이 영역에 위치한다. 그리고 런타임 시에 그 값을 수정하기 위해, 쓰기 가능한 세그먼트에 명시적으로 복제 및 재매핑돼야 한다. 이미 알고 있듯이, **인터럽트 벡터 테이블**[IVT]은 보통 주소 0으로 시작되는 매핑된 섹션의 처음에 위치한다. 다중 플래시 메모리 뱅크[bank]도 이 코드 구역에 매핑된다. 물리 장치에 관련된 구역은 사전에 인지하고 있어야 하며, 하드웨어 설계에 따른다.

RAM 구역

내부 RAM 뱅크는 두 번째 512MB 블록의 주소에 매핑되며, 시작 주소는 0x20000000이다. 외부 메모리 뱅크는 1GB 구역에 있는 어느 곳이든 매핑되며, 시작 주소는 0x60000000이다. Cortex-M 마이크로컨트롤러 내부 SRAM의 지오메트리나 외부 메모리 뱅크의 배치에 따라, 실제 접근 가능한 메모리 영역은 허용된 범위 내 메모리의 각기 다른 부분으로 비연속적 매핑이 가능하다. 메모리 관리는 물리 매핑 내의 비연속성을 고려해야 하며, 각 섹션을 별도로 참조해야 한다. STM32F407 MPU를 예로 들면, 내부 SRAM의 비연속적 매핑 블록은 2개가 존재한다.

- 0x20000000에 SRAM 128KB(연속된 112KB 블록 1개와 16KB 1개)
- 별도의 **코어 커플 메모리**[CCM, Core-Coupled Memory] 64KB 뱅크, 0x10000000 주소에 매핑

두 번째 메모리는 CPU와 밀접하게 연결되어 있고, 시간이 중요한 동작을 위해 최적화되어 있다. 이는 CPU 자체로부터 대기 상태 없는 접근[zero-wait states access]을 허용한다.

이 경우, 링커 스크립트에 별도의 영역 2개가 있으므로 두 블록을 참조한다.

```
FLASH (rx) : ORIGIN = 0x08000000, LENGTH = 256K
SRAM (rwx) : ORIGIN = 0x20000000, LENGTH = 128K
CCMSRAM(rwx) : ORIGIN = 0x10000000, LENGTH = 64K
```

RAM 구역이 데이터를 위해 설계됐지만, 일반적으로 실행 권한을 유지한다. 따라서 코드
의 섹션은 RAM에 로드되고 런타임에 실행될 수 있다. RAM에서의 코드 실행은 시스템의
융통성을 확장한다. 메모리에 섹션을 로딩하기 전에 해당 코드 섹션을 처리하는 것을 허
용함으로써 말이다. 그 자리에서 실행되도록 만들어지지 않은 바이너리는 다른 포맷으로
어느 장치에든 저장이 가능하다. 심지어는 압축과 암호화 알고리즘을 사용할 수도 있다.
간편함에도 불구하고, 실행 코드를 저장하기 위한 RAM 내 섹션 사용은 시스템에서 귀중
한 런타임 메모리를 빼앗는다. 시스템을 설계하기 전에, 이러한 장점에 대해 반드시 심사
숙고해야 한다. 특히, 애플리케이션에서 요구하는 실제 런타임 메모리의 관점에서 말이다.

주변장치 접근 구역

0x40000000 주소로 시작하는 내부 RAM 구역 이후의 512MB 영역은 보통 마이크로컨
트롤러에 내장된 주변장치를 위해 예약되어 있다. 시작 주소 0xA0000000의 1GB 영역
은 외부 메모리 칩이나, MCU 주소 공간 내에서 메모리 맵을 사용할 수 있는 장치를 매핑
하기 위해 사용되지만, 이들은 본래 칩 패키지의 일부분이 아니다. 주변장치에 올바르게
접근하기 위해서는 MCU 패키징의 내부 구성요소의 환경설정과 메모리 맵 장치의 주소
를 사전에 알고 있어야 한다. 이 구역에서의 코드 실행은 절대 허용되지 않는다.

시스템 구역

Cortex-M 메모리 매핑의 최상위 512MB는 시스템 환경설정 및 프라이빗private 제어 블
록에 접근하기 위해 예약됐다. 이 구역은 프로세서를 프로그래밍하는 데 사용하는 레지

스터인 시스템 제어 레지스터와 장치와 주변장치를 설정하는 데 사용하는 주변장치 제어 레지스터를 포함한다. 코드 실행은 허용되지 않고, 이 구역은 프로세서가 권한 수준^{privileged} ^{level}에서 수행 중일 때만 접근이 가능하다. 이 내용은 10장 '병렬 태스크와 스케줄링'에서 자세히 알아볼 것이다.

잘 알려진 주소를 역참조^{dereference}함으로써 하드웨어 레지스터에 접근하면, 런타임 시에 그 값을 설정하고 얻는 데 유용하다. 그러나 컴파일러에게 RAM에 매핑된 변수의 할당과, 시스템 제어 블록의 환경설정 레지스터의 차이를 알려주는 방법은 없다. 이 때문에 컴파일러는 보통 메모리 트랜잭션의 순서를 대체함으로써 코드를 최적화하는 것이 좋다고 생각한다. 이는 다음 오퍼레이션이 이전 오퍼레이션에서 발생한 모든 메모리 이동의 정확한 결과에 의존한다면, 예측할 수 없는 결과를 일으킨다. 따라서 환경설정 레지스터에 접근할 때는 다음 동작이 실행되기 전에 메모리 전송 동작이 완료됐는지 확인하는 추가적인 주의를 기울여야 한다.

메모리 트랜잭션 순서

ARM CPU에서 메모리 시스템은 메모리 트랜잭션을 생성한 인스트럭션의 순서와 같은 순서로 트랜잭션이 실행될 것임을 보장하지 않는다. 메모리 트랜잭션의 순서는 하드웨어의 특성에 적응하기 위해 변경될 수 있다. 예를 들면, 기저 물리 메모리에 접근하기 위해 필요한 대기 상태나 마이크로코드 수준에서 구현된 추측 분기 예측^{speculative branch prediction} 메커니즘 같은 것 말이다. Cortex-M 마이크로컨트롤러가 주변장치 및 시스템 구역에 걸쳐 엄격한 트랜잭션 순서를 보장하기는 하지만, 다른 모든 경우에 이를 고려해 코드를 구현해야 한다. 다음 인스트럭션을 실행하기 전에, 이전 메모리 트랜잭션이 수행됐음을 확인하기 위해 적절한 메모리 배리어^{barrier}를 집어넣음으로써 말이다. Cortex-M 인스트럭션 세트는 다음과 같은 세 종류의 배리어를 포함한다.

- 데이터 메모리 배리어[DMB, data memory barrier]
- 데이터 동기화 배리어[DSB, data synchronization barrier]
- 인스트럭션 동기화 배리어[ISB, instruction synchronization barrier]

DSB는 소프트 배리어로, 모든 대기 트랜잭션이 다음 메모리 트랜잭션 발생 전에 실행됨을 보장하기 위해 호출된다. DSB는 모든 대기 트랜잭션이 실행되기 전까지 실행을 멈추는 데 사용된다. ISB는 여기에 추가로, CPU 파이프라인을 플러시[flush]하고, 모든 새 인스트럭션이 메모리 트랜잭션 이후에 다시 인출[fetch]됐음을 보장한다. 따라서 오래된 메모리 내용으로 인한 부작용을 막는다. 배리어의 사용이 필요한 경우는 다음과 같다.

- IV의 주소를 변경하기 위해 VTOR을 갱신한 후
- 메모리 매핑을 갱신한 후
- 스스로를 수정하는 코드 실행 중

실행 스택

이전 장에서 살펴봤듯이, 베어메탈 애플리케이션은 빈 스택 영역과 함께 그 실행을 시작한다. 실행 스택은 새 아이템이 저장될 때마다, 부트 시에 제공된 높은 주소에서 더 낮은 주소로 반대로 자란다. 스택은 각 함수 호출 시 분기 포인트[branch point]를 저장함으로써, 함수 호출의 연쇄 추적을 항상 유지한다. 또한 함수 실행 동안 임시 저장소로서의 역할도 한다. 각 함수의 로컬 범위 내의 변수는 함수가 실행되는 동안 스택 내에 저장이 된다. 따라서 스택의 사용량을 계속 제어하는 것은 임베디드 시스템을 개발하는 동안 가장 중요한 작업 중 하나다.

임베디드 프로그래밍은 코딩 중 항상 스택 사용량을 인지하도록 요구한다. 스택에 큰 객체를 두는 것(예를 들면, 통신 버퍼나 긴 문자열 등)은 보통 좋은 생각이 아니다. 스택을 위한 공간이 항상 제한되어 있음을 생각해보면 말이다. 컴파일러는 단일 함수가 필요로 하는 스택 공간이 특정 임계점을 넘어가는 경우에는 항상 경고를 보내도록 설정될 수 있다. 예를 들어, 다음 코드를 보자.

```
void function(void)
{
    char buffer[200];
    read_serial_buffer(buffer);
}
```

GCC 옵션 -Wstack-usage=100과 함께 컴파일된다면, 다음과 같은 경고를 생산할 것이다.

```
main.c: In function 'function':
main.c:15:6: warning: stack usage is 208 bytes [-Wstack-usage=]
```

이는 컴파일 때 볼 수 있다.

이 메커니즘이 로컬 스택의 남용을 식별하는 데 유용하긴 하지만, 코드상의 모든 잠재적 오버플로overflow를 식별하는 데는 효율적이지 않다. 함수 호출이 중첩되어 있고, 그 스택 사용량이 합쳐져 있기 때문이다. 위 함수는 호출되는 곳에서 208바이트의 스택을 사용한다. 200은 buffer 로컬 변수를 위한 것이고, 8바이트는 두 포인터를 저장하기 위한 것이다. 이 두 포인터 중 하나는 코드 섹션의 호출 소스이며, 반환 지점으로 저장된다. 나머지 하나는 프레임 포인터로, 호출 전의 스택 포인터에 대한 오래된 위치를 포함한다.

설계상, 스택은 함수가 호출될 때마다 자라고 함수가 반환되면 다시 줄어든다. 특정한 경우, 즉 재귀 함수의 사용에서 런타임 스택 사용량을 예측하기란 특히 어려운 일이다. 따라서 코드에 재귀를 사용하는 것은 가능한 한 피하거나, 최소한으로 해야 한다. 그리고 타깃에 있는 스택을 위해 예약된 메모리 영역이 작다는 사실을 인지하고 엄격한 제어 내에 두도록 해야 한다.

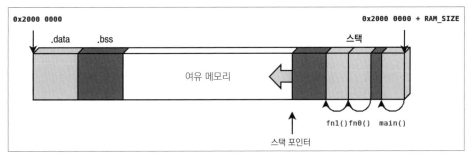

0x2000 0000   0x2000 0000 + RAM_SIZE

.data   .bss   스택

여유 메모리

fn1()fn0() main()

스택 포인터

▲ 함수가 호출되면 프레임 포인터와 로컬 변수를 저장하기 위해 스택 포인터는 내려간다.

스택 배치

IV 테이블의 첫 워드^{word}에 원하는 메모리 주소를 설정함으로써, 부트 시에 스택 영역의 초기 포인터를 선택할 수 있다. 이는 플래시에 로드되는 바이너리 이미지의 시작 부분에 대응된다.

다른 방식으로, 이 포인터는 컴파일 시간에 설정될 수도 있다. 4장 '부트업 과정'의 간단한 예제를 통해 스택을 위한 특정 영역을 할당하는 방법과 링커 스크립트에서 내보내진 심볼의 사용법을 볼 수 있다.

링커 스크립트를 메모리 구역과 세그먼트를 서술하는 중앙 집중점으로 사용한다면, 비슷한 플랫폼 간의 코드 이동성이 더 좋아진다.

STM32F407은 견고하게 연결된 추가적인 64KB 메모리 뱅크를 주소 0x10000000에 제공하기 때문에, 하위 16KB는 실행 스택을 위해 예약하고, 나머지 부분은 추후 사용을 위해 별도의 섹션에 유지하길 원할 것이다. 링커 스크립트는 최상단부 MEMORY 블록에 그 구역을 정의해야만 한다.

```
MEMORY
{
    FLASH (rx) : ORIGIN = 0x00000000, LENGTH = 1M
    SRAM (rwx) : ORIGIN = 0x20000000, LENGTH = 128K
```

```
    CCRAM(rwx) : ORIGIN = 0x10000000, LENGTH = 64K
}
```

상수를 사전 정의된 값으로 할당함으로써, 이 파일 끝에서는 두 심볼이 내보내질^{export} 것
이다.

```
_stack_size = 16 * 1024;
_stack_end = ORIGIN(CCRAM) + _stack_size;
```

_stack_size와 _stack_end의 값은 애플리케이션에서 일반적인 C 심볼을 통해 접근이
가능하다. _stack_end는 벡터 테이블이 초기화될 때 주소 0에 위치하며, 가장 높은 스택
주소를 가리킨다.

```
__attribute__ ((section(".isr_vector")))
void (* const IV[])(void) =
{
    (void (*)(void))(&_end_stack),
    isr_reset, // Reset
    isr_fault, // NMI
    isr_fault, // HardFault
/* 더 많은 인터럽트 루틴이 존재한다. */
```

RAM에 단일 연속 영역을 갖고 구동하는 베어메탈 애플리케이션에서, 메모리를 조직하
기 위해 사용되는 일반적인 전략은 초기 스택 포인터를 메모리 끝의 사용 가능한 주소에
위치시키는 것이다. 애플리케이션은 여전히 다른 섹션에서 사용되지 않은 최하위 주소로
부터 동적 객체를 할당하기 위해 메모리를 사용할 수 있지만, 이 스택은 메모리의 최상단
에서 아래로 성장하는 데 무리가 없다. 이 메커니즘이 가장 효율적으로 보이긴 하지만,
RAM의 사용 가능한 마지막 바이트까지 최대한 사용할 수 있다는 환상을 심어준다. 두
영역이 반대 방향으로 자라기 때문에, 충돌이 발생할 수 있고 예측 불가능한 결과를 이끌
어낼 수 있어 위험하다.

스택 오버플로

스택 크기와 배치가 지닌 주요 문제는, 단일 스레드 베어메탈 애플리케이션에서의 스택 오버플로 상태에서 복구가 매우 어렵다는 점이다. 스택이 그 물리 구역에 독립적일 때(즉, 별도의 메모리 뱅크를 의미), 하위 경계가 어떠한 장치에도 매핑되어 있지 않은 구역이라면 스택 오버플로는 경성 장애 예외hard fault exception를 일으킬 것이다. 이때는 타깃이 멈출 것이다.

인접 메모리가 다른 목적으로 쓰이는 등의 경우, 스택 포인터는 다른 세그먼트로 오버플로될 수 있다. 이는 다른 메모리 영역과 충돌을 일으킬 위험성이 높으며, 또한 타깃에 악의적인 코드 주입과 임의 코드 실행 공격의 문을 열어주는 재앙 같은 결과를 초래할 수도 있다. 최선의 전략은 일반적으로 부트 시에 적절한 스택 공간을 할당하고, 다른 메모리 섹션과 가능한 한 스택을 분리시키며, 런타임에 스택 사용량을 점검하는 것이다. RAM의 가장 낮은 이용 가능 주소를 사용하도록 스택을 환경설정하면, 스택 오버플로가 메모리 상 인접 영역에 유효한 포인터 접근을 할 가능성보다 경성 장애를 일으킬 가능성이 높다. RAM에 매핑된 메모리의 단일 연속 영역을 갖는 베어메탈 시스템을 위한 전통적인 접근법은, 초기 스택 포인터를 사용 가능한 가장 높은 주소에 위치시킨 다음 낮은 주소로 자라게끔 하는 것이다. 링커 스크립트는 초기 스택 포인터로 매핑된 가장 높은 주소를 내보낸다.

```
_end_stack = ORIGIN(RAM) + LENGTH(RAM);
```

.bss 섹션의 끝과 스택의 가장 낮은 주소 사이의 사용 가능 메모리는 애플리케이션에서 동적 할당을 위해 사용할 수 있다. 그리고 동시에 스택은 반대 방향으로 자라는 것을 허용한다. 이는 사용 가능한 메모리를 활용하기 위한 가장 효율적인 방법이다. 스택이 하위 경계를 필요로 하지 않고, 두 방향으로부터 사용된 메모리의 총량이 지정된 영역 내에 잘 있을 때는 항상 안전하기 때문이다. 반면에 섹션이 더 높은 주소를 향해 동적으로 자라는 것이 허용되어 있다면, 두 방향으로부터 겹치는 경우 항상 충돌의 가능성이 있다.

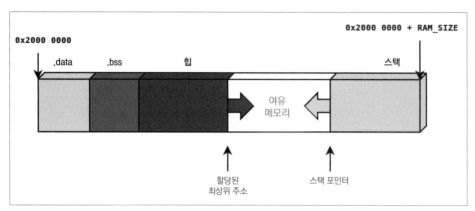

▲ 반대 방향으로 자라는 힙 할당 및 실행 스택

스택 페인팅

필요한 스택 공간의 양을 측정하는 효율적인 방식은 잘 알려진 패턴을 갖는 예측 스택 공간을 채우는 것이다. 비공식적으로 스택 페인팅^{stack painting}이라고 알려져 있는 이 메커니즘은 어느 때든 실행 스택의 최대 확장을 가능케 한다. 페인팅된 스택을 갖는 소프트웨어를 실행함으로써 마지막 인식 가능 패턴을 찾고, 실행 동안 이 시점을 기준으로 가장 많이 움직인 스택 포인터를 추정함으로써 사용된 스택의 양을 측정할 수가 있다.

메모리 초기화 시, 리셋 핸들러에서 수동으로 스택 페인팅을 수행할 수 있다. 이를 위해서는 페인팅을 위한 영역을 할당할 필요가 있다. 이 경우, _end_stack 직전 메모리의 마지막 8KB를 사용하자. reset_handler 함수 내에서 스택을 조작하는 동안 로컬 변수는 사용돼서는 안 된다. reset_handler 함수는 현재 스택 포인터의 값을 전역 변수 sp에 저장할 것이다.

```
static unsigned int sp;
```

핸들러 내에서, 다음 섹션이 main( ) 호출 전에 추가될 수 있다.

```
asm volatile("mrs %0, msp" : "=r"(sp));
dst = ((unsigned int *)(&_end_stack)) - (8192 / sizeof(unsigned int)); ;
while (dst < sp) {
    *dst = 0xDEADC0DE;
    dst++;
}
```

첫 어셈블리 인스트럭션은 현재 스택 포인터의 값을 변수 sp에 저장하는 데 사용된다. 변수 sp는 해당 영역을 페인팅하고 나서 페인팅이 중지됨을 보장한다. 페인팅은 스택에서 사용되지 않은 마지막 주소까지만 해당된다.

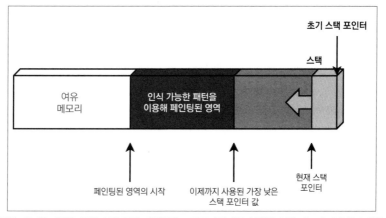

▲ 인식 가능한 패턴을 통한 스택 영역 페인팅은 프로토타입에서 사용된 스택 메모리 예측을 도와준다.

현재 스택 사용량은 런타임에 주기적으로(예를 들어, 메인 루프loop에서) 점검할 수 있다. 이는 인식 가능한 패턴으로 페인팅된 영역을 탐지하기 위해서다. 여전히 페인팅된 이 영역은 아직까지는 실행 스택에 의해 사용되지 않았다. 그리고 아직 사용 가능한 스택의 양을 가리킨다.

이 메커니즘은 애플리케이션을 안정적으로 수행하기 위해 필요한 스택 공간의 양을 검증하는 데 사용될 수도 있다. 설계에 따르면, 이 정보는 추후 스택을 위해 사용이 가능한 세그먼트에 안전 하위 한계를 설정하기 위해 사용할 수 있다.

█ 힙 관리

안전이 중요한 임베디드 시스템은 일반적으로 어떠한 동적 메모리 할당도 하지 않도록 설계된다. 이것이 꽤 극단적으로 들리긴 하지만, 실행 중인 시스템에 재앙 같은 결과를 가져오는 애플리케이션 코드상의 일반적인 프로그래밍 실수를 많이 줄여준다.

다른 한편으로, 동적 할당은 강력한 도구다. 왜냐하면 메모리 블록의 생애와 크기에 대한 완벽한 제어를 주기 때문이다. 임베디드 장치를 위해 설계된 여러 서드파티 라이브러리는 동적 메모리 할당의 기존 구현을 기대한다. 동적 메모리는 메모리의 힙^{heap} 구조를 통해 관리된다. 각 할당의 상태와 크기에 대한 추적을 유지하고, 여유 메모리의 다음 영역으로 포인터를 증가시키며, 새 할당 요청이 처리되는 경우 해제한 블록을 재사용함으로써 말이다.

힙 할당을 위한 표준 프로그래밍 인터페이스는 두 기본 함수로 구성된다.

```
void *malloc(size_t size);
void free(void *ptr);
```

이 함수 시그니처는 운영체제에서 찾을 수 있는 POSIX API에서 빌려왔다. 이들은 주어진 크기의 새 메모리 영역을 요청하고, 지정된 포인터가 참조하고 있는 이전에 할당된 영역을 해제할 수 있게 한다. 좀 더 완벽한 힙 관리는 추가 호출 realloc을 통해 지원한다. 이는 그 자리의 것 또는 새 세그먼트(주어진 크기의 객체를 갖기에 충분히 큰)로 재배치함으로써 이전에 할당된 메모리 영역의 크기를 재설정할 수 있게 한다.

```
void *realloc(void *ptr, size_t size);
```

realloc은 일반적으로 대부분의 임베디드 시스템 구현에서 빠지긴 하지만, 메모리의 객체 크기를 재설정하는 몇몇 경우에는 이것이 유용할 수 있다.

구현에 따라, 메모리 관리는 새 공간을 할당하지 않고 더 큰 세그먼트를 생성하기 위해,

해제된 연속적 블록을 함께 묶는 데 있어서도 어느 정도 효율적이다.

동적 할당을 허용하는 솔루션을 찾는 경우, 다음과 같은 중요한 요소를 고려해 설계하는 것이 중요하다.

- 힙이 위치한 구역의 지오메트리
- 스택과 공유된 경우, 힙-스택 충돌을 방지하기 위해 힙에 할당된 섹션의 상위 경계
- 새 할당을 위한 요청을 만족시킬 충분한 메모리가 없는 경우 적용되는 정책
- 메모리 단편화^{fragmentation} 처리 방법 및 미사용 블록의 오버헤드를 가능한 한 최소한으로 유지하는 방법
- 특정 객체와 모듈이 사용하는 메모리를 분리하기 위한 별도의 풀^{pool} 사용
- 메모리의 단일 풀을 비연속 구역에 분포

사용자 정의 구현

특정 크기의 페이지^{page}를 사용해 처리되는 메모리 할당이 가능한 서버나 개인 컴퓨터와는 다르게, 베어메탈 임베디드 시스템에서 힙은 보통 특정 정렬을 사용해 내부적으로 분할이 가능한 물리 메모리의 연속적 영역이다. malloc/free 인터페이스를 기반으로 하는 힙 기반 메모리 할당의 구축에는 메모리에 요청된 할당 추적을 유지하는 것이 포함된다. 이는 각 할당의 선두에 할당된 섹션의 상태와 크기를 추적하기 위한 작은 헤더^{header}를 붙임으로써 이뤄진다. free 함수에서 할당된 블록을 검증하고, 다음 할당을 위해 사용 가능하게 하는 데 사용할 수 있다. 기본 구현(.bss 섹션의 끝 이후에 처음 나오는 사용 가능한 주소를 시작으로 동적 메모리를 제공)은 프리앰블^{preamble}을 사용해 다음과 같이 메모리의 각 블록을 표현할 수 있다.

```
struct malloc_block {
    unsigned int signature;
    unsigned int size;
};
```

각기 다른 두 시그니처는 유효한 블록을 식별하고, 아직 사용 중인 블록과 이미 해제된 블록을 구별하기 위해 할당이 가능하다.

```
#define SIGNATURE_IN_USE (0xAAC0FFEE)
#define SIGNATURE_FREED (0xFEEDFACE)
#define NULL (((void *)0))
```

malloc 함수는 스택 최상위 주소의 추적을 유지해야 한다. 이 예에서 정적 변수는 스택의 현재 끝을 표시하는 데 사용되는데, 처음에는 시작 주소로 설정된다. 그리고 나서, 새 블록이 할당될 때마다 증가할 것이다.

```
void *malloc(unsigned int size)
{
    static unsigned int *end_heap = 0;
    struct malloc_block *blk;
    char *ret = NULL;
    if (!end_heap) {
        end_heap = &_start_heap;
    }
```

다음 두 줄은 malloc_block으로의 접근을 최적화하기 위해, 요청된 블록이 32비트 정렬임을 보장한다.

```
    if (((size >>2) << 2) != size)
        size = ((size >> 2) + 1) << 2;
```

그리고 나서 malloc 함수는 먼저 힙에서 이전에 해제된 메모리 섹션을 찾는다.

```
    blk = (struct malloc_block *)&_start_heap;
    while (blk < end_heap) {
        if ((blk->signature == SIGNATURE_FREED) &&
```

```
        (blk->size <= size)) {
            blk->signature = SIGNATURE_IN_USE;
            ret = ((char *)blk) + sizeof(struct malloc_block);
            return ret;
        }
        blk = ((char *)blk) + sizeof(struct malloc_block) + blk->size;
    }
```

사용 가능한 공간을 찾지 못하거나, 할당에 요구된 크기에 만족하는 충분한 공간이 없다면, 메모리는 스택의 끝에 할당되고 포인터는 그에 따라 갱신된다.

```
    blk = (struct malloc_block *)end_heap;
    blk->signature = SIGNATURE_IN_USE;
    blk->size = size;

    ret = ((char *)end_heap) + sizeof(struct malloc_block);
    end_heap = ret + size;
    return ret;
}
```

두 경우 모두, 반환된 주소는 이를 처리한 malloc_block 제어 구조체를 숨긴다. end_heap 변수는 항상 힙에 할당된 마지막 블록의 끝을 가리키지만, 사용된 메모리를 가리키지는 않는다. 사용 중인 블록이 중간에 해제됐을 수 있기 때문이다. 이 free 함수 예제(아주 간단한 경우를 시연하기 위한 예제)는 해제가 필요한 블록에 기초적인 점검만 수행한다. 그리고 더 이상 사용되지 않는 블록을 가리키도록 시그니처를 설정한다.

```
void free(void *ptr)
{
    struct malloc_block *blk = (struct malloc_block *)
            (((char *)ptr)-sizeof(struct malloc_block));
    if (!ptr)
        return;
    if (blk->signature != SIGNATURE_IN_USE)
```

```
        return;
    blk->signature = SIGNATURE_FREED;
}
```

이 예제는 매우 간단한데, 실제 환경에서의 한계점들을 고려하지 않고 힙 할당의 기본 기능을 설명하기 위한 것이기 때문이다. 사실, 각기 다른 크기의 객체 할당 및 해제는 단편화를 야기할 수도 있다. 메모리 사용의 관점에서 이러한 현상의 영향과 활성 할당 간 낭비되는 공간을 최소화하기 위해, free 함수는 적어도 더 이상 사용하지 않는 인접 영역을 묶는 메커니즘을 구현해야 한다. 게다가, 이전 예제에서 malloc은 힙 섹션이 상위 경계를 갖고 있지 않는다고 가정한다. 이는 end_heap 포인터의 새 위치에서 어떤 점검도 수행하지 않고, 할당을 위해 가용 메모리가 더 이상 없을 때의 전략도 정의하지 않는다.

비록 툴체인과 라이브러리가 일반적으로 malloc과 free의 기본 구현을 제공하긴 하지만, 이러한 기본 구현이 요구사항을 충족하지 않는 경우 사용자 정의 힙 기반 할당 메커니즘을 구현할 필요가 있다. 예를 들어 별도의 메모리 풀을 관리하거나, 별도의 물리 메모리 섹션을 같은 풀에서 사용하기 위해 병합하길 원한다면 말이다.

단편화 문제는 물리 메모리 매핑을 이용하는 시스템에서는 완전하게 해결할 수 없는데, 사용 가능한 공간을 최적화하기 위해 이전에 할당된 블록을 이동시키는 것이 불가능하기 때문이다. 그러나 할당 개수를 통제하에 유지하고, 가능한 한 많은 할당 블록을 재사용하며, malloc/free의 빈번한 호출을 피함으로써 이 문제를 경감할 수는 있다. 특히 각기 다른 크기의 블록을 요청하는 경우에 말이다.

그 구현이 무엇이든, 동적 메모리의 사용은 여러 안전사항을 고려해야 한다. 그리고 생명에 치명적인 시스템 및 꼭 필요치 않은 곳에서는 그 사용을 피해야 한다. 간단히 말하면, 단일 목적 임베디드 시스템은 동적 메모리 할당의 사용을 피하도록 설계돼야 할 것이다. 이 경우, 시작 중에 영구적 할당을 허용하기 위해 간단한 malloc 인터페이스를 제공할 수도 있다.

newlib 사용

툴체인은 여러 유틸리티를 제공하는데, 여기에는 보통 동적 메모리 할당 메커니즘이 포함된다. 마이크로컨트롤러를 위한 GCC 기반 툴체인은 표준 C 라이브러리에 내장된 표준 C 호출 모음의 축약 버전을 포함한다. ARM−GCC 임베디드 툴체인에 포함되어 있기도 한 유명한 라이브러리는 newlib이다. 다수의 표준 호출 구현을 제공하고 있긴 하지만, 하드웨어가 참여하는 동작의 사용자화를 가능케 함으로써 newlib은 가능한 한 유연성을 유지한다. newlib 라이브러리는 요구되는 시스템 호출 구현을 제공함으로써, 단일 스레드 베어메탈 애플리케이션과 실시간 운영체제 모두에 통합이 가능하다.

malloc의 경우, newlib은 sbrk 함수의 기존 구현을 필요로 한다. 이 함수는 힙 포인터를 모든 새 할당으로 이동시킨다. 그리고 기존의 이전에 해제된 재사용 가능 블록을 풀에서 찾을 수 없을 때마다 할당을 완료하기 위해 이전 힙 값을 malloc으로 반환한다.

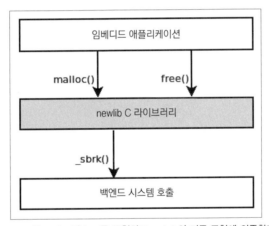

▲ newlib은 malloc과 free를 구현하고, _sbrk의 기존 구현에 의존한다.

_sbrk 함수의 가능한 구현은 다음과 같다.

```
void * _sbrk(unsigned int incr)
{
    static unsigned char *heap = NULL;
```

```
    void *old_heap = heap;
    if (((incr & 0x03) != incr)
        incr = ((incr >> 2) + 1) << 2;
    if (old_heap == NULL)
        old_heap = heap = (unsigned char *)&_start_heap;
    heap += incr;
    return old_heap;
}
```

-nostdlib 플래그 없이 코드가 링크되고, malloc과 free 함수가 코드의 어디서든지 호출된다면, 툴체인에 내장된 newlib 내에서 자동으로 찾을 것이다. 그리고 최종 바이너리에 포함될 것이다. 이 경우 _sbrk 심볼 정의 실패는 링크 오류를 발생시킨다.

힙 제한

여태 본 모든 할당 함수에는, 힙을 위해 예약된 메모리의 양에 대해 소프트웨어가 의도하는 한계는 없다. 스택 오버플로는 보통 막기 힘들고 그로부터 복구가 매우 힘들긴 하지만, 사용 가능한 힙 메모리의 고갈은 애플리케이션에서 자연스럽게 처리할 수 있다. 예를 들면, 할당을 요청한 동작을 취소하거나 지연시킴으로써 말이다. 좀 더 복잡한 멀티스레드 시스템에서는 운영체제가 메모리 부족에 좀 더 적극적으로 대응할 수 있다. 새 할당을 위해 비치명적인 프로세스 종료를 통해 메모리를 할당 해제함으로써 말이다. 리눅스 같은 페이지 스와핑page-swapping을 사용하는 몇몇 향상된 시스템은 사용 가능 메모리에 오버커밋overcommit을 구현한다. 이 메커니즘은 메모리 할당이 절대 실패하지 않음을 보장한다. 그리고 malloc은 실패를 가리키는 NULL을 절대 반환하지 않을 것이다.

시스템의 메모리 소비 프로세스는 커널 스레드(OOMout of memory 킬러)에 의해 언제든지 대신 종료될 수 있다. 이는 더 적은 자원 소비 프로세스로부터 새 할당을 위한 공간을 만들기 위해서다. 임베디드 시스템에서는, 특히 멀티스레딩이 없는 경우에 최선의 선택은 물리 공간이 힙에 남아 있지 않은 경우 할당자가 NULL을 반환하는 것이다. 따라서 시스템은 계속 실행할 수 있고, 애플리케이션은 메모리 부족 상황을 인지함으로써 복구가 가능해진다. 힙 전용 메모리에 있는 섹션은 링커 스크립트에 있는 그 상위 경계를 위한 주소를 내보냄으로써 제한할 수 있다. 예를 들어,

```
_heap_end = ORIGIN(RAM) + LENGTH(RAM);
```

newlib malloc 구현을 위한 백엔드는 _sbrk( ) 함수의 새로 소개된 상위 경계에 달할 수 있다.

```
void * _sbrk(unsigned int incr) {
    static unsigned char *heap = NULL;
        void *old_heap = heap;
    if (((incr & 0x03) != incr)
        incr = ((incr >> 2) + 1) << 2;
    if (old_heap == NULL)
        old_heap = heap = (unsigned char *)&_start_heap;
    if ((heap + incr) >= &_end_heap)
        return (void *)(-1);
    else
        heap += incr;
    return old_heap;
}
```

힙 할당 시 메모리가 부족한 상황에서, sbrk가 반환하는 특수한 값 (void *)(-1)은 요청된 할당을 실행하기에 충분한 공간이 없음을 malloc에게 알려준다. 그리고 나서 malloc은 호출자에게 NULL을 반환한다.

이 경우 호출자는 malloc( )의 각 호출마다 항상 반환 값을 점검하는 것이 매우 중요하다. 그래서 애플리케이션 로직이 시스템 메모리 부족을 정확하게 탐지하고, 그로부터 복구를 시도할 수 있게 한다.

다중 메모리 풀

몇몇 시스템에서는 동적 메모리 힙 같은 섹션의 분리를 유지하는 것이 유용하다. 각각은 시스템의 특수한 함수에 할당되어 있다. 별도의 풀을 사용하는 힙 할당 메커니즘은 각기 다른 이유를 위해 구현된다. 예를 들면 특수 모듈이나 하위 시스템이 컴파일 시간에 그들에게 할당된 양보다 더 많은 메모리를 사용하지 못하게 보장하거나, 같은 크기를 갖는 할당이 메모리에서 같은 물리 공간을 재사용할 수 있도록 보장하는 것(단편화의 영향을 줄이거나, 주변장치나 네트워크 장치에서 DMA 동작을 위해 메모리에 사전 정의된 고정 영역을 할당함으로써) 등 말이다. 링커 스크립트의 심볼을 내보냄으로써, 평소처럼 각기 다른 풀을 위한 섹션들의 경계를 지을 수가 있다. 다음 예제는 두 풀을 위해 메모리에 공간을 미리 할당한다. 각각 8KB와 4KB로, RAM의 .bss 섹션 끝에 위치한다.

```
PROVIDE(_start_pool0 = _end_bss);
PROVIDE(_end_pool0 = _start_pool0 + 8KB);
PROVIDE(_start_pool1 = _end_pool0);
PROVIDE(_end_pool1 = _start_pool1 + 4KB);
```

malloc 인터페이스가 풀의 선택자^{selector}를 지원하지 않기 때문에, 반드시 사용자 정의 할당 함수가 정의돼야 한다. 그러나 이 함수는 두 풀에 공통적으로 만들어질 수 있다. 전역 구조체는 링커에 의해 내보내진 값과 함께 생성될 수 있다.

```
struct memory_pool {
    void *start;
    void *end;
    void *cur;
};
static struct memory_pool mem_pool[2] = {
    {
        .start = &_start_pool0;
        .end = &_end_pool0;
    },
    {
```

```
        .start = &_start_pool1;
        .end = &_end_pool1;
    },
};
```

이 함수는 풀을 지정하는 추가 인수를 취해야 한다. 그리고 나서, 같은 알고리즘으로 할당이 수행된다. 단지 선택된 풀의 현재 포인터와 경계를 변경함으로써 말이다. 이 버전에서는 호출자에게 통지하기 위해 NULL을 반환함으로써 현재 힙 값을 이동시키기 전에 메모리 부족 오류를 탐지한다.

```
void *mempool_alloc(int pool, unsigned int size)
{
    struct malloc_block *blk;
    struct memory_pool *mp;
    char *ret = NULL;
    if (pool != 0 && pool != 1)
        return NULL;
    mp = mem_pool[pool];
    if (!mp->cur)
        mp->cur = mp->start;
    if (((size >>2) << 2) != size)
        size = ((size >> 2) + 1) << 2;
    blk = (struct malloc_block *)mp->start;
    while (blk < mp->cur) {
        if ((blk->signature == SIGNATURE_FREED) &&
        (blk->size <= size)) {
            blk->signature = SIGNATURE_IN_USE;
            ret = ((char *)blk) + sizeof(struct malloc_block);
            return ret;
        }
        blk = ((char *)blk) + sizeof(struct malloc_block) + blk->size;
    }
    blk = (struct malloc_block *)mp->cur;
    if (mp->cur + size >= mp->end)
        return NULL;
    blk->signature = SIGNATURE_IN_USE;
```

```
    blk->size = size;
    ret = ((char *)mp->cur) + sizeof(struct malloc_block);
    mp->cur = ret + size;
    return ret;
}
```

다시 한번 말하지만, 이 메커니즘은 메모리 단편화를 염두에 두지 않는다. 따라서 mempool_free 함수는 단순화된 malloc을 위한 free 같은 구현을 가질 수 있다. 단지 필요한 일은 미사용으로 해제돼야 할 블록을 표시하는 것이다.

free나 별도의 가비지 컬렉터 루틴이 연속된 할당 해제 블록을 병합하는 것을 다루는 좀 더 복잡한 경우, 각 풀에서 해제된 블록의 추적을 유지해야 할 수 있다. 병합이 가능한 경우 점검을 위해 살펴볼 수 있는 리스트나 또 다른 데이터 구조에 유지할 수 있다.

일반적인 힙 사용 오류

동적 메모리 할당의 사용은 몇몇 환경에서 안전하지 않다는 사실을 알아둬야 한다. 이는 치명적이기도 하고 식별과 수정이 매우 어렵기도 한 아주 골치 아픈 버그의 원천으로 널리 알려져 있다. 동적 할당은 추적이 어려울 수 있는데, 코드의 크기와 복잡도가 증가하고 많은 동적 할당 데이터 구조체가 있는 경우에 특히 그렇다. 이는 멀티스레드 환경에서 이미 심각한 문제다. 폴백^{fallback} 메커니즘(이상 동작하는 애플리케이션의 종료 등)을 구현할 수 있음에도 불구하고 말이다. 그러나 이제는 단일 스레드 임베디드 시스템에도 치명적인데, 이런 종류의 오류가 시스템에 치명적이기 때문이다. 힙을 이용한 프로그래밍에서 가장 일반적인 형태의 오류는 다음과 같다.

- NULL 포인터 역참조
- 이중 free
- free 후 사용
- free 호출 실패로 인한 메모리 누수^{memory leak} 발생

이들 중 일부는 몇 가지 간단한 규칙을 따르면 피할 수 있다. malloc으로 반환된 값은 포인터 사용 전에 반드시 점검해야 한다. 이는 특히 자원이 제한된 환경에서 매우 중요하다. 그리고 할당자는 NULL 포인터를 반환해서, 할당에 사용 가능한 메모리가 없음을 가리킬 수 있다. 선호되는 접근법은 요구되는 메모리가 사용 가능하지 않을 때 따라야 하는 전략의 정의를 보장하는 것이다. 어느 경우든, 모든 동적 포인터는 코드에서 역참조를 시도하기 전에 NULL이 아님을 확인해야 한다.

NULL 포인터를 해제하는 것은 free가 호출될 때 점검해야 하는 필수 동작이다. 함수의 시작 부분에 이 점검을 포함함으로써, 포인터가 NULL인 경우 어떠한 작업도 수행하지 않고 호출은 무시된다.

바로 다음에, 메모리가 이전에 해제된 것은 아닌지도 확인할 수 있다. 우리의 free 함수에서는 메모리의 malloc_block 구조체 시그니처에 대한 간단한 점검을 구현한다. 두 번째 free 함수의 기원을 디버깅하기 위해 중단점을 넣거나, 로그 메시지를 추가할 수도 있을 것이다.

```
if (blk->signature != SIGNATURE_IN_USE) {
    /* 이중 free 감지! */
    asm("BKPT #0") ;
    return;
}
```

불행히도, 이 메커니즘은 몇 가지 경우에만 동작한다. 사실, 이전에 해제된 블록이 할당자에 의해 다시 할당된다면, 본래 참조에 대한 탐지는 더 이상 불가능할 수 있다. 그리고 나서의 두 번째 free는 잃어버린 두 번째 참조를 야기한다. 같은 이유로, free 이후 사용 오류는 분석하기 어렵다. 해제된 메모리 블록이 다시 접근됐음을 말해줄 방법이 없기 때문이다. 인식 가능한 패턴을 갖도록 해제된 블록을 페인팅하는 것도 가능하다. 따라서 블록의 내용은 free가 호출된 이후에 대체되고, 이 블록에 대한 malloc의 다음 호출은 이러한 대체를 감지할 수 있다. 그러나 이는 여전히 모든 경우에 대한 탐지를 보장하지 않으며, 해제된 포인터로의 쓰기^{write} 접근을 위해서만 동작한다. 게다가, 읽기^{read}를 위해 해제된 메모리에 접근한 경우에는 모든 경우를 식별하기가 불가능할 수 있다.

메모리 누수는 분석이 쉽지만, 때로는 찾아내기가 어려울 수 있다. 제한된 자원 상태에서는, 할당된 메모리의 해제를 잊어버림으로 인해 사용 가능 힙을 매우 빨리 채우는 경우가 생긴다. 할당을 추적하는 데 사용되는 기술들이 존재하긴 하지만, 일반적으로는 디버거로 소프트웨어를 분해해보고, 문제 있는 호출자를 추적하기 위해 같은 크기의 반복되는 할당을 찾는 것으로 충분하다.

결과적으로, 이들의 재앙적이고 끔찍한 성질 때문에 동적 메모리 버그는 임베디드 시스템에서 가장 큰 도전 과제 중 하나일 수 있다. 그러므로 더 안전한 애플리케이션 코드를 작성하는 것은 보통 시스템 수준에서 메모리 버그를 찾아 헤매는 것보다 자원의 관점에서 덜 비싸다. 예를 들어, 할당자의 도입과 같은 것 말이다. 할당된 각 객체의 생애를 철저하게 분석하고, 가능한 한 깔끔하고 쉽게 로직을 만들면, 포인터 처리에 관련된 문제를 대부분 해결할 수 있다. 그리고 디버깅에 소요되는 방대한 시간을 절약할 수 있다.

▌ 메모리 보호 유닛

가상 주소 매핑이 없는 시스템에서는 런타임에 소프트웨어가 접근할 수 있는 섹션 간 구분을 생성하기가 더 어렵다. 일반적으로 MPU라 일컬어지는 메모리 보호 유닛은 다수의 ARM 기반 마이크로컨트롤러에 존재하는 선택적 구성요소다. MPU는 로컬 권한과 속성을 설정함으로써 메모리상의 섹션을 분리하는 데 사용된다. 이 메커니즘이 실제 시나리오에서 사용되는 예로는 CPU가 사용자 모드에서 동작할 때 메모리로의 접근을 막는다든가, RAM의 쓰기 가능한 위치에서 실행하기 위해 코드 인출^{fetch}을 막는 것 등이 있다. MPU가 활성화되어 있다면, 이러한 위반이 발생했을 때 메모리 예외 인터럽트를 촉발함으로써 규칙을 강제한다.

프로세스 스택 분리의 생성 및 시스템 메모리로의 권한 접근을 강제하기 위해 운영체제가 사용하는 경우가 일반적이긴 하지만, MPU는 베어메탈 애플리케이션을 포함한 그 밖의 경우에도 유용할 수 있다.

MPU 환경설정 레지스터

Cortex-M에서 MPU 환경설정에 관련된 제어 블록 구역은 시스템 제어 블록에 위치하며, 시작 위치는 0xE000ED90이다. MPU에 접근하기 위해 사용되는 레지스터는 5개다.

- **MPU 타입 레지스터** MPU Type Register(오프셋 = 0x00)는 MPU 시스템의 사용 가능성과 지원되는 구역의 개수에 대한 정보를 포함한다. 이 레지스터는 또한 MPU가 없는 시스템에서 이 기능이 지원되지 않는다는 사실을 가리키기 위해 사용되기도 한다.
- **MPU 제어 레지스터** MPU Control Register(오프셋 = 0x04)는 MPU 시스템을 활성화하기 위해 사용된다. 그리고 MPU에 의해 명시적으로 매핑되지 않는 모든 구역에 대해 기본 백그라운드 매핑을 활성화하는 데 사용된다. 만약 백그라운드 매핑이 활성화되어 있지 않다면, 매핑되지 않은 구역으로의 접근은 허용되지 않는다.
- **MPU 구역 번호 레지스터** MPU Region Number Register(RNR, 오프셋 = 0x08)는 환경설정할 구역을 선택하는 데 사용된다.
- **MPU 구역 기본 주소 레지스터** MPU Region Base Address Register(RBAR, 오프셋 = 0x0C)는 선택된 구역의 기본 주소를 변경하기 위해 접근한다.
- **MPU 구역 속성 및 크기 레지스터** MPU Region Attribute and Size Register(RASR, 오프셋 = 0x10)는 선택된 구역의 권한, 속성, 크기를 정의한다.

MPU 프로그래밍

Cortex-M 마이크로컨트롤러의 MPU는 최대 8개의 프로그래밍 가능한 구역을 지원한다. MPU 활성화와 모든 구역 설정 기능은 프로그램의 시작 부분에서 구현 및 호출이 가능하다. MPU 레지스터는 HAL 라이브러리에 매핑되어 있다. 그러나 여기서는 고유의 버전을 정의하고 직접 접근하기로 하자.

```
#define MPU_BASE 0xE000ED90
#define MPU_TYPE (*(volatile uint32_t *)(MPU_BASE + 0x00))
#define MPU_CTRL (*(volatile uint32_t *)(MPU_BASE + 0x04))
#define MPU_RNR (*(volatile uint32_t *)(MPU_BASE + 0x08))
#define MPU_RBAR (*(volatile uint32_t *)(MPU_BASE + 0x0c))
#define MPU_RASR (*(volatile uint32_t *)(MPU_BASE + 0x10))
```

이 예제에서는 RASR에 올바른 속성을 설정하기 위해 다음과 같이 정의된 비트 필드[bit-field] 값 정의를 사용한다.

```
#define RASR_ENABLED (1)
#define RASR_RW (1 << 24)
#define RASR_RDONLY (5 << 24)
#define RASR_NOACCESS (0 << 24)
#define RASR_SCB (7 << 16)
#define RASR_SB (5 << 16)
#define RASR_NOEXEC (1 << 28)
```

RASR의 크기 필드가 비트 1:5로 되어야 하는 가능한 크기는 다음과 같이 코딩되어 있다.

```
#define MPUSIZE_1K (0x09 << 1)
#define MPUSIZE_2K (0x0a << 1)
#define MPUSIZE_4K (0x0b << 1)
#define MPUSIZE_8K (0x0c << 1)
#define MPUSIZE_16K (0x0d << 1)
#define MPUSIZE_32K (0x0e << 1)
#define MPUSIZE_64K (0x0f << 1)
#define MPUSIZE_128K (0x10 << 1)
#define MPUSIZE_256K (0x11 << 1)
#define MPUSIZE_512K (0x12 << 1)
```

```
#define MPUSIZE_1M (0x13 << 1)
#define MPUSIZE_2M (0x14 << 1)
#define MPUSIZE_4M (0x15 << 1)
#define MPUSIZE_8M (0x16 << 1)
#define MPUSIZE_16M (0x17 << 1)
#define MPUSIZE_32M (0x18 << 1)
#define MPUSIZE_64M (0x19 << 1)
#define MPUSIZE_128M (0x1a << 1)
#define MPUSIZE_256M (0x1b << 1)
#define MPUSIZE_512M (0x1c << 1)
#define MPUSIZE_1G (0x1d << 1)
#define MPUSIZE_2G (0x1e << 1)
#define MPUSIZE_4G (0x1f << 1)
```

mpu_enable 함수로 들어갈 때 가장 먼저 할 작업은 MPU_TYPE 레지스터를 점검해 이 기능이 타깃에서 사용 가능한지 확인하는 것이다.

```
int mpu_enable(void)
{
    volatile uint32_t type;
    volatile uint32_t start;
    volatile uint32_t attr;
    type = MPU_TYPE;
    if (type == 0) {
        /* MPU 미존재! */
        return -1;
    }
```

MPU를 환경설정하기 위해서는 기본 주소와 각 구역의 속성을 변경할 때 이것이 비활성화되어 있는지 확인해야 한다.

```
    MPU_CTRL = 0;
```

실행 코드를 포함하는 플래시 구역은 읽기 전용 구역 0으로 표시될 수 있다. RASR 속성을 위한 값은 다음과 같다.

```
start = 0;
attr = RASR_ENABLED | MPUSIZE_256K | RASR_SCB | RASR_RDONLY;
mpu_set_region(0, start, attr);
```

전체 RAM 구역은 읽기−쓰기로 매핑이 가능하다. RAM에서 코드를 실행할 필요가 없다면, XN^{execute-never}(절대 실행하지 않음) 비트를 구역 속성에 설정할 수 있다. RAM은 이 경우 구역 1로 매핑된다.

```
start = 0x20000000;
attr = RASR_ENABLED | MPUSIZE_64K | RASR_SCB |
RASR_RW | RASR_NOEXEC;
mpu_set_region(1, start, attr);
```

메모리 매핑이 메모리 구역 번호와 같은 순서로 진행되기 때문에, 구역 1에 있는 예외를 생성하기 위해 구역 2를 사용할 수 있다. 더 높은 번호를 갖는 구역은 더 낮은 번호를 갖는 구역보다 우선한다. 따라서 예외는 더 낮은 번호를 갖는 기존 매핑에서 생성될 수 있다.

구역 2는 거꾸로 성장하는 스택이 더 낮은 경계를 갖기 때문에 가드 구역^{guard region}을 정의하는 데 사용된다. 이는 스택 오버플로를 가로채기 위한 것이다. 프로그램이 가드 구역에 접근하려 시도한다면, 언제든지 예외를 촉발하고 동작 실패를 가져온다. 여기서 가드 구역은 스택의 바닥에 1KB를 차지한다. 그 속성에는 접근 권한 설정이 되어 있지 않다. 이 구역에는 런타임에 접근할 수 없음을 MPU가 보장한다.

```
start = (uint32_t)(&_end_stack) - (STACK_SIZE + 1024);
attr = RASR_ENABLED | MPUSIZE_1K | RASR_SCB |
RASR_NOACCESS | RASR_NOEXEC;
mpu_set_region(2, start, attr);
```

이제 읽기–쓰기, 실행 불가, 캐시 불가 영역인 시스템 영역을 서술한다. 따라서 프로그램은 MPU가 다시 활성화된 이후에도 여전히 시스템 레지스터에 접근이 가능하다. 구역 3은 이를 위해 사용한다.

```
start = 0xE0000000;
attr = RASR_ENABLED | MPUSIZE_256M | RASR_SB
RASR_RW | RASR_NOEXEC;
mpu_set_region(3, start, attr);
```

마지막 단계로, MPU를 다시 활성화한다. MPU는 백그라운드 구역^{background region} 정의를 허용한다. 여기서 활성 구역 환경설정에서 다뤄지지 않는 이러한 영역을 위한 기본 권한을 설정할 수 있다. 이 경우, 백그라운드 정책을 위한 정의의 부재는 명시적으로 매핑되지 않은 모든 영역으로의 접근을 막는다.

```
MPU_CTRL = 1;
return 0;
}
```

메모리 구역을 위해 주소와 속성을 설정하는 헬퍼^{helper} 함수는 다음과 같다.

```
static void mpu_set_region(int region, uint32_t start, uint32_t attr)
{
    MPU_RNR = region;
    MPU_RBAR = start;
    MPU_RNR = region;
    MPU_RASR = attr;
}
```

이 예제에서 MPU_RASR에 속성과 크기를 설정하는 데 사용된 값은 레지스터 자체의 구조체에 따라 정의된다. MPU_RASR은 비트 필드 레지스터이며, 다음과 같은 필드를 포함한다.

- **비트 0**: 구역을 활성/비활성화한다.
- **비트 1:5**: 파티션의 크기(이 필드에 할당하기 위한 특수 값을 참조하라.)
- **비트 16:18**: 메모리가 버퍼 사용, 캐시 가능, 공유인지를 각각 가리킨다. 장치와 시스템 레지스터는 모든 시간에 캐시 불가능하도록 표시돼야 한다. 트랜잭션의 엄격한 순서를 보장하기 위해서 말이다. 이는 5장의 시작 부분에서 설명했다.
- **비트 24:26**: 사용자와 관리자 모드를 위해 분리된 접근 권한(읽기/쓰기)
- **비트 28**: 실행 비활성화(XN 플래그)

이제 스택 오버플로를 발생시키는 프로그램을 작성하고, mpu_enable이 호출될 때와 아닐 때 디버거에서 차이점을 볼 수 있다. MPU가 타깃에서 사용 가능하다면, CPU에서 예외를 촉발함으로써 스택 오버플로를 가로챌 수가 있다.

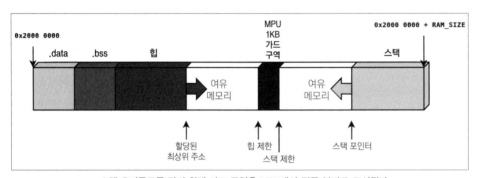

▲ 스택 오버플로를 막기 위해 가드 구역은 MPU에서 접근 불가로 표시된다.

이 경우 MPU를 위해 사용된 환경설정은 매우 엄격하다. 플래시와 RAM에 매핑된 구역을 제외한 어떠한 메모리로의 접근도 허용하지 않는다. 실제 애플리케이션에서는 MPU 환경설정이 좀 더 복잡하고, 심지어는 런타임에 갱신되기도 한다. 11장 '임베디드 운영체제'에서는 실시간 운영체제에서 스레드 주소 공간 독립을 위해 MPU를 어떻게 사용하는지 설명한다.

▎요약

임베디드 시스템에서의 메모리 관리는 가장 치명적인 버그의 원인이 된다. 따라서 사용 중인 플랫폼 및 애플리케이션의 목적을 위해 올바른 솔루션을 설계하고 구현하는 데 특별한 관심을 쏟아야 한다. 실행 스택은 가능한 한 사려 깊게 위치시키고, 크기를 정해야 하며, 분리돼야 한다.

동적 할당을 제공하지 않는 시스템은 더 안전하지만, 대부분의 임베디드 시스템은 동적 할당 기술에서 장점을 얻는다. 프로그래머는 메모리 처리에서의 오류가 시스템에 치명적이며 찾기가 매우 어렵다는 사실을 인지해야 한다. 따라서 코드가 동적으로 할당된 포인터를 다룰 때는 추가적인 관리가 필요하다.

MPU는 메모리 구역에 접근 권한과 속성을 강제하기 위한 유용한 도구가 될 수 있다. 그리고 여러 목적으로 사용될 수 있다. 언급한 예에서는 스택 포인터를 위한 물리 경계를 강제하기 위해 MPU 기반 메커니즘을 구현했다.

6장에서는 현대 마이크로컨트롤러에 포함된 그 밖의 공통 구성요소를 살펴본다. 클록 설정, 인터럽트 우선순위, 범용 I/O 통신, 기타 선택적 기능들을 다루는 법을 배운다.

06

일반 목적 주변기기

현대 마이크로컨트롤러는 안정적이고 신뢰성 있는 임베디드 시스템을 구축하는 데 도움이 되는 여러 가지 기능을 포함한다. 시스템이 일단 구동되면 메모리와 주변장치에 접근이 가능하고, 기본 기능이 준비된다. 그리고 나서야 시스템 레지스터를 이용한 관련된 주변장치의 활성화, 클록 라인을 위한 올바른 주파수 설정, 인터럽트의 환경설정 및 활성화 등을 통해 시스템의 모든 구성요소가 초기화될 수 있다. 6장에서는 내장 주변장치와 몇 가지 기본 시스템 기능에 접근하기 위해 마이크로컨트롤러가 제공하는 인터페이스에 대해 살펴본다. 특히, 다음과 같은 사항에 대해 알아볼 것이다.

- 인터럽트 컨트롤러
- 시스템 시간
- 일반 타이머

- 범용 I/O
- 워치도그^{watchdog}

이러한 주변장치는 보통 칩 생산자가 구현하고 제공하는 하드웨어 지원 라이브러리에 의해 접근이 가능하다. 여기서는 하드웨어 로직에 의해 내보내진 인터페이스를 통해 직접 마이크로컨트롤러의 기능을 환경설정하고 사용함으로써, 하드웨어 구성요소 및 모든 레지스터의 의미를 완전히 이해하는 것을 목표로 한다.

특정 플랫폼을 위한 드라이버를 설계할 때는 주변장치와 CPU의 기능에 접근하기 위해 마이크로컨트롤러가 제공하는 인터페이스에 대해 이해하고 있어야 한다. 제공되는 예제에서는 플랫폼 특화 기능을 구현하기 위해 STM32F4를 레퍼런스 마이크로컨트롤러로 사용했다. 그렇기는 하지만 반도체 제조사에서 제공하는 문서를 사용해 레퍼런스 플랫폼상에서 가능한 구현을 조사해봄으로써, 기능이 비슷한 일반 타깃과 어떻게 상호작용을 하는지에 대해 더 나은 통찰력을 얻을 수 있다.

▌ 인터럽트 컨트롤러

실시간 시스템은 현대 임베디드 시스템의 빠른 발전, 특히 인터럽트 컨트롤러에 대한 연구로 인해 그 정확성이 매우 향상됐다. 인터럽트 라인에 각기 다른 우선순위를 할당하는 것은 우선순위가 더 높은 인터럽트 소스를 위해 낮은 인터럽트 지연을 보장한다. 그리고 우선순위를 갖는 이벤트에 시스템이 더 빠르게 반응하게 한다. 그러나 인터럽트는 시스템이 구동되는 동안 언제든지 발생한다. 다른 인터럽트 서비스 루틴^{routine}이 실행 중인 경우도 포함해서 말이다. 이 경우, 인터럽트 컨트롤러는 인터럽트 핸들러와 인터럽트 소스에 할당된 우선순위 수준을 기반으로 실행 순서를 엮는 방법을 제공한다.

실시간 및 저전력 임베디드 애플리케이션에서 마이크로프로세서의 Cortex-M 제품군이 유명한 이유 중 하나는 프로그래밍 가능한 실시간 컨트롤러의 설계 때문일 것이다. 이름하여 **중첩 벡터 인터럽트 컨트롤러**^{Nested Vector Interrupt Controller}, 즉 NVIC이다. NVIC는 마이크로프로세서 로직 내 우선순위를 저장하도록 예약된 비트에 따라 최대 240개의 인터럽트 소스를 지원하며, 최대 256 우선순위 수준으로 그룹화가 가능하다. 이러한 특성은 인터럽트 처리를 매우 융통성 있게 만들어주는데, 우선순위는 시스템이 구동 중에도 변경이 가능하기 때문이다. 이를 통해 프로그래머의 선택의 자유가 최대화된다. 이미 알고 있듯이, NVIC는 코드 구역의 시작 부분에 위치한 벡터 테이블에 연결되어 있다. 인터럽트가 발생하면 언제든지, 실행 애플리케이션의 현재 상태는 프로세서에 의해 자동으로 스택에 들어간다. 그리고 그 인터럽트에 관련된 서비스 루틴이 실행된다.

인터럽트 우선순위 메커니즘이 없는 시스템은 백투백^{back-to-back} 인터럽트 처리를 구현한다. 이 경우, 인터럽트 연쇄는 첫 서비스 루틴 실행의 끝에 컨텍스트가 복구되게 한다. 그러고 나서 뒤에 오는 루틴에 들어가는 동안 다시 저장된다. NVIC는 꼬리 연쇄^{tail-chaining} 메커니즘을 구현해 중첩 인터럽트를 실행한다. 다른 서비스 루틴이 실행 중일 때 하나 이상의 인터럽트가 발생한다면, 스택에서 컨텍스트를 복구하기 위한 인터럽트의 끝에 풀^{pull} 동작 발생이 취소될 것이다. 대신, 컨트롤러는 인터럽트 벡터의 두 번째 핸들러의 위치를 가져오고, 첫 번째 이후 즉시 실행됨을 보장한다. 하드웨어에 구현된 스택 저장 및 복구 동작의 늘어난 속도 덕분에, 인터럽트가 연쇄되는 모든 경우에서 인터럽트 지연이 현저히 줄어든다. 이 구현 덕분에, NVIC는 시스템이 구동 중에도 매개변수를 변경하는 것을 가능하게 한다. 그리고 대기 중인 신호에 관련된 인터럽트 서비스 루틴의 실행 순서를 우선순위 수준에 따라 다시 섞을 수가 있다. 게다가 같은 인터럽트가 같은 핸들러 연쇄 안에서 두 번 실행하는 것을 허용하지 않는데, 다른 핸들러에서 우선순위를 대체하는 것에서 기인한다. 이는 연쇄 내에 루프의 가능성이 없음을 보장하기 위해 본질적으로 NVIC 로직에 의해 강제된다.

주변장치 인터럽트 환경설정

각 인터럽트 라인은 주소 0xE000E100과 0xE000E180에 위치한 NVIC 인터럽트 설정^{Set}/클리어^{Clear} 활성화 레지스터 NVIC_ISER, NVIC_ICER을 통해 활성화 및 비활성화가

가능하다. 타깃이 32개 이상의 외부 인터럽트를 지원한다면, 32비트 레지스터의 배열은 같은 위치에 매핑된다. 레지스터의 각 비트는 특정 레지스터에서 비트 위치와 관련 있는 사전 정의 인터럽트 라인을 활성화하는 데 사용된다. 예를 들어, STM32F4 마이크로컨트롤러에서는 번호 35에 관련된 SPI 컨트롤러 SPI1용 인터럽트 라인을 활성화하기 위해, NVIC_ISER 영역의 두 번째 레지스터에 네 번째 비트를 설정해야 한다.

인터럽트를 활성화하기 위한 일반적인 NVIC 함수는 소스를 위한 NVIC 인터럽트 번호에 대응하는 관련된 NVIC_ISER 레지스터에 있는 플래그를 활성화한다.

```
#define NVIC_ISER_BASE (0xE000E100)
static inline void nvic_irq_enable(uint8_t n)
{
    int i = n / 32;
    volatile uint32_t *nvic_iser =
    ((volatile uint32_t *)(NVIC_ISER_BASE + 4 * i));
    *nvic_iser |= (1 << (n % 32));
}
```

마찬가지로, 인터럽트를 비활성화하기 위해서는 nvic_irq_disable 함수가 인터럽트 클리어 레지스터의 대응되는 비트를 활성화한다.

```
#define NVIC_ICER_BASE (0xE000E180)
static inline void nvic_irq_disable(uint8_t n)
{
    int i = n / 32;
    volatile uint32_t *nvic_icer =
    ((volatile uint32_t *)(NVIC_ICER_BASE + 4 * i));
    *nvic_icer |= (1 << (n % 32));
}
```

인터럽트 우선순위는 시작 주소 0xE000E400에 있는 8비트 레지스터의 배열에 매핑된다. 각각은 대응되는 인터럽트 라인을 위한 우선순위 값을 저장한다. 따라서 런타임 시에 우선순위 변경을 위해 독립적으로 접근할 수 있다.

```
#define NVIC_IPRI_BASE (0xE000E400)
static inline void nvic_irq_setprio(uint8_t n, uint8_t prio)
{
    volatile uint8_t *nvic_ipri = ((volatile uint8_t *)
    (NVIC_IPRI_BASE + n));
    *nvic_ipri = prio;
}
```

이러한 함수는 주변장치를 위해 인터럽트가 활성화될 때마다 인터럽트 라인의 경로를 지정하고 우선순위를 부여하는 데 도움이 될 것이다.

▍ 시스템 시간

시간 계측은 대부분의 임베디드 시스템에서 기본적인 요구사항이다. 마이크로컨트롤러는 정기적인 간격으로 인터럽트를 촉발하도록 프로그래밍할 수 있다. 이는 보통 간단하게 시스템 클록을 증가시키는 데 사용된다. 안정적인 틱^{tick} 인터럽트를 갖기 위해서는 시작 시에 몇 가지 환경설정 단계가 수행돼야 한다. 많은 프로세서는 소스^{source}로 같은 오실레이터^{oscillator}를 사용하더라도, 사용자 정의 주파수로 실행이 가능하다. CPU의 내부 또는 외부에 있을 수 있는 오실레이터의 입력 주파수는 프로세서의 메인 클록을 얻기 위해 사용된다. CPU에 통합된 환경설정 가능한 로직은, 외부의 안정적인 소스로부터 입력 클록을 곱하고 CPU와 통합된 주변장치에서 사용하는 요구되는 주파수를 생산하는 PLL에 의해 구현됐다.

플래시 대기 상태 적용

만약 초기화 코드가 플래시에서 실행된다면, 시스템 클록을 대체하기 전에 플래시 메모리를 위한 대기 상태를 설정할 필요가 있다. 마이크로프로세서가 높은 주파수로 동작한다면, XIP 기능을 갖는 영구 메모리로의 연속된 두 접근 동작 사이에 몇 가지 대기 상태를 필요로 할 수 있다. 올바른 대기 상태로의 설정을 실패한 채 CPU 속도와 플래시의 접근 시간 사이에 비율을 맞출 경우 대부분 경성 장애^{hard fault}를 일으킨다. 플래시 메모리를 위한 환경설정 레지스터는 내부 주변장치 구역 내의 플랫폼 특화 위치에 존재한다. STM32F407에서 플래시 환경설정 레지스터는 시작 주소 0x40023800에 매핑된다. 대기 상태를 설정하기 위해 접근해야 하는 접근 제어 레지스터는 이 영역의 시작 부분에 위치한다.

```
#define FLASH_BASE (0x40023C00)
#define FLASH_ACR (*(volatile uint32_t *)(FLASH_BASE + 0x00))
```

FLASH_ACR 레지스터의 하위 세 비트는 대기 상태의 개수를 설정하는 데 사용된다. STM32F407 데이터시트에 의하면, 시스템이 168MHz로 동작할 때 플래시에 접근하기 위한 대기 상태의 이상적인 개수는 5개다. 동시에, 비트 10과 9를 각각 활성화함으로써 데이터와 인스트럭션 캐시를 활성화할 수 있다.

```
void flash_set_waitstates(void) {
    FLASH_ACR = 5 | (1 << 10) | (1 << 9);
}
```

대기 상태가 설정되고 나면, 더 높은 속도로 CPU 주파수를 설정한 후 플래시에서 코드를 실행하는 것이 안전하다. 따라서 실제 클록 환경설정과 주변장치 배포로 진행할 수 있다.

클록 환경설정

Cortex-M 마이크로컨트롤러에서 클록의 환경설정은 **리셋 및 클록 제어**^{RCC, Reset and Clock Control} 레지스터를 통해 가능하다. 이는 내부 주변장치 구역 내의 특정 주소에 위치한다. RCC 환경설정은 벤더에 따라 다른데, 마이크로컨트롤러에 구현된 PLL의 로직에 따라 다르기 때문이다. 레지스터는 마이크로컨트롤러의 문서에 설명되어 있다. 그리고 보통 마이크로컨트롤러에 클록의 환경설정을 적절하게 하는 방법을 시연하고자 칩 제조사가 예제 소스 코드를 제공한다. 레퍼런스 타깃 STM32F407(외부 8MHz 오실레이터가 소스로 사용된다고 가정한다)에서 아래의 절차는 168MHz 시스템 클록을 설정하고, 이 클록을 각 주변장치 버스로 분배한다. 아래의 코드는 PLL이 필요한 값으로 초기화되고 CPU 클록이 요구되는 주파수로 틱^{ticking}한다는 것을 보장한다. 이 절차는 여러 STM Cortex-M 마이크로컨트롤러에서 일반적이고, PLL 환경설정을 위한 값은 칩 문서에서 얻거나 ST에서 제공하는 소프트웨어 도구를 사용해 계산할 수 있다.

이 시점 이후에 제공되는 소프트웨어 예제는 클록을 환경설정하고 플래시 메모리 지연시간을 설정하는 데 필요한 함수를 내보내는 시스템 특정 모듈을 사용할 것이다. 이제, 각기 다른 두 Cortex-M 마이크로컨트롤러에서 PLL 환경설정을 위한 가능한 구현 두 가지를 분석한다.

STM32F407-Discovery에서 PLL의 환경설정에 접근하기 위해서는 우선 RCC가 제공하는 레지스터를 가리키는 단축 매크로^{macro}를 정의한다.

```
#define RCC_BASE (0x40023800)
#define RCC_CR (*(volatile uint32_t *)(RCC_BASE + 0x00))
#define RCC_PLLCFGR (*(volatile uint32_t *)(RCC_BASE + 0x04))
#define RCC_CFGR (*(volatile uint32_t *)(RCC_BASE + 0x08))
#define RCC_CR (*(volatile uint32_t *)(RCC_BASE + 0x00))
```

가독성과 미래에 유지보수가 가능한 코드를 보장하기 위해, 대응되는 레지스터에 단일 비트 값에 관련된 니모닉^{mnemonics}도 정의한다.

```c
#define RCC_CR_PLLRDY (1 << 25)
#define RCC_CR_PLLON (1 << 24)
#define RCC_CR_HSERDY (1 << 17)
#define RCC_CR_HSEON (1 << 16)
#define RCC_CR_HSIRDY (1 << 1)
#define RCC_CR_HSION (1 << 0)

#define RCC_CFGR_SW_HSI 0x0
#define RCC_CFGR_SW_HSE 0x1
#define RCC_CFGR_SW_PLL 0x2
#define RCC_PLLCFGR_PLLSRC (1 << 22)

#define RCC_PRESCALER_DIV_NONE 0
#define RCC_PRESCALER_DIV_2 8
#define RCC_PRESCALER_DIV_4 9
```

끝으로, PLL을 환경설정하는 데 사용되는 플랫폼 특화 상수 값을 정의한다.

```c
#define CPU_FREQ (168000000)
#define PLL_FULL_MASK (0x7F037FFF)
#define PLLM 8
#define PLLN 336
#define PLLP 2
#define PLLQ 7
#define PLLR 0
```

추가적으로 DMB 어셈블리 인스트럭션을 호출하는 매크로가 정의된다. 이는 단순히 환경 설정 레지스터로 향하는 대기 중인 메모리 전송 모두가 다음 구문의 실행 전에 완료됨을 보장하기 위해 코드에서 사용된다.

```c
#define DMB() asm volatile ("dmb");
```

다음 함수는 PLL 초기화 절차가 실행됨을 보장한다. 올바른 CPU 주파수를 설정하기 위해, 내부 고속 오실레이터를 활성화하고, CR을 폴링^polling 함으로써 준비가 될 때까지 기다릴 것이다.

```
void rcc_config(void)
{
    uint32_t reg32;
    RCC_CR |= RCC_CR_HSION;
    DMB();
    while ((RCC_CR & RCC_CR_HSIRDY) == 0)
        ;
```

이제, 내부 오실레이터는 임시 클록 소스로 선택된다.

```
    reg32 = RCC_CFGR;
    reg32 &= ~((1 << 1) | (1 << 0));
    RCC_CFGR = (reg32 | RCC_CFGR_SW_HSI);
    DMB();
```

외부 오실레이터도 같은 방식으로 활성화된다.

```
    RCC_CR |= RCC_CR_HSEON;
    DMB();
    while ((RCC_CR & RCC_CR_HSERDY) == 0)
        ;
```

이 장치에서는 세 시스템 버스를 통해 모든 주변장치로 클록 분배가 가능하다. 프리스케일러^prescaler 를 사용해, 각 버스의 주파수는 2의 배수 또는 4의 배수로 규모 변경이 가능하다. 이 경우 타깃의 HPRE, PPRE1, PPRE2의 클록 속도를 각각 168, 84, 46MHz로 설정한다.

```
reg32 = RCC_CFGR;
reg32 &= ~0xF0;
RCC_CFGR = (reg32 | (RCC_PRESCALER_DIV_NONE << 4));
DMB();
reg32 = RCC_CFGR;
reg32 &= ~0x1C00;
RCC_CFGR = (reg32 | (RCC_PRESCALER_DIV_2 << 10));
DMB();
reg32 = RCC_CFGR;
reg32 &= ~0x07 << 13;
RCC_CFGR = (reg32 | (RCC_PRESCALER_DIV_4 << 13));
DMB();
```

PLL 환경설정 레지스터는 원하는 값으로 외부 오실레이터 주파수의 규모를 올바르게 설정하기 위한 매개변수를 포함하도록 설정된다.

```
reg32 = RCC_PLLCFGR;
reg32 &= ~PLL_FULL_MASK;
RCC_PLLCFGR = reg32 | RCC_PLLCFGR_PLLSRC | PLLM |
(PLLN << 6) | (((PLLP >> 1) - 1) << 16) |
(PLLQ << 24);
DMB();
```

이제, PLL이 활성화되고 실행은 출력이 안정될 때까지 멈춘다.

```
RCC_CR |= RCC_CR_PLLON;
DMB();
while ((RCC_CR & RCC_CR_PLLRDY) == 0);
```

PLL은 시스템 클록을 위한 최종 소스로 선택된다.

```
reg32 = RCC_CFGR;
reg32 &= ~((1 << 1) | (1 << 0));
RCC_CFGR = (reg32 | RCC_CFGR_SW_PLL);
```

```
DMB();
while ((RCC_CFGR & ((1 << 1) | (1 << 0))) != RCC_CFGR_SW_PLL);
```

내부 오실레이터는 이제 더 이상 사용되지 않으므로 비활성화할 수 있다. 제어는 호출자에게 반환되고, 모든 클록은 성공적으로 설정된다.

이전에 말했듯이, 클록 초기화를 위한 절차는 마이크로컨트롤러의 PLL 환경설정과 밀접하게 연관되어 있다. 필요한 주파수로 동작하는 CPU와 주변장치를 위해 필요한 시스템 클록을 적절히 초기화하려면, 반도체 제조사가 제공하는 마이크로컨트롤러의 데이터시트를 참조할 것을 권한다. 두 번째 예제로, QEMU가 LM3S6965 마이크로컨트롤러의 동작을 어떻게 에뮬레이션할 수 있는 지 검증할 수 있다. 에뮬레이터는 제조사 데이터시트에 서술된 것과 같은 초기화 절차를 사용해 환경설정 가능한 가상 클록을 제공한다. 이 플랫폼에서 클록 환경설정을 위해 필요한 레지스터는 2개이며, 각각 RCC와 RCC2이다.

```
#define RCC     (*(volatile uint32_t*))(0x400FE060)
#define RCC2    (*(volatile uint32_t*))(0x400FE070)
```

RCC를 알려진 상태로 재설정하기 위해, 재설정 값은 부트 시에 이 레지스터에 쓰여져야 한다.

```
#define RCC_RESET   (0x078E3AD1)
#define RCC2_RESET  (0x07802810)
```

이 마이크로컨트롤러는 PLL이 요청된 주파수에 고정되는 것을 알리기 위해 원시 인터럽트를 사용한다. 이 인터럽트 상태는 원시 인터럽트 상태 레지스터의 비트 6을 읽음으로써 점검할 수 있다.

```
#define RIS (*(volatile uint32_t*))(0x400FE050)
#define PLL_LRIS (1 << 6)
```

이 경우 클록 환경설정 루틴은 RCC 레지스터를 재설정하고, PLL을 환경설정하기 위한 적절한 값을 설정함으로써 시작한다. 이 PLL은 8MHz 오실레이터 소스로부터 400MHz 클록을 생성하기 위해 설정된다.

```
void rcc_config(void)
{
    RCC = RCC_RESET;
    RCC2 = RCC2_RESET;
    DMB();
    RCC = RCC_SYSDIV_50MHZ | RCC_PWMDIV_64 |
    RCC_XTAL_8MHZ_400MHZ | RCC_USEPWMDIV;
```

결과물인 50MHz CPU 주파수는 마스터 400MHz 클록으로부터 시스템 디바이더^{divider}를 이용해 파생됐다. 이 클록은 2로 이미 나뉘어 있었고, 4의 배수가 적용됐다.

```
    RCC2 = RCC2_SYSDIV2_4;
    DMB();
```

외부 오실레이터의 전원을 인가한다.

```
    RCC &= ~RCC_OFF;
    RCC2 &= ~RCC2_OFF;
```

그리고 시스템 클록 디바이더도 마찬가지다. 바이패스^{bypass} 비트가 설정된 이상, 오실레이터는 시스템 클록의 소스로 사용된다. 그리고 PLL이 바이패스된다.

```
    RCC |= RCC_BYPASS | RCC_USESYSDIV;
    DMB();
```

PLL이 안정되고, 필요한 주파수에 달할 때까지 실행은 정지된다.

```
    while ((RIS & PLL_LRIS) == 0);
```

이 시점에서 RCC 레지스터의 바이패스 비트를 비활성화하는 것은 시스템 클록과 PLL 결과를 연결하기에 충분하다.

```
    RCC &= ~RCC_BYPASS;
    RCC2 &= ~RCC2_BYPASS;
}
```

클록 배분

일단 버스 클록이 사용 가능하면, RCC 로직은 하나의 주변장치로 클록을 배분하도록 프로그래밍할 수 있다. 이를 위해 RCC는 비트맵^{bit-mapped} 주변장치 클록 소스 레지스터를 표출한다. 이 레지스터 중 하나에 대응되는 비트를 설정하면, 마이크로컨트롤러에서 각각의 매핑된 주변장치를 위한 클록을 활성화한다. 각 레지스터는 32개의 주변장치를 위한 클록 게이팅^{clock gating}을 제어할 수 있다.

주변장치의 순서와 그에 대응되는 최종 레지스터 및 비트는 특정 마이크로컨트롤러와 밀접한 관련이 있다. STM32F4는 이 용도로 할당된 레지스터를 3개 갖는다. 예를 들어, 내부 워치도그^{watchdog}를 위한 클록 소스를 활성화하려면 주소 0x4002001c의 클록 활성 레지스터에서 9번 비트를 설정하면 된다.

```
#define APB1_CLOCK_ER (*(uint32_t *)(0x4002001c))
#define WDG_APB1_CLOCK_ER_VAL (1 << 9)

APB1_CLOCK_ER |= WDG_APB1_CLOCK_ER_VAL;
```

사용하지 않는 주변장치를 위한 클록 소스를 꺼놓으면 전력이 절약된다. 게다가 타깃이 클록 게이팅을 지원한다면, 그 클록 게이트를 통해 런타임에 각 주변장치를 비활성화함으로써 전력 소모의 세부 조정과 최적화를 구현할 수 있다.

SysTick 활성화

안정된 CPU 주파수가 설정되고 나면, 시스템을 위한 주 타이머인 SysTick을 환경설정할 수 있다. 특정 시스템 타이머의 구현이 모든 Cortex-M에서 필수는 아니므로, 때로는 시스템 시간의 지속적인 추적을 위해 일반적인 보조 타이머를 사용할 필요가 있다. 대부분의 경우 SysTick 인터럽트는 그 환경설정에 접근함으로써 활성화될 수 있다. 이 환경설정은 시스템 환경설정 구역 내의 시스템 제어 블록에 위치한다. 시스템 틱을 포함하는 모든 Cortex-M 마이크로컨트롤러에서 환경설정은 주소 0xE000E010을 시작으로 찾을 수 있다. 그리고 4개의 레지스터를 표출한다.

- 오프셋 0의 제어/상태 레지스터(SYSTICK_CSR)
- 오프셋 4의 재로드^{reload} 값 레지스터(SYSTICK_RVR)
- 오프셋 8의 현재 값 레지스터(SYSTICK_CVR)
- 오프셋 12의 캘리브레이션^{calibration} 레지스터(SYSTICK_CALIB)

SysTick은 카운트다운 타이머로 동작한다. 이는 24비트 값을 가지며, 모든 CPU 클록 틱마다 감소한다. 타이머는 타이머가 0에 달할 때마다 같은 값을 재로드하고, 환경설정이 되어 있는 경우 SysTick 인터럽트를 촉발한다.

SysTick 레지스터로의 접근을 위한 단축키로, 그 위치를 정의한다.

```
#define SYSTICK_BASE  (0xE000E010)
#define SYSTICK_CSR   (*(volatile uint32_t *) (SYSTICK_BASE + 0x00))
#define SYSTICK_RVR   (*(volatile uint32_t *) (SYSTICK_BASE + 0x04))
#define SYSTICK_CVR   (*(volatile uint32_t *) (SYSTICK_BASE + 0x08))
#define SYSTICK_CALIB (*(volatile uint32_t *) (SYSTICK_BASE + 0x0C))
```

CPU의 주파수 Hz를 알고 있기 때문에, **재로드 값 레지스터**^{RVR, Reload Value Register}에 값을 설정함으로써 시스템 틱을 정의할 수 있다. 두 연속되는 틱 사이의 간격이 1ms인 경우, 주파수를 1,000으로 나눈다. 또한 timer의 현재 값을 0으로 설정할 수 있다. 따라서 첫 인터럽트는 카운트다운을 활성화한 직후 즉시 촉발된다. 이제, 제어/상태 레지스터의 환경설정을 통해 SysTick을 활성화할 수 있다. CSR의 최하위 세 비트의 뜻은 다음과 같다.

- **비트 0**: 카운트다운을 활성화한다. 이 비트가 설정되고 나면, SysTick 타이머의 카운터가 매 CPU 클록 간격에 자동으로 감소한다.
- **비트 1**: 인터럽트를 활성화한다. 카운터가 0이 됐을 때 이 비트가 설정되어 있다면, SysTick 인터럽트가 생성될 것이다.
- **비트 2**: 소스 클록 선택. 이 비트가 재설정되면, 외부 레퍼런스 클록이 소스로 사용된다. 이 비트가 설정되면 CPU 클록이 소스로 사용된다.

사용자 정의 SysTick 인터럽트 핸들러를 정의할 것이기 때문에, 비트 1을 설정하길 원한다. CPU 클록을 올바르게 설정했고, 해당 시스템 틱 간격 재로드 값을 조정하기 때문에, 비트 2도 설정하길 원한다. systick_enable 루틴의 마지막 줄은 CSR에 있는 세 비트를 모두 함께 활성화할 것이다.

```
void systick_enable(void) {
    SYSTICK_RVR = ((CPU_FREQ / 1000) - 1);
    SYSTICK_CVR = 0;
    SYSTICK_CSR = (1 << 0) | (1 << 1) | (1 << 2);
}
```

설정한 시스템 타이머는 프로세스 스위치를 초기화하기 위해 실시간 운영체제에서 사용되는 것과 같다. 이 경우, 클록 환경설정으로부터 지난 시간을 측정함으로써 지속적인 시스템 시간을 유지하는 데 도움이 된다. 시스템 타이머를 위한 인터럽트 서비스 루틴의 가장 간단한 구현은 다음과 같다.

```
volatile unsigned int jiffies = 0;
void isr_systick(void)
{
    ++jiffies;
}
```

이 간단한 함수와 연관된 전역 volatile 변수는 애플리케이션의 구동 동안 시간을 투명하게 추적하는 데 충분하다. 사실, 시스템 틱 인터럽트는 jiffies 값이 인터럽트 핸들러에서 증가하면 메인 애플리케이션의 흐름을 방해하지 않고 일정한 간격으로 독립적으로 발생한다. 시스템 틱 카운터가 0에 달할 때마다 무슨 일이 발생하는지 보면, 실행이 정지되고 인터럽트 루틴이 빠르게 실행된다. isr_systick이 반환하면, 메인 애플리케이션의 흐름은 인터럽트가 발생되기 직전에 메모리에 저장된 실행 컨텍스트와 완벽하게 복구되어 계속 실행된다.

시스템 타이머 변수가 항상 volatile로 정의 및 선언돼야 하는 이유는, 로컬 실행 컨텍스트를 위한 컴파일러가 예측한 가능성 있는 동작과는 독립적으로 애플리케이션이 실행 중인 동안 이 값이 변경될 수 있기 때문이다. 이 경우 키워드 volatile은 컴파일러로 하여금 변수가 인스턴스화될 때마다 그 값을 점검하는 코드를 생성하도록 강제한다. 이는 로컬 코드에 의해 변수가 수정되지 않을 것이라는 실패 예측을 기반으로 하는 최적화의 사용을 허용하지 않게 한다.

다음은 시스템 부트, 마스터 클록 설정, SysTick 활성화를 위해 이전 함수들을 사용하는 메인 프로그램의 예제다.

```
void main(void) {
    flash_set_waitstates();
    clock_config();
    systick_enable();
    while(1) {
        WFI();
    }
}
```

어셈블리 인스트럭션 WFI^{wait for interrupt}(인터럽트 대기)를 위한 단축키가 정의된다. 이는 다음 인터럽트가 발생할 때까지 CPU 비활성화를 유지하기 위해 메인 애플리케이션에서 사용된다.

```
#define WFI() asm volatile ("wfi")
```

SysTick이 실제로 동작하는지 검증하기 위해 프로그램을 디버거에 붙여서 실행하고, 얼마 후에 멈출 수 있다. 시스템 틱이 올바르게 환경설정됐다면, 변수 jiffies는 부트로부터 밀리초 단위로 항상 그 시간차를 표시하고 있어야 한다.

▌ 일반 타이머

SysTick 타이머의 제공은 저가형 마이크로컨트롤러에서는 필수가 아니다. 몇몇 타깃에는 시스템 타이머가 없을 수도 있다. 하지만 그들 모두가 시간 기반 동작을 구현하는 프로그램을 위해, 여러 개의 범용 타이머를 프로그래밍하기 위한 특정 형태의 인터페이스를 표출한다. 일반적으로 타이머는 매우 융통성 있고 설정이 쉽다. 그리고 일정한 간격으로 인터럽트를 촉발할 수 있다. STM32F4는 최대 17개의 타이머를 제공하며, 특성들은 각기 다르다. 타이머는 일반적으로 서로 독립적이어서, 각각이 고유의 인터럽트 라인과 별도의 주변장치 클록 게이트를 갖고 있다. STM32F4에서 예를 들면, 클록 소스와 타이머 2를 위한 인터럽트 라인의 활성화를 위해 필요한 것들이다. 타이머 인터페이스는 틱마다 증가하는 카운터를 기반으로 한다. 이러한 플랫폼에서 표출된 인터페이스는 매우 융통성 있고 여러 가지 기능을 제공하는데, 입력을 위한 각기 다른 클록 소스 선택, 타이머 연쇄 가능성, 프로그래밍 가능한 타이머 구현 내부 구조 등을 지원한다. 타이머 카운터를 늘리거나 줄이는 방식으로 설정하고, 인터럽트 이벤트를 각기 다른 내부 카운터 값에 촉발하도록 설정하는 것이 가능하다. 타이머는 한 번만 실행되거나 지속적일 수 있다.

timer 인터페이스의 추상화는 보통 반도체 벤더에서 제공하는 지원 라이브러리 또는 오픈소스 라이브러리에서 찾을 수 있다. 그러나 마이크로컨트롤러에서 표출하는 인터페이스를 이해하기 위해, 환경설정 레지스터를 이용해 주변장치와 직접 통신하는 예제를 제공한다.

이 예제는 대부분 STM32F407의 범용 타이머를 위한 기본 설정을 사용한다. 기본적으로, 카운터는 그것의 자동 재로드 값이 될 때까지 틱마다 증가한다. 그리고 오버플로 시 인터럽트 이벤트를 지속적으로 생산한다. 프리스케일러^{prescaler} 값을 이용해 가능한 간격의 범위를 늘리기 위해 클록 소스를 분할할 수 있다. 주어진 간격으로 일정하게 분포되는 인터럽트를 생성하기 위해서는 몇 가지 레지스터에만 접근하면 된다.

- 제어 레지스터 1$^{CR1, control register 1}$과 제어 레지스터 2$^{CR2, control register 2}$
- DMA/인터럽트 활성 레지스터$^{DIER, DMA/Interrupt enable register}$
- 상태 레지스터$^{SR, status register}$
- 프리스케일러 카운터$^{PSC, prescaler counter}$
- 자동 재로드 레지스터$^{ARR, auto-reload register}$

일반적으로, 이러한 레지스터를 위한 오프셋은 모든 타이머를 위한 오프셋과 같다. 따라서 주어진 기본 주소로, 매크로를 사용해 계산할 수 있다. 이 경우에는 타이머를 위한 레지스터만 정의한다.

```
#define TIM2_BASE (0x40000000)
#define TIM2_CR1 (*(volatile uint32_t *)(TIM2_BASE + 0x00))
#define TIM2_DIER (*(volatile uint32_t *)(TIM2_BASE + 0x0c))
#define TIM2_SR (*(volatile uint32_t *)(TIM2_BASE + 0x10))
#define TIM2_PSC (*(volatile uint32_t *)(TIM2_BASE + 0x28))
#define TIM2_ARR (*(volatile uint32_t *)(TIM2_BASE + 0x2c))
```

또한 가독성을 위해, 환경설정할 레지스터와 관련된 비트 위치를 몇 개 정의한다.

```
#define TIM_DIER_UIE (1 << 0)
#define TIM_SR_UIF (1 << 0)
#define TIM_CR1_CLOCK_ENABLE (1 << 0)
#define TIM_CR1_UPD_RS (1 << 2)
```

먼저, 서비스 루틴을 정의할 것이다. timer 인터페이스는 상태 레지스터의 한 플래그를 클리어하게 한다. 이러한 단순한 경우, 해야 할 일은 로컬 변수를 증가시키는 것이다. 따라서 디버거 내에서 조사를 통해 timer가 실행됨을 검증할 수 있다. timer2_ticks 변수를 volatile로 표시하여, 코드 내에서 사용되지 않는다고 해서 컴파일러가 최적화해 날려버리지 않도록 한다.

```
void isr_tim2(void)
{
    static volatile uint32_t timer2_ticks = 0;
    TIM2_SR &= ~TIM_SR_UIF;
    timer2_ticks++;
}
```

서비스 루틴은 startup.c에 정의된 인터럽트 벡터 내의 올바른 위치에 있는 함수를 가리키는 포인터를 포함함으로써 연관돼야 한다.

```
isr_tim2 , // TIM2_IRQ 28
```

이처럼 타이머가 클록 트리의 각기 다른 브랜치에 연결된다면, 프리스케일러와 재로드 임계점을 위한 값을 계산하는 동안 타이머를 소비하는 클록 버스와 실제 CPU 클록 주파수 간의 추가적인 조절 인자scaling factor를 고려할 필요가 있다. STM32F407의 타이머 2는 APB 버스에 연결되어 있다. 이는 CPU 주파수의 절반으로 동작한다.

이 초기화는 자동으로 TIM2_PSC와 TIM2_ARR 값을 계산하고, 주어진 밀리초 간격을 기반으로 타이머를 초기화하는 함수의 예다. 클록 변수는 타이머를 위해 클록 소스의 주파수로 설정돼야 한다. 이는 CPU 주파수와는 다르다.

다음 정의는 이 플랫폼에 종속된다. 클록 게이팅 환경설정을 위한 주소에 사용하고자 하는 장치의 인터럽트 번호를 매핑한다.

```
#define APB1_CLOCK_ER (*(volatile uint32_t *)(0x40023840))
#define APB1_CLOCK_RST (*(volatile uint32_t *)(0x40023820))
#define TIM2_APB1_CLOCK_ER_VAL (1 << 0)
#define NVIC_TIM2_IRQN (28)
```

그리고 다음은 요구되는 간격 동안 지속적으로 timer 인터럽트를 활성화하기 위해 main에서 호출하는 함수다.

```
int timer_init(uint32_t clock, uint32_t interval_ms)
{
    uint32_t val = 0;
    uint32_t psc = 1;
    uint32_t err = 0;
    clock = (clock / 1000) * interval_ms;
    while (psc < 65535) {
        val = clock / psc;
        err = clock % psc;
        if ((val < 65535) && (err == 0)) {
            val--;
            break;
        }
        val = 0;
        psc++;
    }
    if (val == 0)
        return -1;
    nvic_irq_enable(NVIC_TIM2_IRQN);
    nvic_irq_setprio(NVIC_TIM2_IRQN, 0);
    APB1_CLOCK_RST |= TIM2_APB1_CLOCK_ER_VAL;
    DMB();
```

```
APB1_CLOCK_RST &= ~TIM2_APB1_CLOCK_ER_VAL;
APB1_CLOCK_ER |= TIM2_APB1_CLOCK_ER_VAL;
TIM2_CR1 = 0;
DMB( );
TIM2_PSC = psc;
TIM2_ARR = val;
TIM2_CR1 |= TIM_CR1_CLOCK_ENABLE;
TIM2_DIER |= TIM_DIER_UIE;
DMB( );
return 0;
}
```

이 예제는 시스템 타이머의 가능한 애플리케이션 중 하나일 뿐임을 알아두자.

범용 I/O

마이크로컨트롤러 칩의 핀 중 대다수는 환경설정 가능한 입력/출력 라인을 나타낸다. 각 핀은 디지털 출력으로 핀의 전압을 조절함으로써 로직 수준[logic level]을 나타내거나 디지털 입력으로 전압을 비교함으로써 로직 상태[logic state]를 감지하도록 환경설정이 가능하다. 그러나 일반 핀 중 일부는 함수를 대체하기 위해 연결될 수 있다. 예를 들면 아날로그 입력, 직렬 인터페이스, 또는 타이머로부터의 출력 펄스[pulse] 같은 것 말이다. 핀은 여러 환경설정을 가질 수 있지만, 한 번에 하나만 활성화할 수 있다. GPIO 컨트롤러는 모든 핀에 대한 환경설정을 표출하며, 대체 기능이 사용 중일 때 하위 시스템과 핀의 연관을 관리한다.

핀 환경설정

GPIO 컨트롤러의 로직에 따라, 핀은 모두 함께, 또 각자, 또는 그룹으로 활성화될 수 있다. 핀을 설정하고 필요에 따라 사용하기 위한 드라이버를 구현하기 위해, 마이크로컨트롤러의 데이터시트나 반도체 벤더로부터 제공된 예제 구현을 참조할 수 있다.

STM32F4의 경우, 범용 I/O 핀은 몇 가지 그룹으로 나뉜다. 각 그룹은 별도의 클록 게이트에 연결되어 있다. 따라서 그룹에 관련된 핀을 사용하기 위해서는 클록 게이트가 활성화돼야 한다. 다음 코드는 클록 소스를 그룹 D를 위한 GPIO 컨트롤러에 배포할 것이다.

```
#define AHB1_CLOCK_ER (*(volatile uint32_t *)(0x40023840))
#define GPIOD_AHB1_CLOCK_ER (1 << 3)
AHB1_CLOCK_ER |= GPIOD_AHB1_CLOCK_ER;
```

GPIO 컨트롤러에 연관된 환경설정 레지스터는 주변장치 구역의 특정 영역에 매핑되어 있다. GPIOD 컨트롤러의 경우, 기본 주소는 0x40020C00이다. STM32F4 마이크로컨트롤러에서는 각각의 디지털 I/O 그룹을 환경설정하고 사용하기 위한 10개의 레지스터가 존재한다. 그룹이 최대 16개의 핀으로 구성되어 있기 때문에, 몇몇 레지스터는 핀마다 두 비트의 표현을 사용할 수 있다.

- 모드 레지스터(주소 공간의 오프셋 0)는 모드(디지털 입력, 디지털 출력, 대체 함수 또는 아날로그 입력 중)를 선택한다. 핀당 두 비트를 사용한다.

- 출력 타입 레지스터(오프셋 4)는 출력 신호 처리 로직(푸시풀push-pull 또는 오픈드레인 open-drain)을 선택한다.

- 출력 속도 레지스터(오프셋 8)는 출력 처리 속도를 선택한다.

- 풀업pull-up 레지스터(오프셋 12)는 내부 풀업 또는 풀다운 레지스터를 활성화 또는 비활성화한다.

- 포트 입력 데이터(오프셋 16)는 디지털 입력 핀의 상태를 읽는 데 사용된다.

- 포트 출력 데이터(오프셋 20)는 디지털 출력의 현재 값을 포함한다.

- 포트 비트 설정set/재설정reset(오프셋 24)은 디지털 출력 신호를 높게 또는 낮게 구동하는 데 사용된다.

- 포트 환경설정 잠금lock(오프셋 28)

- 대체 함수 하위 비트 레지스터(오프셋 32), 핀마다 네 비트, 핀 0~7

- 대체 함수 상위 비트 레지스터(오프셋 36), 핀마다 네 비트, 핀 8~15

핀을 사용하려면 먼저 핀의 설정과 그룹을 위해 소스 클록을 컨트롤러에 라우트하려고 환경설정된 클록 게이팅이 필요하다. GPIO 컨트롤러에서 사용 가능한 이 환경설정은 특정 예제를 살펴보면 더 상세히 알 수 있다.

디지털 출력

디지털 출력의 활성화는 주어진 핀에 대응하는 모드 레지스터 비트에 출력하도록 모드를 설정함으로써 가능하다. 레퍼런스 플랫폼에서 LED에도 연결되어 있는 핀 D13의 수준을 제어 가능하도록 하기 위해, 다음 레지스터에 접근할 필요가 있다.

```
#define GPIOD_BASE    0x40020c00
#define GPIOD_MODE    (*(volatile uint32_t *)(GPIOD_BASE + 0x00))
#define GPIOD_OTYPE   (*(volatile uint32_t *)(GPIOD_BASE + 0x04))
#define GPIOD_PUPD    (*(volatile uint32_t *)(GPIOD_BASE + 0x0c))
#define GPIOD_ODR     (*(volatile uint32_t *)(GPIOD_BASE + 0x14))
#define GPIOD_BSRR    (*(volatile uint32_t *)(GPIOD_BASE + 0x18))
```

이후의 예제들에서 대체 함수는 핀 할당을 변경하는 데 사용된다. 대체 함수 설정을 포함하는 두 레지스터는 다음과 같다.

```
#define GPIOD_AFL   (*(volatile uint32_t *)(GPIOD_BASE + 0x20))
#define GPIOD_AFH   (*(volatile uint32_t *)(GPIOD_BASE + 0x24))
```

아래의 간단한 함수는 STM32F4에 있는 청색 LED에 연결된 핀 D15의 출력을 제어하기 위한 것이다. 출력으로서 핀을 환경설정하고 풀업/풀다운 내부 레지스터를 활성화하기 위해, 메인 프로그램은 led_setup을 다른 함수 호출 이전에 불러야만 한다.

```
#define LED_PIN (15)
void led_setup(void)
{
    uint32_t mode_reg;
```

먼저, GPIOD 컨트롤러를 위한 클록 소스를 활성화하기 위해 클록 게이트가 환경설정된다.

```
AHB1_CLOCK_ER |= GPIOD_AHB1_CLOCK_ER;
```

모드 레지스터는 GPIO D15를 위한 모드를 디지털 출력으로 설정하기 위해 변경된다. 이 동작은 두 단계로 이뤄진다. 레지스터 내의 핀 모드 위치에 대응되는 두 비트에 설정된 이전 값은 삭제된다.

```
GPIOD_MODE &= ~ (0x03 << (LED_PIN * 2));
```

같은 위치에 값 1을 설정한다. 이는 핀이 디지털 출력으로 설정됐음을 말하는 것이다.

```
GPIOD_MODE |= 1 << (LED_PIN * 2);
```

풀업과 풀다운 내부 레지스터를 활성화하기 위해 같은 것을 수행한다. 이 경우 설정된 값은 2로, 다음과 같이 설정한다.

```
GPIOD_PUPD &= 0x03 << (LED_PIN * 2);
GPIOD_PUPD |= 0x02 << (LED_PIN * 2);
}
```

setup 함수가 호출된 이후 애플리케이션과 인터럽트 핸들러는 핀 하이^{high} 또는 로우^{low} 값을 설정하기 위해, 내보내진 함수를 호출할 수 있다. 비트 설정/재설정 레지스터에 작업을 수행함으로써 말이다.

```
void led_on(void)
{
    GPIOD_BSRR |= 1 << LED_PIN;
}
```

BSRR의 상위 반은 핀을 재설정하기 위해 사용된다. 재설정 레지스터 비트에 1을 쓰면, 핀 로직 수준을 로우로 이끈다.

```
void led_off(void)
{
    GPIOD_BSRR |= 1 << (LED_PIN + 16);
}
```

LED 값을 켜고 끌 수 있는 토글^{toggle}을 하기 위한 간편한 함수가 정의됐다.

```
void led_toggle(void)
{
    if ((GPIOD_ODR & (1 << LED_PIN)) == (1 << LED_PIN))
        led_off();
    else
        led_on();
}
```

이전 절에서 환경설정한 timer를 사용하면, STM32F407-Discovery의 청색 LED를 깜빡이는 작은 프로그램을 실행할 수 있다. led_toggle 함수는 이전 절에서 구현한 타이머의 서비스 루틴 내에서 호출될 수 있다.

```
void isr_tim2(void)
{
    TIM2_SR &= ~TIM_SR_UIF;
    led_toggle();
}
```

메인 프로그램에서 LED 드라이버는 타이머가 시작되기 전에 초기화돼야 한다.

```
void main(void) {
    flash_set_waitstates();
```

```
    clock_config();
    led_setup();
    timer_init(CPU_FREQ, 1, 1000);
    while(1)
        WFI();
}
```

프로그램의 메인 루프는 비어 있다. led_toggle 동작은 LED를 깜빡이기 위해 매초 호출된다.

PWM

펄스 폭 변조^{PWM, Pulse Width Modulation}는 각기 다른 형태의 액추에이터^{actuator}를 제어하고, 펄스 지속 기간이 각기 다른 신호로 메시지를 암호화하며 각각의 목적을 위해 디지털 출력 라인에서 고정 주파수와 변동 효율 순환을 갖는 펄스를 생성하는 데 사용되는 일반적인 기술이다.

timer 인터페이스는 핀을 PWM 신호로의 출력으로 연결 지을 수 있게 한다. 레퍼런스 마이크로컨트롤러에서는 4개의 출력 비교 채널이 범용 타이머에 연결될 수 있다. 그리고 OC 채널에 연결된 핀은 암호화된 결과를 자동으로 출력하기 위해 설정될 수 있다. STM32F407-Discovery 보드에는 이전 예제에서 디지털 출력 기능을 시연하기 위해 사용된 청색 LED 핀 PD15가 OC4에 연관되어 있는데, 이는 타이머 4에 의해 다뤄질 수 있다. 칩 문서에 따르면, 핀을 위해 대체 함수 2를 선택할 경우 출력 핀을 OC4에 직접 연결한다.

다음 그림은 타이머의 출력에 연결하고자 대체 함수 2를 사용하기 위한 핀 환경설정을 보여준다.

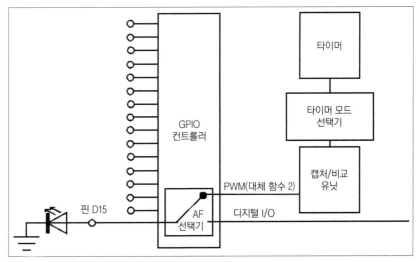

▲ 타이머의 출력에 핀 D15를 연결하고자 대체 함수 2를 사용하기 위한 환경설정

핀이 초기화되고, 평문 디지털 출력 대신 대체 환경설정을 사용하기 위해 설정됐다. MODE 레지스터 비트를 초기화하고 그 값을 2로 설정한다.

```
GPIOD_MODE &= ~ (0x03 << (LED_PIN * 2));
GPIOD_MODE |= (2 << (LED_PIN * 2));
```

이 GPIO 그룹의 0부터 7번까지의 핀은 GPIOD 컨트롤러의 AFL 레지스터에 있는 네 비트를 각각 사용한다. 8~15까지의 더 상위 핀은 AFH 레지스터에 있는 네 비트를 각각 사용한다. 대체 모드가 선택되고 나면, 올바른 대체 함수 번호가 핀 15에 관련된 네 비트에 프로그래밍되어 들어간다. 이 경우에는 AFH 레지스터를 사용해서 말이다.

```
uint32_t value;
if (LED_PIN < 8) {
    value = GPIOD_AFL & (~(0xf << (LED_PIN * 4)));
    GPIOD_AFL = value | (0x2 << (LED_PIN * 4));
} else {
    value = GPIOD_AFH & (~(0xf << ((LED_PIN - 8) * 4)));
```

```
    GPIOD_AFH = value |(0x2 << ((LED_PIN - 8) * 4));
}
```

pwm_led_init( ) 함수는 메인 프로그램에서 호출할 수 있으며, LED 핀 PD15를 환경설정하기 위해 사용한다. 형태는 다음과 비슷하다.

```
void led_pwm_setup(void)
{
    AHB1_CLOCK_ER |= GPIOD_AHB1_CLOCK_ER;
    GPIOD_MODE &= ~ (0x03 << (LED_PIN * 2));
    GPIOD_MODE |= (2 << (LED_PIN * 2));
    GPIOD_OSPD &= ~(0x03 << (LED_PIN * 2));
    GPIOD_OSPD |= (0x03 << (LED_PIN * 2));
    GPIOD_PUPD &= ~(0x03 << (LED_PIN * 2));
    GPIOD_PUPD |= (0x02 << (LED_PIN * 2));
    GPIOD_AFH &= ~(0xf << ((LED_PIN - 8) * 4));
    GPIOD_AFH |= (0x2 << ((LED_PIN - 8) * 4));
}
```

PWM 생성을 위한 타이머 설정을 하는 이 함수는 디지털 출력 예제의 단순 인터럽트 생성 타이머에서 사용된 것과 비슷하다. PWM을 출력하는 타이머를 설정하는 데 4개의 추가 레지스터 값의 변경이 포함된다는 점을 제외하고 말이다.

- **캡처/비교 활성화 레지스터**[CCER, capture/compare enable register]
- **캡처/비교 모드 레지스터 1**[CCMR1, capture/compare mode register 1]과 **캡처/비교 모드 레지스터 2**[CCMR2, capture/compare mode register 2]
- **캡처 채널 4**[CC4, capture channel 4] 환경설정

주어진 듀티 사이클[duty cycle]을 갖는 PWM을 설정하기 위해 사용할 함수의 시그니처는 다음과 같다.

```
int pwm_init(uint32_t clock, uint32_t dutycycle)
{
```

타이머 4를 켜기 위해 클록 게이트를 활성화해야 한다.

```
APB1_CLOCK_RST &= ~TIM4_APB1_CLOCK_ER_VAL;
APB1_CLOCK_ER |= TIM4_APB1_CLOCK_ER_VAL;
```

타이머와 그 출력 비교 채널 모두는 환경설정 시작을 처음부터 하기 위해 임시로 비활성화되어 있다.

```
TIM4_CCER &= ~TIM_CCER_CC4_ENABLE;
TIM4_CR1 = 0;
TIM4_PSC = 0;
```

이 예에서는 고정 PWM 주파수 100KHz를 사용할 수 있다. 입력 클록의 1/100000로 자동 재로드 값을 설정하고, 프리스케일러의 미사용을 강제함으로써 말이다.

```
uint32_t val = clock / 100000;
```

듀티 사이클은 pwm_init( )의 두 번째 매개변수(퍼센트로 표현됨)로 전달된 값에 따라 계산된다. 대응되는 임계 수준을 계산하기 위해, 이 간단한 방정식이 사용된다. 예제에서 값 80은 PWM이 4/5의 시간 동안 활성화될 것임을 의미한다. 결과 값은 언더플로underflow를 피하기 위해 0이 아닐 때만 감소한다.

```
lvl = (val * threshold) / 100;
if (lvl != 0)
    lvl--;
```

비교기^{comparator} 값 레지스터 CCR4와 자동 재로드 값 레지스터 ARR은 다음과 같이 설정된다.

```
TIM4_ARR = val - 1;
TIM4_CCR4 = lvl;
```

이 플랫폼에서 PWM 신호를 올바르게 설정하기 위해, 깔끔하게 설정해야 할 CCMR1 레지스터의 위치를 먼저 확인해야 한다. 이는 캡처 선택과 모드 환경설정을 필요로 한다.

```
TIM4_CCMR1 &= ~(0x03 << 0);
TIM4_CCMR1 &= ~(0x07 << 4);
```

선택된 PWM1 모드는 캡처/비교 타이머를 기반으로 한 여러 설정 중 가능한 한 가지일 뿐이다. 이 모드를 활성화하기 위해, 레지스터의 관련 비트를 초기화하고 나서 CCMR2의 PWM1 값을 설정한다.

```
TIM4_CCMR1 &= ~(0x03 << 0);
TIM4_CCMR1 &= ~(0x07 << 4);
TIM4_CCMR1 |= TIM_CCMR1_OC1M_PWM1;
TIM4_CCMR2 &= ~(0x03 << 8);
TIM4_CCMR2 &= ~(0x07 << 12);
TIM4_CCMR2 |= TIM_CCMR2_OC4M_PWM1;
```

이제, OC4를 활성화한다. 이 타이머는 카운터 오버플로^{overflow}가 발생할 때마다 저장된 값을 자동으로 재로드하게끔 설정된다.

```
TIM4_CCMR2 |= TIM_CCMR2_OC4M_PWM1;
TIM4_CCER |= TIM_CCER_CC4_ENABLE;
TIM4_CR1 |= TIM_CR1_CLOCK_ENABLE | TIM_CR1_ARPE;
}
```

환경설정된 듀티 사이클에 따르면, LED에 적용된 전압을 다루는 PWM을 사용하면, 그 밝기가 변경된다. 다음과 같은 예제 프로그램은 디지털 출력 예제에 있는 것과 같은 고정 전압 출력에 의해 전력이 공급되는 LED와 비교해서 LED의 밝기를 50%로 줄인다.

```
void main(void) {
    flash_set_waitstates();
    clock_config();
    led_pwm_setup();
    pwm_init(CPU_FREQ, 50);
    while(1)
        WFI();
}
```

LED 밝기에서 PWM의 영향은 동적으로 듀티 사이클을 변경함에 따라 쉽게 시각화가 가능하다. 예를 들어, 50ms마다 인터럽트를 생성하는 두 번째 타이머를 설정할 수가 있다. 인터럽트 핸들러에서 듀티 사이클 인자는 0~80%의 범위를 16단계에 걸쳐 순환한다. 첫 여덟 단계는 매 인터럽트마다 0에서 80%까지 10%씩 증가하는 듀티 사이클을 갖고, 그다음 여덟 단계는 같은 비율로 80%에서 0으로 줄이는 듀티 사이클을 갖는다.

```
void isr_tim2(void) {
    static uint32_t tim2_ticks = 0;
    TIM2_SR &= ~TIM_SR_UIF;
    if (tim2_ticks > 16)
        tim2_ticks = 0;
    if (tim2_ticks > 8)
        pwm_init(master_clock, 10 * (16 - tim2_ticks));
    else
        pwm_init(master_clock, 10 * tim2_ticks);
    tim2_ticks++;
}
```

이전 예제들처럼 고정 간격으로 인터럽트 확산을 촉발하기 위해 메인 프로그램에서 타이머 2를 초기화한다면, LED가 리드미컬하게 밝아지고 어두워지는 떨림을 볼 수 있다.

이 경우 타이머 2는 메인 프로그램에 의해 초기화된다. 그리고 그 연관 인터럽트 핸들러는 타이머 4를 위한 설정을 시간당 20번 갱신한다.

```c
void main(void) {
    flash_set_waitstates();
    clock_config();
    led_pwm_setup();
    pwm_init(CPU_FREQ, 0);
    timer_init(CPU_FREQ, 1, 50);
    while(1)
        WFI();
}
```

디지털 입력

입력 모드로 환경설정된 GPIO 핀은 적용된 전압의 로직 수준을 탐지한다. GPIO 컨트롤러에 있는 모든 입력 핀의 로직 값은 **입력 데이터 레지스터**^{IDR, input data register}에서 읽을 수 있다. 레퍼런스 보드에서 핀 A0은 사용자 버튼에 연결되어 있다. 따라서 버튼의 상태는 애플리케이션이 실행 중인 동안 언제든지 읽을 수 있다.

GPIOA 컨트롤러는 클록 게이팅을 통해 켤 수 있다.

```c
#define AHB1_CLOCK_ER (*(volatile uint32_t *)(0x40023830))
#define GPIOA_AHB1_CLOCK_ER (1 << 0)
```

컨트롤러 자체는 주소 0x40020000에 매핑되어 있다.

```c
#define GPIOA_BASE 0x40020000
#define GPIOA_MODE (*(volatile uint32_t *)(GPIOA_BASE + 0x00))
#define GPIOA_IDR (*(volatile uint32_t *)(GPIOA_BASE + 0x10))
```

입력을 위한 핀을 설정하기 위해, 핀 0에 연관된 두 모드 비트를 초기화함으로써 이 모드가 0으로 설정되어 있음을 확인하자.

```
#define BUTTON_PIN (0)
void button_setup(void)
{
    AHB1_CLOCK_ER |= GPIOA_AHB1_CLOCK_ER;
    GPIOA_MODE &= ~ (0x03 << (BUTTON_PIN * 2));
}
```

애플리케이션은 이제 IDR의 최하위 비트를 읽음으로써 언제든지 버튼의 상태를 점검할 수 있다. 버튼이 눌리면, 레퍼런스 전압이 핀에 연결되고 핀에 대응되는 비트의 값이 0에서 1로 바뀐다.

```
int button_is_pressed(void)
{
    return (GPIOA_IDR & (1 << BUTTON_PIN)) >> BUTTON_PIN;
}
```

인터럽트 기반 입력

IDR을 주기적으로 가져옴으로써 핀의 값을 적극적으로 읽는 것은 상당히 불편하다. 애플리케이션이 상태 변경에 반응하도록 하는 편이 나을 수 있다. 마이크로컨트롤러는 보통 디지털 입력 핀을 인터럽트 라인에 연결하게 하는 메커니즘을 제공한다. 연관된 서비스 루틴을 실행하기 위해 애플리케이션의 실행을 가로챌 수 있기 때문에, 실시간으로 입력에 관련된 이벤트에 반응할 수 있다.

레퍼런스 MCU에서 핀 A0은 외부 인터럽트와 이벤트 컨트롤러(EXTI로 알려진)에 연결될 수 있다. EXTI는 인터럽트 라인에 붙일 수 있는 몇 가지 윤곽선 검출^{edge detection} 트리거를 제공한다. GPIO 그룹에 있는 핀의 번호는 그와 관련 있는 EXTI 인터럽트의 번호를 결정한다. 따라서 EXTI 0 인터럽트 루틴은 필요에 따라 모든 GPIO 그룹의 핀 0에 연결되어 있을 것이다.

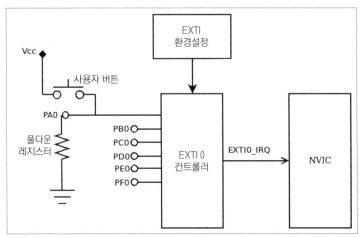

▲ PA0에 연결된 사용자 버튼을 대상으로 하는 윤곽선 검출 트리거와 관련된 EXTI0 컨트롤러

PA0과 EXTI 0을 연결 짓기 위해, EXTI 0에 연결된 비트 내의 GPIO 그룹 번호로 설정하도록 EXTI 환경설정 레지스터를 수정해야 한다. STM32F4에서 EXTI 환경설정 레지스터(EXTI_CR)는 주소 0x40013808에 위치한다. 각 레지스터는 EXTI 라인과 인터럽트 컨트롤러를 연관 짓기 위해 설정하는 데 사용된다. 첫 레지스터의 최하위 4비트는 EXTI 라인 0과 관련이 있다. GPIO 그룹 A의 번호는 0이다. 따라서 첫 EXTI_CR에서 대응되는 비트가 초기화되어 있는지 확인할 필요가 있다. 다음 예제의 목표는 EXTI 0 인터럽트를 활성화하고, 핀 A0에 연관 짓는 방법에 대한 시연이다. 따라서 다음 정의는 GPIO 그룹 A를 설정하는 것을 목표로 첫 EXTI_CR에 접근하기 위해 제공된다.

```
#define EXTI_CR_BASE (0x40013808)
#define EXTI_CR0 (*(volatile uint32_t *)(EXTI_CR_BASE + 0x00))
#define EXTI_CR_EXTI0_MASK (0x0F)
```

EXTI0 인터럽트는 NVIC 라인 번호 6에 연결되어 있다. 따라서 NVIC 환경설정을 위해 이 정의를 추가한다.

```
#define NVIC_EXTI0_IRQN (6)
```

STM32F4 마이크로컨트롤러의 EXTI 컨트롤러는 주소 0x40013C00에 위치한다. 그리고 다음과 같은 레지스터를 제공한다.

- **인터럽트 마스크 레지스터**IMR, interrupt mask register : 오프셋 0에 위치함. 각 EXTI 라인을 위한 인터럽트를 활성화/비활성화하기 위해 대응되는 비트를 설정set/클리어clear한다.

- **이벤트 마스크 레지스터**EMR, event mask register : 오프셋 4에 위치함. 대응되는 EXTI 라인을 위한 이벤트 트리거를 활성화/비활성화하기 위해 대응되는 비트를 설정/클리어한다.

- **상승 트리거 선택 레지스터**RTSR, rising trigger select register : 오프셋 8에 위치함. 관련된 디지털 입력 수준이 0에서 1로 바뀔 때 이벤트와 인터럽트를 생성하기 위해 대응되는 비트를 설정한다.

- **하강 트리거 선택 레지스터**FTSR, falling trigger select register : 오프셋 12에 위치함. 대응되는 신호가 로직 값 1에서 0으로 떨어질 때 이벤트와 인터럽트를 생성하기 위해 대응되는 비트를 설정한다.

- **소프트웨어 인터럽트 활성화 레지스터**SWIER, software interrupt enable register : 오프셋 16에 위치함. 이 레지스터에 비트가 설정되면, 연관된 인터럽트 이벤트는 즉시 생성되고, 서비스 루틴이 바로 시작될 것이다. 이 메커니즘은 사용자 정의 소프트웨어 인터럽트를 구현할 때 사용된다.

- **대기 인터럽트 레지스터**PR, pending interrupt register : 오프셋 20에 위치함. 대기 인터럽트를 제거하기 위해, 서비스 루틴은 EXTI 라인에 대응되는 비트를 설정해야 한다. 그렇지 않으면 인터럽트는 대기 상태로 남아 있을 것이다. 새 서비스 루틴은 EXTI 라인을 위한 PR 비트가 제거되기 전까지 호출될 것이다.

편의상, 다음과 같은 레지스터를 정의할 수 있다.

```
#define EXTI_BASE (0x40013C00)
#define EXTI_IMR (*(volatile uint32_t *)(EXTI_BASE + 0x00))
#define EXTI_EMR (*(volatile uint32_t *)(EXTI_BASE + 0x04))
#define EXTI_RTSR (*(volatile uint32_t *)(EXTI_BASE + 0x08))
#define EXTI_FTSR (*(volatile uint32_t *)(EXTI_BASE + 0x0c))
#define EXTI_SWIER (*(volatile uint32_t *)(EXTI_BASE + 0x10))
#define EXTI_PR (*(volatile uint32_t *)(EXTI_BASE + 0x14))
```

버튼 눌림과 관련된 PA0의 상승 에지^{rising edge}에서 인터럽트를 활성화하기 위한 절차는 다음과 같다.

```
void button_setup(void)
{
    AHB1_CLOCK_ER |= GPIOA_AHB1_CLOCK_ER;
    GPIOA_MODE &= ~ (0x03 << (BUTTON_PIN * 2));
    EXTI_CR0 &= ~EXTI_CR_EXTI0_MASK;
    nvic_irq_enable(NVIC_EXTI0_IRQN);
    EXTI_IMR |= 1 << BUTTON_PIN;
    EXTI_EMR |= 1 << BUTTON_PIN;
    EXTI_RTSR |= 1 << BUTTON_PIN;
}
```

비트와 연관이 있는 ISR, IMR, RTSR이 설정됐으며, 인터럽트는 NVIC에서 활성화됐다. 디지털 입력의 값이 변경되기를 폴링^{polling}하는 대신에, 이제는 버튼이 눌릴 때마다 호출되는 서비스 루틴을 정의할 수 있다.

```
volatile uint32_t button_presses = 0;
void isr_exti0(void)
{
    EXTI_PR |= 1 << BUTTON_PIN;
    button_presses++;
}
```

이 간단한 예에서 button_presses 카운터는 버튼 눌림 이벤트마다 하나씩 증가한다. 실제로는, STM32F407-Discovery에 있는 것과 같은 기계 접촉 기반 버튼은 이런 메커니즘으로 제어하기는 애매하다. 단일 물리 버튼 눌림은 사실 일시적인 단계 동안 상승 프론트 인터럽트^{rising front interrupt}를 여러 번 촉발할 수 있다. 이 현상은 버튼 바운싱 효과^{button bouncing effect}로 알려져 있는데, 디바운스^{debounce} 기법을 사용하면 경감할 수 있다. 여기서는 다루지 않겠지만 말이다.

아날로그 입력

몇몇 핀은 **아날로그 디지털 신호 변환기**^{ADC, analog to digital signal converter}를 이용함으로써, 인가된 전압을 동적으로 측정하고 별도의 번호를 측정된 값에 부여할 수가 있다. 이는 넓은 범위의 센서(출력 전압 또는 단순히 변수 레지스터를 사용해 정보를 전달할 수 있는)로부터 값을 얻는 데 유용하다.

ADC 하위 시스템의 환경설정은 플랫폼에 따라 현저히 다르다. 현대의 마이크로컨트롤러 ADC는 방대한 양의 환경설정 옵션을 제공한다. 레퍼런스 마이크로컨트롤러는 16개의 입력 채널을 공유하는 3개의 개별 ADC 컨트롤러를 장착한다. 각각은 12비트의 해상도를 갖는다. 습득한 데이터의 DMA 전송 및 두 워치도그 임계 값 사이의 신호 모니터링 등 다양한 기능을 사용할 수 있다.

가장 간단한 경우는 단일 전환을 위한 한 번 읽는 동작을 구현하는 것으로 구성된다. 특정 핀을 컨트롤러에 연관 짓는 것은 채널이 컨트롤러에 매핑되는 방법을 점검함으로써 가능하다. 만약 핀이 이를 지원한다면 말이다. 그리고 이는 채널을 통해 아날로그 입력으로 환경설정된 것에 연결되어 있으며, 아날로그 신호 변환의 결과 값을 읽어낸다. 이 예에서 핀 B1은 아날로그 입력으로 사용되며, 채널 9를 통해 ADB1 컨트롤러에 연결될 수 있다. 다음의 상수와 레지스터는 ADB1 컨트롤러의 환경설정을 위해 정의된다.

```c
#define APB2_CLOCK_ER (*(volatile uint32_t *)(0x40023844))
#define ADC1_APB2_CLOCK_ER_VAL (1 << 8)
#define ADC1_BASE (0x40012000)
#define ADC1_SR (*(volatile uint32_t *)(ADC1_BASE + 0x00))
#define ADC1_CR1 (*(volatile uint32_t *)(ADC1_BASE + 0x04))
#define ADC1_CR2 (*(volatile uint32_t *)(ADC1_BASE + 0x08))
#define ADC1_SMPR1 (*(volatile uint32_t *)(ADC1_BASE + 0x0c))
#define ADC1_SMPR2 (*(volatile uint32_t *)(ADC1_BASE + 0x10))
#define ADC1_SQR3 (*(volatile uint32_t *)(ADC1_BASE + 0x34))
#define ADC1_DR (*(volatile uint32_t *)(ADC1_BASE + 0x4c))
#define ADC_CR1_SCAN (1 << 8)
#define ADC_CR2_EN (1 << 0)
#define ADC_CR2_CONT (1 << 1)
#define ADC_CR2_SWSTART (1 << 30)
#define ADC_SR_EOC (1 << 1)
#define ADC_SMPR_SMP_480CYC (0x7)
```

아래는 GPIO를 환경설정하기 위한 정의들이다. 이번에는 GPIOB에 매핑되어 있다.

```c
#define AHB1_CLOCK_ER (*(volatile uint32_t *)(0x40023830))
#define GPIOB_AHB1_CLOCK_ER (1 << 1)
#define GPIOB_BASE (0x40020400)
#define GPIOB_MODE (*(volatile uint32_t *)(GPIOB_BASE + 0x00))
#define ADC_PIN (1)
#define ADC_PIN_CHANNEL (9)
```

세 ADC는 클록 프리스케일 인자^{clock prescale factor} 같은 공통 설정을 위해 몇 가지 레지스터를 공유한다. 따라서 이들은 같은 주파수로 동작할 것이다. ADC를 위한 프리스케일 인자는 데이터시트가 추천하는 변환기의 동작 범위 내에서 설정돼야 한다. 타깃 플랫폼에서, 공통 프리스케일러를 통한 APB2 클록의 주파수를 반으로 낮춘다. 공통 ADC 환경설정 레지스터는 주소 0x40012300에서 시작한다.

```
#define ADC_COM_BASE (0x40012300)
#define ADC_COM_CCR (*(volatile uint32_t *)(ADC_COM_BASE + 0x04))
```

이 정의를 기반으로, 초기화 함수는 다음과 같이 작성이 가능하다. 먼저, ADC 컨트롤러와 GPIO 그룹 모두를 위한 클록 게이팅을 활성화한다.

```
int adc_init(void)
{
    APB2_CLOCK_ER |= ADC1_APB2_CLOCK_ER_VAL;
    AHB1_CLOCK_ER |= GPIOB_AHB1_CLOCK_ER;
```

PB1은 아날로그 입력 모드로 설정된다. 이는 모드 레지스터에서 값 3에 대응된다.

```
    GPIOB_MODE |= 0x03 << (ADC_PIN * 2);
```

ADC1은 임시적으로 필요 환경설정을 적용하기 위해 꺼진다. 공통 클록 프리스케일러는 0으로 설정된다. 즉, 입력 클록에서부터 2의 제수^{divisor}를 뜻한다. 이는 ADC 컨트롤러에 주입되는 주파수가 운영 가능한 범위 내에 있음을 보장한다. 스캔^{scan} 모드는 비활성화되어 있으므로 지속 모드인데, 이 예제에서는 해당 기능을 사용하지 않는다.

```
    ADC1_CR2 &= ~(ADC_CR2_EN);
    ADC_COM_CCR &= ~(0x03 << 16);
    ADC1_CR1 &= ~(ADC_CR1_SCAN);
    ADC1_CR2 &= ~(ADC_CR2_CONT);
```

샘플링 주파수는 사용 중인 채널에 따라 두 레지스터 SMPR1과 SMPR2를 사용해 설정이 가능하다. 각 레지스터는 레지스터마다 세 비트를 사용해 하나의 채널 샘플 비율을 나타낸다. 따라서 채널 0~9는 SMPR1을 사용해 환경설정이 가능하고, 나머지는 SMPR2로 가능하다. PB1을 위한 채널은 9로 설정된다. 따라서 이 경우 SMPR1이 사용된다. 이는 모든 채널에서 설정하기 위한 샘플 비율을 상기하기 위해서다.

```c
if (ADC_PIN_CHANNEL > 9) {
    uint32_t val = ADC1_SMPR2;
    val = ADC_SMPR_SMP_480CYC << ((ADC_PIN_CHANNEL - 10) * 3);
    ADC1_SMPR2 = val;
} else {
    uint32_t val = ADC1_SMPR1;
    val = ADC_SMPR_SMP_480CYC << (ADC_PIN_CHANNEL * 3);
    ADC1_SMPR1 = val;
}
```

끝으로, 이 채널은 **시퀀스 레지스터**^{SQR, sequence register}를 사용해 ADC 컨트롤러의 변환 시퀀스에 활성화됐다. 이 메커니즘은 역순(SQR3에서 SQR1로)으로 레지스터를 채움으로써 다수의 채널이 컨트롤러의 같은 시퀀스에 추가될 수 있음을 예측할 수 있게 한다. 각 소스 채널은 5개의 비트로 표현된다. 따라서 각 레지스터는 최대 여섯 소스(SQR1을 제외한)를 포함한다. 5개를 저장하고, 가장 높은 비트 하나는 '레지스터에 저장된 스택의 길이 − 1'을 가리키기 위해 예약됐다. 이 경우 '길이 − 1' 필드를 설정할 필요는 없는데, SQR1에서 단일 소스의 경우 그 값이 0이기 때문이다.

```c
ADC1_SQR3 |= (ADC_PIN_CHANNEL);
```

끝으로, CR2의 활성화 비트를 설정함으로써 ADC1이 다시 활성화됐다. 그리고 초기화 함수는 성공적으로 반환한다.

```c
ADC1_CR2 |= ADC_CR2_EN;
return 0;
}
```

PB1에서 아날로그 신호를 변환하기 위해 ADC가 초기화 및 환경설정되고 나서, A/D 변환은 언제든지 시작될 수 있다. 간단한 블로킹 읽기 함수가 변환을 초기화하고, 성공적으로 시작될 변환을 기다리며, 상태 레지스터에 있는 **변환 완료**EOC, end of conversion 비트를 확인함으로써 변환이 완료될 때까지 기다린다.

```
int adc_read(void)
{
    ADC1_CR2 |= ADC_CR2_SWSTART;
    while (ADC1_CR2 & ADC_CR2_SWSTART)
        ;
    while ((ADC1_SR & ADC_SR_EOC) == 0)
        ;
```

변환이 완료되면, 대응되는 별도의 값이 데이터 레지스터의 하위 12비트에서 사용 가능할 것이다. 그리고 호출자로 반환한다.

```
    return (int)(ADC1_DR);
}
```

▌ 워치도그

많은 마이크로컨트롤러의 공통 기능 중 하나는 워치도그 타이머watchdog timer의 존재다. 워치도그는 시스템이 무한 루프 또는 코드상 블로킹blocking 상태에 빠지지 않도록 보장한다. 이는 호출이 멈추지 않도록 하고, 특정 시간 동안 내에 메인 이벤트 루프로 반환하도록 하는 이벤트 구동 루프에 의존성이 있는 베어메탈 애플리케이션에 특히 유용하다.

워치도그는 응답 불가 시스템을 복구하기 위한 가장 마지막 방법으로 고려해야 하는데, CPU에서 실행의 현재 상태와 관계없이 강제적으로 재부트를 촉발하기 때문이다.

레퍼런스 플랫폼은 일반 타이머의 카운터와 비슷한 카운터(12비트 단위 및 프리스케일러 인자를 갖는다)를 갖는 독립적인 워치도그 타이머를 하나 제공한다. 그러나 워치도그의 프리스케일러는 2의 배수로 표현되며, 그 범위는 4(값 0으로 표현됨)에서 256(6으로 표현됨)까지다.

클록 소스는 독립적인 클록 배포 브랜치를 통해 저속 오실레이터에 연결된다. 따라서 클록 게이팅은 이 주변장치의 활성화에 포함되지 않는다.

워치도그 환경설정 영역은 주변장치 주소 구역에 매핑되어 있으며, 4개의 레지스터로 구성된다.

- 키 레지스터(오프셋 0): 하위 16비트에 사전 정의된 값을 작성함으로써 잠금해제^{unlock}, 시작^{start}, 리셋^{reset}이라는 세 가지 동작을 촉발하는 데 사용된다.
- 프리스케일 레지스터(오프셋 4): 카운터의 프리스케일 인자를 설정한다.
- 재로드 레지스터(오프셋 8): 카운터의 재로드 값을 포함한다.
- 상태 레지스터(오프셋 12): 셋업^{setup} 동작을 동기화하기 위한 상태 플래그를 제공한다.

이 레지스터들은 단축 매크로를 사용해 참조 가능하다.

```
#define IWDG_BASE (0x40003000)
#define IWDG_KR (*(volatile uint32_t *)(IWDG_BASE + 0x00))
#define IWDG_PR (*(volatile uint32_t *)(IWDG_BASE + 0x04))
#define IWDG_RLR (*(volatile uint32_t *)(IWDG_BASE + 0x08))
#define IWDG_SR (*(volatile uint32_t *)(IWDG_BASE + 0x0c))
```

다음과 같이 키 레지스터에 의해 촉발될 수 있는 동작은 세 가지다.

```
#define IWDG_KR_RESET    0x0000AAAA
#define IWDG_KR_UNLOCK   0x00005555
#define IWDG_KR_START    0x0000CCCC
```

두 가지 의미 있는 상태 비트가 상태에 제공된다. 그리고 이들은 워치도그가 프리스케일과 재로드를 위한 값을 잠금해제^{unlock} 및 설정하기 이전에, 바쁘지 않다는 것을 보장하기 위해 점검돼야 한다.

```
#define IWDG_SR_RVU (1 << 1)
#define IWDG_SR_PVU (1 << 0)
```

워치도그를 환경설정하고 시작하기 위한 초기화 함수는 다음과 같이 보인다.

```
int iwdt_init(uint32_t interval_ms)
{
    uint32_t pre = 0;
    uint32_t counter;
```

다음 줄에서는 밀리초 단위의 입력 값이 워치도그 클록의 주파수 32KHz로 맞춰진다.

```
    counter = interval_ms << 5;
```

그러나 최소 프리스케일러 인자는 4이므로, 이 값을 다시 나눠야 한다. 그리고 나서 카운터 값을 반으로 줄이고, 카운터가 적절히 맞춰질 때까지 프리스케일러 인자를 증가시킴으로써, 12비트에 맞는 카운터가 결과인 최소 프리스케일러 값을 찾는다.

```
    counter >>= 2;
    while (counter > 0xFFF) {
        pre++;
        counter >>= 1;
    }
```

다음 점검은 제공된 간격이 0 카운터 또는 사용 가능한 조절 인자가 너무 큰 값을 결과로 내지 않음을 보장한다.

```
    if (counter == 0)
        counter = 1;
    if (pre > 6)
        return -1;
```

레지스터의 실제 초기화가 완료됐다. 그러나 장치는 잠금해제^{unlock} 동작을 포함한 쓰기 초기화를 요구한다. 그리고 그것을 점검하고 나서야, 쓰기를 위한 레지스터 사용이 가능하다.

```
    while(IWDG_SR & IWDG_SR_PR_BUSY);
    IWDG_KR = IWDG_KR_UNLOCK;
    IWDG_PR = pre;
    while (IWDG_SR & IWDG_SR_RLR_BUSY);
    IWDG_KR = IWDG_KR_UNLOCK;
    IWDG_RLR = counter;
```

워치도그의 시작은 시작 동작을 주기 위해 간단히 START 명령을 키 레지스터에 설정하는 것으로 구성된다.

```
    IWDG_KR = IWDG_KR_START;
    return 0;
}
```

일단 시작되고 나면 워치도그는 정지될 수 없고, 영원히 구동될 것이다. 카운터가 0이 될 때까지 줄여가면서 말이다. 0이 되면, 시스템을 재부트할 것이다.

시스템 재부트를 막는 유일한 방법은 타이머를 수동으로 재설정하는 것인데, 보통 '워치도그를 발로 찬다'라고 표현한다. 워치도그 드라이버는 애플리케이션이 카운터를 재설정할 수 있게 하는 함수를 내보내야 한다. 예를 들어, 메인 루프의 매 순환 마지막에 말이다. 예제에서는 다음과 같다.

```
void iwdt_reset(void)
{
    IWDG_KR = IWDG_KR_RESET;
}
```

워치도그 드라이버의 간단한 테스트로서, 2초의 워치도그 카운터를 main( )에서 초기화
할 수 있다.

```
void main(void) {
    flash_set_waitstates();
    clock_config();
    button_setup();
    iwdt_init(2000);
    while(1)
        WFI()
    }
}
```

워치도그는 버튼이 눌리면 버튼 GPIO의 인터럽트 서비스 루틴에서 재설정된다.

```
void isr_exti0(void)
{
    EXTI_PR |= (1 << BUTTON_PIN);
    iwdt_reset();
}
```

이 테스트에서는 사용자 버튼이 2초 내로 연속해서 눌리지 않으면 시스템은 재부트될 것
이다. 따라서 시스템을 계속 구동하도록 두려면 반복적으로 버튼을 눌러야 한다.

▌ 요약

6장에서 본 일반 목적 주변기기는 광범위한 마이크로컨트롤러에 의해 공통적으로 지원된다. 비록 레지스터 이름 및 위치는 타깃에 따라 그 상세 구현이 다르기는 하지만, 6장에서 서술된 메커니즘은 대부분의 임베디드 플랫폼에서 사용 가능하다. 그리고 이것은 기본 시스템 기능들을 구축하고 센서나 액추에이터와의 상호작용을 제공하기 위한 벽돌과 같은 역할을 한다.

7장에서는 다른 장치 및 타깃 시스템의 근접 주변장치로의 통신 인터페이스로서 대부분의 마이크로컨트롤러가 제공하는 직렬 통신 채널에 집중한다.

07

로컬 버스 인터페이스

타깃 주위에 있는 다른 시스템과의 통신은 몇 가지 프로토콜로 활성화가 가능하다. 임베디드 시스템을 위해 설계된 대부분의 마이크로컨트롤러는 직렬 라인으로의 접근을 제어하기 위해 대부분 공통 인터페이스를 지원한다. 이러한 프로토콜 중 일부는 아주 유명해져서, 마이크로컨트롤러 간 유선 칩, 그리고 센서, 액추에이터, 디스플레이, 무선 수신기 및 기타 다양한 주변장치 같은 전자 기기 제어를 위한 통신 표준이 됐다. 7장에서는 이러한 프로토콜이 어떻게 동작하는지 레퍼런스 플랫폼에서 동작하는 예제를 통해 설명한다. 특히 시스템 소프트웨어의 구현에 집중한다.

7장에서 다루는 내용은 다음과 같다.

- 직렬 통신 소개
- UART 기반 비동기 직렬 버스
- SPI 버스
- I^2C 버스

직렬 통신 소개

7장에서 분석할 모든 프로토콜은 직렬 버스로의 접근을 관리한다. 이는 특정 시간 간격에 연관됐을 때, 전기적 신호 형태의 정보를 대응되는 로직 수준 0 또는 1로 변환되는 하나 이상의 와이어wire로 구성되어 있을 것이다. 이러한 프로토콜은 데이터 버스 라인에서 데이터를 전송하거나 수신하는 방식에 따라 다르다. 바이트를 전송하기 위해, 트랜시버는 이를 클록에 동기화되어 있는 비트 시퀀스로 인코딩한다. 이 비트의 로직 값은 수신기에 의해 해석된다. 클록의 극성polarity에 따라 클록의 특정 프론트front의 값을 읽음으로써 말이다.

각 프로토콜은 데이터를 전송하는 데 필요한 클록의 극성과 비트 순서를 지정하는데, 최상위 또는 최하위 비트로 시작할 수 있다. 예를 들어, 아스키ASCII 문자 D를 최상위 비트MSB, most significant bit 우선을 갖는 상승 클록 프론트로 규정된 직렬 라인으로 전송하는 시스템은 다음과 같은 신호를 생산할 것이다.

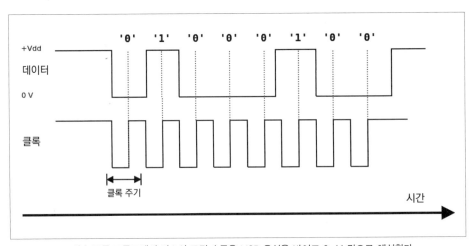

▲ 상승 클록 프론트에서 버스의 로직 수준은 MSB 우선을 바이트 0x44 값으로 해석한다.

208

클록과 심볼 동기화

수신 측에서 메시지를 이해하기 위해서는 부품 간에 반드시 클록이 동기화돼야 한다. 클록 동기화는 버스상의 읽기 및 쓰기를 위한 전송 속도$^{data\ rate}$가 같게 설정되어 있거나, 전송 속도를 명시적으로 동기화하기 위한 추가적인 라인을 사용해, 한쪽으로부터 클록 라인을 공유함으로써 이뤄지기 때문에 묵시적일 수 있다. 공유 클록 라인을 예측하지 않는 직렬 프로토콜은 비동기적으로 호출된다.

심볼 동기화는 더 명시적이어야 한다. 바이트 형태로 정보를 전송하고 수신하기를 기대하기 때문에, 여덟 비트 시퀀스의 시작은 데이터 라인에서 특별한 프리앰블 시퀀스를 통하거나 올바른 시간에 클록을 켜고 끔으로써 표시돼야 한다. 심볼 동기화 전략은 각 프로토콜에 따라 다르게 정의된다.

버스 와이어링

특정 프로토콜에 따라 양방향 통신을 성립하기 위해 필요한 라인도 여러 가지다. 하나의 와이어가 한 방향을 갖는 시간에 하나의 비트 정보만 전송할 수 있기 때문에, 전이중$^{full-duplex}$ 통신을 달성하기 위해 수신자는 데이터 전송과 수신을 위한 각기 다른 두 와이어에 접속해야 한다. 만약 프로토콜이 반이중$^{half-duplex}$ 통신을 지원한다면, 이는 매체 접근을 조정하고 같은 와이어에서 데이터 수신과 전송을 전환하기 위한 신뢰성 있는 메커니즘을 제공해야 한다.

프로토콜에 따라, 버스에 접근하는 장치는 비슷한 구현을 공유하거나 쌍으로 동작한다. 또는 통신에 참여할 때 별도의 규칙을 할당한다. 예를 들어, 마스터 장치 클록 동기화 또는 매체 접근을 규정하는 경우 말이다.

직렬 프로토콜은 같은 버스에 있는 둘 이상의 기기 간 통신을 예측할 수도 있다. 이는 같은 버스를 공유하는 슬레이브 장치당 하나가 있는 추가 슬레이브 선택 와이어를 사용하거나, 각 종단점에 논리 주소를 할당하고 각 전송의 서두에 통신을 위한 목적지 주소를

포함함으로써 이룰 수 있다. 이러한 명세를 기반으로, 임베디드 타깃에 구현된 대부분의
유명한 직렬 프로토콜이 취하는 접근법을 다음 표에서 볼 수 있다.

프로토콜	와이어 수	클록	심볼 동기화 전략	비트 순서	통신 모드
UART 기반	2개(데이터 RX/TX)	비동기	환경설정 가능한 시작/중지 비트, 패리티 비트	LSB 우선	일대일 또는 일대다, 단일 점대점 통신
SPI	3개(마스터에서 슬레이브 데이터, 슬레이브에서 마스터 데이터, 클록)	CLK를 통한 공유	클록 활성화	MSB 우선 또는 LSB 우선	일대다 단일 마스터, 다중 슬레이브, 추가적인 슬레이브 선택 라인을 사용
I²C	2개(직렬 데이터 및 직렬 클록)	SCL을 통한 공유	클록 활성화, 클록 늘리기(stretching) 지원	MSB 우선	일대다 논리 주소를 갖는 마스터/슬레이브, 그리고 동적 다중 마스터 선택
USB	2개(D+/D- 반이중 차등 신호)	데이터 전송 시작 시 동기 패턴을 갖는 동기화	CRC/패킷의 끝	LSB 우선	단일 호스트/장치 배열을 갖는 다중 장치
CAN 버스	2개(CAN-Hi 및 CAN-Low), 차등, 반이중	비동기	시작 비트, CRC, 끝 시퀀스	MSB 우선	주소 기반 마스터 조정을 갖는 일대다 멀티 마스터
댈러스(Dallas) 1-와이어	데이터 와이어 1개	신호의 프론트를 갖는 동기화	각 바이트 CRC 이전의 슬레이브 선택	LSB 우선	고정 마스터 및 64비트 주소를 통한 슬레이브 탐색을 갖는 마스터/슬레이브

7장에서는 임베디드 주변장치와의 통신에 가장 널리 사용되는, 처음 3개의 프로토콜만
자세히 서술한다.

주변장치 프로그래밍

위에서 서술한 프로토콜을 구현하는 여러 주변장치는 보통 마이크로컨트롤러 내에 통합
되어 있다. 즉, 관련된 직렬 버스가 마이크로컨트롤러의 특정 핀에 직접 연결될 수 있음
을 뜻한다. 주변장치는 클록 게이팅clock gating을 통해 활성화가 가능하고, 메모리 공간의

주변장치 구역에 매핑된 환경설정 레지스터에 접근함으로써 제어가 가능하다. 또한 직렬 버스에 연결된 핀은 대응되는 대체 기능을 구현하도록, 그리고 포함된 인터럽트 라인은 벡터 테이블 내에서 처리되도록 환경설정돼야 한다.

레퍼런스 플랫폼을 포함한 몇몇 마이크로컨트롤러는 **직접 메모리 접근**DMA, Direct Memory Access 을 지원하여, 주변장치와 물리 RAM 간의 메모리 동작 속도를 향상한다. 많은 경우, 이 기능은 시스템의 응답성을 향상하기 위해 더 짧은 타임 프레임 동안 데이터 통신을 처리하는 데 도움이 된다. DMA 컨트롤러는 전송 동작을 초기화하고 그것이 완료됐을 때 인터럽트를 족발하도록 프로그래밍힐 수 있다.

각 프로토콜에 관련된 기능을 제어하기 위한 인터페이스는 주변장치가 제공하는 기능에 따라 다르다. 다음 절에서는 UART, SPI, I²C 주변장치가 제공하는 인터페이스를 분석한다. 그리고 비슷한 장치 드라이버를 위해 구현이 가능한 예제로서 레퍼런스 플랫폼을 위한 코드 예제를 제공한다.

▌ UART 기반 비동기 직렬 버스

역사적으로 다양한 목적으로 사용된 비동기 환경의 단순함에 감사하며, UART의 역사는 컴퓨터의 시작으로 거슬러 올라간다. 그리고 여전히 다양한 부분에서 사용되는 매우 유명한 회로다. 2000년대 초반까지의 개인용 컴퓨터는 적어도 하나의 RS-232 직렬 포트를 포함했다. 이는 더 높은 전압을 운용할 수 있는 UART 컨트롤러와 수신기를 인식했다. 현재는 USB가 개인용 컴퓨터의 직렬 통신을 대체했지만, 호스트 컴퓨터는 USB-UART 기기를 이용해 여전히 TTL 직렬 버스에 접근할 수 있다. 마이크로컨트롤러는 내부 UART 컨트롤러와 연결 지을 수 있는 하나 이상의 핀 쌍을 갖는다. 그리고 같은 버스에 연결된 장치로의 양방향, 비동기, 전이중 통신 채널을 환경설정하기 위해 직렬 버스에 연결할 수 있다.

프로토콜 상세

이전에 말했듯이, 비동기 직렬 통신은 수신 통신의 끝에 데이터가 올바르게 처리됐는지 보장하기 위해 송신기와 수신기 간 전송 속도$^{bit\ rate}$의 묵시적인 동기화에 의존한다. 주변 장치 클록이 장치를 높은 주파수로 동작하기에 충분하도록 유지가 된다면, 비동기 직렬 통신은 초당 수 메가비트까지 올라갈 수 있다.

심볼 동기화 전략은 와이어의 모든 단일 바이트 전송의 시작을 식별하는 것을 기반으로 한다. 어떤 장치도 전송 중이 아니면, 버스는 휴지^{idle} 상태에 있다. 전송을 초기화하기 위해 트랜시버는 TX 라인을 낮은 로직 수준으로 내린다. 전송 속도에 따라 적어도 비트 샘플링 간격의 반에 해당하는 시간을 위해 말이다. 그리고 나서 전송될 바이트를 구성하는 비트는 논리 0 또는 1로 변환된다. 이는 전송 속도에 따라 각 비트에 대응되는 시간을 위해 TX 라인에 위치한다. 시작 조건이 수신기에 의해 쉽게 인지가 가능하게 한 이후, 심볼을 구성하는 비트는 특정 순서를 따른다. 최하위 비트부터 최상위 비트까지 말이다. 심볼을 구성하는 데이터 비트도 환경설정이 가능하다. 기본 여덟 비트의 데이터 길이는 각 심볼을 바이트로 변환하는 것을 허용한다. 데이터의 끝에, 아주 간단한 중복 점검의 형태로서 활성 비트의 개수를 세기 위해 선택적인 패리티 비트를 설정할 수 있다. 패리티 비트가 존재한다면, 심볼의 첫 번호가 홀수인지 짝수인지를 가리키기 위해 설정할 수 있다. 휴지 상태로 돌아가는 동안, 심볼의 끝을 가리키기 위해 하나 또는 두 개의 정지 비트가 사용돼야 한다. 정지 비트는 비트 전송 기간 전체를 위한 신호를 풀 하이$^{pull\ high}$함으로써 전송된다. 현재 심볼의 끝을 표시하고, 수신기를 다음 것을 수신하도록 초기화하면서 말이다. 정지 비트 하나를 사용하는 것이 대부분 사용되는 기본 값이다. 1.5나 2 정지 비트 설정은 더 긴 심볼 간 휴지 간격을 제공하는데, 과거 통신 속도가 더 느리고 응답성이 느린 하드웨어일 때는 유용했지만 현재는 거의 사용되지 않는다.

두 종단점은 통신을 초기화하기 전에 이러한 설정을 반드시 인지해야 한다. 직렬 컨트롤러는 일반적으로 심볼 속도 또는 장치가 다른 기기에 연결하기 위한 그 어떤 설정도 동적으로 발견하는 것을 지원하지 않는다. 그리고 이 때문에, 모든 직렬 통신의 시도를 성공적으로 수행하는 방법은 잘 알려진 동일한 설정을 사용해 버스상에 있는 장치를 프로그래밍하는 것이다. 정리하면, 그 설정은 다음과 같다.

- 전송률$^{bit\ rate}$. 초당 전송 비트로 표현된다.
- 각 심볼에 있는 데이터 비트의 개수(전통적으로 8개)
- (존재한다면) 패리티 비트의 의미(O: 홀수, E: 짝수, N: 존재하지 않음)

추가적으로, 송신자는 각 전송의 끝에 정지 비트의 개수를 보내도록 설정해야 한다. 이러한 설정 모음은 보통 115200-8-N-1 또는 38400-8-O-2와 같이 축약되곤 하는데, 각각 정지 비트 하나, 패리티가 없는 115.2Kbps 직렬 라인, 정지 비트 2개, 홀수 패리티를 갖는 38400 라인을 가리킨다.

컨트롤러 프로그래밍

개발 보드는 보통 여러 개의 UART를 제공하는데, 레퍼런스 시스템 STM32F407도 예외는 아니다. 매뉴얼에 따르면, UART3은 핀 PD8(TX)과 PD9(RX)에 연결될 수 있다. 예제에서 이 핀을 사용할 것이다. 다음은 GPIO 그룹 D를 위한 클록을 켜고, 8과 9 핀을 대체 함수 7을 갖는 대체 모드로 설정하는 데 필요한 코드다.

```
#define AHB1_CLOCK_ER (*(volatile uint32_t *)(0x40023830))
#define GPIOD_AHB1_CLOCK_ER (1 << 3)
#define GPIOD_BASE 0x40020c00
#define GPIOD_MODE (*(volatile uint32_t *)(GPIOD_BASE + 0x00))
#define GPIOD_AFL (*(volatile uint32_t *)(GPIOD_BASE + 0x20))
#define GPIOD_AFH (*(volatile uint32_t *)(GPIOD_BASE + 0x24))
#define GPIO_MODE_AF (2)
#define UART3_PIN_AF (7)
#define UART3_RX_PIN (9)
#define UART3_TX_PIN (8)
static void uart3_pins_setup(void)
{
```

```
    uint32_t reg;
    AHB1_CLOCK_ER |= GPIOD_AHB1_CLOCK_ER;

    reg = GPIOD_MODE & ~ (0x03 << (UART3_RX_PIN * 2));
    GPIOD_MODE = reg | (2 << (UART3_RX_PIN * 2));
    reg = GPIOD_MODE & ~ (0x03 << (UART3_TX_PIN * 2));
    GPIOD_MODE = reg | (2 << (UART3_TX_PIN * 2));
    reg = GPIOD_AFH & ~(0xf << ((UART3_TX_PIN - 8) * 4));
    GPIOD_AFH = reg | (UART3_PIN_AF << ((UART3_TX_PIN - 8) * 4));
    reg = GPIOD_AFH & ~(0xf << ((UART3_RX_PIN - 8) * 4));
    GPIOD_AFH = reg | (UART3_PIN_AF << ((UART3_RX_PIN - 8) * 4));
}
```

장치는 고유의 클록 게이팅 환경설정 비트를 APB1_CLOCK_ER 레지스터의 위치 18에 갖고 있다.

```
#define APB1_CLOCK_ER (*(volatile uint32_t *)(0x40023840))
#define UART3_APB1_CLOCK_ER_VAL (1 << 18)
```

각 UART 컨트롤러는 주변장치 구역에 매핑된 레지스터를 사용해 UART 컨트롤러 기본 주소로부터 고정 오프셋으로 접근이 가능하다.

- **상태 레지스터 UART_SR**: 오프셋은 0으로, 상태 플래그를 포함하는 읽기 전용 레지스터
- **데이터 레지스터 UART_DR**: 오프셋은 4로, 데이터 읽기/쓰기 레지스터
- **전송률 레지스터 UART_BRR**: 오프셋은 8로, 요구되는 전송률을 얻기 위한 클록 제수$^{clock\ divisor}$를 설정하기 위한 것이다.
- **환경설정 레지스터 UART_CRx**: 오프셋 12의 하나 이상의 UART_CRx는 직렬 포트 매개변수를 설정하고, 인터럽트와 DMA를 활성화하며, 수신기를 활성화 및 비활성화하기 위한 것이다.

이 예에서는 다음과 같이 UART3용 레지스터에 접근하기 위한 단축 매크로를 정의한다.

```
#define UART3 (0x40004800)
#define UART3_SR (*(volatile uint32_t *)(UART3))
#define UART3_DR (*(volatile uint32_t *)(UART3 + 0x04))
#define UART3_BRR (*(volatile uint32_t *)(UART3 + 0x08))
#define UART3_CR1 (*(volatile uint32_t *)(UART3 + 0x0c))
#define UART3_CR2 (*(volatile uint32_t *)(UART3 + 0x10))
```

또한 대응되는 비트 필드의 위치를 정의한다.

```
#define UART_CR1_UART_ENABLE (1 << 13)
#define UART_CR1_SYMBOL_LEN (1 << 12)
#define UART_CR1_PARITY_ENABLED (1 << 10)
#define UART_CR1_PARITY_ODD (1 << 9)
#define UART_CR1_TX_ENABLE (1 << 3)
#define UART_CR1_RX_ENABLE (1 << 2)
#define UART_CR2_STOPBITS (3 << 12)
#define UART_SR_TX_EMPTY (1 << 7)
```

uart3_pins_setup 헬퍼 함수는 함수 초기화의 시작 부분에서 핀을 설정하기 위해 호출
이 가능하다. 이 함수는 UART3 포트상 전송률, 패리티, 정지 비트를 설정하기 위한 인수
를 받는다.

```
int uart3_setup(uint32_t bitrate, uint8_t data,
char parity, uint8_t stop)
{
    uart3_pins_setup();
```

장치를 켠다.

```
    APB1_CLOCK_ER |= UART3_APB1_CLOCK_ER_VAL;
```

CR1 환경설정 레지스터에는 송신기를 활성화하기 위한 비트가 설정되어 있다.

```
UART3_CR1 |= UART_CR1_TX_ENABLE;
```

UART_BRR은 클록 속도와 요구 전송률 사이의 제수를 포함하기 위해 설정된다.

```
UART3_BRR = CLOCK_SPEED / bitrate;
```

예제의 함수도 요구되는 패리티를 가리키기 위한 문자를 받는다. 선택지는 O 또는 E로, 각각 홀수와 짝수다. 그 밖의 문자는 패리티를 비활성화로 유지할 것이다.

```
switch (parity) {
    case 'O':
        UART3_CR1 |= UART_CR1_PARITY_ODD;
    /* 패리티 활성화 실패 */
    case 'E':
        UART3_CR1 |= UART_CR1_PARITY_ENABLED;
    break;
    default:
        UART3_CR1 &= ~(UART_CR1_PARITY_ENABLED |
        UART_CR1_PARITY_ODD);
}
```

정지 비트의 개수는 매개변수에 따라 설정된다. 환경설정은 레지스터의 두 비트를 사용해 저장되는데, 값 0은 정지 비트 1개, 값 2는 2개를 의미한다.

```
reg = UART3_CR2 & ~UART_CR2_STOPBITS;
if (stop > 1)
    UART3_CR2 = reg | (2 << 12);
```

환경설정이 완료됐다. 이제 전송을 초기화하기 위해 UART를 켤 수 있다.

```
    UART3_CR1 |= UART_CR1_UART_ENABLE;
    return 0;
}
```

직렬 데이터는 이제 PD8에서 전송될 수 있다. `UART_DR` 레지스터의 값을 한 번에 한 바이트씩 복사하면서 말이다.

Hello World!

임베디드 시스템을 개발할 때 가장 유용한 기능 중 하나는 사용 가능한 UART 중 하나를 실행 중 생산되는 디버그 메시지와 기타 정보를 전달하는 로깅 logging 포트로 변환하는 것이다. 이는 직렬 USB 간 변환기를 사용해 호스트 컴퓨터에서 읽을 수 있다.

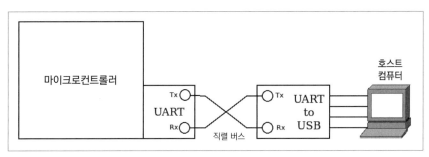

▲ 호스트는 변환기를 이용해 타깃 플랫폼의 직렬 포트에 연결됐다.

UART 로직은 양방향으로 FIFO 버퍼를 포함한다. 전송 FIFO는 `UART_DR` 레지스터에 쓰기를 함으로써 채워진다. 폴링 polling 모드에서 UART TX 라인에 실제 데이터를 출력하기 위해, 각 문자를 쓰기 전에 FIFO가 비어 있는지 점검하기로 한다. 이는 FIFO에 한 번에 하나 이상의 문자가 쓰여지지 않음을 보장하기 위한 것이다. FIFO가 비면, `UART3_SR`에 있는 `TX_FIFO_EMPTY` 플래그와 관련된 비트가 장치에 의해 1로 설정된다. 다음 함수는 인수로 전달된 전체 문자열의 문자가 어떻게 전송되는지 보여준다. 여기에는 각 바이트 전송 이후 FIFO가 비는 것을 점검하는 부분이 포함된다.

```
void uart3_write(const char *text)
{
    const char *p = text;
    int i;
    volatile uint32_t reg;
    while(*p) {
        do {
            reg = UART3_SR;
        } while ((reg & UART_SR_TX_EMPTY) == 0);
        UART3_DR = *p;
        p++;
    }
}
```

메인 프로그램에서, 미리 형식화된 NULL 종료 문자열과 함께 이 함수를 호출할 수가 있다.

```
#include "system.h"
#include "uart.h"
void main(void) {
    flash_set_waitstates();
    clock_config();
    uart3_setup(115200, 8, 'N', 1);
    uart3_write("Hello World!\r\n");
    while(1)
        WFI();
}
```

호스트가 다른 직렬 버스의 종단에 연결되어 있다면, 결과적으로 Hello World! 메시지를 미니콤^{Minicom} 같은 직렬 터미널 프로그램을 통해 호스트에 시각화할 수 있다.

타깃의 UART_TX를 위해 사용된 PD8 핀의 출력을 캡처하고, 직렬 디코딩을 위한 올바른 옵션을 설정함으로써, 직렬 흐름이 어떻게 수신 측에서 해석되는지에 대한 더 나은 아이디어를 얻을 수 있다. 로직 분석기는 모든 시작 조건 이후 데이터 비트의 샘플링 방식을 보여주고 와이어에서 바이트와 관련된 아스키 문자를 표현해준다.

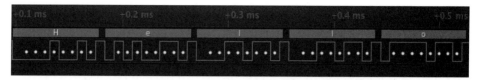

▲ 로직 분석기 도구의 스크린샷. 예제에서 UART3을 사용해 호스트로 전달된 첫 다섯 바이트를 보여준다.

newlib printf

직렬 포트로의 접근을 위한 API로서 디버그 메시지를 제공하기 위해 미리 형식화된 문자열을 작성하는 것이 가장 이상적인 방법은 아니다. 시스템이 표준 C printf 함수를 제공한다면, 애플리케이션 개발자는 분명히 이를 더 좋아할 것이다. 툴체인이 표준 C 라이브러리의 구현을 포함한다면, 메인 프로그램의 표준 출력을 직렬 인터페이스에 연결하는 것이 가능할 수 있다. 다행히도, 레퍼런스 플랫폼에서 사용된 툴체인은 newlib 함수를 링크할 수 있게 한다. 5장 '메모리 관리'에서 본 것과 마찬가지로, newlib에서 malloc과 free 함수의 사용은 _write( )라 불리는 백엔드 함수를 제공한다. 이는 printf( )로의 모든 호출로부터 형식화된 문자열에서 리다이렉트된 출력을 얻는다. 여기에 구현된 _write 함수는 printf( )에 의해 미리 형식화된 문자열 모두를 수신할 것이다.

```
int _write(void *r, uint8_t *text, int len)
{
    char *p = (char *)text;
    int i;
    volatile uint32_t reg;
    text[len - 1] = 0;
    while(*p) {
        do {
            reg = UART3_SR;
        } while ((reg & UART_SR_TX_EMPTY) == 0);
        UART3_DR = *p;
```

```
        p++;
    }
    return len;
}
```

따라서 이 경우 newlib으로 링크를 하면 printf를 사용해 메시지를 생성할 수가 있다. 여기에는 예제 main() 함수에서와 같이 가변 인수 해석이 포함된다.

```c
#include <stdio.h>
#include "system.h"
#include "uart.h"

void main(void) {
    char name[] = "World";
    flash_set_waitstates();
    clock_config();
    uart3_setup(115200, 8, 'N', 1);

    printf("Hello %s!\r\n", name);
    while(1)
        WFI();
}
```

이 두 번째 예제는 첫 번째 예제와 같은 출력물을 생산할 것이다. 하지만 이번에는 newlib의 printf 함수를 사용한다.

데이터 수신

같은 UART에서 수신기를 활성화하기 위해, 초기화 함수는 UART_CR1 레지스터에 있는 대응 스위치를 사용해 수신기를 켜야 한다.

```c
UART3_CR1 |= UART_CR1_TX_ENABLE | UART_CR1_RX_ENABLE;
```

이는 트랜시버의 수신 측도 활성화되어 있음을 보장한다. 문자가 수신될 때까지 블로킹되는 폴링 모드에서 데이터를 읽기 위해, 다음과 같이 읽은 바이트의 값을 반환하는 함수를 사용할 수 있다.

```c
char uart3_read(void)
{
    char c;
    volatile uint32_t reg;
    do {
        reg = UART3_SR;
    } while ((reg & UART_SR_RX_NOTEMPTY) == 0);
    c = (char)(UART3_DR & 0xff);
    return c;
}
```

예를 들어, 이런 식으로 호스트에서 문자가 수신될 때 콘솔로 반향echo을 보낼 수 있다.

```c
void main(void) {
    char c[2];
    flash_set_waitstates();
    clock_config();
    uart3_setup(115200, 8, 'N', 1);
    uart3_write("Hello World!\r\n");
    while(1) {
        c[0] = uart3_read();
        c[1] = 0;
        uart3_write(c);
        uart3_write("\r\n");
    }
}
```

인터럽트 기반 입출력

이 절의 예제는 UART_SR 플래그를 지속적으로 점검하는 UART 상태 폴링을 기반으로 한다. 쓰기 동작은 문자열의 길이에 따라, 수 밀리초 간 지속되는 비지 루프 ^{busy loop}를 포함한다. 더 심하게는, 이전에 나온 읽기 함수가 주변장치로부터 읽을 데이터가 있는 한 비지 루프에서 유지된다. 즉, 새 데이터가 수신될 때까지 전체 시스템이 멈춘다는 뜻이다. 단일 스레드 임베디드 시스템에서는 가능한 한 짧은 지연 시간을 갖고 메인 루프로 반환하는 것이 시스템 응답성을 유지하는 데 중요하다.

블로킹 없이 UART 통신을 수행하는 올바른 방법은 수신된 이벤트를 기반으로 동작을 촉발하는 UART와 관련된 인터럽트 라인을 사용하는 것이다. UART는 다양한 형태의 이벤트에 인터럽트 신호를 일으킬 수 있도록 설정이 가능하다. 이전 예제에서 살펴봤듯이, 입력과 출력 동작을 조정하기 위해 다음과 같은 두 특정 이벤트에 관심이 있다.

- TX FIFO 빈 이벤트: 전송될 더 많은 데이터를 허용한다.
- RX FIFO 비어 있지 않은 이벤트: 새 수신 데이터의 존재를 알려준다.

이 두 이벤트를 위한 인터럽트는 UART_CR1에 대응되는 비트를 설정함으로써 활성화가 가능하다. 인터럽트를 켜고 끄는 목적을 갖는 두 헬퍼 함수를 각각 정의한다.

```
#define UART_CR1_TXEIE (1 << 7)
#define UART_CR1_RXNEIE (1 << 5)

static void uart3_tx_interrupt_onoff(int enable)
{
    if (enable)
        UART3_CR1 |= UART_CR1_TXEIE;
    else
        UART3_CR1 &= ~UART_CR1_TXEIE;
}

static void uart3_rx_interrupt_onoff(int enable)
```

```
{
    if (enable)
        UART3_CR1 |= UART_CR1_RXNEIE;
    else
        UART3_CR1 &= ~UART_CR1_RXNEIE;
}
```

서비스 루틴은 인터럽트 이벤트와 연관 지을 수 있으며, 인터럽트의 원인을 식별하기 위해 UART_SR의 플래그를 점검한다.

```
void isr_uart3(void)
{
    volatile uint32_t reg;
    reg = UART3_SR;
    if (reg & UART_SR_RX_NOTEMPTY) {
        /* 새로운 바이트를 수신한다. */
    }
    if ((reg & UART_SR_TX_EMPTY)
    {
        /* 지연된 전송을 계속한다. */
    }
}
```

인터럽트 루틴의 구현은 지정 시스템 설계에 따라 다르다. RTOS는 직렬 포트가 여러 스레드로 접근하는 것을 다중화하도록 할 수 있다. 그리고 해당 자원으로의 접근을 기다리는 스레드를 깨운다. 단일 스레드 애플리케이션에서는 논블로킹^{non-blocking} 호출을 제공하기 위해 중간 시스템 버퍼를 추가할 수가 있다. 이는 수신 버퍼에서 데이터를 복제하거나 전송한 이후 즉시 반환한다. 인터럽트 서비스 루틴은 버스에서 새 데이터를 수신 버퍼에 채운다. 그리고 대기 버퍼에서 데이터를 전송한다. 적절한 구조체(시스템 입력과 출력 큐를 구현하는 환형 버퍼^{circular buffer} 같은)를 사용하면, 할당된 메모리의 사용이 최적화된다.

SPI 버스

직렬 주변장치 인터페이스^{SPI, serial peripheral interface} 버스는 마스터/슬레이브 통신을 기반으로 하는 다른 접근법을 제공한다. 그 이름이 제안하듯이, 이 인터페이스는 초기에는 주변장 치를 제어하기 위해 설계됐다. 이것이 설계에 반영되어, 모든 통신은 버스의 마스터에 의 해 항상 초기화된다. 전이중 핀 환경설정과 동기화된 클록 덕분에, 버스를 공유하는 시스 템 간 클록 뒤틀림에 더 강건하며, 비동기 통신보다 훨씬 빠를 수 있다. 마스터에 사전 설 정된 것과 같은 속도로 통신하기 위한 환경설정이 필요치 않기 때문에 그 로직이 단순하 고 유연하다. 따라서 SPI는 각기 다른 다양한 장치를 위한 통신 프로토콜로 널리 사용된 다. 매체 접근 전략이 정의되어 있다면 다수의 주변장치가 같은 버스를 공유할 수 있다. 마스터가 한 번에 한 주변장치를 제어하게 하는 일반적인 방식은 슬레이브 선택을 제어 하기 위한 GPIO 라인을 별도로 사용하는 것이다. 이는 각 슬레이브별로 추가적인 와이 어를 필요로 한다.

프로토콜 상세

SPI 트랜시버의 환경설정은 매우 융통성 있다. 보통 마이크로컨트롤러의 트랜시버는 마 스터와 슬레이브 모두로 동작이 가능하다. 다음과 같은 여러 사전 설정을 알아둬야 하며, 같은 버스에 있는 마스터와 모든 슬레이브 간에 공유돼야 한다.

- 클록 극성^{clock polarity} : 클록 틱이 클록의 상승 또는 하강 에지를 가리킨다.
- 클록 페이즈^{clock phase} : 클록 휴지 위치가 하이 또는 로우인지를 가리킨다.
- 데이터 패킷의 길이: 4와 16비트 사이의 어떤 값이라도 가능하다.
- 비트 순서: 데이터 전송의 시작이 최상위 비트 또는 최하위 비트에서 시작되는 지를 가리킨다.

클록이 동기적이고 항상 마스터에 의해 적용되기 때문에, SPI는 동작을 위해 사전 정의 된 주파수를 갖지 않는다. 너무 높은 속도를 사용하면 모든 주변장치와 마이크로컨트롤러에서는 동작하지 않겠지만 말이다.

슬레이브로의 SPI 통신은 마스터가 트랜잭션을 초기화하기 전까지는 비활성화된다. 각 트랜잭션의 시작에, 마스터는 슬레이브 선택 라인을 활성화함으로써 슬레이브를 선택한다.

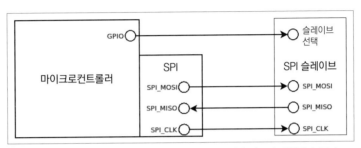

▲ 버스상에서 지정 슬레이브를 선택하기 위해 추가적인 신호가 사용될 수 있다.

통신을 초기화하기 위해, 마스터는 클록을 활성화해야 한다. 그리고 명령 시퀀스를 MOSI 라인에 있는 슬레이브로 전송한다. 클록이 탐지되면, 해당 슬레이브는 MISO 라인을 이용해 반대 방향으로 바이트 전송을 즉시 시작할 수 있다.

마스터가 전송을 끝낸다 하더라도, 슬레이브에 의해 구현된 프로토콜을 반드시 따라야 한다. 그리고 트랜잭션 동안 클록이 동작하도록 유지함으로써 응답을 허용해야 한다. 슬레이브에는 마스터와의 통신을 위해 사전에 설정된 여러 바이트 슬롯이 주어진다.

슬레이브로 전달할 데이터가 더 이상 없을 때 클록이 동작하도록 유지하기 위해, 마스터는 더미^{dummy} 바이트를 MOSI를 통해 계속 보낸다. 이는 슬레이브가 무시한다. 마스터가 클록이 계속 유지되도록 보장하는 한, 슬레이브는 MSIO 라인을 통해 데이터를 보내는 것이 허용된다. UART와는 다르게, SPI에서 구현된 마스터/슬레이브 통신 모델에서 슬레이브는 절대 SPI 통신을 초기화할 수 없다. 버스상의 마스터만이 클록을 전송하도록 허용된다. 각 SPI 트랜잭션이 독립적이기 때문에, 종국에 슬레이브는 대응되는 슬레이브 선택 신호를 끔으로써 선택 해제된다.

트랜시버 프로그래밍

레퍼런스 보드에서, 가속도계^accelerometer 는 SPI1 버스에 슬레이브로 연결되어 있다. 따라서 트랜시버를 환경설정하고, 주변장치로의 양방향 트랜잭션을 실행함으로써 마이크로 컨트롤러상 통신의 마스터 측을 구현하는 방법을 볼 수 있다.

SPI1 버스는 주변장치 구역에 매핑된 환경설정 레지스터를 갖는다.

```
#define SPI1 (0x40013000)

#define SPI1_CR1 (*(volatile uint32_t *)(SPI1))
#define SPI1_CR2 (*(volatile uint32_t *)(SPI1 + 0x04))
#define SPI1_SR (*(volatile uint32_t *)(SPI1 + 0x08))
#define SPI1_DR (*(volatile uint32_t *)(SPI1 + 0x0c))
```

주변장치는 총 4개의 레지스터를 표출한다.

- 비트 필드 환경설정 레지스터 2개
- 상태 레지스터 1개
- 양방향 데이터 레지스터 1개

이 인터페이스는 UART 트랜시버와 비슷하다. 통신 매개변수의 환경설정은 SPI_CRx 레지스터를 통해 가능하다. FIFO의 상태는 SPI_SR을 살펴보면 모니터링할 수 있고, 직렬 버스에 데이터를 읽고 쓰려면 SPI_DR을 사용할 수 있다.

환경설정 레지스터 CR1은 다음과 같은 값을 갖는다.

- 클록 페이즈: 비트 0 위치에서 0 또는 1
- 클록 극성: 비트 1
- SPI 마스터 모드 플래그: 비트 2
- 전송률 조절 인자: 비트 3~5

- SPI 활성화 플래그: 비트 6
- 워드 길이, LSB 우선, 그리고 이 예제에서는 사용되지 않은 기타 플래그와 같은 그 밖의 환경설정 매개변수: 기본 값

CR2 환경설정 레지스터는 이 예제와 관련이 있는 인터럽트 이벤트와 DMA 전송을 활성화하기 위한 플래그 및 **슬레이브 선택 출력 활성화**^{SSOE, Slave Select Output Enable} 플래그를 포함한다.

SPI1_SR 상태 레지스터는 이전 절의 UART 상태 레지스터와 비슷하다. 이는 전송 상태를 조작하기 위한 전송 FIFO가 비어 있는지, 언제 수신 FIFO가 비어 있지 않은지 결정하는 플래그를 포함하고 있기 때문이다.

이 예제에서 사용된 플래그와 대응되는 비트는 다음과 같이 정의한다.

```
#define SPI_CR1_MASTER (1 << 2)
#define SPI_CR1_SPI_EN (1 << 6)
#define SPI_CR2_SSOE (1 << 2)
#define SPI_SR_RX_NOTEMPTY (1 << 0)
#define SPI_SR_TX_EMPTY (1 << 1)
```

RCC는 클록을 제어하고, APB2 버스에 연결된 SPI1 트랜시버로 향하는 라인을 재설정한다.

```
#define APB2_CLOCK_ER (*(volatile uint32_t *)(0x40023844))
#define APB2_CLOCK_RST (*(volatile uint32_t *)(0x40023824))
#define SPI1_APB2_CLOCK_ER_VAL (1 << 12)
```

RCC에서 재설정 펄스를 전송함으로써 트랜시버 재설정이 가능하다.

```
static void spi1_reset(void)
{
```

```
    APB2_CLOCK_RST |= SPI1_APB2_CLOCK_ER_VAL;
    APB2_CLOCK_RST &= ~SPI1_APB2_CLOCK_ER_VAL;
}
```

PA5, PA6, PA7 핀은 적절한 대체 함수를 설정함으로써 SPI1 트랜시버에 연결 지을 수
있다.

```
#define SPI1_PIN_AF 5
#define SPI1_CLOCK_PIN 5
#define SPI1_MOSI_PIN 6
#define SPI1_MISO_PIN 7

static void spi1_pins_setup(void)
{
    uint32_t reg;
    AHB1_CLOCK_ER |= GPIOA_AHB1_CLOCK_ER;
    reg = GPIOA_MODE & ~(0x03 << (SPI1_CLOCK_PIN * 2));
    reg &= ~(0x03 << (SPI1_MOSI_PIN));
    reg &= ~(0x03 << (SPI1_MISO_PIN));
    reg |= (2 << (SPI1_CLOCK_PIN * 2));
    reg |= (2 << (SPI1_MOSI_PIN * 2)) | (2 << (SPI1_MISO_PIN * 2))
    GPIOA_MODE = reg;
    reg = GPIOA_AFL & ~(0xf << ((SPI1_CLOCK_PIN) * 4));
    reg &= ~(0xf << ((SPI1_MOSI_PIN) * 4));
    reg &= ~(0xf << ((SPI1_MISO_PIN) * 4));
    reg |= SPI1_PIN_AF << ((SPI1_CLOCK_PIN) * 4);
    reg |= SPI1_PIN_AF << ((SPI1_MOSI_PIN) * 4);
    reg |= SPI1_PIN_AF << ((SPI1_MISO_PIN) * 4);
    GPIOA_AFL = reg;
}
```

가속도계의 칩 선택에 의해 추가적으로 연결된 핀은 PE3이다. 이는 풀업 내부 레지스터
로 출력으로 환경설정됐다. 이 핀의 로직은 액티브 로우active-low[1]다. 따라서 논리 0을 통
해 이 칩을 켤 것이다.

---

1   장치나 핀이 로우 전압(0V)에서 활성화된다는 것을 의미한다. 반대는 액티브 하이(active-high)다. – 옮긴이

```
#define SLAVE_PIN 3
static void slave_pin_setup(void)
{
    uint32_t reg;
    AHB1_CLOCK_ER |= GPIOE_AHB1_CLOCK_ER;
    reg = GPIOE_MODE & ~(0x03 << (SLAVE_PIN * 2));
    GPIOE_MODE = reg | (1 << (SLAVE_PIN * 2));
    reg = GPIOE_PUPD & ~(0x03 << (SLAVE_PIN * 2));
    GPIOE_PUPD = reg | (0x01 << (SLAVE_PIN * 2));
    reg = GPIOE_OSPD & ~(0x03 << (SLAVE_PIN * 2));
    GPIOE_OSPD = reg | (0x03 << (SLAVE_PIN * 2));
}
```

트랜시버의 초기화는 네 가지 핀의 환경설정을 포함하여 시작된다. 그리고 나서 클록 게이트가 활성화되고, 트랜시버는 RCC를 통한 펄스를 이용해 리셋을 수신한다.

```
void spi1_setup(int polarity, int phase)
{
    spi1_pins_setup();
    slave_pin_setup();
    APB2_CLOCK_ER |= SPI1_APB2_CLOCK_ER_VAL;
    spi1_reset();
}
```

기본 매개변수는 손대지 않은 채로 둔다(MSB 우선, 8비트 워드 길이 등). 이 컨트롤러의 전송 속도 조절 인자는 비트 필드 값 0에 대응하는 2를 시작으로 각 증가마다 2배가 되는 2의 제곱으로 표현된다. 일반 드라이버는 요구되는 클록률과 주변장치 클록 주파수에 따라 올바른 조절 인자를 계산해야 한다. 이 경우, 5를 넣어서 하드코딩된 조절 인자 64를 강제한다.

그리고 나서, SPI1_CR1을 다음과 같이 설정한다.

```
    SPI1_CR1 = SPI_CR1_MASTER | (5 << 3) |
    (polarity << 1) | (phase << 0);
```

끝으로, SPI1_CR2의 SSOE 플래그에 대응되는 비트를 설정하고, 트랜시버가 활성화된다.

```
    SPI1_CR2 |= SPI_CR2_SSOE;
    SPI1_CR1 |= SPI_CR1_SPI_EN;
}
```

마스터와 슬레이브 SPI 컨트롤러가 트랜잭션을 수행하기 위해 준비됐으므로, 이제 읽기 및 쓰기 연산이 시작된다.

SPI 트랜잭션

읽기 및 쓰기 함수는 SPI 트랜잭션의 각기 다른 두 페이즈를 표현한다. 대부분의 SPI 슬레이브 장치는 전이중 메커니즘을 이용해 통신이 가능하다. 따라서 클록이 활성화되어 있는 동안 양쪽 방향으로 바이트가 교환된다. 각 주기 동안, MISO와 MOSI 라인을 별도로 사용해 두 방향으로 전송된다.

여러 슬레이브에 구현된 일반적인 전략은 장치 데이터시트에 문서화된 잘 알려진 명령 핸들을 사용해 슬레이브 장치의 읽기 및 쓰기 연산용 레지스터에 접근하는 것이다.

STM32F407-Discovery 보드는 SPI1 버스에 연결된 가속도계를 갖고 있다. 이는 읽거나 쓰기 위한 장치 메모리의 특정 레지스터에 접근함으로써 사전 정의된 명령에 반응한다. 이 경우, 읽기와 쓰기 연산은 순차적으로 수행된다. 첫 주기 동안 장치가 전송할 것이 없지만, 마스터는 명령 핸들을 전송한다. 그리고 나서 실제 바이트는 뒤따르는 주기에서 다른 방향으로 전송된다.

여기에 서술된 예제 연산은 0x8F 명령 핸들을 사용해 가속도계의 WHOAMI 레지스터를 읽는 것으로 구성된다. 주변장치는 0x3B 값을 포함하는 한 바이트에 응답해야 한다. 이는 장치를 올바르게 식별하고 SPI 통신이 올바르게 작동하고 있음을 증명한다. 그러나 명령 바이트를 전송하는 동안, 장치는 아직 전송할 것을 갖고 있지 않다. 따라서 첫 읽기 연산의 결과는 버려질 수 있다. 마찬가지로, 명령을 보낸 후에 마스터는 슬레이브와 통신할 것이 더 이상 없다. 따라서 0xFF 값을 MOSI 라인에 출력하고, 동시에 MISO 라인을 통해 슬레이브에 의해 전송된 바이트를 읽는다.

이 특정 장치에서 한 바이트 읽기를 성공적으로 수행하기 위한 단계는 다음과 같다.

1. 슬레이브 선택 신호를 풀다운함으로써 슬레이브를 켠다.
2. 한 바이트 읽기 연산을 위한 코드를 포함하는 한 바이트를 전송한다.
3. 슬레이브가 클록을 이용해 응답을 전송하는 동안 더미 바이트 하나를 전송한다.
4. 두 번째 주기 동안, 슬레이브로부터 전송된 값을 읽는다.
5. 슬레이브 선택 신호를 다시 풀업함으로써 슬레이브를 끈다.

이를 위해, 블로킹 읽기 및 쓰기 함수를 다음과 같이 정의한다.

```c
uint8_t spi1_read(void)
{
    volatile uint32_t reg;
    do {
        reg = SPI1_SR;
    } while ((reg & SPI_SR_RX_NOTEMPTY) == 0);
    return (uint8_t)SPI1_DR;
}

void spi1_write(const char byte)
{
    int i;
    volatile uint32_t reg;
    SPI1_DR = byte;
    do {
        reg = SPI1_SR;
    } while ((reg & SPI_SR_TX_EMPTY) == 0);
}
```

읽기 연산은 데이터 레지스터의 내용을 전송하기 전 RX_NOTEMPTY 플래그가 SPI1_SR에 활성화될 때까지 기다린다. 전송 함수가 데이터 레지스터에 전송하기 위해 바이트의 값을 전달한다. 그러고 나서 TX_EMPTY 플래그를 기다림으로써 연산의 끝에 달한다.

이 두 연산은 이제 연달아 사용할 수 있다. 마스터는 명시적으로 총 두 바이트를 전송해야 한다. 따라서 메인 애플리케이션은 다음과 같이 함으로써 가속도계 식별 레지스터를 질의할 수 있다.

```
slave_on();
spi1_write(0x8F);
b = spi1_read();
spi1_write(0xFF);
b = spi1_read();
slave_off();
```

버스에서 일어나는 일은 다음과 같다.

- 첫 쓰기 동안, 명령 0x8F는 MOSI로 전송된다.
- 첫 spi1_read를 사용한 값 읽기는 들어오는 명령을 기다리는 동안 슬레이브가 MISO로 넣는 더미 비트다. 얻어진 값은 이 경우에는 의미가 없으므로, 버려진다.
- 두 번째 쓰기는 MOSI에 더미 비트를 넣는데, 마스터가 전송할 것이 남아 있지 않기 때문이다. 이는 슬레이브가 명령에 응답하는 데 필요한 두 번째 바이트를 위한 클록 생성을 강제한다.
- 두 번째 읽기는 마스터로부터 더미 바이트의 쓰기 동안 MISO를 사용해 전송된 응답을 처리한다. 이 두 번째 트랜잭션에서 얻어진 값은 문서에 있는 명령의 서술에 따라 슬레이브로부터의 유효한 응답이다.

로직 분석기로 직렬 트랜잭션을 보면, 두 단계가 명확하게 구분되고 상반되는 관련 내용을 볼 수 있다. 첫 번째는 명령을 전송하기 위한 MOSI의 것이고, 그다음은 응답을 수신하기 위한 MISO의 것이다.

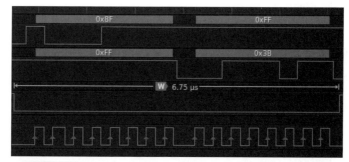

▲ 양방향 SPI 트랜잭션. 마스터로부터의 요청과 슬레이브로부터의 응답을 포함한다.
위에서부터 차례대로 SPI1_MISO, SPI1_MOSI, SLAVE_SELECT, SPI1_CLOCK이다.

다시 한번 말하지만, 비지 루프에 블로킹 연산을 사용하는 것은 매우 안 좋은 방식이다. 이것이 여기서 사용된 이유는 양방향 SPI 트랜잭션을 성공적으로 완료하는 데 필요한 초기 연산을 설명하기 위해서다. 실제 임베디드 시스템에서는 전송이 완료되기를 기다리는 동안 CPU가 비지 루프 상태에 들어가지 않도록 인터럽트 기반 전송을 사용하는 것을 추천한다. SPI 컨트롤러는 컨트롤러의 FIFO 버퍼 상태를 가리키는 인터럽트 신호를 제공한다. SPI 트랜잭션과 반대 방향 데이터 전송에 필요한 동작을 동기화하기 위해서 말이다.

인터럽트 기반 SPI 전송

SPI 트랜시버를 위해 인터럽트를 활성화하는 인터페이스는 사실 이전 절에서 본 UART의 인터페이스와 매우 비슷하다. 논블로킹 트랜잭션을 올바르게 구현하기 위해, 연관된 동작을 촉발하는 이벤트를 허용하기 위해 읽기와 쓰기 단계를 분리해야 한다.

SPI1_CR2 레지스터 내 이 두 비트의 설정은 빈 송신 FIFO와 비어 있지 않은 수신 FIFO에 각각 인터럽트 트리거를 활성화할 것이다.

```
#define SPI_CR2_TXEIE (1 << 7)
#define SPI_CR2_RXNEIE (1 << 6)
```

인터럽트 벡터에 포함된 관련 서비스 루틴은 다음 단계로 트랜잭션을 나아가게 하기 위해 SPI1_SR에서 그 값을 엿볼 수 있다.

```
void isr_spi1(void)
{
    volatile uint32_t reg;
    reg = SPI1_SR;
    if (reg & SPI_SR_RX_NOTEMPTY) {
        /* 전송의 끝: MISO에 새 데이터가 사용 가능 */
    }
    if ((reg & SPI_SR_TX_EMPTY)
    {
        /* 전송의 끝: TX FIFO가 비어 있음 */
    }
}
```

한 번 더 말하지만, 인터럽트의 탑 하프top half의 구현은 독자들의 몫으로 남겨두겠다. 구현에 필요한 시스템의 API, 트랜잭션의 특성, 시스템의 응답성에 미치는 영향에 따라 다르기 때문이다. 그러나 짧고 빠른 속도의 SPI 트랜잭션은 짧고 시간에 따라 분산되어 있기 때문에 블록 연산의 구현이라 하더라도 시스템 지연 시간에 영향이 적다.

▌I²C 버스

7장에서 분석하는 세 번째 직렬 통신 프로토콜은 I²C이다. 통신 전략 관점에서 이 프로토콜은 SPI와 비슷한 점들이 있다. 그러나 I²C 통신의 기본 전송 속도는 훨씬 느리다. 이 프로토콜은 처리에 있어 더 적은 전력을 소모하기 때문이다.

같은 두 와이어 버스가 여러 구성요소를 가질 수 있다. 마스터 및 슬레이브 모두 말이다. 그리고 트랜잭션의 슬레이브를 물리적으로 선택하기 위해 추가적인 신호가 필요하지는 않다. 슬레이브가 고정된 논리 주소를 할당받기 때문이다.

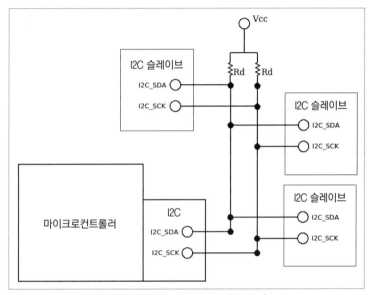

▲ 세 슬레이브와 외부 풀업 레지스터를 갖는 I²C 버스

한 와이어는 마스터에 의해 생성된 클록을 전송하고, 다른 와이어는 전이중 양방향 동기화 데이터 경로에 사용된다. 이는 트랜시버의 전기적 설계에 의존하는 채널 중재를 위한 독특한 메커니즘을 통해 가능하다. 그리고 어쩌면 같은 버스 내의 다중 마스터의 존재를 매우 깔끔한 방법으로 다룰 수도 있다.

두 신호는 반드시 풀업 레지스터를 이용해 버스의 고수준 전압(보통 3.3V)에 연결되어 있어야 한다. 컨트롤러는 신호를 높게 올리지 않는 대신, 전송되는 1초간 풀업에 의해 적용된 기본 값으로 유지되게 한다. 결과적으로, 로직 수준 0은 항상 우선된다. 만약 이 버스에 연결된 어떠한 장치가 라인을 풀다운함으로써 0을 강제한다면, 모든 장치는 낮은 수준으로 이 라인을 읽을 것이다. 얼마나 많은 전송자가 해당 버스에서 로직 수준 1을 유지하려는지는 관계없이 말이다. 이는 버스로 하여금 다중 트랜시버에 의해 같은 시간에 제어될 수 있게 한다. 그리고 송신 연산은 버스가 사용 가능해질 때만 새 트랜잭션을 초기화함으로써 조정이 가능하게 한다. 이번 절에서는 I²C 컨트롤러 주변장치를 관리하는 데 사용되는 소프트웨어 도구를 소개하기 위해 프로토콜 개요를 제공한다. I²C 버스 통신에 대한 더 자세한 정보와 관련된 문서는 https://www.i2c-bus.org/에서 찾을 수 있다.

프로토콜 상세

마스터와 슬레이브 간 동기화는 인지 가능한 START 조건과 STOP 조건을 통해 이룰 수 있다. 이들은 트랜잭션의 시작과 끝을 결정한다. 모든 참여자가 유휴일 때, 초기 버스는 두 신호 모두가 하이 로직 상태로 유휴 상태다.

START 조건은 트랜잭션의 시작을 서술한다. 그리고 이는 마스터에 의해 SCL이 되기 전 SDA가 로우로 풀링될 때만 해당된다. 이 특별한 조건은 트랜잭션이 초기화된 버스에 있는 슬레이브 및 그 밖의 마스터들과 통신한다. SCL이 하이 상태로 남아 있는 동안, SDA 트랜잭션이 로우에서 하이 수준으로 변경됨을 통해 STOP 조건이 식별 가능하다. STOP 조건 이후, 버스는 다시 유휴 상태가 된다. 그리고 통신 초기화는 새 START 조건이 전송된 경우에만 가능하다.

마스터는 SDA와 SCL을 로우로 풀링하면서 순서대로 START 조건을 보낸다. 프레임은 아홉 클록 간격으로 구성된다. 각 클록 펄스의 상승 에지 이후, 클록이 다시 로우가 될 때까지 SDA의 수준은 변하지 않는다. 이는 8바이트의 한 프레임을 첫 여덟 클록 상승 프론트에서 전송하도록 허용한다. 마지막 클록 펄스 동안, 마스터는 SDA 라인을 처리하지 않는다. 이는 풀업 레지스터에 의해 하이 상태를 유지한다. 프레임의 수신을 승인하기 원하는 모든 수신자는 신호를 로우로 옮길 수 있다. 아홉 번째 클록 펄스상에 있는 이 조건은 ACK로 알려져 있다. 어떤 수신 장치도 이 프레임을 승인하지 않으면, SDA는 하이 상태로 남겨진다. 그리고 송신자는 프레임이 원하는 목적지로 도달하지 못했다고 이해한다.

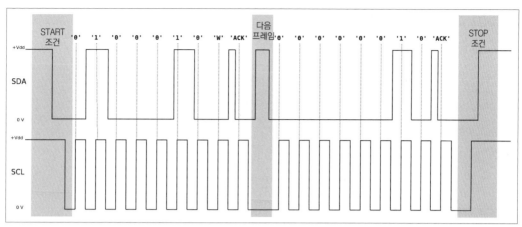

▲ 올바른 START 조건과 STOP 조건을 갖는 버스상의 단일 바이트 I²C 트랜잭션과 수신자에 의해 설정되는 ACK 플래그

트랜잭션은 2개 이상의 프레임으로 구성되며, 항상 마스터 모드로 운영되는 장치에 의해 초기화된다. 각 트랜잭션의 첫 프레임을 **주소 프레임**^{address frame}이라 한다. 그리고 다음 연산의 주소와 모드를 포함한다. 트랜잭션의 모든 이후 프레임은 각각 한 바이트를 갖는 데이터 프레임이다. 마스터는 STOP 조건을 강제하기 전에 프레임의 필요량을 위한 트랜잭션 활성을 유지함으로써 얼마나 많은 프레임이 트랜잭션을 구성하는지 및 데이터 전송 방향을 결정한다.

슬레이브 장치는 버스가 접근하게 하는 고정된 일곱 비트 주소를 갖는다. 버스상의 시작 조건을 알리는 슬레이브는 주소 프레임을 반드시 기다리고, 이를 그 주소와 비교해야 한다. 주소가 일치하면, 프레임의 전송 내에 아홉 번째 클록 펄스 동안 SDA 라인을 로우로 풀링하면서 승인해야 한다.

데이터는 항상 선두 **최상위 비트**^{MSB, Most Significant Bit}와 함께 전송돼야 한다. 그리고 그 주소 프레임의 형태는 다음과 같다.

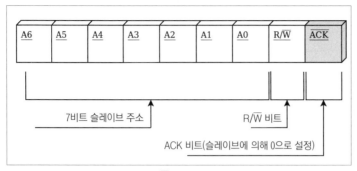

| A6 | A5 | A4 | A3 | A2 | A1 | A0 | R/$\overline{\text{W}}$ | $\overline{\text{ACK}}$ |

7비트 슬레이브 주소   R/$\overline{\text{W}}$ 비트

ACK 비트(슬레이브에 의해 0으로 설정)

▲ 목적지 일곱 비트 주소와 R/$\overline{\text{W}}$ 플래그를 포함하는 주소 프레임 형태

위의 그림은 주소 프레임에 의해 사용되는 형태를 보여준다. R/$\overline{\text{W}}$ 비트는 마스터에 의해 트랜잭션의 방향을 가리키기 위해 설정된다. R/$\overline{\text{W}}$는 쓰기가 아닌 읽기로서 읽는다. 즉, 그 값이 0일 때 쓰기 연산을 가리키고, 값이 1일 때 읽기 연산을 가리킨다. 이 비트의 값에 따라, 트랜잭션을 뒤따르는 데이터 바이트는 슬레이브로 흘러가거나(쓰기 연산), 선택된 슬레이브에서 마스터로 이동한다(읽기). 읽기 연산에서, ACK 비트의 방향은 또한 슬레이브의 선택에 뒤따르는 데이터 프레임을 위해 뒤바뀐다. 그리고 마스터는 트랜잭션에서 수신되는 각 프레임을 승인해야 한다. 마스터는 마지막 프레임의 ACK 비트를 풀다운하지 않고, STOP 조건을 강제함으로써 항상 전송을 취소하도록 결정할 수 있다.

트랜잭션은 주소 프레임 이후 계속된다. 데이터는 뒤따르는 데이터 프레임을 사용해 전송될 수 있는데, 각각은 한 바이트를 포함하며 수신자에 의해 승인이 가능하다. 만약 주소 프레임의 R/$\overline{\text{W}}$ 비트의 값이 0으로 설정된다면, 마스터는 쓰기 연산을 초기화하려 한다. 슬레이브가 스스로를 목적지로 인지함으로써 주소 프레임을 승인하고 나면 데이터 수신에 준비된 것이며, 마스터가 STOP 조건을 보낼 때까지 데이터 프레임을 승인한다.

트랜잭션의 끝에 STOP 조건을 보내는 대신에 START 조건이 반복되는 경우, I²C 프로토콜은 버스를 유휴 상태로 설정하지 않고 바로 새 트랜잭션을 시작하도록 되어 있다. 반복된 START 조건은 2개 이상의 트랜잭션이 같은 버스에서 방해(예를 들어, 다른 마스터가 그들 간의 통신 시작을 막는 것) 없이 수행될 수 있음을 보장한다.

조금 덜 알려진 형태는 슬레이브를 위한 10비트 주소를 내다보는 것이다. 10비트 주소는 이후에 소개된 표준의 확장으로, 같은 버스상의 7비트 주소 접근이 가능한 장치와 호환성을 제공한다. 이 주소는 연속적인 두 프레임을 사용해 선택된다. 그리고 첫 프레임의 처음 다섯 비트 A6~A2를 11110으로 설정해 10비트 주소가 선택됐음을 가리킨다. 프로토콜 명세에 따라, 0000 또는 1111로 시작되는 주소가 예약되어 있고 이들은 슬레이브에 의해 사용돼서는 안 된다. 10비트 형태에서 최상위 두 비트는 첫 프레임의 A1과 A0에 포함된다. 두 번째 프레임은 나머지 8비트를 포함한다. R/$\overline{\text{W}}$ 비트는 첫 프레임이 그 위치를 고수한다. 이 주소 메커니즘이 아주 일반적이진 않으며, 그저 몇몇 장치에서만 지원한다.

클록 늘리기

I^{2}C 트랜잭션 동안 SCL 신호를 다루는 것은 마스터뿐임을 보았다. 이는 슬레이브가 마스터로부터 요구되는 데이터를 송신하기 위한 준비가 되어 있지 않은 때를 제외하고는 항상 참이다. 이 특수한 경우에 슬레이브는 클록 라인을 로우로 풀링하는 것을 유지함으로써 트랜잭션을 지연하도록 결정할 수 있고, 그 결과 트랜잭션은 대기 상태가 된다. 마스터는 버스상의 하이 로직 수준으로 변경을 야기하지 않도록 SCL을 뜬 상태로 둠으로써, 클록을 진동시키는 일이 불가능함을 인지한다. 마스터는 요청된 데이터가 결국 그 슬레이브에서 사용 가능해질 때까지 하이 위치로 SCL을 두도록 계속 시도한다. 이는 결국 라인의 대기 상태를 푼다.

불확정적인 시간 동안의 대기 이후 이제 전송이 재개될 수 있다. 마스터는 여전히 전송을 완료하기 위해 아홉 클록 펄스를 생성해야 한다. 이 트랜잭션 동안 기대되는 프레임이 더 이상 없기 때문에, 마스터는 끝에서 ACK 비트를 로우로 풀링하지 않는다. 대신, 트랜잭션을 올바르게 완료하기 위해 STOP 조건을 보낸다.

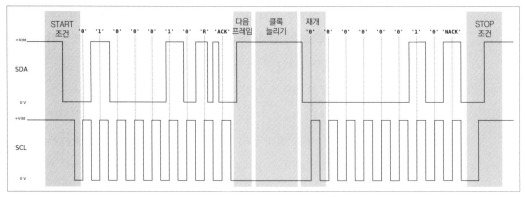

▲ 클록 늘리기 기법을 사용해 슬레이브에 의해 지연된 응답 프레임을 갖는 I²C 읽기 트랜잭션

비록 모든 장치가 클록 늘리기를 지원하지는 않지만, 이 메커니즘은 요청된 데이터가 약간 느릴 경우 트랜잭션을 완료하는 데 유용하다. 클록 늘리기는 I²C의 매우 특별한 특징으로, 센서 및 기타 입력 주변장치와의 통신을 위해 매우 다재다능한 프로토콜로 만들어준다. 클록 늘리기는 제때 트랜잭션을 완료하는 값을 제공할 수 없는 느린 장치와의 통신에서 매우 중요하다. 일반 I²C 슬레이브와 통신하기 위해 설계된 마스터 장치에 의해 이기능이 올바르게 지원되는 것이 타당하다. 클록 늘리기를 강제하기 위해 슬레이브 측에서는, 장치가 다시 준비가 될 때까지 SCL 라인을 로직 로우 값으로 유지하게 할 수 있는하드웨어 환경설정을 지원해야 한다. 즉, SCL 라인은 이 경우 양방향이어야 하고, 슬레이브는 여기에 접근하도록 설계돼야 한다. 이 접근은 다음 프레임의 전송을 준비하는 동안 트랜잭션이 살아 있도록 유지하기 위한 풀다운을 강제하기 위한 것이다.

다중 마스터

I²C는 버스상의 다중 마스터 존재를 탐지하고 반응하기 위한 결정론적 메커니즘을 제공한다. 이는 SDA 라인의 전기적 특성을 기반으로 한다.

통신을 초기화하기 전에, 마스터는 SDA와 SCL 라인을 점검함으로써 버스가 사용 가능한지 확인한다. 설계된 START 조건의 방식은 대부분의 충돌을 피할 수 있다. 두 에지 사이의 초기 유예 시간 동안 SDA 라인이 로우로 탐지되면 언제든지 동시적 START 조건을 가로챌 수 있다. 이 메커니즘만으로는 두 I²C 마스터가 동시에 채널에 접근하는 것을 막지는 못한다. 그 이유는 와이어 간 신호의 전파 시간 때문에 여전히 충돌이 가능하기 때문이다.

동시에 트랜잭션을 초기화하는 두 마스터는 각 비트가 전송된 이후 지속적으로 라인의 상태를 비교한다. 각기 다른 두 트랜잭션이 완벽하게 동기화된 두 마스터의 경우, 두 소스로부터 다른 값을 갖는 첫 비트는 1을 전송하는 마스터에 의해서만 인지될 것이다. 왜냐하면 필요한 값은 실제 라인 상태에 영향을 받지 않기 때문이다. 이 마스터는 트랜잭션을 즉시 취소한다. 그리고 전송자는 네트워크에 충돌이 있다는 오류를 탐지할 수 있다. 이는 다른 마스터를 지지하는 조정을 잃어버렸음을 뜻한다. 그동안 다른 마스터는 어떤 것도 인지하지 않을 것이다. 이는 슬레이브도 마찬가지인데, 트랜잭션이 묵시적으로 버스 라인에 대한 경쟁이 있음에도 불구하고 계속될 것이기 때문이다.

컨트롤러 프로그래밍

마이크로컨트롤러는 보드에 대체 함수를 사용해 특정 핀에 묶일 수 있는 여러 I²C 컨트롤러를 제공한다. 레퍼런스 보드에서 I2C1 버스를 활성화하기 위해 클록 게이팅을 활성화하고, 주변장치 메모리 구역에 매핑된 제어, 데이터, 상태 레지스터에 접근함으로써 초기화 절차를 시작한다.

```
#define APB1_CLOCK_ER (*(volatile uint32_t *)(0x40023840))
#define APB1_CLOCK_RST (*(volatile uint32_t *)(0x40023820))
#define I2C1_APB1_CLOCK_ER_VAL (1 << 21)
```

STM32F407에 있는 I2C1 컨트롤러는 AF4 대체 함수를 통해 환경설정되면 핀 PB6과 PB9에 연결된다.

```c
#define I2C1_PIN_AF 4
#define I2C1_SCL 6
#define I2C1_SDA 9
#define GPIO_MODE_AF (2)

static void i2c1_pins_setup(void)
{
    uint32_t reg;
    AHB1_CLOCK_ER |= GPIOB_AHB1_CLOCK_ER;
    /* 모드를 AF로 설정 */
    reg = GPIOB_MODE & ~(0x03 << (I2C1_SCL * 2));
    reg &= ~(0x03 << (I2C1_SDA * 2));
    GPIOB_MODE = reg | (2 << (I2C1_SCL * 2)) | (2 << (I2C_SDA * 2));

    /* 대체 함수: */
    reg = GPIOB_AFL & ~(0xf << ((I2C1_SCL) * 4));
    GPIOB_AFL = reg | (I2C1_PIN_AF << ((I2C1_SCL - 8) * 4));
    reg = GPIOB_AFH & ~(0xf << ((I2C1_SDA - 8) * 4));
    GPIOB_AFH = reg | (I2C1_PIN_AF << ((I2C1_SDA - 8) * 4));
}
```

초기화 함수는 주변장치 구역에 매핑된 I²C 컨트롤러의 환경설정 레지스터에 접근한다. 핀 환경설정과 RCC 시작 절차 이후, 트랜시버 속도는 **APB1** 버스 클록 MHz를 사용해 조정된다. 클록이 조정되면, 트랜시버는 CR1 레지스터의 비트를 설정함으로써 활성화된다. 여기 사용된 매개변수는 마스터 버스 클록을 400kHz로 동작하도록 환경설정한다. 비록 프로토콜을 위한 기본 설정은 100kHz 클록이지만, 400kHz 옵션은 나중에 추가됐다. 그리고 이제 많은 장치가 지원한다.

```c
#define I2C1 (0x40005400)
#define APB1_SPEED_IN_MHZ (42)
#define I2C1_CR1 (*(volatile uint32_t *)(I2C1))
#define I2C1_CR2 (*(volatile uint32_t *)(I2C1 + 0x04))
#define I2C1_OAR1 (*(volatile uint32_t *)(I2C1 + 0x08))
```

```
#define I2C1_OAR2 (*(volatile uint32_t *)(I2C1 + 0x0c))
#define I2C1_DR (*(volatile uint32_t *)(I2C1 + 0x10))
#define I2C1_SR1 (*(volatile uint32_t *)(I2C1 + 0x14))
#define I2C1_SR2 (*(volatile uint32_t *)(I2C1 + 0x18))
#define I2C1_CCR (*(volatile uint32_t *)(I2C1 + 0x1c))
#define I2C1_TRISE (*(volatile uint32_t *)(I2C1 + 0x20))
#define I2C_CR2_FREQ_MASK (0x3ff)
#define I2C_CCR_MASK (0xfff)
#define I2C_TRISE_MASK (0x3f)
#define I2C_CR1_ENABLE (1 << 0)

void i2c1_setup(void)
{
    uint32_t reg;
    i2c1_pins_setup();
    APB1_CLOCK_ER |= I2C1_APB1_CLOCK_ER_VAL;
    I2C1_CR1 &= ~I2C_CR1_ENABLE;
    i2c1_reset();
    reg = I2C1_CR2 & ~(I2C_CR2_FREQ_MASK);
    I2C1_CR2 = reg | APB1_SPEED_IN_MHZ;

    reg = I2C1_CCR & ~(I2C_CCR_MASK);
    I2C1_CCR = reg | (APB1_SPEED_IN_MHZ * 5);
    reg = I2C1_TRISE & ~(I2C_TRISE_MASK);
    I2C1_TRISE = reg | APB1_SPEED_IN_MHZ + 1;
    I2C1_CR1 |= I2C_CR1_ENABLE;
}
```

여기서부터 컨트롤러는 환경설정이 되고 사용될 준비가 됐다. 마스터와 슬레이브 모드 전부 말이다. 데이터는 I2C1_DR을 사용해 SPI나 UART 같은 방식으로 읽고 쓸 수 있다. 여기서 마스터 I^{2}C 장치의 가장 주된 차이점은, I2C1_CR1 레지스터의 대응 값을 설정함으로써 START 조건과 STOP 조건을 반드시 촉발해야 한다는 것이다. 이를 위해 다음과 같은 함수를 사용할 수 있다.

```
static void i2c1_send_start(void)
{
    volatile uint32_t sr1;
    I2C1_CR1 |= I2C_CR1_START;
    do {
        sr1 = I2C1_SR1;
    } while ((sr1 & I2C_SR1_START) == 0);
}

static void i2c1_send_stop(void)
{
    I2C1_CR1 |= I2C_CR1_STOP;
}
```

각 조건의 끝에서는 가능한 오류 또는 비정상적 이벤트를 위한 버스 테스트를 수행해야 한다. I2C1_CR1과 I2C1_CR2에 있는 플래그 조합은 트랜잭션을 지속하기 위한 요구 상태를 반영해야 한다. 또는 타임아웃^{timeout}이나 복구 불가능한 오류가 생긴 경우 안전하게 취소돼야 한다.

트랜잭션의 설정 동안 가능한 이벤트의 많은 개수로 인한 복잡도 때문에, 마스터 모드로 트랜시버를 사용하기 위해 전송의 페이즈^{phase}를 계속 추적하는 완전 상태 머신을 구현할 필요가 있다.

트랜시버와의 기본 상호작용 시연으로서, 버스와의 순차적인 상호작용을 작성할 수 있다. 그러나 실제로는 각 트랜잭션의 상태를 계속 추적하고, I2C1_SR1과 I2C1_SR2에 포함된 플래그의 조합으로 가능한 많은 경우에 반응해야 할 것이다. 이 절차는 0x42 주소를 갖는 I^{2}C 슬레이브로의 트랜잭션을 초기화하고, 만약 슬레이브가 응답한다면 두 바이트 0x00과 0x01을 각각 보낸다. 이 절차의 목적은 단지 트랜시버와의 상호작용을 보여주는 데 있으며, 가능성 있는 오류로부터 복구를 수행하지 않는다. 트랜잭션의 시작에서 ACK 또는 STOP 조건에 관련된 플래그를 0으로 만들고, CR1의 최하위 비트를 사용해 트랜시버를 활성화한다.

```
void i2c1_test_sequence(void)
{
    volatile uint32_t sr1, sr2;
    const uint8_t address = 0x42;
    I2C1_CR1 &= ~(I2C_CR1_ENABLE | I2C_CR1_STOP | I2C_CR1_ACK);
    I2C1_CR1 |= I2C_CR1_ENABLE;
```

다른 마스터가 버스를 점유하고 있지 않음을 보장하기 위해, 트랜시버에 있는 비지busy 플래그가 초기화될 때까지 진행을 멈춘다.

```
    do {
        sr2 = I2C1_SR2;
    } while ((sr2 & I2C_SR2_BUSY) != 0);;
```

START 조건이 이전에 정의된 함수를 이용해 보내진다. 또한 같은 START 조건이 버스에 나타날 때까지 기다릴 것이다.

```
    i2c1_send_start();
```

목적지 주소는 송신할 바이트의 최상위 7비트에 설정된다. 쓰기 연산을 나타내는 최하위 비트는 꺼져 있다. 수신 슬레이브에 의해 승인되는 올바른 주소 선택 이후 진행을 위해 두 플래그가 I2C1_SR2에 반드시 설정돼야 한다. 이는 마스터 모드가 선택됐고, 버스가 여전히 사용 중임을 가리킨다.

```
    I2C1_DR = (address << 1);
    do {
        sr2 = I2C1_SR2;
    } while ((sr2 & (I2C_SR2_BUSY | I2C_SR2_MASTER)) != (I2C_SR2_BUSY |
        I2C_SR2_MASTER));;
```

이제 슬레이브와 데이터 통신이 초기화되고, 두 데이터 바이트가 전송될 수 있다. 트랜잭션에서 한 프레임 내에 각 바이트가 전송되면 TX FIFO EMPTY 이벤트가 나타난다.

```
I2C1_DR = (0x00);
do {
    sr1 = I2C1_SR1;
} while ((sr1 & I2C_SR1_TX_EMPTY) != 0);;

I2C1_DR = (0x01);
do {
    sr1 = I2C1_SR1;
} while ((sr1 & I2C_SR1_TX_EMPTY) != 0);;
```

끝으로, STOP 조건이 설정되고 트랜잭션은 끝난다.

```
    i2c1_send_stop();
}
```

인터럽트 처리

레퍼런스 타깃에 있는 I^2C 컨트롤러의 이벤트 인터페이스는 각 트랜시버를 위한 별도의 두 인터럽트 핸들러를 제공하기에 충분히 복잡하다. 일반적인 I^2C 마스터를 위해 제안된 구현은 적당한 인터럽트 설정 및 상태와 이벤트 사이의 모든 조합에 대한 정의를 포함한다. I^2C 컨트롤러는 버스에서 발생하는 모든 관련 이벤트를 인터럽트에 할당하도록 환경 설정할 수 있다. 이는 특정 코너 케이스corner case[2]를 위한 세부 튜닝 및 I^2C 프로토콜의 완전한 구현을 허용한다.

---

2   일반적인 조건 외에 다양한 환경 변수 또는 조건이 영향을 끼치기 때문에 발생하는 문제로, 발견과 해결이 쉽지 않은 경우를 말한다. 반대로는 에지 케이스 또는 바운더리 케이스가 있다. – 옮긴이

▌ 요약

7장에서는 임베디드 타깃에서 사용 가능한 가장 유명한 로컬 버스 통신 인터페이스를 지원하는 시스템에 대한 프로그래밍을 시작하는 데 필요한 정보를 주었다. 물리적으로 같은 곳에 위치한 주변장치와 기타 마이크로컨트롤러로의 접근은 센서, 액추에이터, 그리고 타깃에 인접한 그 밖의 장치와 통신하는 임베디드 시스템의 전통적인 요구사항 중 하나다.

여기서 분석한 트랜시버 추상화보다 더 높은 추상화 수준을 제공하는 여러 구현들이 이미 존재한다. 그러나 7장에서는 하드웨어 제조사가 제공하는 인터페이스를 좀 더 잘 이해하기 위한 관점으로 구성요소의 동작을 학습하는 데 집중한다. 또한 프로토콜 설계 특성을 결정하기 위한 배경 이해를 통해 특정 플랫폼 또는 사례를 위해 조정 및 최적화된 인터페이스로의 새 접근법을 설계하기 위한 도구를 제공한다.

8장에서는 현대 임베디드 장치에 있는 저전력 및 초저전력 기능을 공부함으로써, 임베디드 시스템에서 전력 소비를 줄이기 위해 사용된 메커니즘을 소개할 것이다.

08

저전력 최적화

에너지 효율은 항상 마이크로컨트롤러 시장을 이끄는 중요한 요소 중 하나다. 2000년대 초반부터, 16비트 RISC 마이크로컨트롤러(예: MSP430)는 극단적인 저전력 사용을 위해 설계됐다. 그리고 여전히 임베디드 시스템의 초저전력 최적화 아키텍처의 길을 선도하고 있다.

최근 몇 년 동안, 풍부한 기능과 실시간 운영체제를 올릴 수 있는 더 발전된 32비트 RISC 마이크로컨트롤러가 더 작은 크기와 더 적은 전력 소비를 갖게 되었으며, 따라서 저전력, 초저전력 범위에 들어오게 됐다. 에너지 수집 기술에 의존하고 배터리로 전력을 제공받는 시스템과 장치는 많은 산업에서 더욱더 일반화됐다. 저전력 무선 통신은 이제 여러 연결 플랫폼에 의해 제공된다. 따라서 저전력 및 초저전력 특징을 설계에 추가하는 IoT 시스템이 증가하고 있다.

아키텍처에 따라서, 마이크로컨트롤러는 실행 중에 전력 소모를 줄이고 활동 중일 때 매우 적은 에너지를 소비하는 저전력 상태를 구현하기 위해 각기 다른 전략을 제공한다.

임베디드 시스템의 에너지 요구 절감은 일반적으로 껄끄러운 절차다. 사실, 보드의 모든 장치는 비활성화를 적절하게 수행하지 않은 경우 전력을 소모할 수 있다. 높은 주파수의 클록을 생성하는 것도 가장 부하가 큰 연산 중 하나다. 따라서 CPU와 버스 클록은 그들이 사용될 때만 활성화해야 한다.

에너지를 절약하기 위한 이상적인 전략의 연구는 성능과 에너지 절약 사이에 있을 수 있는 타협을 기반으로 한다. 초저전력을 위해 설계된 마이크로컨트롤러는 CPU 주파수를 낮출 수 있다. 심지어는 각기 다른 변종의 하이버네이션^{hibernation} 상태(즉, 최대한의 전력 절약을 위해 모든 클록이 멈추고, 외부 주변장치가 종료되는 것을 말한다)에 도달할 수도 있다.

적절한 에너지 프로파일링 기법과 초저전력 전략을 구현함으로써, 배터리를 이용한 장치는 교체 전 수년 동안 동작할 수 있다. 대체 전력원(예를 들면 태양광 패널, 열교환 장치 또는 주변 환경에서 에너지를 얻는 그 밖의 형태)을 사용하면, 잘 프로파일링된 임베디드 시스템은 외부 환경이 허용하는 한 무한히 실행할 수 있다.

매우 빠른 속도로 실행되는 발전된 마이크로프로세서는 보통 효율적인 전력 소비 최적화를 구현하도록 설계되어 있지 않다. 이는 Cortex-M 같은 더 작고 저전력인 마이크로컨트롤러를 임베디드 시스템에서 매우 유명하게 만들어준다.

8장에서는 저전력 및 초저전력 임베디드 시스템 설계를 위한 몇 가지 예를 살펴본다. Cortex-M 마이크로컨트롤러의 저전력 확장^{extension}은 실제 타깃에서 저전력 최적화를 위한 실제 구현 예를 시연한다.

8장에서 다루는 내용은 다음과 같다.

- 시스템 환경설정
- 전력 측정
- 저전력 임베디드 애플리케이션 설계

▌시스템 환경설정

전력 소비 제한을 명세서에 포함하고 있는 시스템은 하드웨어, 소프트웨어, 기계 설계를 포함한 모든 분야에서 요구사항을 만족하도록 설계돼야 한다. 구성요소와 주변장치의 선택은 그 에너지 프로파일을 참고해 이뤄져야 한다. 외부 주변장치는 보통 가장 큰 전력 요구 구성요소이므로, 미사용 중일 때는 그 전력원이 마이크로컨트롤러에 의해 차단돼야 한다.

하드웨어 설계

저전력 임베디드 시스템에서 하드웨어 설계는 GPIO 핀을 사용해 주변장치 전력을 켜고 끌 수 있게 해야 한다. 이는 보통 로우^{low} 라인을 사용하는 편이 더 낫다. 따라서 GPIO가 마이크로컨트롤러에 의해 조작되지 않을 때는 패시브^{passive} 구성요소를 사용해 풀다운될 수 있다. MOSFET은 게이트 전압을 제어하기 위해 GPIO 신호를 사용해 외부 주변장치로 공급되는 전력을 제어하는 데 주로 사용된다.

그 전력원 라인을 가로챔으로써 주변장치의 전원이 꺼진다 하더라도, 직렬 버스 또는 기타 제어 신호 같은 것들로 연결된 그 밖의 신호를 통해 적은 전류가 소비될 수 있다. 하드웨어 설계에서 에너지 손실을 최소화하기 위해 초기의 프로토타입 단계에서 이러한 누수를 발견하고 식별할 수 있어야 한다.

추가적으로, 만약 전력 절약 전략에 마이크로프로세서를 딥슬립$^{deep-sleep}$ 운영 모드로 넣는 것이 포함된다면, 일반적인 동작으로 재개하기 위한 웨이크업$^{wake-up}$ 이벤트를 입력 신호의 로직에 바르게 제공해야 한다. 슬립 모드 동안에 제대로 처리되지 않은 신호는 패시브 구성요소를 통해 강제된 잘 알려진 로직 값으로 유지돼야 한다.

클록 관리

미사용 중인 내부 주변장치와 인터페이스도 꺼놔야 한다. 일반적으로 시스템에 있는 각 주변장치와 인터페이스를 위한 클록 소스를 제어하기 위해 사용할 수 있는 메커니즘으로 서 클록 게이팅(플랫폼이 이를 지원한다면)을 들 수 있다. 시스템 클록 게이팅 환경설정에 활성화된 각 클록 라인은 전력 사용을 증가시킨다. 게다가, 느린 오실레이터로부터 CPU 클록을 생성하는 데 적용되는 조절 인자가 더 높을수록 PLL에 더 많은 에너지가 필요하다. PLL은 시스템에서 가장 많은 전력을 요구하는 구성요소 중 하나다. 그리고 CPU에서 소비되는 전력은 그 주파수에 직접적으로 비례한다. 많은 CPU는 성능과 에너지 절약 사이의 트레이드오프를 고려하여 저하된 클록 속도로 구동되도록 설계된다. 따라서 PLL은 각기 다른 프로파일을 적용하기 위해 런타임 시에 재환경설정이 가능하다. 그러나 시스템 클록의 변경은 현재 사용 중인 모든 타이머 및 주변장치를 위한 모든 클록 디바이더 divider의 재환경설정을 필요로 한다.

레퍼런스 플랫폼에서, 시스템이 컴퓨팅 성능을 필요로 하지 않을 때는 언제든지 전력의 양을 현격하게 절약할 수 있도록 런타임에 CPU 주파수를 재설정할 수 있다. 이를 위해서는 이제껏 사용된 모든 예제에서 시스템 클록을 설정하기 위해 사용된 system.c 내의 함수가 수정돼야 하는데, 이는 각기 다른 두 수행 주파수를 선택하는 것을 허용하기 위해서다. 성능 모드에서 시스템은 최대 주파수인 168MHz로 동작한다. powersave 플래그 인수가 0이 아니라면, 에너지 절약을 위해 클록은 48MHz로 설정된다.

```
void clock_pll_on(int powersave)
{
    uint32_t reg32, plln, pllm, pllq,
    pllp, pllr, hpre, ppre1, ppre2,
    flash_waitstates;

    if (powersave) {
        cpu_freq = 48000000;
        pllm = 8;
        plln = 96;
```

```
            pllp = 2;
            pllq = 2;
            pllr = 0;
            hpre = RCC_PRESCALER_DIV_NONE;
            ppre1 = RCC_PRESCALER_DIV_4;
            ppre2 = RCC_PRESCALER_DIV_2;
            flash_waitstates = 5;
    } else {
            cpu_freq = 168000000;
            pllm = 8;
            plln = 336;
            pllp = 2;
            pllq = 7;
            pllr = 0;
            hpre = RCC_PRESCALER_DIV_NONE;
            ppre1 = RCC_PRESCALER_DIV_4;
            ppre2 = RCC_PRESCALER_DIV_2;
            flash_waitstates = 3;
    }
```

플래시 연산을 위한 여러 대기 상태 설정이 여기로 옮겨졌다. STM32F407의 문서에 따라 48MHz일 때의 플래시는 세 가지 대기 상태만 필요하기 때문이다.

```
    flash_set_waitstates(flash_waitstates);
```

시스템 클록 설정을 위한 절차가 뒤따른다. 먼저 HSI가 활성화되고, 임시 클록 소스로서 선택된다. 그 후, 8MHz 외부 오실레이터가 활성화되며 PLL에 공급하기 위해 준비된다.

```
    RCC_CR |= RCC_CR_HSION;
    DMB();
    while ((RCC_CR & RCC_CR_HSIRDY) == 0) {};

    reg32 = RCC_CFGR;
    reg32 &= ~((1 << 1) | (1 << 0));
    RCC_CFGR = (reg32 | RCC_CFGR_SW_HSI);
```

```
    DMB();

    RCC_CR |= RCC_CR_HSEON;
    DMB();
    while ((RCC_CR & RCC_CR_HSERDY) == 0)
        ;
```

선택된 모드용 클록 디바이더 및 멀티플라이어^{multiplier}를 위한 매개변수가 PLL 환경설정 레지스터에 설정되고, PLL이 활성화된다.

```
    reg32 = RCC_CFGR;
    reg32 &= ~(0xF0);
    RCC_CFGR = (reg32 | (hpre << 4));
    DMB();
    reg32 = RCC_CFGR;
    reg32 &= ~(0x1C00);
    RCC_CFGR = (reg32 | (ppre1 << 10));
    DMB();
    reg32 = RCC_CFGR;
    reg32 &= ~(0x07 << 13);
    RCC_CFGR = (reg32 | (ppre2 << 13));
    DMB();

    reg32 = RCC_PLLCFGR;
    reg32 &= ~(PLL_FULL_MASK);
    RCC_PLLCFGR = reg32 | RCC_PLLCFGR_PLLSRC | pllm |
    (plln << 6) | (((pllp >> 1) - 1) << 16) | (pllq << 24);
}
```

CPU와 시스템 클록의 변경은 해당 클록을 사용하는 모든 주변장치가 재설정돼야 함을 뜻한다. 타이머가 실행 중이거나, 해당 클록을 참조로 사용하는 모든 장치가 애플리케이션으로부터 사용 중이라면, 클록 속도 갱신에 따라 타이밍 레퍼런스를 제공하기 위한 프리스케일러 레지스터가 적용돼야 한다.

더 낮은 속도의 시스템 구동은 또 다른 장점을 제공한다. 플래시 메모리로 접근하는 데 필요한 대기 상태의 개수를 줄일 수 있으며, 시스템이 최대 속도로 수행 중이지 않을 때 사용 가능한 추가적인 저전력 기능을 활성화할 수가 있다.

임베디드 플랫폼은 보통 kHz 수준의 저주파수 클록 생성기를 포함한다. 이는 워치도그 및 **실시간 클록**RTC, real-time clock 같은 시간 유지 장치를 위해 소스로 사용된다. 외부 또는 내부 오실레이터는 저전력 운영 모드 중에도 활성화될 수 있으며, 웨이크업 전략을 구현하는 데도 사용된다.

전압 제어

마이크로컨트롤러는 운영 전압이 상대적으로 넓다. 그러나 낮은 전압의 공급은 CPU를 최대 속도로 운영하는 것을 불가능하게 한다. 그리고 플래시 메모리는 하드웨어의 물리적인 특성으로 인해 추가적인 대기 상태를 요구할 수 있다. 그럼에도 불구하고, 저전압 감내 로직은 몇몇 경우에 시스템의 전체적인 효율성을 개선한다.

내부 레귤레이터regulator는 보통 핵심 신호를 위한 더 낮은 전압을 생성하도록 환경설정이 가능하다. CPU가 최대 주파수로 동작 중이 아닐 때 전력 소비와 성능 간 타협점을 찾기 위해 말이다.

자주 무시되는 중요한 요소 중 하나는, 디지털 입력 로직에서 슈미트 트리거Schmitt trigger[1]에 의해 소비되는 전력이다. GPIO가 디지털 입력으로 설정됐지만 외부 패시브 구성요소를 통해 알려진 로직 상태로 강제되지 않은 경우, 환경의 전자기장 때문에 평균값을 맴돌 수 있다. 이는 입력 신호의 촉발을 야기하여 로직 상태가 변경될 때마다 일부 에너지가 손실되게 한다.

---

1   회로의 일종으로, 일정 기준을 기반으로 아날로그 입력을 디지털 입력으로 전환해주는 회로다. 자세한 정보는 관련 서적을 참고하기 바란다. – 옮긴이

저전력 운영 모드

마이크로컨트롤러는 최대 성능에서부터 완전한 하이버네이션^{hibernation} 모드까지, 각기 다른 전력 모드로 실행할 수 있다. 향상된 에너지 프로파일을 갖는 시스템을 설계하기 위해 마이크로컨트롤러의 저전력 모드에 대한 적절한 이해가 필요하다. 각 아키텍처는 CPU 또는 기타 버스 및 주변장치의 비활성화뿐만 아니라 시스템 소프트웨어가 저전력 모드로 진입 또는 탈출하는 데 사용되는 적절한 메커니즘을 위한 특정 전력 환경설정을 제공한다.

ARM 기반 마이크로컨트롤러에서 사용되는 각기 다른 저전력 모드 용어를 다음과 같이 정리할 수 있다.

- **일반 운영 모드**^{normal operation mode} : 클록 게이팅을 통해 액티브^{active} 구성요소가 선택되며, 클록은 필요 주파수로 동작한다.

- **슬립 모드**^{sleep mode} : CPU 클록이 일시적으로 멈춘다. 하지만 모든 주변장치는 일반 모드와 같이 동작한다. CPU가 실행되지 않기 때문에 이 모드에서 상당한 양의 전력이 절약된다. 실행은 인터럽트 요청을 수신한 이후 재개될 수 있다. 일부 칩 제조사에서는 이 모드를 대기 모드^{wait mode} 라고 한다.

- **정지 모드**^{stop mode} : CPU 클록과 버스 클록이 비활성화된다. 마이크로컨트롤러에 의해 관리되는 모든 주변장치가 꺼진다. 내부 RAM과 CPU 레지스터는 저장된 값을 유지한다. 주 전압 레귤레이터가 켜진 상태로 있기 때문이다. 전력 소비는 지속적으로 떨어지지만, 외부 인터럽트나 이벤트를 통해 깨어나, 실행이 재개될 수 있다. 이 모드를 딥슬립 모드^{deep-sleep mode} 라고도 한다. 비록 이것이 사용 가능한 두 딥슬립 모두 중 하나이긴 해도 말이다.

- **대기 모드**^{standby mode} : 모든 전압 레귤레이터가 꺼진다. 그리고 RAM과 레지스터의 내용은 손실된다. 몇 마이크로와트 정도의 아주 적은 양의 전력만이 백업 회로의 유지를 위해 필요하다. 웨이크업은 몇몇 특수한 조건에서만 가능하다. 예를 들면, 외부 전력을 갖는 RTC나 하드웨어로 사전 정의된 웨이크업 이벤트 핀 같은 것 말이다. 대기 상태에서 시스템이 깨어나면, 일반 부트 과정이 뒤따른다. 그리고 실행은 리셋 서비스 루틴부터 재개된다.

ARMv7 마이크로코드는 저전력 운영 모드로 들어가는 두 인스트럭션을 제공한다.

- **인터럽트 대기**^{WFI, wait for interrupt}
- **이벤트 대기**^{WFE, wait for event}

이 인스트럭션은 일반 모드 중에는 언제든 호출될 수 있다. WFI는 다음 인터럽트 요청이 수신될 때까지 시스템을 저전력 모드로 진입시킨다. 하지만 WFE는 약간 다르다. 시스템의 소수 이벤트만이(외부 인터럽트를 포함하여) 이벤트를 생성하기 위해 설정될 수 있다. WFE를 사용해 슬립 모드 또는 정지 모드로 진입했다면, 일반 인터럽트 요청은 시스템을 일반 모드로 되돌려놓지 못할 것이다.

이들 호출을 통해 진입한 저전력 모드는 **시스템 제어 레지스터**^{SCR, System Control Register}에 저장된 설정에 따른다. Cortex−M에서는 이 레지스터가 0xE000ED10 주소의 시스템 환경 설정 구역에 위치한다. SCR은 의미 있는 단일 비트 플래그 필드 3개만 제공한다.

- SLEEPONEXIT(비트 1): 활성화되면, 다음 인터럽트 핸들러의 실행 마지막에서 시스템은 저전력 모드로 진입한다.
- SLEEPDEEP(비트 2): WFI 또는 WFE 호출로 어느 모드에 진입하는지를 결정하거나, SLEEPONEXIT 활성화 상태에서 인터럽트로부터 반환되는 때를 결정한다. 이 비트가 비어 있다면, 슬립 모드가 선택된다. 이 비트를 활성화한 상태로 저전력 모드로 들어가면, 전력 관리 레지스터의 환경설정에 따라 시스템은 정지 또는 대기 모드로 들어갈 것이다.
- SEVONPEND(비트 4): 이 비트가 활성화되면, 저전력 모드 동안 기다리는 모든 인터럽트가 웨이크업 이벤트를 일으킬 것이다. WFI 또는 WFE 인스트럭션을 사용해 진입한 모드가 슬립인지 정지인지와는 관계가 없다.

딥슬립 환경설정

정지 또는 대기 모드를 선택하고, 딥슬립 모드와 관련된 매개변수를 설정하기 위해, 레퍼런스 플랫폼은 0x40007000 주소에 위치한 내부 주변장치 구역에 매핑된 전력 컨트롤러를 제공한다. 이 컨트롤러는 다음과 같은 두 레지스터로 구성된다.

- 오프셋 0의 **PWR_CR**(제어 레지스터)
- 오프셋 4의 **PWR_SCR**(상태 및 제어 레지스터)

이 두 레지스터에서 환경설정 가능한 관련 매개변수는 다음과 같다.

- **레귤레이터 전압 스케일링 출력 선택**^{VOS, Voltage-scaling Output Selection}: **PWR_CR** 비트 14를 통해 설정한다. 활성화되면, CPU 코어 로직을 위한 전압을 좀 더 낮게 생산하도록 내부 레귤레이터를 설정함으로써 일반 모드에서 추가 전력을 절약한다. 이 기능은 타깃이 최대 주파수로 동작하지 않을 때만 사용 가능하다.

- **딥슬립 시 플래시 전력 정지**^{FPDS, flash power down in deep-sleep} 모드: **PWR_CR** 비트 9를 통해 설정한다. 딥슬립 모드 중 하나로 진행 중 활성화되어 있다면, 플래시는 시스템이 잠자는 중에 완전히 꺼질 것이다. 이는 상당량의 전력을 절약하게 해주지만, 웨이크업 시간에 영향을 준다.

- **딥슬립 시 전력 정지**^{PDDS, power down in deep sleep}: **PWR_CR** 비트 1을 통해 설정한다. 이 비트는 CPU가 딥슬립으로 갈 때 어떤 모드로 진입되는지 결정한다. 설정되지 않는다면, 정지 모드가 선택된다. 설정된다면, 시스템은 대기로 들어간다.

- **저전력 딥슬립**^{LPDS, low-power deep sleep}: **PWR_CR** 비트 0을 통해 설정한다. 이 비트는 정지 모드에서만 영향이 있다. 활성화된다면, 내부 전압 레귤레이터에 언더 드라이브^{under-drive} 모드를 활성화하여 딥슬립 상태에서 사용되는 에너지를 약간 줄인다. 전류는 누수 경감 모드에서 코어 로직으로 제공된다. 이 기능은 시스템이 최대 속도로 구동 중이 아닌 경우에만 사용 가능하다.

- **웨이크업 핀 활성화**^{EWUP, enable wake-up pin}: **PWR_CSR** 비트 4를 통해 설정한다. 이 플래그는 웨이크업 핀을 일반 GPIO로 사용할 수 있는지 없는지, 대기 동안 웨이크업 신호를 탐지하기 위해 예약됐는지를 결정한다. 레퍼런스 플랫폼에서 이 함수에 연관된 핀은 PA0이다.

웨이크업 플래그^{WUF, wake-up flag}는 슬립 또는 딥슬립 모드에서 빠져나올 때 하드웨어에 의해 자동으로 설정되며, `PWR_CSR` 비트 0을 통해 읽을 수 있다. 1을 `PWR_CR` 비트 2(CWUF 플래그)에 써서 웨이크업 플래그를 지울 수 있다.

STM32F407 마이크로컨트롤러에서 다음 매크로를 사용하면 저전력 모드에 관련된 레지스터와 환경설정에 접근할 수 있다.

```
#define SCB_SCR (*(volatile uint32_t *)(0xE000ED10))
#define SCB_SCR_SEVONPEND (1 << 4)
#define SCB_SCR_SLEEPDEEP (1 << 2)
#define SCB_SCR_SLEEPONEXIT (1 << 1)

#define POW_BASE (0x40007000)
#define POW_CR (*(volatile uint32_t *)(POW_BASE + 0x00))
#define POW_SCR (*(volatile uint32_t *)(POW_BASE + 0x04))

#define POW_CR_VOS (1 << 14)
#define POW_CR_FPDS (1 << 9)
#define POW_CR_CWUF (1 << 2)
#define POW_CR_PDDS (1 << 1)
#define POW_CR_LPDS (1 << 0)
#define POW_SCR_WUF (1 << 0)
#define POW_SCR_EWUP (1 << 4)
```

저전력 모드의 활성화와 산발적 이벤트의 생성을 위해, 다음과 같이 인라인 어셈블리 인스트럭션을 포함하는 매크로를 정의한다.

```
#define WFI() asm volatile ("wfi")
#define WFE() asm volatile ("wfe")
```

`WFI`를 통해 슬립 모드에 진입한다면, 시스템은 다음 인터럽트까지 실행을 멈춘다. `WFE`를 통한 슬립 모드 진입은 선택된 이벤트만이 시스템을 깨울 수 있게 한다. 시스템에서 발생하는 각기 다른 형태의 이벤트는 `WFE`를 깨우기 위해 활성화될 수 있다.

WFE에 진입하면, NVIC에 활성화된 모든 인터럽트도 WFE 호출을 깨우는 이벤트로 간주된다. NVIC의 대응되는 IRQ 라인을 비활성화함으로써 인터럽트는 임시로 걸러낼 수 있다. 인터럽트가 이런 식으로 NVIC를 사용해 걸러내지면 이는 대기^{pending} 상태로 남아 있고, 시스템이 일반 모드로 돌아오자마자 처리된다.

정지 모드

기본적으로 SCB_SCR_SLEEPDEEP이 꺼진 경우, WFI 또는 WFE 인스트럭션이 호출되면 슬립 모드에 진입된다. 그 밖의 저전력 모드는 SLEEPDEEP 플래그를 활성화함으로써 활성화가 가능하다. 사용 가능한 딥슬립 모드 중 하나에 들어가기 위해서는 WFI 또는 WFE 호출 전에 SCB_SCR과 POW 레지스터가 환경설정되어 있어야 한다. 해당 환경설정에 따라, 시스템은 정지 또는 대기의 두 딥슬립 모드 중 하나로 진입한다.

다음 예에서는 딥슬립 모드로 전환되기 전에 지속적인 1Hz 타이머가 WFE를 사용해 LED를 10회 켰다 끈다. 메인 루프는 WFI를 사용해 타이머 인터럽트 사이에 슬립 모드로 유지된다.

```
void main(void) {
    int sleep = 0;
    pll_on(0);
    button_setup();
    led_setup();
    timer_init(CPU_FREQ, 1, 1000);
    while(1) {
        if (timer_elapsed) {
            WFE(); /* 타이머 이벤트 소비 */
            led_toggle();
            timer_elapsed = 0;
        }
        if (tim2_ticks > 10) {
            sleep = 1;
            tim2_ticks = 0;
        }
        if (sleep) {
```

```
        enter_lowpower_mode();
        WFE();
        sleep = 0;
        exit_lowpower_mode();
    } else
        WFI();
    }
}
```

해당 타이머를 위한 인터럽트 서비스 루틴은 tim2_ticks 카운터를 1씩 증가시킨다. 그리고 timer_elapsed 플래그를 설정한다. 이는 메인 루프가 LED를 켰다 꺼고 타이머에 의해 생성된 이벤트를 소비하게 한다.

```
void isr_tim2(void) {
    nvic_irq_clear(NVIC_TIM2_IRQN);
    TIM2_SR &= ~TIM_SR_UIF;
    tim2_ticks++;
    timer_elapsed++;
}
```

enter_lowpower_mode 프로시저는 시스템 제어 블록과 전력 제어 레지스터에 있는 값 설정을 맡는다. 이는 요구되는 저전력 모드에 따르며, 그와 관련된 모든 최적화를 환경설정한다.

프로시저 enter_lowpower_mode는 다음 동작을 수행한다.

- LED를 끈다.
- WFE에 따라 진입할 저전력 모드를 환경설정하기 위해, SCB_SCR과 전력 레지스터의 값을 설정한다.
- 단일 추가 전력 최적화를 선택한다.

그리고 그 구현은 다음과 같다.

```
void enter_lowpower_mode(void)
{
    uint32_t scr = 0;
    led_off();
    scr = SCB_SCR;
    scr &= ~SCB_SCR_SEVONPEND;
    scr |= SCB_SCR_SLEEPDEEP;
    scr &= ~SCB_SCR_SLEEPONEXIT;
    SCB_SCR = scr;
    POW_CR |= POW_CR_CWUF | POW_CR_FPDS | POW_CR_LPDS;
}
```

이 경우, 정지 모드는 가능한 한 전력 소비를 줄이도록 환경설정된다. 저전력 전압 레귤레이터 설정을 활성화하고(POW_CR_LPDS를 통해) 플래시를 끔으로써(POW_CR_FPDS를 통해) 말이다.

이제 WFE() 호출을 통해 저전력 모드에 진입한다. 시스템을 깨울 수 있도록 하기 위해, EXTI 이벤트를 설정한다. 이는 보드에 있는 사용자 버튼을 누르는 것과 연결된다. 이를 위해, 버튼이 눌렸을 때 핀 PA0이 그 로직 값이 0에서 1로 변하는 상승 에지에 반응하도록 EXTI0을 설정한다.

인터럽트 그 자체에는 특별한 관심을 갖고 있지 않기 때문에, 인터럽트 요청을 발생시키는 플래그는 EXTI에서 끄도록 한다. 이벤트 컨트롤러는 대신 이벤트를 발생시킨다. 입력 핀과 관련된 플래그가 레지스터 EXTI_EMR에서 강제됐기 때문이다.

사용자 버튼 이벤트에 대한 초기 환경설정은 다음과 같다.

```
void button_setup(void)
{
    uint32_t reg;
    AHB1_CLOCK_ER |= GPIOA_AHB1_CLOCK_ER;
    APB2_CLOCK_ER |= SYSCFG_APB2_CLOCK_ER;
    GPIOA_MODE &= ~ (0x03 << (BUTTON_PIN * 2));
```

```
    EXTI_CR0 &= ~EXTI_CR_EXTI0_MASK;
    EXTI_IMR &= ~0x7FFFFF;
    reg = EXTI_EMR & ~0x7FFFFF;
    EXTI_EMR = reg | (1 << BUTTON_PIN);
    reg =  EXTI_RTSR & ~0x7FFFFF;
    EXTI_RTSR = reg | (1 << BUTTON_PIN);
    EXTI_FTSR &= ~0x7FFFFF;
}
```

정지 모드 동안 보드를 깨우기 위해서는 이벤트만으로도 충분하기 때문에, 버튼을 위한 인터럽트는 환경설정되지 않았다.

정지 모드로 진입할 때, PLL은 비활성화될 것이다. 그리고 시스템이 일반 모드로 돌아갈 때 클록 소스로 HSI가 자동으로 선택될 것이다. 클록 환경설정을 복구하기 위해, 정지 모드를 종료하자마자 구현해야 할 몇 가지 단계가 있다.

- SCB_SCR_SLEEPDEEP 플래그를 지운다. 따라서 다음 WFI/WFE 호출은 정지 모드로의 또 다른 전환을 촉발하지 않는다.
- 정지 모드의 끝에서 하드웨어에 의해 설정된 웨이크업 플래그를 지우기 위해 POW_CR 레지스터에 접근한다.
- 클록이 복구됐기 때문에, PLL이 다시 환경설정된다.
- 일반 모드에서 그 기능을 복구하기 위한 타이머를 위해 TIM2 인터럽트가 다시 활성화된다.

```
void exit_lowpower_mode(void)
{
    SCB_SCR &= ~SCB_SCR_SLEEPDEEP;
    POW_CR |= POW_CR_CWUF | POW_CR_CSBF;
    clock_pll_on(0);
    timer_init(cpu_freq, 1, 1000);
    led_on();
}
```

딥슬립 모드는 일관성 있게 전력 소모를 줄인다. 그리고 이는 시스템이 현재 수행 상태를 유지해야 하지만 오랜 기간 멈출 수 있는 상황에서 이상적이다.

대기 모드

대기 모드에서 시스템은 단지 몇 마이크로암페어만을 소비하는 초저전력 모드로 들어갈 수 있다. 그리고 이때 외부 이벤트에 의해 재초기화를 기다린다. 대기 모드로 진입하기 위해 WFI 또는 WFE를 호출하기 전에 SCB_SCR_PDDS 플래그를 설정해야 한다. 시스템이 대기 상태에 있는 동안, 저속 오실레이터를 제외한 모든 전압 레귤레이터는 꺼진다. 이때 저속 오실레이터는 독립적인 워치도그 타이머와 실시간 클록을 위해 사용된다.

대기 모드로 들어가기 위한 프로시저는 정지 모드로 들어가기 위해 사용된 것과는 조금 다르다. 딥슬립의 변형으로 대기 모드를 선택하기 위해 SCB_SCR_PDDS 플래그를 설정한다. 이 경우 플래그 SCB_SCR_LPDS는 활성화하지 않는다. 이것이 대기 모드에서는 영향이 없다는 사실을 알기 때문이다.

```
void enter_lowpower_mode(void)
{
    uint32_t scr = 0;
    led_off();
    scr = SCB_SCR;
    scr &= ~SCB_SCR_SEVONPEND;
    scr |= SCB_SCR_SLEEPDEEP;
    scr &= ~SCB_SCR_SLEEPONEXIT;
    SCB_SCR = scr;
    POW_CR |= POW_CR_CWUF | POW_CR_FPDS | POW_CR_PDDS;
    POW_SCR |= POW_CR_CSBF;
}
```

이 경우, 버튼 눌림을 위한 EXTI 이벤트 설정은 불필요하다. 마이크로컨트롤러가 대기 모드로 있는 동안 GPIO 컨트롤러가 비활성화되기 때문이다. 이 상태에서 벗어나는 가장 쉬운 방법은 정해진 시간 이후 웨이크업 이벤트를 생성하기 위한 실시간 클록을 환경설정하는 것이다. 사실, 대기 상태 동안에는 일부의 주변장치만 구동 상태로 있을 것이다. 그리고 이들은 모두 백업 도메인으로 불리는 클록 환경설정의 특정 구역에 그룹화된다. 백업 도메인은 실시간 클록과 내부 및 외부 저속 오실레이터를 포함하는 클록 트리 일부로 구성된다. 백업 도메인에 관련된 레지스터로의 쓰기 접근은 비트 8의 POW_CR 레지스터에 위치한 백업 도메인 또는 POW_CR_DPB의 보호를 비활성화하는 플래그를 통해 제어된다. 추가로, 0x40002870 주소에서 시작하는 주변장치 영역에 매핑된 RTC 환경설정 레지스터는 전자기 간섭으로 인한 쓰기로부터 보호된다. 이는 이 레지스터에 접근하기 전에, 쓰기 보호 레지스터에 특별한 값의 나열이 쓰여야 한다는 것을 의미한다. 레퍼런스 플랫폼에 통합된 RTC는 복잡하고, 많은 기능을 갖는다. 날짜와 시간의 지속적 추적, 사용자 정의 알람 설정, 주기적인 타임스탬프 이벤트 등이 그것이다. 이 예에서는 웨이크업 이벤트만 사용하길 원하므로, RTC 레지스터의 대부분은 여기서 서술되지 않는다.

RTC를 위해 접근하는 제한된 레지스터는 다음과 같다.

- 제어 레지스터(RTC_CR): RTC가 제공하는 다양한 기능의 환경설정을 표출한다. 예제에서는 웨이크업 촉발에 관련된 값을 사용한다. 웨이크업 타이머 인터럽트 활성화 플래그 RTC_CR_WUTIE를 갖는 인터럽트를 활성화하고, RTC_CR_WUTE를 사용해 웨이크업 타이머 카운터를 활성화함으로써 말이다.

- 초기화 및 상태 레지스터(RTC_ISR): 예제에서는 타이머 설정 중 특수 플래그 RTC_ISR_WUTWF 설정 레지스터를 통해 웨이크업 타이머를 위한 설정 레지스터의 쓰기 상태를 점검하는 데 사용된다.

- 웨이크업 타이머 레지스터(RTC_WUTR): 다음 웨이크업 이벤트 전에 간격을 설정하는 데 사용된다.

- 쓰기 보호 레지스터(RTC_WPR): 구역에 있는 다른 레지스터에 쓰기 전에 잠금해제 시퀀스를 전송하기 위해 사용된다.

이러한 레지스터와 의미 있는 필드에 매핑되어 있는 전처리기 매크로는 다음과 같다.

```
#define RTC_BASE (0x40002800)
#define RTC_CR (*(volatile uint32_t *)(RTC_BASE + 0x08))
#define RTC_ISR (*(volatile uint32_t *)(RTC_BASE + 0x0c))
#define RTC_WUTR (*(volatile uint32_t *)(RTC_BASE + 0x14))
#define RTC_WPR (*(volatile uint32_t *)(RTC_BASE + 0x24))

#define RTC_CR_WUP (0x03 << 21)
#define RTC_CR_WUTIE (1 << 14)
#define RTC_CR_WUTE (1 << 10)

#define RTC_ISR_WUTF  (1 << 10)
#define RTC_ISR_WUTWF (1 << 2)
```

웨이크업 이벤트를 생성하기 위한 RTC 초기화 프로시저는 다음 단계를 포함한다.

1. RTC의 설정을 초기화하기 위해, POW_CR_DPB 플래그를 활성화하고자 (이미 켜져 있지 않다면) 전력 환경설정 레지스터의 클록 게이팅을 켠다.

```
void rtc_init(void) {
    APB1_CLOCK_ER |= PWR_APB1_CLOCK_ER_VAL;
    POW_CR |= POW_CR_DPB;
```

2. RCC 내에 있는 백업 도메인 레지스터 환경설정의 비트 15를 사용해 RTC를 활성화한다.

```
    RCC_BACKUP |= RCC_BACKUP_RTCEN;
```

3. 가능하면 **저속 내부**^{LSI, Low-Speed Internal} 오실레이터 또는 **저속 외부**^{LSE, Low-Speed External} 오실레이터를 선택해 백업 클록 소스를 활성화한다.

4. 이 예에서는 LSE가 레퍼런스 플랫폼에 존재하지 않기 때문에 LSI를 사용한다. 그러나 외부 오실레이터가 더 정확하고, 신뢰성 있는 시간 유지를 위해 가능한

한 이것이 선호된다. 클록이 활성화된 이후, 프로시저는 상태 레지스터의 비트를 폴링^polling함으로써 준비가 될 때까지 기다린다.

```
RCC_CSR |= RCC_CSR_LSION;
while (!(RCC_CSR & RCC_CSR_LSIRDY))
    ;
```

5. RTC를 위한 소스로 LSI를 선택한다.

```
RCC_BACKUP |= (RCC_BACKUP_RTCSEL_LSI << RCC_BACKUP_RTCSEL_SHIFT);
```

6. 상승 에지에 이벤트를 연결하는 EXTI 라인 22를 위한 인터럽트 및 이벤트 생성을 활성화한다.

```
EXTI_IMR |= (1 << 22);
EXTI_EMR |= (1 << 22);
EXTI_RTSR |= (1 << 22);
```

7. 잠금해제 시퀀스를 RTC_WPR로 작성함으로써 RTC 레지스터의 쓰기를 잠금해제한다.

```
RTC_WPR = 0xCA;
RTC_WPR = 0x53;
```

8. RTC를 비활성화한다. 따라서 환경설정 레지스터에 쓰기가 허용된다. RTC_ISR_WUTWF의 폴링을 통해, 쓰기 연산이 가능해질 때까지 기다린다.

```
RTC_CR &= ~RTC_CR_WUTE;
DMB();
while (!(RTC_ISR & RTC_ISR_WUTWF))
    ;
```

9. 다음 웨이크업 이벤트 전에 간격을 위한 값을 설정한다. LSI 주파수는 32,867Hz 이고, 웨이크업 간격 레지스터를 위한 기본 디바이더는 16으로 설정된다. 따라 서 RTC_WUTR 내의 각 유닛은 2048초를 나타낸다. 5초의 간격을 설정하기 위해, 다음과 같이 사용한다.

```
RTC_WUTR = (2048 * 5) - 1;
```

10. 웨이크업 이벤트를 활성화한다.

```
RTC_CR |= RTC_CR_WUP;
```

11. 대기 모드에서 돌아올 때 설정됐을 웨이크업 플래그를 지운다.

```
RTC_ISR &= ~RTC_ISR_WUTF;
```

12. 절차를 마무리하기 위해, 유효하지 않은 바이트를 RTC_WPR에 작성한다. 이 방식 으로, RCC 레지스터의 쓰기 보호를 다시 켠다.

```
RTC_WPR = 0xb0;
}
```

13. RTC를 활성화하기 위해, 대기 모드에 진입하기 직전에 아래의 프로시저는 타이 머가 활성화되어 있고 카운팅되는지, 웨이크업 이벤트를 위한 이벤트 생성이 활 성화되어 있는지 확인한다.

```
void rtc_start(void)
{
    RTC_WPR = 0xCA;
    RTC_WPR = 0x53;
    RTC_CR |= RTC_CR_WUTIE |RTC_CR_WUTE;
    while (((RTC_ISR) & (RTC_ISR_WUTWF)))
```

```
        ;
        RTC_WPR = 0xb0;
    }
```

위 프로시저가 대기 상태로 진입하기 전에 호출된다면, 웨이크업 이벤트가 발생할 경우 시스템이 다시 깨어난다. 그러나 이는 정지된 부분에서부터 다시 수행을 재개하지 않는다. 다른 저전력 모드에서 발생하기 때문이다. 대신에, 리셋 인터럽트 핸들러에서부터 시작한다. 인터럽트 벡터의 시작부터 말이다. 따라서 이 예에서는 exit_lowpower_mode를 위한 구현은 필요치 않다. 그리고 시스템을 대기 상태로 전환하는 WFE는 같은 실행 컨텍스트로 절대 반환하지 않을 것이다. 결국, 대기 예제를 위한 메인 함수는 다음과 같이 보인다.

```
void main(void) {
    int sleep = 0;
    clock_pll_on(0);
    led_setup();
    rtc_init();
    timer_init(cpu_freq, 1, 1000);
    while(1) {
        if (timer_elapsed) {
            WFE(); /* 타이머 이벤트 소비 */
            led_toggle();
            timer_elapsed = 0;
        }
        if (tim2_ticks > 10) {
            sleep = 1;
            tim2_ticks = 0;
        }

        if (sleep) {
            enter_lowpower_mode();
            rtc_start();
            WFE(); /* 반환하지 않는다. */
        }
    }
```

```
        else
            WFI();
    }
}
```

웨이크업 간격

저전력 전략을 설계하는 동안 고려해야 할 중요한 요소는 웨이크업 시간 간격이다. 즉, 저전력 모드로 전환된 후 실행을 재개하기 위해 시스템이 갖는 시간이 얼마인가 하는 것이다. 실시간 요구사항을 갖는 시스템은 전력 사용과 반응성 간에 약간의 타협을 둘 수도 있다. 하지만 최악의 경우에 연산의 지연 시간을 예측하기 위해서는 각기 다른 저전력 모드 간 웨이크업 연산의 영향을 이해하는 것이 중요하다. 웨이크업 시간은 마이크로컨트롤러의 하드웨어 설계에 따라 매우 다르며, 아키텍처에 크게 의존한다.

레퍼런스 플랫폼에서는 슬립 모드에서 깨어나는 것이 CPU 순환을 일부 소모하긴 하지만, 딥슬립 모드를 위해서는 상황이 변한다. 정지 모드에서 깨어나는 것은 몇 마이크로초가 소모된다. 정지 모드 동안 활성화된 추가적인 최적화(전압 레귤레이터의 변경 또는 플래시 메모리 전원 끄기 등)가 일반 모드로의 전환을 위한 값을 복구하는 데 소모되는 시간의 양에 지속적으로 영향을 준다. 대기 모드 이후의 리셋은 심지어 더 긴 밀리초 수준의 웨이크업 간격을 갖는다. 시스템이 웨이크업 이벤트 이후 완전히 재부트되고, 시작 코드 수행 시간이 CPU가 깨어나기 위해 필요한 밀리초에 추가돼야 하기 때문이다.

저전력 시스템을 설계할 때는 이러한 웨이크업 시간을 반드시 고려해야 하며, 적절하게 측정해야 한다. 특히 시스템이 실시간 조건을 다뤄야 한다면 말이다. 애플리케이션 타이밍과 에너지 프로파일 요구사항에 맞는 최적의 저전력 모드는 저전력 모드를 떠날 때 발생하는 오버헤드를 고려해 선택해야 한다. 만약 시스템이 이러한 지연 시간을 가지고 자주 웨이크업한다면, 이는 무시할 수 없는 수준이 될 것이다.

전력 측정

타깃이 사용 중인 전류는 장치에 직렬로 연결되어 있는 전류계에 연결하면 언제든지 측정이 가능하다. 그러나 이 메커니즘은 시간 간격 동안의 모든 값의 진동을 보여주진 않는다. 이는 오실로스코프를 사용해 션트^{shunt} 저항의 단말에서 기생 전압$^{parasitic\ voltage}$의 값을 샘플링하는 것이 유용함을 보여준다.

션트 저항의 한쪽은 타깃 장치, 반대쪽은 전력 소스에 직렬로 위치한다. 이 전형적인 값은 몇 옴^{ohm} 내외 정도로, 상대적으로 작다. 이는 기생 전압을 낮게 유지함을 보장한다. 그러나 여전히 오실로스코프로 측정이 가능하다.

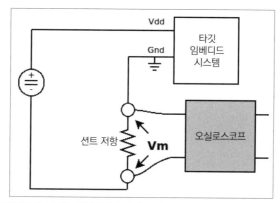

▲ 션트 저항에 적용된 전압을 샘플링하기 위해 오실로스코프를 사용해 현재 전류를 측정한다.

직렬 회로의 특성상, 션트를 통하는 전류는 타깃 시스템에 의해 사용 중인 것과 같다. 따라서 션트 저항의 단말에서 전압은 그에 따라 다양하다.

개발 보드

전력 최적화의 효과를 보기 위해, 시스템과 관련 없는 전기는 배제해야 한다. 예를 들어, 레퍼런스 보드 STM32F407-Discovery는 호스트로 디버그 인터페이스를 제공하기 위해 사용되는 추가 마이크로컨트롤러를 갖는다. 그리고 이는 같은 USB 커넥터를 사용해 전력이 공급된다. 그러나 개발 키트는 보통 관련 없는 하드웨어를 제외한 전류를 측정할 수 있는 방법을 제공한다. 이는 보드의 개발 관련 회로를 배제함으로써 마이크로컨트롤러의 저전력 기능을 적절히 평가하게 한다.

레퍼런스 보드에서는 점퍼 JP1을 사용해 전원 공급기와 마이크로컨트롤러 회로도 간 회로를 열 수 있다. 점퍼를 전류계와 연결된 두 핀으로 바꾸면, 실제 시스템에서 사용 중인 전류를 측정할 수 있다. 같은 방식으로, 션트의 전압을 샘플링하기 위해 오실로스코프를 사용함으로써 전류를 모니터링하기 위해 션트 저항을 적용할 수가 있다.

신뢰성 있는 에너지 측정 도구를 갖춘 실험실은 저전력 구현을 평가하고 에너지 최적화의 프로토타입 및 설계를 보조하기에 좋은 시작점이 될 것이다.

▍ 저전력 임베디드 애플리케이션 설계

이 절에서는 설계하려고 하는 시스템의 모든 구성요소와 상태의 전력 요구를 평가함으로써 타깃 장치에 더 나은 에너지 프로파일을 달성하기 위해 몇 가지 설계 패턴을 제안한다. 타깃에서 값을 측정하는 방법과 선택한 아키텍처 및 마이크로프로세서 제품군의 저전력 모드에 대한 상세를 알고 나면, 작성하는 소프트웨어의 에너지 효율 같은 것을 염두에 두고 애플리케이션 프로그래밍을 할 수 있을 것이다.

비지 루프를 슬립 모드로 대체

취미로 개발하는 사람들에게 비지 루프^{busy loop}가 매우 인기 있는 이유는 구현이 쉽기 때문이다. 낮은 로직 상태로 전환하기 위해 시스템이 디지털 입력을 기다려야 하고, 이 입력이 특정 GPIO에 매핑돼야 한다고 가정해보자. 이는 다음과 같은 한 줄로 쉽게 이룰 수 있다.

```
while((GPIOX_IDR & (1 << INPUT_PINX)) != 0)
    ;
```

기대한 것처럼 완벽하게 동작함에도 불구하고, 이는 CPU를 인출^{fetch}—디코드^{decode}—실행^{execute}의 반복과, 조건이 false가 될 때까지 몇 가지 같은 인스트럭션에 뛰어들도록 강제한다. 이미 살펴봤듯이, 마이크로컨트롤러가 사용하는 전력은 대부분 CPU가 얼마나 빠르게 동작하느냐에 달려 있다. 더 낮은 주파수는 인스트럭션당 사용되는 전력이 더 적다는 것을 말한다. 저전력 모드로 전환하지 않고 무한 루프를 통해 인스트럭션을 실행하면, CPU의 전력 소모는 측정 가능 시간 기준 가장 높아질 것이다. 이 경우, 대부분의 시간은 상태 변경을 위한 로직 입력을 위해 쓰인다.

인터럽트가 활성화되어 있지 않다면, 적극적으로 값을 폴링하는 것이 유일한 방법이다. 이 책에 포함된 예제는 적절한 인터럽트 처리 접근법으로 안내한다. 로직 전환을 위한 대기를 처리하기 위한 적절한 방법은 다음 연산에 관련된 인터럽트 라인의 활성화로 짐작할 수 있다. GPIO 라인의 경우, 조건이 만족됐을 때 메인 루프를 깨우고, 이벤트 대기를 위한 반복 대신에 저전력 모드로 전환하도록 외부 인터럽트 트리거를 사용할 수 있다.

다른 많은 경우에, 위와 같은 루프를 구현하고자 하는 유혹은 다음 실행 단계에서 현재 시스템을 잡고 있는 주변장치로 접근하는 다른 방법을 개발함으로써 피할 수 있다. 현대의 직렬 및 네트워크 컨트롤러는 인터럽트 신호를 갖는다. 그리고 접근하고자 하는 하드웨어를 위해 이를 사용할 수 없을 때, 외부 인터럽트 라인을 통해 이벤트를 감지하기 위한 다른 방법이 항상 존재한다. 장치가 최후의 수단으로 폴링 모드로 동작해야 한다면, 그 동작과 타이머 인터럽트 간의 연결을 맺어 폴링 주기를 줄일 수 있다. 이는 실제 주변장치 속도와 더 비슷한 간격^{interval}을 사용해 폴링을 초당 몇 번 또는 어쩌다 한 번 할 수 있도록 허용한다. 시간으로 제한된 연산 수행은 CPU로 하여금 그 사이 간에 잠잘 수 있도록 하며, 저전력 모드로 전환할 수 있게 해준다. 이는 CPU가 비지 루프 동안 사용할 평균 전력을 줄인다.

이 장에서 여러 번 나오기도 한, 이 규칙의 예외는 시스템 구성요소 활성화 이후 준비 플래그를 기다리는 것이다. 다음 코드는 내부 저속 오실레이터를 활성화하고, 대기 모드 예제에서 저속 모드로 들어가기 전에 사용된다. CSR 레지스터는 저속 오실레이터가 활성화되어 구동되기 전까지 폴링된다.

```
RCC_CSR |= RCC_CSR_LSION;
while (!(RCC_CSR & RCC_CSR_LSIRDY))
    ;
```

마이크로컨트롤러 반도체 내에 통합된 주변장치에서 수행되는 이러한 연산은 잘 알려진 수 CPU 클록의 지연 시간을 갖는다. 또한 비슷한 내부 동작을 위한 최대 지연 시간이 마이크로컨트롤러 문서에 보통 언급되어 있으므로, 실시간 제한에 영향을 주지 않는다. 폴링이 덜 예측 가능한 레지스터에서 발생할 때는 상황이 바뀐다. 그 상태와 반응 시간은 외부 인자에 달려 있을 수 있다. 그리고 시스템에서 긴 비지 루프가 발생할 수 있다.

긴 비활성 기간 동안의 딥슬립

이미 알고 있듯이, 대기^{standby}는 시스템을 초저전력 범위 내에서 가능한 한 최소의 전력을 사용하면서 멈추게 한다. 대기의 사용은 설계가 초저전력 요구사항을 매우 엄격하게 적용해야 할 때 필요하다. 다음과 같은 조건을 만족할 때 말이다.

- 적용 가능한 웨이크업 전략이 존재하고, 현재 하드웨어 설계에 호환성이 있을 때
- 시스템이 이전 상태에 대한 의존 없이 수행을 복구할 수 있을 때. 이는 RAM과 CPU 레지스터의 내용이 손실되고, 시스템이 웨이크업 시 리셋 서비스 루틴으로부터 재시작하기 때문이다.

보통, 더 긴 비활성화 기간(예를 들면, 주어진 시간에 웨이크업 알람을 하는 데 RTC가 사용될 수 있을 때)은 대기 모드를 사용하기에 더 알맞다. 이는 하루 중 프로그래밍된 간격으로 시간

과 몇 가지 상태 변수를 계속 추적함으로써 센서를 읽거나 액추에이터를 활성화하는 등의 경우에 적용된다.

대부분의 경우에는 정지 모드가 충분한 전력 절약을 할 수 있도록 허용되며 더 짧은 웨이크업 간격을 제공한다. 정지 모드의 또 다른 큰 장점은 웨이크업 전략 선택을 위한 향상된 융통성이다. 사실, 모든 인터럽트 기반 또는 환경설정 가능한 이벤트는 저전력 딥슬립 모드에서 시스템을 깨우는 데 사용할 수 있다. 따라서 이는 마이크로컨트롤러 주위의 주변장치 및 인터페이스와의 비동기 상호작용성이 있는 상태에 더 잘 맞는다.

클록 속도 선택

플랫폼이 제공하는 컴퓨팅 파워가 항상 필요할까?

오늘날 마이크로컨트롤러의 처리 성능은 20년 전의 개인 컴퓨터와 비교 가능하다. 그때 이미 빠른 연산과 심지어는 실시간 멀티미디어도 처리가 가능했다. 임베디드 애플리케이션은 CPU가 항상 최대 주파수로 동작하도록 요구하지는 않는다. 특히 계산보다는 주변장치에 접근할 때, CPU와 버스의 클록이 얼마나 빠른지는 중요치 않다. 일반 모드나 슬립 모드 둘 다, CPU 성능이 사실상 실행 파이프의 병목현상이 아닐 때는 선택된 주파수가 축소될 때 훨씬 더 적은 에너지를 필요로 한다.

많은 마이크로컨트롤러는 CPU와 내부 버스를 위해 동작 주파수를 줄이도록 설계됐다. 이는 보통 시스템이 더 적은 전압을 소모하도록 허용한다. 이미 살펴봤듯이, 각기 다른 성능/전력 타협점을 구현하기 위해 런타임에 클록 변경을 가할 수 있다. 그러나 이는 클록을 참조하는 모든 장치를 재설정해야 함을 의미한다. 실행 시간의 관점에서 변경은 비용이 소모되기 때문에, 남용해서는 안 된다. 주파수 변경을 시스템 설계에 넣는 간편한 방법은 2개 이상의 CPU 주파수 변경 옵션을 사용자 정의 전력 상태에 분리하고, 성능과 전력 사용을 번갈아가며 필요한 상태를 전환하는 것이다.

전력 상태 전환

센서에 연결되고 네트워크 인터페이스를 통해 데이터를 생성하고 전송하는 시스템을 고려해보자. 센서가 활성화됐다. 그러면 시스템은 준비가 될 때까지 대기해야 하는데, 여기에는 몇 초가 소요된다. 그리고 나서 센서는 연속해서 몇 회를 읽고 전원을 끈다. 데이터는 네트워크 장치를 사용해 암호화되고 전송된 후 처리된다. 시스템은 같은 연산을 반복하기 전, 다음 몇 시간 동안 유휴 상태로 남아 있다. 상태 머신의 간략한 모델링은 다음과 같다.

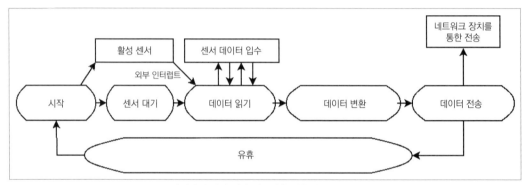

▲ 가설상의 센서 읽기 시스템을 위한 상태 머신

두 연속된 사이클 사이에 예측되는 긴 유휴 간격은 대부분의 시간 동안 시스템을 대기 상태로 두기 때문에, 다음번에 데이터 수집 시 제시간에 웨이크업을 자동적으로 할 수 있도록 RTC 알람을 프로그래밍하는 것이 좋다.

다른 상황을 위해 조금 덜 최적화된 것도 가능하다. 센서로부터 데이터를 얻는 동안, 전체 CPU 컴퓨팅 파워는 전혀 사용되지 않을 수 있다. 시스템이 센서와 바쁘게 통신하거나 대기 중이거나 다음 값이 수신될 때까지 슬립 모드일 가능성 때문이다. 이 경우, 전력 절약 구동 모드를 제공할 수 있다. 이는 시스템이 줄어든 주파수로 동작하게 하는 것이다. 따라서 구동 및 슬립 모드 사이를 전환할 때는 둘 다 적은 에너지 풋프린트footprint에 영향을 받는다. 성능이 필요한 유일한 단계는 데이터가 처리되고, 변환되며, 네트워크 장치를 통해 전송되는 동안이다. 이 경우 더 빠른 시스템은 더 빠르게 수행하거나 더 적은 시간 프레임에 데이터를 다듬도록 최적화할 수 있을 것이다. 센서가 데이터 수집을 시작할 준비가 됐을 때 시스템을 깨우기 위한 인터럽트를 보낼 수 있다면, 정지 단계는 센서 활성화 직후에 예측이 가능하다. 각 단계가 그 최적화된 저전력 모드와 연결되고 동작 주파수를 선택하고 나면, 저전력 최적화가 어떻게 구현됐는지 상기하기 위해 설계 문서에 이러한 내용을 추가할 수 있다. 성능과 에너지 효율 및 낮은 지연 시간 간의 최적의 조합을 달성하기 위한 상태 전환의 형태로 말이다.

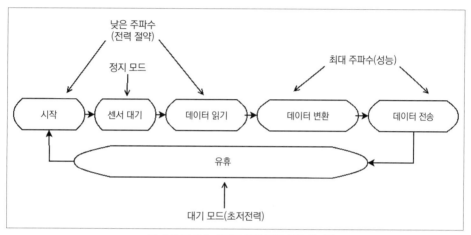

▲ 각 수행 및 유휴 상태를 위한 전력 사용 최적화

요약

현대의 임베디드 시스템은 저전력, 심지어는 초저전력 설계를 위한 여러 가능성을 열어둔다. 타깃에서 사용 가능한 여러 선택지의 이해를 통해 저전력 모드와 더 향상된 에너지 절약 기법의 형태를 구현하는 것이, 내구도 높고 신뢰성 있는 배터리 구동 및 에너지 소비 장치를 구축하는 핵심이라는 사실을 알았다.

9장에서는 임베디드 시스템 아키텍처상에서 연결된 장치의 소개 및 네트워크 프로토콜과 인터페이스의 영향에 대한 서술로 그 중심을 이동한다.

09

분산 시스템과 IoT 아키텍처

네트워크 컨트롤러 및 라디오^{radio} 인터페이스 같은 통신 주변장치를 이용하면, 마이크로 컨트롤러는 근거리 장치 및 인터넷을 통해 원거리 서버와도 데이터 통신을 할 수 있다.

함께 연결되어 서로 상호작용하는 임베디드 타깃 세트는 독립적인 분산 시스템으로 보일 수 있다. 동종 머신 간 통신은 비표준인 사유 프로토콜을 사용해 구현할 수 있다.

임베디드 시스템이 구현한 표준 프로토콜 세트에 따라 이종의 원격 시스템과 성공적으로 통신할 수 있다. 표준화되고 널리 지원되는 표준 프로토콜을 구현하여 동일한 지리적 영역에 있는 게이트웨이, 그리고 인터넷으로 원격 클라우드 서버들과 상호작용할 수 있다.

작은 임베디드 장치의 연결 범위에는 정보 기술 시스템을 사용한 원격 조정이 포함될 수 있다. 두 세계의 만남은 분산 시스템의 현대적 해석을 바꿔놓았다. 저렴한 저전력 장치는 이제 IT에 견고한 기반을 가진 서비스의 일부가 될 수 있다. 이는 **사물인터넷**^{Internet of Things}, 줄여서 IoT로 알려진 개념을 통해, 차례로 여러 서비스를 현지화 및 전문화된 센서 및 장치로 확장할 수 있게 한다.

많은 사람이 혁명이라 생각하는 이러한 기술 단계는, 우리가 기술을 접하는 방식과 인간과 머신의 상호작용 과정을 영원히 바꿀 수 있다. IoT 통신의 보안 측면은 너무 방치돼, 전송된 데이터의 기밀성과 무결성을 손상시키고 공격자가 원격 장치를 제어하는 사고로 이어지기도 했다.

9장에서는 임베디드 타깃에 구현 및 통합할 수 있는 통신 기술 및 프로토콜을 분석해본다. 이를 통해 전체 임베디드 시스템의 관점에서부터 IoT 네트워크 내로의 통합까지, 설계를 더 잘 이해할 수 있다.

네트워크 모델은 물리 계층에서 시작해 무선 또는 유선 링크를 구축할 수 있는 기술, 표준 통신 프로토콜을 사용해 클라우드 서비스와의 보안 통신을 구축할 수 있는 맞춤형 임베디드 애플리케이션 등을 설명한다.

9장에서 다루는 내용은 다음과 같다.

- 네트워크 인터페이스
- 인터넷 프로토콜
- 전송 계층 보안
- 애플리케이션 프로토콜

▌ 네트워크 인터페이스

임베디드 기기는 주로 하나 이상의 통신 인터페이스를 통합한다. 많은 마이크로컨트롤러가 이더넷^{Ethernet} 인터페이스의 MAC^{Media Access Control} 부분을 통합해, PHY^{physical layer transceiver}를 연결하면 LAN 접근이 가능하다. 일부 기기는 고정 주파수 범위에서 작동하고 무선 링크를 통해 통신하기 위해 하나 이상의 프로토콜을 구현한 무선 트랜시버와 결합된다. 자주 사용되는 무선 통신용 주파수는 블루투스^{Bluetooth} 및 802.11 와이파이$^{Wi-Fi}$에서 사용되는 2.4GHz 대역과 지역 규정에 따르는 1GHz 미만의 특정 ISM 주파수 범위다. 사용 가능한 하위 GHz 주파수에는 유럽 연합의 868MHz ISM 대역과 USA의 915MHz ISM 대역이 포함된다. 트랜시버는 일반적으로 2개 이상의 장치 간에 물리적 매체에 대한 공유 접근을 통제하는 특정 링크 프로토콜에 따라 물리 계층에 접근하도록 설계된다. 동일한 매체에 접근하는 두 인터페이스는 각기 다른 환경설정을 가질 수 있지만, 구현된 MAC 모델은 두 지점 간의 통신을 설정하기 위해 모든 종단점에서 동일한 사양을 따라야 한다. MAC 계층의 일부는 장치 자체에 구현될 수 있으며, 마이크로컨트롤러로 데이터를 전송하고 마이크로컨트롤러로부터 데이터를 받는 병렬 또는 직렬 인터페이스를 사용할 수 있다.

하드웨어 제조사들은 링크 계층에 접근하는 장치 드라이버를 배포할 수 있다. 전체 소스 코드를 사용할 수 있게 만든 경우, 개발자가 더 쉽게 매체 접근을 사용자 정의하고 장치 통신 기능을 통합하며 매체가 지원하는 모든 프로토콜 스택에 통신을 맞춰준다. 그러나 많은 장치 드라이버는 개방형 표준과의 통합 가능성을 제한하는 부분적인 오픈소스다. 게다가, 임베디드 시스템에 사유 코드를 통합하면 프로젝트 유지보수에 영향을 미치고, 알려진 문제에 대한 또는 제조사가 예측하지 못한 기능을 활성화하기 위한 솔루션을 필요로 하며, 시스템의 보안 모델에 확실히 영향을 미친다.

유선 및 무선 네트워크 인터페이스용 임베디드 시스템의 장치 드라이버 구현에는 통신 로직에 관련된 접근 제어 메커니즘 통합과 특정 채널 기능 처리가 포함된다. 링크의 일부 특성은 좀 더 높은 수준의 통신 설계에 영향 미치기 때문에, 전체 분산 시스템 아키텍처에 영향을 줄 수 있다. MAC 메커니즘과의 안정적인 상호작용과 함께, 전송률, 대기 시간, 최대 패킷 크기 같은 측면은 시스템 목적에 기반하여 요구되는 자원을 평가하는 설계 단계에서 해결하고 평가해야 한다.

매체 접근 제어

물리적 매체를 통한 성공적인 통신 링크 구축에 가장 중요한 구성요소가 MAC 로직에 그룹화되어 있다. MAC 로직 구현은 보통 소프트웨어와 하드웨어 간의 공동 책임이다. 프로토콜 변환을 수행하는 중개 게이트웨이 없이 지리적으로 분산된 IoT 시스템의 컨텍스트 내에서 확장 가능한 기술은 거의 없지만, 현재 다른 기술들이 머신 간^{machine-to-machine} 통신을 위해 사용되는 링크 접근 표준을 정의하기 위해 발전되고 있다.

일부 표준은 IT 세계에서 직접 파생되어, 임베디드 시스템에서 이용할 수 있는 제한된 자원에 맞춰 축소 가능한 기존 TCP/IP 기술을 조정해 구성한 것이다. 다른 표준들은 소형 임베디드 장치의 컨텍스트에서 전적으로 개발됐으며, 전형적인 IT 인프라와의 상호작용은 저전력 무선 기술 위에서의 TCP/IP 프로토콜 모델링을 통해 이뤄진다. 두 가지 경우 모두, 통합을 위한 연구는 IoT 서비스에서 소형, 저가, 자체 전원 공급 장치의 광범위한 통합의 필요성에 따라 결정된다.

임베디드 시스템에서 네트워크 접근을 정의하는, 거의 완벽하게 두루 적용되도록 만든 솔루션 같은 것은 없다. 임베디드 산업의 요구사항 간 차이는 특정 기능 또는 임베디드 시스템 영역에서의 요구에 맞춰 조정되는, 표준화 및 독점적인 맞춤형 MAC 프로토콜과 기술 개발을 장려하고 있다.

이번 절에서는 시스템 간 통신을 위한 가장 성공적인 MAC 기술의 일부에 대해, 기술 채택과 통합 모드에 관련된 측면을 고려해 설명할 것이다.

이더넷

시스템 전체 규모가 RJ-45 커넥터와 호환되도록 하는 것이 약간 비현실적으로 들릴 수 있겠지만, 이더넷은 여전히 임베디드 시스템에 통합되어 이용 가능한 가장 안정적이며 가장 빠른 통신 채널이다.

많은 Cortex-M 마이크로컨트롤러에는 외부 PHY와 통합될 하나의 이더넷 MAC 컨트롤러가 장착되어 있다. 그 밖의 링크 계층 프로토콜은 각 전송 패킷에 첨부되는 14바이트 프리앰블preamble로 구성된, 링크 계층 주소 지정addressing을 위한 동일한 메커니즘을 구현한다. 링크 계층 주소는 전송 중인 패킷에 포함된 출발지source 및 목적지destination 링크 주소와 페이로드payload의 유형을 나타낸다. 주소는 패킷이 TCP/IP 스택에 의해 이더넷과 같은 인터페이스로 라우팅될 때마다 다시 쓰여지므로, 최종 목적지로 향하는 과정상에서 맞닥뜨리는 다음 링크와 일치한다.

장치 드라이버는 호스트에 관련되지 않은 모든 트래픽을 삭제하기 위해 필터를 활성화할 수 있다. 그렇지 않으면, TCP/IP 스택에 의해 불필요하게 처리되는 백그라운드 데이터 통신량에 영향을 준다.

와이파이

무선 영역의 여러 가능 기술 중, 고속 및 낮은 지연 채널 그리고 개인용 컴퓨터 및 모바일 장치를 포함한 토폴로지에서 가장 광범위하게 호환 가능성이 있는 802.11 와이파이가 선택됐다. 그렇지만 와이파이 트랜시버의 전력 요구를 저전력 장치로 제공하는 데 어려움이 있을 수 있다. 매체 접근을 규제하기 위한 프로토콜 및 메커니즘의 복잡성은 주로 바이너리 형태로 배포되는, 일관된 양의 제어 소프트웨어를 요구하므로 제조업체의 지원 없이 디버깅 및 유지 관리가 불가능하다.

와이파이는 넓은 대역폭과 상당히 낮은 지연 시간을 제공하며 데이터 링크 수준에 인증 및 암호화를 구현할 수 있다.

와이파이 트랜시버를 설정하는 로컬 메시mesh 네트워크가 애드혹ad hoc 모드에서 작동하도록 구현하는 것이 기술적으로 가능하지만, 802.11 기술이 탑재된 임베디드 시스템은 대부분 다른 휴대용 장치와 상호작용하고 인터넷에 접근하는 기존 인프라에 연결하는 데 사용된다.

TCP/IP 스택과 내장형 RTOS가 있는 여러 임베디드 저가형 플랫폼을 구입할 수도 있다.

이 플랫폼은 독립형 플랫폼으로 사용되거나, 무선 랜^{LAN}에 접근하는 완벽한 시스템에 통합되어 스테이션^{station}으로 사용되거나 접근 포인트^{access point}를 제공한다.

저속 무선 개인 영역 네트워크(LR-WPAN)

센서 메시 네트워크는 근거리 영역에서 통신을 구축하기 위해 광범위하게 무선 기술을 사용할 수 있다. 802.15.4 표준은 저가, 저전력 트랜시버를 사용해 접근할 수 있는, 일반적으로 최대 전송률 250Kbps를 갖는 제한된 범위의 로컬 영역 네트워크를 제공하기 위해 2.4GHz와 하위 GHz 대역폭에 대한 접근을 조정한다. 매체 접근은 인프라를 기반으로 하지 않으며 비컨^{beaconing} 시스템을 사용해 MAC 수준의 경쟁 해결 및 충돌 감지를 지원한다. 각 노드는 2바이트를 사용해 주소를 지정할 수 있으며, 특정 주소 0xFFFF는 보이는 모든 노드에 도달하는 브로드캐스트 트래픽용으로 예약되어 있다. 802.15.4 프레임용 페이로드의 최대 크기는 127바이트로 고정되어 있으므로, 이더넷이나 무선 랜 링크로부터 라우팅되는 IP 패킷 전체를 캡슐화하는 것은 불가능하다. 802.15.4 인터페이스를 통해 통신할 수 있는 네트워크 프로토콜 구현은 인터넷 프로토콜 네트워크를 지원하지 않는 애플리케이션 특정이거나, 다중 무선 프레임에서 각 패킷을 전송 및 수신하는 단편화 및 압축 메커니즘을 제공한다.

IoT를 위해 특별히 설계된 것도, 전형적인 IP 인프라와 직접 호환하는 것도 아니지만, 802.15.4 기반의 네트워크 빌드로 이용할 수 있는 다양한 선택들이 있다. 실제로 표준은 가시적인 노드들 간의 프레임 교환을 위한 MAC 프로토콜을 지정한 반면, 다중 링크 계층 기술은 표준 및 비표준 모두 802.15.4 기반의 네트워크를 정의하기 위해 개발됐다.

LR-WPAN 산업 링크 계층 확장

트랜시버의 융통성과 802.15.4 원시^{raw} 프레임 송수신 기능 덕분에 LR-WPAN용 네트워크 프로토콜 구현은 비교적 쉽다.

IoT 이전 시대에, 프로세스 자동화 산업은 가장 먼저 802.15.4 기술을 채택했고 오랜 시간 동안 여러 제조업체 장치들 간 호환성을 위해 표준 프로토콜 스택을 연구해왔다. 지그비Zigbee 프로토콜 스택은 독점적이고 폐쇄적인 소스, 그리고 상업적 사용에 적용되는 사용료를 고려하면 눈에 띄는 성공으로, 사실상 802.15.4 네트워킹을 위해 업계에 강제하는 표준이 되도록 하는 방법을 찾고자 했다. 이러한 노력과 함께, **국제 자동 제어 협회**ISA, International Society of Automation는 개방형 표준 ISA100.11a에 대한 제안서를 만들었다. 이 표준은 산업 자동화 프로세스에서 사용되는 802.15.4 링크 기반의 네트워크를 빌드하기 위한 지침을 정의하는 것을 목표로 한다. 원래 기업의 컨소시엄에 의해 개발된 후 **국제 전기 기술 위원회**IEC, International Electrotechnical Commission가 산업 자동화 표준으로 승인한 또 다른 산업 자동화 프로토콜은 WirelessHART이다.

지그비, ISA100.1, WirelessHART 같은 기술은 네트워크 정의 및 전송 메커니즘을 포함하여, 사용자 정의 주소 메커니즘과 통신 모델을 제공하고, 애플리케이션 통합에 사용할 수 있는 API를 공개하는 802.15.4의 전체 프로토콜 스택을 정의한다. 분산 시스템 설계의 관점으로, 인터넷 프로토콜 스택을 구현하지 않고 사용자 정의 네트워크 장치에 인터넷 연결을 활성화하려면 사용자 정의 LR-WPAN 프로토콜 스택에 각 패킷을 재라우팅하고 변환하는 게이트웨이로서 동작하는 하나 이상의 장치가 필요하다. 그러나 변환 프로시저는 종단 간 보안을 포함하여 통신의 다양한 측면에 영향을 주는 TCP/IP 통신의 종단 간 의미를 훼손한다.

6LoWPAN

RFC 4944에 설명된 6LoWPAN은 IPv6 패킷을 전송할 수 있는 IETE 표준 802.15.4 링크 프로토콜이며, IP 호환 LR-WPAN의 확립된 표준이다. 6LoWPAN은 노드가 TCP/IP 네트워킹을 구현하기만 하면 임베디드 시스템이 802.15.4 인터페이스를 사용해 인터넷에 접근할 수 있고, 링크 계층은 짧은 LR-WPAN 프레임을 사용해 완전한 크기의 IP 패킷을 송수신하는 메커니즘을 제공한다. 패킷의 내용은 연속적인 전송 유닛으로 단편화되어 전송되고, 전송 오버헤드를 줄이기 위해 선택적으로 네트워크 및 전송 헤더가 압축된다.

현재 6LoWPAN 표준에 IPv4 대응 항목은 없다. 그러나 IETE는 임베디드 노드를 위한 레거시 IPv4 연결을 활성화하기 위해 유사한 접근법을 채택하는 제안을 평가하고 있다.

6LoWPAN은 몇 가지 네트워크 스택 구현의 일부이며, 이는 개방형 표준 프로토콜 및 IoT를 위한 설계를 기반으로 완전한 IPv6, 저전력 메시 네트워크 기술을 홍보하기 위한 스레드^{Thread} 그룹이라 불리는 산업 동맹을 만들려는 시도에 포함된다. 여러 가지 무료 및 오픈소스 TCP/IP 스택 및 임베디드 운영체제가 6LoWPAN을 지원하고, 구현된 기능 및 프로토콜을 기반으로 IP 네트워크를 구축하는 데 필요한 링크 인프라를 제공하기 위해 802.15.4 트랜시버에 접근할 수 있다.

메시 언더$^{mesh-under}$라는 투명 브리지 메커니즘을 제공하기 위해 메시 네트워킹을 선택적으로 링크 계층에 추가할 수 있다. 메시 언더에서는 해당 목적지에 도착할 때까지 메시의 원거리 코너까지의 모든 프레임이 링크 계층에 의해 반복된다.

6LoWPAN이 네트워크 토폴로지 구축을 위한 인프라를 제공하므로, IP 수준에서 라우팅 테이블을 업데이트하는 애플리케이션 수준 프로토콜을 사용해 메시 네트워킹에 다른 방식으로 접근할 수 있다. 라우트 오버$^{route-over}$ 메시 네트워킹으로 알려진 이 메커니즘은 표준화된 동적 라우팅 메커니즘을 기반으로 하며, 각기 다른 물리 링크로 메시 네트워크를 확장하는 데도 사용될 수 있다.

블루투스

끊임없는 진화 속에서 또 다른 시스템 간 연결 기술로 블루투스^{Bluetooth}가 있다. 그 물리 계층은 호스트/장치 통신을 설정하거나, TCP/IP 통신을 포함하여 여러 프로토콜을 지원하는 PAN을 위해 인프라를 제공하는 2.4GHz 통신을 기반으로 한다. 오랜 성공과 개인용 컴퓨터 및 휴대용 장치 시장에서의 폭넓은 채택 덕분에, 블루투스 연결은 임베디드 마이크로컨트롤러 세계에서 인기를 얻기 시작했다. 주로 저전력 소비 방향으로 최근에 표준이 발전했기 때문이다.

초기에는 근거리 장치를 위한 직렬 통신의 무선 대체용으로 설계된 클래식^{classic} 블루투스 기술은 TCP/IP 가능 네트워크 인터페이스와 전용 오디오 및 비디오 스트리밍 링크를 포함하여, 통합 전용 채널을 지원하도록 진화했다.

버전 4 표준 정의에서 도입된 프로토콜 스택의 저전력 변형들은 임베디드 센서 노드를 위해 에너지 소모 제한을 목적으로 설계됐고, 일련의 새로운 서비스를 도입했다. 센서 장치는 장치와 통신을 설정하도록 클라이언트(보통 호스트 머신)에 의해 접근될 수 있는 **일반 속성 프로파일**^{GATT, Generic Attribute Profile} 을 사용할 수 있다. 타깃의 트랜시버가 비활성화된 경우 적은 양의 전력만 소비하지만, 여전히 그 속성을 발견하고 클라이언트에서 GATT 전송을 시작할 수 있다. 블루투스는 요즘 단거리 통신을 위해서나, 개인용 컴퓨터 및 휴대용 장치의 센서 노드에 접근하기 위해, 그리고 스피커, 헤드셋, 핸드 프리 자동차 음성 인터페이스 및 여러 의료 애플리케이션 같은 원격 오디오 장치와 멀티미디어 콘텐츠를 교환하기 위해 주로 사용된다.

모바일 네트워크

주변에 이용 가능한 고정된 인프라 없이 원격 장치에 연결하는 것은 GSM/GPRS, 3G, LTE 같은 휴대용 장치가 인터넷에 접근하기 위해 사용하는 기술을 통해 가능하다. 광대역 모바일 연결에 접근하는 장치를 특징 짓는 복잡성, 비용, 에너지 요구사항이 증가함에 따라, 마이크로컨트롤러 기반 임베디드 장치에 이런 종류의 네트워크 통신을 통합할 때 그 영향이 커졌다. 모바일 네트워크는 기본적으로 TCP/IP 프로토콜을 지원하며, 인터넷이나 경우에 따라 접근 인프라가 제공하는 제한된 네트워크에 직접 연결을 제공한다.

자동차 및 철도 같은 특정 시장에서 여전히 인기가 있음에도 불구하고, 구형의 협소한 대역 기술에 접근하는 좀 더 단순한 모뎀은 시장에서 서서히 사라지고 있는 데 반해 광대역 네트워크 접근 프로파일은 일반적으로 원격 센서 장치에서 적은 양의 정보를 전송하기에는 과도하다.

휴대 전화 시장의 요구사항에 초점을 맞춰 모바일 네트워크 기술이 진화하는 동안, 임베디드 장치 아키텍처는 분산 IoT 시스템의 요구사항에 더 잘 부합하는 새로운 기술을 연구하고 있다. 새로운 기술은 임베디드 시장의 목적 및 저전력, 비용 효율적, 장거리 통신을 향한 진화에 더 잘 맞는다.

저전력 원거리 네트워크(LPWAN)

LWPAN^{low-power wide area network}은 비용 효율적이고, 저전력, 장거리, 협대역 통신을 위한 시장 격차를 채우는 새로운 기술의 제품군이다. LR-WPAN에 대해 말하자면, 시장을 점유하기 위한 시도로 다양한 산업체 연맹이 형성됐으며, 경우에 따라서는 보편적인 LPWAN 네트워크를 위한 표준 프로토콜 스택을 구축하기도 했다. 이러한 과정은 특성, 비용 및 절전 기능에 대한 건전한 경쟁 등으로 이어졌다.

LPWAN 기술은 보통 GHz 미만의 물리적 채널을 기반으로 하지만, 늘어난 범위를 허용하기 위해 다른 라디오 설정을 사용할 수 있다. 장치는 무선으로 서로 통신할 수 있으며, 기지국이 유효한 경우 이를 이용해 수천 킬로미터까지 서비스 범위를 늘릴 수 있다.

이 분야에서 가장 두드러진 최신 기술은 다음과 같다.

- LoRa/LoRaWAN: 특허받은 무선 라디오 접근 메커니즘과 완전히 독점적인 프로토콜 스택을 기반으로, 이 기술은 유사한 기술에 비해 상대적으로 높은 전송 속도의 장거리 통신을 제공한다. 인프라가 없는 노드 간 통신 같은 몇 가지 흥미로운 기능을 제공하지만, 폐쇄 프로토콜 방식이 임베디드 시장에서는 매력이 덜하게 만들고, 좀 더 개방된 표준을 선호하므로, 장기적으로 LPWAN이 경쟁에서의 위치를 유지할 가능성이 낮다.
- Sigfox: 초협대역 무선 기술은 동작을 위한 인프라를 필요로 하며, 매우 긴 범위의 아주 낮은 전송 속도를 제공한다. 규정된 인프라 접근은 매일 노드 간 전송할

수 있는 제한된 바이트 수를 허용하며, 메시지의 페이로드는 12바이트로 고정된다. 물리 계층은 사유이지만, 프로토콜 스택은 소스 코드 형태로 배포된다. 그러나 유럽 시장에서 큰 성공을 거뒀음에도 불구하고 일부 국가에서 무선 규정은 여전히 개방이 필요하고, 이는 전 세계를 위한 기술 개발에 영향을 미칠 수 있다.

- Weightless: 초협대역 기반의 또 다른 기술인 Weightless는 GHz 미만 범위의 LPWAN 작동을 위한 완전히 개방된 표준이다. 범위 및 성능 면에서 Sigofx와 유사한 Weightless는 무선 보안 키 협의 메커니즘을 허용해, 기존의 사전 공유 키 배포 메커니즘을 대체하는 향상된 보안 모델을 제공한다.

- DASH7: 여기서 설명한 기술 중 가장 최신 기술로, 완전히 개방된 설계를 기반으로 한다. 전체적인 경량 프로토콜 스택의 소스 코드는 Dash7 연합에 의해 제공된다. 이 연합은 임베디드 시스템에 더 쉽게 기술을 통합할 수 있게 한다. 네트워크 토폴로지를 정의할 때 다양한 선택이 가능하기 때문에, 분산 시스템 설계를 위한 융통성을 제공하도록 프로토콜 스택이 설계됐다.

LPWAN 프로토콜은 IP와 직접 호환되지 않으며, 노드에서 취한 장거리 통신 데이터 기반의 TCP/IP 트래픽을 생성하는 네트워크의 노드 중 하나를 필요로 한다. 네트워크 트래픽의 산발적이고 낮은 비트 전송 속도 특성은, 이러한 기술을 그들 고유의 분야에서 동작하게 한다. 그리고 분산 시스템의 아키텍처가 인터넷에 있는 원격 노드에 접근할 것으로 예측되는 경우, 노드로부터 데이터를 재라우팅할 수 있는 노드를 필요로 한다.

적절한 네트워크 인터페이스 선택

사용 사례에 따라, 각 임베디드 시스템은 이 부분에서 설명하고 있는 기술에 의해 제공되는 통신 기능으로 장점을 취할 수 있다. 일부 임베디드 시스템의 높은 전문성으로 인해, 특정 사용 사례에 맞춰진 설계는 이러한 분류 외에 특정 사례를 위해 설계된 기술을 사용하기도 한다. 일부 환경에서의 방출 규정 및 매체가 물속이나 인체를 통하는 등 전자파를 확실하게 전송할 수 없는 경우, 무선 통신이 불가능한 경우가 있다.

잠수함은 데이터를 표현하기 위해 음파를 사용하는 특별한 트랜시버로 통신한다. 무선 라디오 대비 네트워크의 범위 및 효율성을 증가시키는 **근거리 자기유도**^{NFMI, near-field magnetic induction} 메커니즘을 사용하는 NXP MiGLO 같은 웨어러블 기기용 통신 향상을 위한 특정 기술도 연구된다. 이미 널리 보급된 기술도 유선 통신용으로 물론 사용 가능하다. 전력선 통신은 구형 장치를 수리해 기존 와이어를 재사용하고 로컬 네트워크 연결을 가능하게 한다. 이는 사용된 와이어의 본래 목적에 영향을 주지 않는 고주파 변조를 사용해 이더넷이나 직렬 인터페이스 버스를 확장하는 것이다.

결론적으로, 임베디드 장치는 연결에 관해 광범위한 가능성을 제공한다. 최적의 선택은 항상 통신의 다른 종단점 도달에 필요한 프로토콜과 표준을 구현하기 위해 시스템에서 사용할 수 있는 특정 사례 및 자원에 따라 다르다. 통신 기술을 선택할 때 고려해야 할 몇 가지 측면은 다음과 같다.

- 통신 범위
- 데이터 전송에 필요한 비트 전송 속도
- 총 소유 비용(트랜시버 가격, 통합 노력, 서비스 비용)
- 트랜시버에 의해 도입된 지연 시간 같은 매체 특정 제한사항
- 하드웨어 설계 요구사항에 대한 RF 간섭의 영향
- 최대 전송 유닛
- 전력 소비, 에너지 풋프린트
- 타사 시스템과의 호환성을 위해 지원되는 프로토콜/표준
- IoT 시스템에 통합하기 위한 인터넷 프로토콜 준수
- 토폴로지 융통성, 동적 라우팅, 메시 네트워크 실행 가능성
- 보안 모델
- 특정 기술에 대한 드라이버 및 프로토콜 구현에 필요한 자원
- 수명이 긴 프로젝트의 잠금 방지를 위한 개방형 표준 사용

연결된 장치를 위한 각각의 모든 기술은 이더넷이나 GSM/LTE 같은 여러 부분에서 기술을 빌려왔는지 또는 RL-WPAN과 LWPAN 프로토콜처럼 저전력 임베디드 시스템을 염두에 두고 설계했는지에 따라, 고유 설계에서 어떻게 다뤄지는지에 대한 각기 다른 견해를 제공한다.

분산 시스템을 설계할 때 적절한 통신 채널을 선택하는 데는 하드웨어와 소프트웨어 설계 간의 엄격한 협업이 요구된다. 특히 저전력 분야에 연결된 장치를 생성하는 추가적인 복잡성으로 기인한 문제를 정확히 이해하기 위해서 말이다.

다음 절에서는 IP-호스트 간 접근법 선택 및 IoT 분산 시스템의 요구사항을 충족시키기 위해 TCP/IP 스택을 확장하고 설정하는 모든 경우에서 임베디드 기기로 규모를 줄이기 위해 적용되는 IP를 어떻게 구현하는지에 중점을 둔다. TCP/IP 종단점은 모두 분산 시스템에서 임베디드 개발의 범위 밖에 있으므로, IoT 시스템에서 비표준 통신을 통합하기 위해 경계 게이트웨이에 의해 비 IP 프로토콜이 변환되는 경우는 다루지 않는다.

▌ 인터넷 프로토콜

1980년대 초반에 표준화되고, 요즘 TCP/IP라 불리는 인터넷 프로토콜은 네트워크, 전송 그리고 광범위한 기술과 인터페이스를 통해 표준 통신을 제공하는 애플리케이션 프로토콜 제품군이다.

이미 살펴본 바와 같이 임베디드 산업은 표준 수준에서 동작하기에 충분히 전문화되어 있지만, 새로운 연구 동향에서는 소규모, 저전력, 비용 효율적인 임베디드 시스템을 포함한 분산 시스템에서 기존 IT 인프라의 영향력 증가로 인해 네트워크 통신을 위해 표준을 정립한 본래의 자리에 다시 TCP/IP 통신을 받아들이고 있다. 사용자 정의 비 IP 프로토콜 스택을 만드는 것은 거의 모든 경우에 의미가 없다. 수십 년간 광범위한 연구 주제였던 최신 기술을 다시 개발하는 데 노력을 쏟을 필요가 없기 때문이다. 그리고 이는 수백만 개의 장치에 통합되어 현재 인터넷을 위한 주 빌딩 블록이 됐다.

TCP/IP 기능을 가진 임베디드 시스템을 설계하는 것은 여러 오픈소스 구현이 존재하기 때문에 더 이상 선구적인 작업이 아니며, 2개 이상의 종단점 간에 데이터 전송 기능을 제공하는 물리적 통신 채널에 접근할 수 있기만 하면 TCP/IP 기능을 쉽게 소규모 임베디드 시스템에 통합할 수 있다.

TCP/IP 구현

현대 TCP/IP 스택은 분산 임베디드 시스템의 가장 기본적인 부분일 수 있다. 통신의 신뢰성은 표준 프로토콜이 얼마나 정확하게 구현되어 있는지에 달려 있으며, 장치에서 실행되는 서비스의 보안은 TCP/IP 스택 구현에 숨겨진 결함, 인터페이스 드라이버, 그리고 소켓 추상화를 제공하는 글루 코드$^{glue\ code}$로 인해 위태로워질 수 있다.

임베디드 장치에 가장 널리 사용되는 오픈소스 TCP/IP 라이브러리는 lwIP로 알려진 **경량 IP**$^{lightweight\ IP}$ 스택이다. 여러 실시간 OS에 통합되고 하드웨어 제조업체에 의해 번들로 배포되기도 하는 lwIP는 IPv4와 IPv6 네트워크, UDP 및 TCP 소켓 통신, DNS와 DHCP 클라이언트, 그리고 수십 킬로바이트의 메모리를 사용하는 임베디드 시스템에 통합할 수 있는 여러 애플리케이션 계층 프로토콜 번들을 제공한다. 소형 마이크로컨트롤러에 적합하도록 제작됐지만, lwIP 같은 완전한 기능을 갖춘 스택이 필요로 하는 자원은 초저전력 특성을 갖는 대부분의 센서 처리 타깃을 포함하는 일부 소형 장치의 범위를 벗어난다.

uIP라 하는 **마이크로 IP**$^{micro\ IP}$는 흔치 않지만 한 번에 하나의 버퍼를 처리하는 방식을 기반으로 하는 최소한의 TCP/IP 구현이다. 메모리에 여러 버퍼를 할당할 필요가 없으므로, 가능한 한 제한된 TCP/IP 통신에 필요한 RAM 양을 유지하고, TCP 및 다른 프로토콜의 구현 복잡성을 줄여, 결과적으로 전체 스택의 코드 크기를 줄인다. uIP가 더 높은 비트 전송 속도로 확장하거나 고급 기능을 구현하기 위해 설계되지는 않았지만, 매우 제한적인 자원으로 노드를 주로 저속의 LR-WPAN 네트워크에 연결하기 위한 가장 좋은 방법일 수 있다.

picoTCP는 좀 더 짧은 역사를 가진 자유 소프트웨어 TCP/IP 스택이다. 유사한 자원 풋 프린트 및 기능 목록을 lwIP와 공유하지만, 각기 다른 모듈식 설계를 가지고 동적 라우팅, IP 필터링 및 NAT 기능을 제공하는 IoT 프로토콜에 더 집중한다. 802.15.4 장치를 통해 6LoWPAN의 기본 지원으로, picoTCP는 6LoWPAN에 메쉬 언더 기능을 사용하거나 OLSR과 AODV처럼 모듈로 제공되는 동적 프로토콜을 사용하는 좀 더 전통적인 라우트 오버 접근법으로 메시 네트워크 구축에 사용될 수 있다.

오픈소스와 사유 TCP/IP 스택을 위한 다른 구현도 존재한다. 이는 베어메탈 애플리케이션 및 임베디드 운영체제 모두에 통합될 수 있으며, 좀 더 높은 수준의 애플리케이션과의 소켓 통신을 제공하기 위해 인터페이스 드라이버를 통합하고 시스템과 상호작용하는 유사한 API를 제공하는 경우가 있다. 임베디드 TCP/IP 스택은 장치 드라이버를 통해 네트워크 장치에 연결된다. 네트워크를 통해 프레임을 전송하는 함수를 제공하고 진입점 함수를 사용해 수신된 패킷을 전달할 수 있다. 현재 TCP/IP 스택에 의해 처리되는 패킷은 비동기 작업이 필요할 수 있으므로, 애플리케이션이나 운영체제가 스택 루프 함수가 주기적으로 호출된다는 것을 보장해야 버퍼에서 해당 패킷을 처리할 수 있다. 마지막으로, 소켓 인터페이스는 애플리케이션이 원격 종단점과 통신하는 데 소켓을 생성해 사용할 수 있도록 전송 계층에서 제공한다.

네트워크 장치 드라이버

네트워크 인터페이스용 드라이버를 통합하기 위해, TCP/IP 스택은 프레임이나 패킷을 포함한 버퍼를 송수신하는 가장 낮은 계층에 인터페이스를 제공한다. 장치가 링크 계층 이더넷 주소를 지원하는 경우, TCP/IP 스택은 이더넷 프레임을 다루는 추가 구성요소를 연결하고 모든 IP 통신을 초기화하기 전에, 수신 장치의 MAC 주소를 습득하기 위해 이웃 발견/탐색 프로토콜NDP, neighbor discovery protocol을 활성화해야 한다.

lwIP는 네트워크 인터페이스를 설명하는 netif 구조체를 제공한다. 이 구조체는 드라이버 코드에 의해 할당돼야 하지만 netif_add 함수를 사용해 스택에 의해 자동으로 초기화된다.

```
struct *netif netif_add(struct netif *mynetif, struct ip_addr *ipaddr,
    struct ip_addr *netmask,
    struct ip_addr *gw, void *state,
    err_t (* init)(struct netif *netif),
    err_t (* input)(struct pbuf *p, struct netif *netif)
);
```

ipaddr, netmask, gw 인수는 이 인터페이스를 통해 생성된 링크에 대한 초기 IPv4 구성을 설정하는 데 사용할 수 있다. lwIP는 인터페이스당 하나의 IPv4 주소, 3개의 IPv6 주소를 지원하지만, 이 주소들은 모두 netif 구조체 관련 필드 수정을 통해 추후 재구성할 수 있다. IP는 고정 IP 주소 또는 DHCP나 자동 링크 로컬 주소처럼 IP를 자동으로 할당하는 메커니즘을 사용해 설정할 수 있다.

state 변수는 사용자 정의 포인터로 네트워크 장치와 드라이버 코드에 netif | state 포인터를 사용해 접근할 수 있는 프라이빗 필드 사이에 연관성을 형성할 수 있다.

init 인수로 제공되는 함수 포인터는 동일한 netif 포인터를 이용해 스택 초기화 중에 호출되며, netif 장치를 위한 나머지 필드를 초기화하기 위해 드라이버가 사용해야 한다.

입력 인수를 통해 제공되는 함수 포인터는 네트워크에서 패킷을 수신할 때 스택이 수행해야 하는 내부 동작을 나타낸다. 장치가 이더넷 프레임을 사용해 통신하는 경우, ethernet_input 함수를 제공해서 프레임 내용 파싱 전에 필요할 수 있는 이더넷 프레임을 위한 추가 처리를 가리키도록 하고, 데이터 전송 전에 MAC 주소에 IP 주소를 연결해 네트워크가 이웃 탐색 프로토콜을 지원함을 나타낸다. 드라이버가 네이키드[naked] IP 패킷을 대신 처리하는 경우, 연결할 수신 함수는 ip_input이다.

장치 드라이버 초기화는 init 함수에서 마무리되고, netif 구조체의 다른 중요한 필드 값도 할당해야 한다.

- hw_addr: 지원되는 경우, 이더넷 장치를 위한 MAC 주소를 포함함
- mtu: 이 인터페이스에서 허용된 최대 전송 유닛 크기

- name/num: 시스템의 장치 식별용
- output: 스택에 의해 호출되는 함수 포인터로, 전송할 준비가 된 IP 패킷에 사용자 정의 링크 헤더를 추가함. 이더넷 장치의 경우, 이 포인터는 이웃 탐색 메커니즘을 촉발하는 etharp_output을 가리켜야 한다.
- link_output: 버퍼가 전송할 준비가 됐을 때, 스택에 의해 호출되는 함수 포인터

링크는 netif_up을 호출함으로써 up으로 표시된 후, 장치 드라이버는 새로운 패킷을 수신할 때까지 입력 함수를 호출할 수 있으며, 스택은 자체적으로 드라이버와 상호작용하는 output/link_output 함수를 호출한다.

picoTCP는 장치 드라이버를 구현하기 위해 유사한 인터페이스를 제공하지만, 인터페이스당 여러 주소를 지원하므로 IP 구성은 장치 드라이버와 별개다. 각 장치는 멀티홈^{multi-homed} 서비스를 구현하기 위해 자체 IP 구성이 있는 연결된 IPv4와 IPv6 링크 목록을 갖고 있다. picoTCP의 장치 드라이버 구조체는 그 첫 필드로서 pico_device 구조체의 물리 엔트리를 두어야 한다. 이런 식으로 두 구조체가 같은 주소를 가리키고, 장치가 pico_device 구조체의 마지막에 자체 개별 필드를 유지할 수 있다. 장치를 초기화하기 위해, 드라이버에서 구조체가 할당되고 pico_device_init가 호출된다.

```
int pico_device_init(struct pico_device *dev, const char *name, const uint8_t *mac);
```

필요한 3개의 인수는 미리 할당된 장치 구조체, 시스템 내에서 식별자로 사용되는 이름, 그리고 (있는 경우) 이더넷 MAC 주소를 나타낸다. MAC이 NULL인 경우, 스택은 이더넷 프로토콜을 우회하고, 드라이버에 의해 처리되는 모든 트래픽은 링크 계층 확장 없는 네이키드 IP 패킷이다. 드라이버는 인터페이스에 의해 전송되는 프레임이나 패킷을 전달하기 위해 스택이 사용하는 send 함수를 구현해야 하며, 입력은 pico_stack_recv 함수를 통해 관리돼야 한다.

```
int32_t pico_stack_recv(struct pico_device *dev, uint8_t *buffer, uint32_t len);
```

장치가 다시 인수로 전달되므로 스택은 인터페이스가 이더넷 프레임이나 헤더 없는 원시 IP 패킷을 수신하는지를 자동으로 인식하고 이에 따라 반응한다. IP 주소는 `pico_ipv4_link_add`를 사용해 구성할 수 있고 라우팅 테이블은 특정 네트워크에 게이트웨이와 고정 라우트^{static route}를 추가하기 위해 해당 API를 통해 접근한다.

TCP/IP 스택 구동

네트워크 스택을 통합하기 위해, 시스템은 일반적으로 시간 관리 및 힙 메모리 관리 같은 몇 가지 필수 요소를 제공해야 한다. 스택에 필요한 모든 시스템 기능은 함수와 그에 맞는 전역 값을 연결하는 시스템 특정 구성 헤더를 사용해 컴파일 때 연결된다.

물리 채널의 특성과 달성할 처리량에 따라, TCP/IP 스택은 사용되는 상위 계층에서 처리할 수 있을 때까지 새로 들어오는 버퍼를 위한 영역을 할당하기 때문에, 힙 메모리 면에서는 매우 까다로울 수 있다. 시스템의 다른 구성요소의 기능에 영향을 주지 않고 임계 값^{threshold}과 하드 제한^{hard limit}을 설정해 제어할 수 있는 스택의 메모리 사용률을 유지하는 일부 설계에서는 TCP/IP 스택 작업에 별도의 메모리 풀을 할당하는 것이 도움이 될 수 있다.

대부분의 라이브러리는 시스템이 제공하고, 시스템의 다른 구성요소가 독립적으로 증가시키는 단순한 카운터를 사용해 내부 타이머를 구현한다. 시간 추적 값은 SysTick 인터럽트를 사용해 증가시킬 수 있다. 또한 프로토콜을 위한 시간 연산을 구성하기 위해 스택에 적절한 정확성을 제공한다. lwIP의 경우, 부트 시간을 밀리초 단위로 표현하는 `lwip_sys_now`라는 전역 변수를 제공하는 것으로 충분하다. picoTCP는 동일한 값을 반환하는 `PICO_TIME_MS`라는 매크로 또는 인라인 함수를 제공해야 한다. 두 스택 모두 애플리케이션의 주요 루프가 시스템 프로토콜의 내부 상태를 관리하는 데 필요한 주요 API의 함수를 호출함으로써 순환 진입점^{recurring entry point}을 제공할 것으로 기대한다.

보류 중인 타이머가 만료됐는지 확인하기 위해, 시스템은 주요 이벤트 루프에서 또는 OS에서 실행 중인 경우 전용 스레드에서 lwIP의 `sys_check_timeouts`나 picoTCP의 `pico_` stack_tick을 호출한다. 연이은 호출 사이의 간격은 타이머 정확성에 영향을 줄 수 있으며, 일반적으로 네트워크 스택이 일정 시간 후 작동하는 이벤트에 반응한다는 것을 보장하기 위해 수 밀리초보다 길어서는 안 된다.

네트워크 인터페이스는 또한 지속적으로, 또는 시스템에 구현된 적절한 인터럽트 처리를 통해 네트워크 입력이 폴링polling돼야 한다. 새로운 데이터를 이용할 수 있는 경우, 장치 드라이버는 데이터 링크 또는 네트워크 계층의 입력 함수를 호출해 새 버퍼를 할당하고 처리를 시작한다.

lwIP를 사용하는 일반적인 베어메탈 애플리케이션은 스택 및 장치 드라이버를 위한 초기화 단계를 수행함으로써 시작된다. 네트워크 인터페이스를 위한 구조체는 메인 함수 스택에 할당되며 고정 IPv4 구성으로 초기화된다. 다음 코드를 통해 장치 드라이버가 driver_netdev_create라는 함수를 제공해 인터페이스 특정 필드 및 콜백을 채운다는 사실을 추정할 수 있다.

```
void main(void)
{
    struct netif netif;
    struct ip_addr ipaddr, gateway, netmask;
    IP4_ADDR(&ipaddr, 192,168,0,2);
    IP4_ADDR(&gw, 192,168,0,1);
    IP4_ADDR(&netmask, 255,255,255,0);

    lwip_init();
    netif_add(&netif, &ipaddr, &netmask, &gw, NULL, driver_netdev_create,
    ethernet_input);
    netif_set_default(&netif);
```

네트워크 인터페이스는 TCP/IP 스택에서 활성화된다.

```
    netif_set_up(&netif);
```

메인 루프에 들어가기 전에, 애플리케이션은 소켓을 생성하여 구성하고 콜백^{callback}을 연결함으로써 통신을 초기화한다.

```
application_init_sockets();
```

메인 루프는 이 경우 driver_netdev_poll이라는 함수를 제공하는 드라이버에 있다. 이는 드라이버가 새로운 프레임을 수신할 때마다 ethernet_input을 호출하는 함수다. 마지막으로, sys_check_timeouts가 호출되어 lwIP가 보류 중인 타이머를 추적할 수 있다.

```
while (1) {
    /* netif 폴링(poll)하고, 패킷을 lwIP로 전달한다. */
    driver_netdev_poll(&netif);
    sys_check_timeouts();
    WFI();
}
}
```

picoTCP를 실행하는 베어메탈 애플리케이션에 유사한 프로시저가 있다. 장치 드라이버의 초기화는 스택과 독립적이며, 드라이버는 필수적인 첫 번째 멤버로 사용자 정의된 driver_device 유형에 포함된 pico_device 구조체의 pico_device_init를 호출한다. 드라이버에 의해 내보내지는^{export} 유일한 함수는 driver_netdev_create이며, 이 함수도 pico_stack_tick에 의해 호출되는 특정 네트워크 폴링 함수 포인터와 연관시킨다. 스택은 드라이버의 폴 함수가 처리할 새로운 수신 패킷이 있을 때마다 pico_stack_recv에 대한 콜백을 기대한다.

```
void main(void)
{
    struct driver_device dev;
    struct ip4 addr, netmask, gw, zero;
    pico_string_to_ipv4("192.168.0.2", &ipaddr.addr);
```

```
pico_string_to_ipv4("255.255.255.0", &netmask.addr);
pico_string_to_ipv4("192.168.0.1", &gw.addr);
any.addr = 0;

pico_stack_init();
driver_netdev_create(&dev);
```

IPv4 주소 설정은 IPv4 모듈의 API에 접근함으로써 수행된다. 애플리케이션은 pico_ipv4_link_add를 호출하고 주소 및 넷마스크^{netmask}를 지정해 하나 이상의 IP 주소 구성을 연관시킬 수 있다. IP 프로토콜의 라우트가 인터페이스를 통해 서브넷에 인접한 모든 라우터에 도달하도록 자동으로 생성된다.

```
pico_ipv4_link_add(&dev, ipaddr, netmask);
```

기본 라우트를 추가하기 위해, 게이트웨이는 1메트릭^{metric}의 0.0.0.0 주소(모든 호스트를 나타냄)와 연관된다. 기본 게이트웨이는 후에 다른 서브 네트워크에 더 구체적인 라우트를 정의함으로써 무시될 수 있다.

```
pico_ipv4_route_add(any, any, gw, 1, NULL);
```

이전 예제와 같이, 애플리케이션은 지금 새로운 소켓을 초기화하고 필요시 스택의 호출에 의해 콜백과 연관될 수 있다.

```
application_init_sockets();
```

이 간단한 메인 루프는 반복적으로 pico_stack_tick을 호출하여, 라운드 로빈$^{round-robin}$으로 모든 연관된 네트워크 인터페이스를 폴링하고 모든 프로토콜 모듈에서 보류 중인 모든 작업을 수행한다.

```
while (1) {
    pico_stack_tick();
    WFI();
}
```

모든 TCP/IP 작업은 애플리케이션이 네트워크 및 시간 초과 이벤트에 반응할 것으로 예상될 때마다 호출되는 소켓 콜백과 연관되며, 시간 초과 이벤트는 단일 프로토콜의 내부 상태를 관리해야 하는 경우 스택에 의해 자동으로 설정된다. 운영체제 없는 소켓 통신에 접근하기 위해 제공되는 인터페이스는 스택 구현에 따라 사용자 정의 콜백을 기반으로 한다.

소켓 통신

소켓은 네트워크 애플리케이션에서 전송 계층 통신에 접근하는 표준 방식이다. 나중에 POSIX에서 표준화된 버클리^{Berkeley} 소켓 모델에는 함수 및 구성요소, 그리고 유닉스 운영체제에서의 동작을 위한 명칭 표준이 포함된다. TCP/IP 스택이 운영체제에 통합된다면, 스케줄러는 특정 입력을 대기하는 동안 호출자를 일시 중단하는 메커니즘을 제공할 수 있으며, 소켓 호출 API는 POSIX 사양에 맞춰 구현 가능하다. 그러나 베어메탈 이벤트 기반 애플리케이션에서, 소켓과의 동기화는 메인 루프의 이벤트 기반 모델을 따르기 위해 앞서 언급했듯이 콜백을 사용한다.

원시 소켓 API라고도 하는 베어메탈 소켓 통신을 위해 lwIP가 제공하는 인터페이스는 사용자 정의 호출로 구성된다. 각 호출은 스택에서 이벤트가 예상될 때마다 콜백을 지정한다. 특정 이벤트가 발생하면, lwIP는 메인 루프 함수에서 콜백을 호출한다.

lwIP에서 TCP 소켓의 내용은 TCP 특화 프로토콜 제어 블록 구조체 `tcp_pcb`에 포함된다. 리스닝 TCP 소켓용 새 제어 블록을 할당하기 위해, 다음 함수가 사용된다.

```
struct tcp_pcb *tcp_new(void);
```

TCP 연결을 수락하기 위해, 베어메탈 lwIP TCP 서버가 먼저 호출할 것이다.

```
err_t tcp_bind(struct tcp_pcb *pcb, ip_addr_t *ipaddr, u16_t port);
err_t tcp_listen(struct tcp_pcb *pcb);
```

이러한 논블로킹^{non-blocking} 함수는 소켓을 로컬 주소로 바인딩^{binding}하고 리스닝^{listening} 상태로 만든다.

이 시점에서 POSIX 애플리케이션은 블로킹 accept 함수를 호출한다. 이 함수는 소켓에서 다음에 들어오는 연결을 무기한으로 기다린다. lwIP 베어메탈 애플리케이션은 대신 다음 함수를 호출한다.

```
void tcp_accept(struct tcp_pcb *pcb, err_t (* accept)(void *arg,
                struct tcp_pcb *newpcb,
                err_t err)
);
```

이는 단순히 서버가 새로운 연결을 받아들일 준비가 되었으며, 새로 들어오는 연결이 설정될 때 매개변수로 전달되는 accept 함수 호출의 주소로 다시 호출되길 원함을 나타낸다.

동일한 메커니즘을 사용하여 다음 데이터 세그먼트를 수신하기 위해 애플리케이션은 아래 함수를 호출한다.

```
void tcp_recv(struct tcp_pcb *pcb, err_t (* recv)(void *arg,
                struct tcp_pcb *tpcb,
                struct pbuf *p, err_t err)
);
```

이는 애플리케이션이 TCP 연결을 통해 다음 세그먼트를 수신할 준비가 되었고, 스택은 tcp_recv가 호출됐을 때 인수로 명시된 실제 recv 함수를 호출하기 때문에 새 버퍼를 이용할 수 있을 때 작업을 수행할 수 있음을 TCP/IP 스택에 알린다.

마찬가지로, picoTCP는 각 소켓 객체와 하나의 콜백을 연관 짓는다. 콜백은 새로 들어오는 TCP 연결, 소켓 버퍼에서 읽어야 하는 새로운 데이터, 또는 이전 쓰기 작업의 끝과 같은 모든 소켓 관련 이벤트에 반응하기 위한 일반적인 방식이다.

콜백은 소켓이 생성될 때 지정된다.

```
struct pico_socket *pico_socket_open(uint16_t net, uint16_t proto,
    void (*wakeup)(uint16_t ev, struct pico_socket *s)
);
```

위의 함수는 지정 네트워크와 전송 프로토콜 컨텍스트, 각각 인수 net과 proto에서 사용할 새로운 소켓을 생성하고, 애플리케이션이 제공하는 wakeup 함수를 호출함으로써 모든 소켓 이벤트에 반응한다. 이러한 메커니즘을 이용해, picoTCP는 성공적으로 하프 클로즈 half-closed 소켓 연결과 진행 중인 현재 작업과 특별한 관련이 없는 다른 이벤트를 감지한다.

다음 함수를 이용해 새롭게 생성된 소켓에 TCP 소켓 서버를 구성할 수 있다.

```
int pico_socket_bind(struct pico_socket *s, void *local_addr, uint16_t *port);
int pico_socket_listen(struct pico_socket *s, int backlog);
```

이 시점에서, 애플리케이션은 들어오는 연결을 accept 호출 없이 대기해야 한다. 새로 들어오는 연결이 설정될 때마다 wakeup 함수를 호출하는 이벤트가 발생하며, 들어오는 연결에 상응하여 새 소켓 객체를 만들기 위해 최종적으로 애플리케이션은 accept를 호출할 수 있다.

```
struct pico_socket *pico_socket_accept(struct pico_socket *s,
                              void *orig,
                              uint16_t *local_port);
```

picoTCP wakeup 콜백에 전달되는 첫 번째 인수는 소켓에서 발생한 이벤트 유형을 나타내는 비트마스크^{bitmask}다. 다음과 같은 이벤트가 있을 수 있다.

- EV_RD: 들어오는 데이터 버퍼에서 읽을 데이터가 있음을 나타낸다.
- EV_CONN: connect를 호출한 후, 또는 accept를 호출하기 전에 리스닝 상태에서 대기하는 동안 새로운 연결이 설정됐음을 나타낸다.
- EV_CLOSE: 연결의 다른 쪽에, 전송이 완료됐음을 나타내는 FIN TCP 세그먼트를 보냈을 때 촉발된다. 소켓은 CLOSE_WAIT 상태에 있다. 즉, 애플리케이션은 여전히 연결이 종료되기 전에 데이터를 보낼 수 있다.
- EV_FIN: 소켓이 닫히고 syscall에서 반환된 후에 더 이상 사용할 수 없음을 나타낸다.
- EV_ERR: 오류가 발생했음을 나타낸다.

TCP/IP가 제공하는 콜백 인터페이스는 처음에 사용하기가 약간 어려울 수 있지만, 애플리케이션에 올바르게 구현되어 있다면 좀 더 높은 처리량을 기대할 수 있는 매우 효율적인 방식이다.

우리가 분석한 TCP/IP 스택 모두 별도의 스레드에서 TCP/IP 라이브러리 메인 루프를 실행시키고 시스템 호출을 사용하는 소켓에 대한 접근을 제공함으로써 운영체제와 결합한 경우에만 좀 더 표준화된 API를 제공할 수 있다.

소켓 통신은 TCP/IP 스택에 의해 접하게 된 API 중 하나일 뿐이다. 스택에 의해 구현된 다른 프로토콜은 자체 함수 시그니처를 제공한다. 함수 시그니처는 소켓 통신과 다른 프로토콜 모두의 매뉴얼에 설명되어 있다.

메시 네트워크와 동적 라우팅

앞서 언급했듯이, 링크 계층 프로토콜은 메시 언더 메커니즘을 구현할 수 있다. 메시 언더 메커니즘은 상위 계층에 토폴로지의 복잡성을 숨긴다. 링크 계층 프로토콜이 이 기능을 구현하지 못하거나 메시 솔루션이 여러 네트워크 인터페이스로 확장될 때마다 다른 접근 방식이 적용되므로, 인터페이스에 구속되지 않는 표준 프로토콜을 구현해야 한다. 각 링크는 직접 볼 수 있도록 두 장치를 연결한다. 결과적으로 감지된 토폴로지를 기반으로 원거리 노드에 도달하기 위한 최적의 네트워크 경로를 찾기 위해 조정된다. 경로의 중간 노드는 현재 토폴로지에서 이용 가능한 정보를 기반으로, 목적 노드로 향하는 트래픽을 라우팅하도록 설정된다.

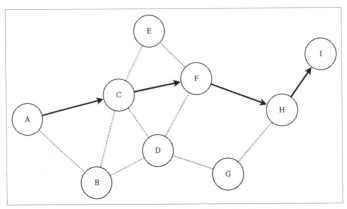

▲ 메시 네트워크 토폴로지 예제. 최적의 4개 홉(hop) 라우트를 감지한 후,
노드 A는 노드 I로 패킷을 라우팅하기 위해 노드 C를 선택한다.

일부 시나리오에서는 토폴로지가 고정되어 있지 않지만, 경로의 노드가 이용 불가능하거나 노드의 위치를 변경하면 인접 노드와의 연결 여부를 변경하며 진화한다. 비고정 토폴로지를 가진 메시 네트워크는 **모바일 애드혹 네트워크**^{MANET, mobile ad-hoc network}라고 한다. MANET을 위해 설계된 동적 라우팅 메커니즘은 토폴로지 변경에 반응할 수 있어야 하며, 그에 맞춰 라우트를 업데이트할 수 있어야 한다.

TCP/IP 스택 내에 라우트 오버 메시 메커니즘이 구현되어 있다. 이 메커니즘은 런타임에 IP 라우팅 테이블을 재설정하고 소켓 통신에 접근할 수 있게 한다. 동적 IP 라우팅을 기반으로 하는 메시 네트워크는 두 가지 범주의 프로토콜을 필요로 한다.

- **사전 행동형 동적 라우팅 프로토콜**^{proactive dynamic-routing protocol} : 각 네트워크 노드는 네트워크에 자신의 존재를 알리기 위해 브로드캐스트 메시지를 보내고, 다른 노

드들은 이 메시지를 읽고, 이웃 노드에 이웃 노드 목록을 알림으로써 이웃 노드의 존재를 감지할 수 있다. 메시 네트워크는 항상 사용할 준비가 되어 있고, 토폴로지 변경 시 일정한 재구성 시간이 필요하다.

- **반응형 동적 라우팅 프로토콜**^{reactive dynamic-routing protocol} : 교환할 데이터가 없을 때 노드는 유휴 상태가 될 수 있고, 목적 노드까지의 라우트를 물으며 모든 이웃을 쿼리함으로써 경로를 구성한다. 그다음 목적지에 도달할 때까지 홉을 추적하는 카운터를 증가시키며 메시지를 반복한다. 이 지점에서 네트워크는 응답을 사용해, 전송자가 요청한 경로를 정의할 수 있다. 이러한 메커니즘은 동적 라우트가 언제든지 형성되어 통신의 첫 번째 메시지에 추가 지연이 발생할 수 있음을 암시한다. 반면, 적은 전력을 필요로 하며 토폴로지 변경에 더 빠르게 반응할 수 있다.

사전 행동형 그룹에서 가장 널리 사용되는 프로토콜은 다음과 같다.

- RFC3626과 RFC7181에서 IETF에 의해 표준화된 OLSR^{Optimized Link-State Routing}
- B.A.T.M.A.N.^{Better Approach To Mobile Ad-hoc Networking}
- Babel(IETF RFC6126)
- DSDV^{Destination Sequence Distance Vector}

IETF에 의해 표준화된 반응형, 온디멘드^{on-demand} 라우팅 프로토콜은 다음과 같다.

- AODV^{Ad-hoc, On-demand, Distance Vector}(RFC3561)
- DSR^{Dynamic Source Routing}(RFC4728)

라우팅 프로토콜 선택은 구축돼야 하는 메시 네트워크의 요구사항에 따라 달라진다. 반응형, 온디멘드 프로토콜은 라우팅 프로토콜에서 더 긴 반응 시간이 허용되는 산발적인 데이터와 배터리 구동 노드를 가진 네트워크에 가장 적합하다. 인터넷에 상시 접속된 임베디드 시스템은 대신 사전 행동형 라우팅 메커니즘의 이점을 얻을 수 있다. 이 메커니즘은 항상 마지막으로 알려진 네트워크 상태에서 업데이트되고, 각 노드는 항상 각각의 가능한 목적지를 향한 최선의 라우트를 알고 있음을 보장한다. 그러나 동시에 브로드캐스트 패킷 형태로 네트워크를 통과하기 위해 정기적인 업데이트 및 네트워크 노드와 그 이웃 노드의 상태를 지속적으로 새로고침할 필요가 있다.

IoT 장치에 고급 라우팅 기술을 제공하기 위해 설계된 picoTCP는 6LoWPAN 링크 계층의 하나의 메시 언더 메커니즘과 모바일, 애드혹 네트워크에 TCP/IP 통신을 통합하는 데 좀 더 넓은 선택권을 주는, 2개의 라우트 오버 프로토콜, OLSR(반응형)과 AODV(사전 행동형)를 지원한다. 예를 들어 OLSR을 활성화하기 위해서는 OLSR을 지원하도록 스택을 컴파일하면 되고, OLSR 데몬 서비스는 메인 TCP/IP 스택 루프 내에서 자동으로 활성화되고 실행된다. 메시 네트워크의 정의에 참여하는 모든 장치는 `pico_olsr_add`를 호출함으로써 추가된다.

```
pico_olsr_add(struct pico_device *dev);
```

AODV 네트워킹도 동일한 방식으로 활성화될 수 있으며, 인터페이스는 `pico_aodv_add` 함수를 통해 추가된다.

```
pico_aodv_add(struct pico_devices *dev);
```

두 가지 경우 모두 서비스는 사용자에게 투명한 방식으로 실행되며, OLSR의 경우 네트워크에 새로운 노드가 감지될 때마다 또는 원격 노드와 통신 요청을 할 때마다 라우팅 테이블을 변경하고, 도달할 수 있는 요청형 라우트가 생성된다. 연결 여부를 알 수 없는 노드는 홉 수를 표시하는 것으로 라우팅 메트릭을 사용해, 목적 노드에 도달할 수 있음을 보장하는 첫 번째 홉 게이트웨이를 지정하므로, 새롭게 더 짧은 목적지가 발견되면 라우트가 교체되고 통신은 라우트 교체로 인한 중단 없이 완벽하게 계속 진행될 수 있다.

OLSR 같은 라우팅 프로토콜은 메시 네트워크에서 주어진 목적지에 대한 최상의 경로를 계산할 때 홉 수보다 다른 매개변수를 고려할 수 있다. 예를 들면, 신호대잡음비^{signal-to-noise ratio} 또는 최상의 경로를 계산할 때 수신 신호 강도 표시 같은 무선 링크 품질에 대한 정보를 통합하는 것이 가능하다. 이는 여러 인수를 기반으로 라우트를 선택할 수 있게 하고, 항상 무선 신호에서 이용할 수 있는 최상의 옵션을 선택할 수 있게 한다.

라우트 오버 메시 네트워크 전략은 브로드캐스트 패킷을 전달하는 메커니즘을 예측하지 않는다. 브로드캐스트 패킷은 네트워크의 모든 노드에 도달하기 위해 링크 계층 프로토콜에 의해 반복된다. 그러나 이런 메커니즘 구현은 쉽게 하나의 단일 패킷이 2개 이상의 노드에서 나오는 핑퐁 효과를 촉발할 수 있으므로, 링크 계층에서 구현되는 브로드캐스트 전달 메커니즘은 이 방식으로 전달된 마지막 몇 프레임을 계속 추적함으로써 동일한 프레임을 두 번 재전송하는 것을 피해야 한다.

▍ 전송 계층 보안

링크 계층 프로토콜은 특정 네트워크에 연결 중인 클라이언트의 인증을 보장하고 AES 같은 대칭키를 사용해 데이터를 암호화하기 위해 기본 보안 메커니즘을 제공한다. 대부분의 경우, 링크 계층의 인증은 기본 수준의 보안을 보장하기에 충분하다. 그럼에도 불구하고 LP-WPAN 네트워크 스택에서 주로 사용되는 사전 공유된 잘 알려진 키는 여러 가지 공격에 취약할 수 있으며, 사전 공유 키를 사용하는 것은 공격자가 동일한 링크에서 미리 캡처한 모든 트래픽을 복호화할 수 있게 한다.

IoT 분산 시스템에 포함되는 장치는 좀 더 높은 수준의 보안을 구현할 필요가 있다. 특히 어떤 방식으로든 메모리를 보호하지 않는 임베디드 장치에서는 공격자가 장치의 제어권을 가지고 원격 시스템과의 통신에서 인증 및 암호화에 사용되는 개인 키 같은 모든 민감한 정보를 찾아낼 수 있는 모든 비밀 수단^{backdoor}을 갖는다는 것을 의미한다.

TLS^{Transport Layer Security}는 표준 TCP/IP 소켓을 통한 보안 통신 제공을 목적으로 하는 일련의 암호화 프로토콜이다. 이 구성요소의 책임은 주로 분산 시스템의 보안 통신을 위한 세 가지 주요 요구사항에 집중된다.

- 대칭 암호화 사용으로 관련된 부분들 간 통신의 **기밀성**confidentiality. TLS는 일회성 대칭 키를 생성할 목적으로 암호화 기술을 정의한다. 일회성 대칭 키는 생성된 세션이 종료될 때 그 유효성을 잃는다.

- 챌린지challenge 페이로드를 서명하고 검증하기 위해 공개 키 암호화를 사용하는 통신에 관련된 부분들에 대한 **인증**authentication. 비대칭 키의 특성으로 인해, 비밀, 개인 키를 소유한 부분만이 페이로드에 서명할 수 있다. 반면, 메시지에 서명한 키에 대응되는 공개 키로 서명을 검사해 누구나 서명의 진위 여부를 확인할 수 있다.

- 메시지가 경로상 변조된 경우 검증하지 않는 보안 인증 코드를 사용하는 통신의 **무결성**integrity

임베디드 시장에서 사용 가능한 보안 소켓 통신을 위한 표준 암호화 알고리즘 및 전략을 지원하는 필요 프로토콜 스위트의 오픈소스 구현이 몇 가지 존재한다. 폐쇄 소스 및 사유 구현물은 가능한 한 피해야 한다. 왜냐하면 보안 문제는 폐쇄 시스템에서 추적하기 더 어려우며, 구현 소스는 절대적으로 신뢰할 수 있어야 하기 때문이다.

가장 흥미로운 구현 중 하나는 무료 및 오픈소스 소프트웨어 라이브러리 wolfSSL이다. wolfSSL은 TLS v1.3에 포함된 최신 표준을 구현하고, 시스템 보안을 위해 설계된 많은 임베디드 플랫폼의 하드웨어 가속기 및 난수 생성기 지원을 포함하여 소형 임베디드 시스템에 성능 및 안정성을 위해 설계됐다.

wolfSSL은 베어메탈 네트워크 애플리케이션이나 소켓 통신 API를 제공하는 모든 임베디드 운영체제에 쉽게 통합할 수 있는 암호화 프리미티브primitive 및 SSL 알고리즘 모두를 구현한다. 암호화 프리미티브는 임베디드 장치에 최적화됐으며 최고 성능을 위해 성능이 가장 중요한 작업에 어셈블리 코드를 사용한다.

최첨단 암호화 알고리즘을 지원하는 TLS 라이브러리를 채택하면, IoT 네트워크의 전형적인 IT 인프라의 일부로 구현된 보안 방식과의 완벽한 통합이 가능하다. 클라우드에서 기존의 RSA 기반 공개 키 암호화가 동일한 보안 수준에 도달하기 위해 좀 더 큰 키key와 복잡한 연산을 요구하므로, 원격 임베디드 시스템이 접근하려는 서비스는 타원 곡선을 기반으로 하는 암호를 선택할 수 있어야 한다. 더 적은 자원을 가진 시스템에서 키 처리를 좀 더 효율적으로 하는 동시에 이전 알고리즘과 동일한 수준의 안전성을 유지하기 위해 Curve22519 같은 공개 키 기반 암호화의 새로운 표준이 TLS 1.3 사양에 포함된다. 이기종 시스템 간의 TLS 통신을 위한 암호화 세트를 선택할 때는 암호화, 세션 키 생성, 페이로드 서명 및 확인과 같이 타깃에서 수행되는 작업의 연산 시간을 고려해야 한다.

보안 소켓 통신

임베디드 장치를 위해 설계된 wolfSSL은 여러 임베디드 운영체제를 위해 각기 다른 시스템에서 제공하는 특정 메모리 구성 및 소켓 인터페이스에 적용하도록 내장된 기능이 있으며, 호환 가능한 TCP/IP 스택으로 베어메탈 시스템에 통합될 수도 있다. 두 가지 중 어떤 경우라도, 애플리케이션은 원격 시스템과 통신하기 위해 SSL 계층에 접근하도록 설계돼야 하며, 라이브러리는 원격 시스템과 보안 통신 채널을 위한 추상화를 제공해야 한다.

기존 베어메탈 TCP/IP 구현 위에 SSL/TLS 세션을 통합하기 위해, SSL 계층에 의해 처리돼야 하는 소켓으로 수신한 새로운 패킷을 위해 시스템을 폴링하여, wolfSSL을 논블로킹 모드로 동작하도록 구성할 수 있다.

애플리케이션이 클라이언트 모드에서 원격 소켓에 연결하거나 로컬 리스닝 소켓에서 새로운 연결을 수락해 평상시처럼 TCP 연결을 시작한다. 연결 설정 후, 애플리케이션이 서버 모드에서 wolfSSL_accept 또는 클라이언트 모드에서 wolfSSL_connect를 호출할 때, wolfSSL은 원격 시스템과 TLS 핸드셰이크handshake를 시작하기 위해 컨텍스트를 지정한다. 데이터 통신은 TCP/IP 스택에서 제공하는 일반적인 소켓 읽기/쓰기 함수 대신 wolfSSL_read와 wolfSSL_write 함수를 사용할 수 있으므로, 스트림은 상위의 TLS 라이브러리에 의해 만들어진 추가 SSL로 처리할 수 있다.

라이브러리는 모든 API에 접근하기 전에 먼저 wolfSSL_Init를 사용해 초기화된다. 그런 다음, wolfSSL이 들어오는 데이터에 대해 시스템에 쿼리하거나 소켓 연결을 통해 처리된 데이터를 전달하는 데 사용할 수 있는 콜백을 설정함으로써, 새로운 TLS 컨텍스트를 생성해 기존 소켓과 연결할 수 있다.

```
wolfSSL_Init();
wolfSSL_CTX *ctx;
ctx = wolfSSL_CTX_new(wolfTLSv1_2_server_method());
wolfSSL_SetIORecv(ctx, wolfssl_recv_cb);
wolfSSL_SetIOSend(ctx, wolfssl_send_cb);
```

TCP/IP 스택의 소켓 통신에 접근하기 위해 시스템에서 2개의 콜백이 TCP 소켓 API를 사용해 구현된다. TCP 구현이 베어메탈 컨텍스트에서 tcp_socket_write와 tcp_socket_read 같은 읽기 및 쓰기 함수를 제공한다고 가정하자. 아무런 동작을 하지 않는다면, 이 함수들은 0을 반환한다. wolfssl_send_cb 콜백은 다음과 같다.

```
int wolfssl_send_cb(WOLFSSL* ssl, char *buf, int sz, void *sk_ctx)
{
    tcp_ip_socket *sk = (tcp_ip_socket *)sk_ctx
    int ret = tcp_socket_write(sk, buf, sz);
    if (ret > 0)
        return ret;
    else
        return WANT_WRITE;
}
```

그리고 이에 상응하는 읽기 콜백은 다음과 같다.

```
int wolfssl_recv_cb(WOLFSSL *ssl, char *buf, int sz, void *sk_ctx)
{
    tcp_ip_socket *sk = (tcp_ip_socket *)sk_ctx;
    int ret = tcp_socket_read(sk, buf, sz);
    if (ret > 0)
        return ret;
    else
```

```
        return WANT_WRITE;
}
```

모든 연결에 대해 SSL 초기화에 사용되는 wolfSSL_CTX 객체는, 모든 통신에 앞서 일련의 인증서 및 키와 연결돼야 한다. 더 복잡한 시스템에서는 인증서와 키가 파일시스템에 저장되며, wolfSSL이 파일 작업을 사용하도록 통합됐을 때 접근 가능하다. 파일시스템이 거의 지원되지 않는 임베디드 시스템에서는 인증서와 키가 파일 대신 메모리에 저장되고, 메모리에 저장된 위치를 가리키는 포인터를 사용해 컨텍스트에 로드된다.

```
wolfSSL_CTX_use_certificate_buffer(ctx, certificate, len, SSL_FILETYPE_ASN1);
wolfSSL_CTX_use_PrivateKey_buffer(ctx, key, len,SSL_FILETYPE_ASN1);
```

기본적인 TCP 연결이 설정된 후에 콜백에 전달되는 소켓 컨텍스트가 설정된다. 서버의 경우 accept 함수에 문맥상으로 이를 수행할 수 있지만, connect 함수가 성공적으로 반환된 후 클라이언트가 특정 SSL 컨텍스트에 소켓을 연결할 수 있다. 서버 측에서 SSL 연결을 수락하면 애플리케이션은 wolfSSL_accept를 호출해야 하므로 실제 데이터가 전송되기 전에 SSL 핸드셰이크가 완료돼야 한다. SSL accept 프로시저는 TCP/IP 소켓 객체로의 포인터가 SSL 객체의 컨텍스트로 연결된 후 소켓 accept 호출을 따라야 하며, 이 소켓과 관련된 콜백에서 sk_ctx 인수로 사용될 것이다.

```
tcp_ip_socket new_sk = accept(listen_sk, origin);
wolfSSL ssl = wolfSSL_new(ctx);

if (new_sk) {
    wolfSSL_SetIOReadCtx(ssl, new);
    wolfSSL_SetIOWriteCtx(ssl, new);
```

wolfSSL_accept는 소켓 컨텍스트를 설정한 후 호출된다. accept 메커니즘이 그 상태를 통해 절차를 진행하기 위해 기저 스택을 호출해야 할 수도 있기 때문이다.

```
int ret = wolfSSL_accept(ssl);
```

SSL 핸드셰이크가 성공하면, wolfSSL_accept가 SSL_SUCCESS 특정 값을 반환하므로, 보안 소켓은 이제 wolfSSL_read와 wolfSSL_write 함수를 통해 통신할 준비가 됐다. 베어메탈 애플리케이션에서 실행 중인 경우, wolfSSL_read와 wolfSSL_write는 SSL 세션 객체에서 실행 중에 플래그를 설정함으로써 논블로킹 모드로 사용돼야 한다.

```
wolfSSL_set_using_nonblock(ssl, 1);
```

wolfSSL 함수에 논블로킹 I/O를 사용하면 호출 라이브러리 함수가 시스템을 멈추지 않게 하므로 이벤트 구동 방식의 메인 루프 모델이 유지될 수 있음을 보장한다. 멀티스레딩 시스템에 wolfSSL을 통합하는 경우 블로킹 I/O를 조정하기 위해 더 복잡한 통합이 필요하지만, 라이브러리에는 몇 가지 실시간 임베디드 운영체제를 위한 바인딩이 이미 포함되어 있다.

▌ 애플리케이션 프로토콜

분산 시나리오에서 원격 장치 및 클라우드 서버와 통신하기 위해, 임베디드 시스템은 기존 인프라와 호환되는 표준 프로토콜을 구현해야 한다. 일반적으로, 원격 서비스를 설계할 때는 두 가지 접근 방식을 사용한다.

- 웹 기반 서비스
- 메시지 프로토콜

전자는 주로 개인 컴퓨터나 휴대용 장치를 통해 접근하는 웹 서비스에서 널리 사용되는 고전적인 클라이언트-서버, REST 기반 통신이다. 웹 서비스는 '보안 소켓 통신' 절에서 설명했듯이 임베디드 친화적인 암호 세트를 선택하는 경우를 제외하고는 임베디드 시스템을 지원하기 위해 클라우드에서 특별히 변경이 필요하지 않다. 그러나 요청-응답 통신 모델은 분산 애플리케이션의 설계에 약간의 제한을 둔다. 두 HTTP 종단점 간 공동 합의로 HTTP 프로토콜을 업그레이드할 수 있으며, HTTP 서비스 위에서 대칭형 양방향 채널의 추상화를 제공하는 프로토콜인 웹소켓^{WebSocket}을 지원한다.

메시지 프로토콜은 중간 에이전트$^{intermediate\ agent}$에 의해 중계되고 서버 노드에서 수집 또는 분산될 수 있는 짧은 이진 메시지를 사용해 정보가 교환되는 센서/액추에이터 임베디드 시스템의 기능을 좀 더 잘 반영하는 다른 접근 방식이다. 메시지 프로토콜은 네트워크가 더 작은 노드를 포함하고 있을 때 선호되는 선택이다. 주로 사람이 읽을 수 있는 문자열을 기반으로 하고, 아스키^{ASCII} 문자열을 처리하기 위해 전송돼야 할 크기와 타깃의 메모리 크기에 큰 오버헤드를 추가하는 웹 서비스와 달리 데이터를 좀 더 간단하게 표현하기 때문이다.

두 경우 모두 종단 간$^{end-to-end}$ 암호화 및 신뢰할 수 있는 장치 식별을 위해 인프라 및 장치 수준에서 TLS를 지원해야 한다. 평문 인증 및 사전 공유 키 암호화는 구식 기술이므로 현대 분산 시스템의 보안 전략의 일부가 되어서는 안 된다.

메시지 프로토콜

메시지 기반 통신 프로토콜이 컴퓨터 네트워크 소프트웨어에서 진기한 것은 아니지만 IoT 분산 시스템, 특히 일대다$^{one-to-many}$ 메시지 기반 모델이 한 번에 여러 장치에 도달할 수 있는 시나리오에 적합하며, 양방향 통신을 구축하거나 여러 위치에서 다양한 장치들이 통신 브로커로 동작하는 외부 서버를 이용해 서로 통신할 수 있다. 이 영역에서의 표준화가 이뤄지지 않아 여러 가지 모델이 만들어졌으며, 각 모델마다 API와 네트워크 프로토콜 정의가 있다.

몇몇 개방형 표준은 소규모 자원 및 제한된 대역폭을 갖는 네트워크를 위한 특별한 보안 분산 메시징 시스템을 구현하기 위해 설계됐다. 적은 코드 풋프린트로 이뤄진 구현이 쉬운 사양을 포함함으로써 말이다. MQTT$^{Message-Queuing\ Telemetry\ Transport}$ 프로토콜이 그런 경우다. 게시자–구독자^{publisher-subscriber} 모델 및 TCP/IP를 통한 다른 물리적 위치상의 임베디드 장치 연결 기능 덕분에, MQTT는 널리 사용되고 여러 클라우드 아키텍처에서 지원된다.

게시자에서 구독자로 메시지를 보내는 중앙 브로커에 연결을 설정하기 위해 TCP 프로토콜을 필요로 한다. 게시자는 URI로 설명이 되는 특정 주제로 데이터를 보내고, 구독자는 연결에 따라 원하는 주제를 필터링하고 브로커는 선택적으로 필터에 맞는 메시지만을 전달한다.

대다수의 라이브러리가 보안 메커니즘에 대한 지원이 부족하긴 하지만, 소형 임베디드 기기를 위한 클라이언트 라이브러리의 구현도 일부 존재한다. 해당 프로토콜은 더 이상 보안 정책으로 유효하지 않은 평문 암호 인증 메커니즘을 지원하며, 이는 TCP/IP 통신에서는 더 이상 사용돼서는 안 된다. 그 경로상에서 암호를 쉽게 가로챌 수 있기 때문이다.

표준에 따르면, IANA에 등록된 TCP 포트 1883을 통한 소켓 기반 TCP 통신 대신, TCP 포트 8883을 사용하는 SSL 세션을 구축할 수 있다. wolfSSL은 wolfMQTT라는 별도의 GPL 라이선스 라이브러리에서 TCP 위에 SSL 세션을 사용하는 보안 구현을 제공한다. 이 라이브러리는 기본적으로 보안 MQTT 소켓 연결을 제공한다. 인증서 및 공개 키를 통해 클라이언트 및 서버 인증 모두를 구현할 수 있으며, 설정된 세션을 통해 대칭 키 암호화를 제공한다.

REST 구조 패턴

REST는 'Representational State Transfer'의 약자로, 무상태 프로토콜을 이용해 원거리 시스템과 통신하는 웹 서비스가 이용하는 패턴을 설명하기 위해 로이 필딩^{Roy Fielding}이 도입한 용어다. REST 호환 시스템에서, 자원은 특정 URI를 대상으로 하는 HTTP 요청의 형태로 접근된다. 원격 브라우저에서 요청을 통해 얻을 수 있는 웹 페이지 같은 프로토콜 스택을 사용해서 말이다. 사실 REST 요청은 HTTP 요청의 확장으로, 모든 데이터를 암호화된 문자열로 표현하고, 유용한 HTTP 스트림에서 TCP를 통해 전송된다.

이러한 패턴을 채택하는 것은 서버 측에 많은 아키텍처상의 이점을 제공하고, 매우 확장성이 높은 분산 시스템을 구축할 수 있다. 분명히 임베디드 시스템 자원을 염두에 두고 설계된 것이 아니고 효율적인 것도 아니지만, 임베디드 시스템이 REST 클라이언트를 구현함으로써 레스트풀RESTful 시스템에 노출된 원격 웹 서비스와 상호작용할 수 있다.

몽구스Mongoose 웹 서버 라이브러리는 lwIP와 picoTCP 모두를 지원하는 임베디드 장치를 위한 GPL 라이선스 프로토콜 집합이다. 이 라이브러리는 로컬 및 원격 웹 서비스 기반으로 레스트풀 애플리케이션을 빌드하는 API와 가장 일반적인 몇 가지 메시지 프로토콜을 제공한다. 라이브러리는 작은 임베디드 시스템에 맞춰졌기 때문에, 메인 루프에서 주기적으로 함수를 호출해 베어메탈 이벤트 구동 방식 애플리케이션에 통합하는 것이 간단하다. 또한 몽구스는 SSL 바인딩을 통해 웹 서비스에서 TLS를 지원한다. SSL 바인딩은 HTTPS 소켓을 통해 웹 서비스를 실행하기 위해 wolfSSL 같은 타사 보안 라이브러리를 통합하는 데 사용할 수 있다.

분산 시스템(단일 실패 지점)

분산 시스템 설계는 또한 링크 결함, 도달할 수 없는 게이트웨이, 그리고 기타 장애를 고려해야 함을 의미한다. 임베디드 장치는 인터넷 연결이 끊어졌을 때 작동을 멈추지 않고, 로컬 게이트웨이 기반으로 폴백fall-back 메커니즘을 제공해야 한다. 예를 들어 집 안의 모든 냉난방 장치를 제어하는 보통 사람들의 IoT 시스템을 고려해보면, 휴대용 장치에서 접근할 수 있고, 네트워크 접근을 사용해 원격으로 조정할 수 있다. 온도 센서, 냉난방기기는 임베디드 장치의 메시 네트워크에 의해 제어되는 반면, 중앙 제어는 원격 클라우드 서버에 있다. 시스템은 사용자 설정 및 센서 판독을 기반으로 원격으로 액추에이터를 제어할 수 있다. 이는 원거리 지역에서도 서비스에 접근할 수 있어, 사용자 인터페이스에서 전달한 명령을 기반으로 각 방에 원하는 온도를 설정하도록 사용자가 시스템을 조정할 수 있게 하고 임베디드 장치의 목적지까지 전달되도록 클라우드로 처리하고 중계할 수 있다. 모든 구성요소가 인터넷에 연결되어 있는 한, IoT 시스템은 예상대로 작동한다.

하지만 연결에 장애가 생긴다면, 사용자는 시스템을 제어하거나 기능을 활성화할 수 없다. 근거리 통신망 내의 로컬 장치에서 애플리케이션 서비스를 종료하면, 인터넷 연결 실패 및 로컬 네트워크가 원격 클라우드 장치에 접근할 수 없게 하는 모든 문제에 대해 서비스 연속성을 보장한다. 이러한 메커니즘이 준비되고 모든 장치가 공용 LAN에 연결되어 있다면, 인터넷과 연결이 끊긴 시스템은 여전히 대체 페일오버^{failover}를 제공한다. 또한 로컬 시스템 처리와 설정 및 명령의 중계를 통해, 요청 작업의 지연 시간을 줄인다. 요청이 인터넷을 통해 처리되어 동일한 네트워크로 다시 전달될 필요가 없기 때문이다. 신뢰성 있는 IoT 네트워크 설계에는 서비스를 제공하기 위해 사용되는 모든 링크와 장치 중 단일 실패 지점의 신중한 평가를 포함해야 한다. 또한 전체 시스템에 이상 기능 또는 기타 문제를 일으킬 수 있는 서비스, 메시지 브로커, 원격 장치에 사용되는 백본^{backbone} 링크를 반드시 포함해야 한다.

▌ 요약

9장에서는 임베디드 개발에서 지나치게 간과되거나 과소평가되는 보안 요소에 중점을 두고, 연결된 임베디드 장치를 포함한 머신 간 분산 시스템과 IoT 서비스 설계에 대한 개요를 살펴봤다. 제안된 기술은 완전하고 전문적인 수준이며 안전하고 빠른 TCP/IP 연결을 초소형 타깃에서 가능케 하며, 최신 버전의 TLS 암호 세트 같은 최첨단 기술을 사용한다. 분산 임베디드 시스템 구축에 이용할 수 있는 기술, 프로토콜, 보안 알고리즘에 대해 폭넓은 관점에서 여러 접근법이 고려됐다.

10장에서는 Cortex-M 마이크로컨트롤러를 위한 작은 스케줄러 작성 방법을 기초부터 설명함으로써 최신 임베디드 마이크로컨트롤러의 멀티태스킹 가능성을 설명하고, 임베디드 타깃에서 실행되는 실시간 운영체제의 주요 역할을 정리할 것이다.

10

병렬 태스크와 스케줄링

시스템의 복잡성이 증가하고, 소프트웨어가 여러 주변장치 및 이벤트를 동시에 관리해야 하는 경우, 각각의 모든 연산을 조정하고 동기화하기 위해 운영체제에 더 의존하게 된다. 애플리케이션 로직을 다른 스레드로 분리하는 것은 몇 가지 중요한 아키텍처상의 장점을 제공한다. 각 구성요소는 자체 실행 유닛 내에 설계된 연산을 수행하며, 일시 중단되거나 입력 또는 타임아웃 이벤트를 기다리는 동안 CPU를 반환^{release}할 수 있다.

10장에서는 레퍼런스 플랫폼에 맞추어 최소화된 운영체제 개발을 통해 멀티스레딩 임베디드 운영체제를 구현하기 위해 사용되는 메커니즘을 관찰한다. 이 운영체제는 처음부터 단계적으로 작성해, 여러 연산을 병렬로 실행하도록 동작하는 스케줄러를 제공할 것이다.

스케줄러의 내부는 대부분 시스템 서비스 호출로 구현되어 있으며, 그 설계는 시스템의 성능과 실시간 종속 태스크에 대한 다른 우선순위 및 시간 제한 같은 기타 기능에 영향을 준다. 다른 컨텍스트를 위해 가능한 스케줄링 정책 중 일부를 예제 코드로 설명하고 구현할 것이다.

멀티스레드를 병렬로 실행한다는 건, 자원이 공유되며 같은 메모리에 동시에 접근할 수 있음을 암시한다. 멀티스레딩 시스템을 운영하도록 설계된 대부분의 마이크로프로세서는 세마포어^{semaphore} 같은 잠금^{locking} 메커니즘을 구현하기 위해, 특정 어셈블리 명령을 통해 접근할 수 있는 원시 함수를 제공한다. 예제 운영체제는 공유 자원 접근을 제어하기 위해 스레드에 사용되는 뮤텍스^{mutex}와 세마포어 기초를 보여줄 것이다.

메모리 보호 메커니즘을 도입함으로써, 메모리 주소 기반의 자원 분리를 제공할 수 있으며, 커널이 시스템 호출 인터페이스를 통해 하드웨어와 관련된 모든 연산을 감독할 수 있게 한다. 대부분의 실시간 임베디드 운영체제는 가능한 한 커널 코드를 최소한의 API와 함께 유지하고, 애플리케이션이 이용할 수 있는 자원을 최적화하기 위해 세그먼테이션 없는 플랫^{flat} 모델을 선호한다. 예제 커널은 시스템의 안전 수준을 향상할 목적으로 커널, 시스템 제어 블록, 매핑된 주변장치 및 기타 연산의 자원을 보호하기 위해 물리 메모리 세그먼테이션을 사용해, 시스템 호출 API가 자원 제어를 중앙 집중화하는 방식을 보여줄 것이다.

10장에서 다루는 내용은 다음과 같다.

- 태스크 관리
- 스케줄러 구현
- 동기화
- 시스템 자원 분리

▌ 태스크 관리

운영체제는 애플리케이션을 병렬로 실행하기 위해 교대로 프로세스와 스레드를 실행하는 병렬 추상화를 제공한다. 사실, 단일 CPU가 있는 시스템에는 실행 스레드가 한 번에 하나만 존재한다. 실행 스레드를 실행하는 동안, 다른 모든 스레드는 다음 태스크 스위칭 task switching 까지 대기한다.

협력 모델에서, 태스크 스위칭은 항상 스레드 구현에 의해 요청되는 임의적인 동작이다. **선점** preemption 으로 알려진 그 반대 방식은 커널이 임시로 상태를 저장하고 대기 중인 다음 태스크의 상태를 재개하기 위해 실행 중 어느 한 지점에서 주기적으로 태스크를 인터럽트한다.

실행 태스크 스위칭은 RAM에 CPU 레지스터의 첫 번째 저장 값을 저장하고 실행을 위해 선택된 다음 태스크의 값들을 복원하는 것이다. 이 연산은 스케줄링 시스템의 핵심이며, **컨텍스트 스위칭** context switch 으로 더 잘 알려져 있다.

태스크 블록

태스크는 태스크 블록 구조의 형태로 시스템에 표현된다. 이 객체는 태스크의 상태를 추적하기 위해 스케줄러에 필요한 모든 정보를 항상 포함하고 있으며, 스케줄러의 설계에 따라 달라진다. 태스크는 컴파일 시 정의되며, 커널 부트 후 시작되어 시스템이 실행되는 동안 생성되고 종료될 수 있다.

각 태스크 블록은 태스크 생성 시 실행되는 코드의 시작을 정의하는 시작 함수에 대한 포인터와 선택적 매개변수 세트를 포함하고 있다. 각 태스크에는 개별 스택 영역으로 사용할 수 있는 메모리가 할당된다. 이런 식으로 각 스레드와 프로세스의 실행 컨텍스트를 다른 모든 것과 분리하고, 태스크가 인터럽트되면 레지스터의 값을 태스크 특정 메모리 영역에 저장할 수 있다. 태스크 특화 스택 포인터는 태스크 블록 구조체에 저장되며, 컨텍스트 스위칭으로 CPU 레지스터의 값을 저장하기 위해 사용된다.

별도의 스택 실행은, 일부 메모리가 미리 예약되어 각 태스크에 연결되어 있음을 전제로 한다. 가장 단순한 경우에는 모든 태스크가 동일한 크기의 스택을 사용하고, 스케줄러가 시작하기 전에 생성되어, 종료할 수 없다. 이런 방식으로 개인 스택으로 연관되도록 예약 된 메모리는 연속적일 수 있고, 각각의 새로운 태스크와 연관될 수 있다. 스택 영역으로 사용되는 메모리 영역은 링커 스크립트에서 정의할 수 있다.

레퍼런스 플랫폼은 0x10000000에 매핑된 별도의 코어 결합 메모리를 갖고 있다. 메모리 섹션을 배열할 수 있는 여러 선택지 가운데, 여기서는 스택 영역을 스레드와 연관시키는 데 사용된 스택 공간의 시작을 CCRAM의 시작 부분에 매핑할 것이다. 나머지 CCRAM 영역은 커널 스택으로 사용되며, 모든 SRAM은 .data와 .bss 섹션을 제외하고 힙 할당 을 위해 남겨둔다. 포인터는 다음과 같은 PROVIDE 인스트럭션을 사용해 링커 스크립트에 서 내보낼export 수 있다.

```
PROVIDE(_end_stack = ORIGIN(CCRAM) + LENGTH(CCRAM));
PROVIDE(stack_space = ORIGIN(CCRAM));
PROVIDE(_start_heap = _end);
```

커널 소스에서 stack_space는 extern으로 선언되어 있다. 링커 스크립트에서 내보내졌 기 때문이다. 또한 각 태스크의 실행 스택용으로 적정 공간을 선언한다.

```
extern uint32_t stack_space;
#define STACK_SIZE (256)
```

새로운 태스크가 생성될 때마다, 스택 영역의 다음 킬로바이트가 실행 스택으로 할당되 며, 초기 스택 포인터는 실행 스택이 뒤로 증가함에 따라 해당 영역의 가장 높은 주소로 설정된다.

320

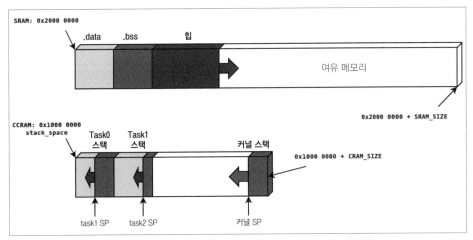

▲ 메모리 구성은 태스크에 별도의 실행 스택을 제공하기 위해 사용된다.

단순한 태스크 블록 구조를 다음과 같이 선언할 수 있다.

```
#define TASK_WAITING 0
#define TASK_READY 1
#define TASK_RUNNING 2

#define TASK_NAME_MAXLEN 16;

struct task_block {
    char name[TASK_NAME_MAXLEN];
    int id;
    int state;
    void (*start)(void *arg);
    void *arg;
    uint32_t *sp;
};
```

시스템의 모든 태스크 블록을 포함한 전역 배열을 정의한다. 태스크 식별자 및 현재 실행 중인 태스크의 ID와 연결된 메모리 위치를 사용하기 위해, 이미 생성된 태스크를 추적하는 전역 인덱스index를 사용한다.

```
#define MAX_TASKS 8
static struct task_block TASKS[MAX_TASKS];
static int n_tasks = 1;
static int running_task_id = 0;
#define kernel TASKS[0]
```

이 모델에서 태스크 블록은 데이터 섹션에 미리 할당되어 있으며, 필드는 인덱스 추적을 위해 그 자리에서 초기화되어 있다. 배열의 첫 번째 요소는 현재 실행 중인 프로세스가 있는 커널의 태스크 블록을 위해 예약되어 있다.

이 예제에서는 task_create 함수를 호출하여 이름, 진입점 및 인수를 제공해 태스크를 생성한다. 태스크의 수가 사전 정의되어 있는 정적 구성의 경우 커널 초기화에서 수행되지만, 고급 스케줄러는 스케줄러가 실행되는 동안 런타임에 새로운 프로세스를 생성하기 위해 새 제어 블록을 할당할 수 있게 한다.

```
struct task_block *task_create(char *name, void (*start)(void *arg), void *arg)
{
    struct task_block *t;
    int i;
    if (n_tasks >= MAX_TASKS)
        return NULL;
    t = &TASKS[n_tasks];
    t->id = n_tasks++;
    for (i = 0; i < TASK_NAME_MAXLEN; i++) {
        t->name[i] = name[i];
        if (name[i] == 0)
            break;
    }
    t->state = TASK_READY;
    t->start = start;
    t->arg = arg;
    t->sp = ((&stack_space) + n_tasks * STACK_SIZE);
    task_stack_init(t);
    return t;
}
```

프로세스를 실행하기 위해 스택에 값을 초기화하는 task_stack_init 함수를 구현하려면, 컨텍스트 스위칭 동작 방식과 스케줄러가 실행될 때 새로운 태스크가 실제로 시작되는 방식을 이해할 필요가 있다.

컨텍스트 스위칭

컨텍스트 스위칭^{context switching}은 실행 동안 CPU 레지스터의 값을 얻어, 현재 실행 태스크의 스택의 바닥^{bottom} 부분에 저장하는 것이다. 그리고 다음 태스크의 값을 복구해 실행을 재개한다. 이런 연산은 컨텍스트를 인터럽트해야 하며, 내부 메커니즘은 CPU에 따라 달라진다. 레퍼런스 플랫폼에서 인터럽트 핸들러는 현재 실행 태스크를 대체하여 다른 컨텍스트를 복원할 수 있지만, 이 연산은 시스템 이벤트에 관련된 인터럽트 서비스 루틴 내에서 더 자주 수행된다. Cortex-M은 컨텍스트에 임의로 촉발될 수 있기 때문에, 컨텍스트 스위칭을 위한 기본적인 지원을 제공하도록 설계된 두 가지 CPU 예외인 PendSV와 SVCall을 제공한다. PendSV는 시스템 제어 블록 내의 특정 레지스터에 1비트를 설정하고 선점형 커널이 가까운 미래에 강제로 인터럽트하는 기본적인 방식이며, 보통 다음 태스크의 컨텍스트 스위칭과 관련이 있다.

SVCall은 커널이 관리하는 자원에 접근하기 위한 사용자 애플리케이션의 정식 요청을 전송하는 주요 진입점이다. 이 기능은 커널이 안전하게 접근하여 구성요소나 드라이버로의 연산을 요청하는 API를 제공하도록 설계된다. 연산의 결과가 즉각 이용 가능하지 않을 수 있으므로, SVCall이 블로킹 시스템 호출의 추상화를 제공하기 위해 호출 태스크를 선점하도록 허용할 수도 있다.

컨텍스트 스위칭 동안 CPU 레지스터의 값을 메모리에 저장하거나 메모리에서 읽어와 복구하는 루틴^{routine}은 특별히 Cortex-M CPU의 하드웨어에 구현되어 있다. 즉, 인터럽트에 진입하면 레지스터의 복사본이 자동으로 스택에 푸시^{push}된다. 스택에 있는 레지스터의 복사본을 **스택 프레임**^{stack frame}이라 하며, 그림과 같은 순서로 레지스터 R0부터 R3, R12, LR, PC, 그리고 xPSR까지 포함된다.

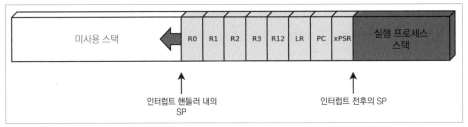

▲ 인터럽트 핸들러로 진입할 때 레지스터가 스택에서 자동으로 복사된다.

그러나 스택 포인터는 CPU 레지스터 절반(R4에서 R11까지)을 포함하고 있지 않다. 이런 이유로, 컨텍스트 스위칭을 성공적으로 완료하기 위해서는 실행 프로세스를 대체하려는 시스템 핸들러가 이런 레지스터들의 값을 포함하는 추가 스택 프레임을 저장해야 하며, 핸들러에 의해 다시 시작되기 전에 다음 태스크의 추가 스택 프레임을 복구해야 한다. ARM Thumb-2 어셈블리는 연속적인 CPU 레지스터의 값을 스택에 푸시하고, 다시 팝pop하기 위한 인스트럭션을 제공한다. 다음은 스택에서 추가 스택 프레임을 푸시 및 팝하기 위해 사용되는 두 함수다.

```
static void __attribute__((naked)) store_context(void)
{
    asm volatile("mrs r0, msp");
    asm volatile("stmdb r0!, {r4-r11}");
    asm volatile("msr msp, r0");
    asm volatile("bx lr");
}

static void __attribute__((naked)) restore_context(void)
{
    asm volatile("mrs r0, msp");
    asm volatile("ldmfd r0!, {r4-r11}");
    asm volatile("msr msp, r0");
    asm volatile("bx lr");
}
```

((naked)) 속성은 각각 몇 개의 어셈블리 인스트럭션으로 구성된 프롤로그 및 에필로그 시퀀스를 GCC가 컴파일 코드에 넣지 못하도록 막기 위한 것이다. 프롤로그는 추가 스택 프레임 영역에 있는 에필로그에서 복구하게 되는 일부 레지스터의 값을 변경한다. 이는 어셈블리 인스트럭션을 사용해 레지스터 값에 접근하는 함수의 목적과 충돌한다. 에필로 그 누락으로 인해, naked 함수는 LR 레지스터에 저장된 호출 인스트럭션으로 다시 점프 하여 반환한다.

어셈블리 푸시 연산의 결과로, 선점된 프로세스의 스택은 다음과 같이 보인다.

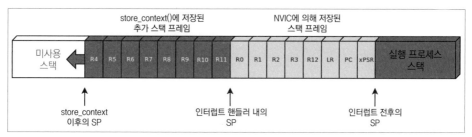

▲ 나머지 레지스터 값은 컨텍스트 스위칭을 완료하기 위해 스택에 복사된다.

태스크 생성

시스템 실행 중에, 실행되고 있는 태스크를 제외한 모든 태스크는 대기^{wait} 상태에 있다. 즉, 모든 스택 프레임이 스택의 맨 아래에 저장되며, 스택 포인터는 각 프로세스를 재개 하는 스케줄러가 사용하는 제어 블록에 저장된다.

새로 생성된 태스크는 컨텍스트 스위칭 도중에 처음으로 웨이크업$^{wake\ up}$된다. 이 시점에 서 태스크가 CPU 레지스터의 이전 상태를 보존할 것으로 예상되지만, 분명히 새로운 태 스크는 그런 일을 하지 않는다. 스택 생성 시에 조정된 스택 프레임이 스택의 끝에 푸시 되어, 태스크가 재개될 때 저장된 값이 시스템 레지스터에 복사되고 태스크는 해당 진입 점에서 재개될 수 있다.

task_create 함수는 스택 초기화 함수 task_stack_init를 필요로 한다. 이 함수는 태스크 복원을 허용하기 위해 시스템 레지스터의 초깃값을 푸시하고 초기화되지 않은 채 남아 있는 추가 프레임의 시작 부분으로 저장된 스택 포인터를 이동시킨다. 스택 프레임에 저장된 레지스터에 쉽게 접근하기 위해, 레지스터당 하나의 필드를 사용하는 stack_frame 구조체와 그저 완전성을 위한 extra_frame 구조체를 선언한다.

```c
struct stack_frame {
    uint32_t r0, r1, r2, r3, r12, lr, pc, xpsr;
};

struct extra_frame {
    uint32_t r4, r5, r6, r7, r8, r9, r10, r11;
};

static void task_stack_init(struct task_block *t) {
    struct stack_frame *tf;
    t->sp -= sizeof(struct stack_frame);
    tf = (struct stack_frame *)(t->sp);
    tf->r0 = (uint32_t) t->arg;
    tf->pc = (uint32_t) t->start;
    tf->lr = (uint32_t) task_terminated;
    tf->xpsr = (1 << 24);
    t->sp -= sizeof(struct extra_frame);
}
```

컨텍스트가 복원되면, 예외 핸들러 반환 프로시저가 조정된 스택 프레임에서 컨텍스트를 자동으로 복원한다. 태스크를 시작하기 위해 레지스터를 다음과 같이 초기화한다.

- **프로그램 카운터**[PC, program counter]는 시작 함수의 주소를 갖고 있다. 시스템이 처음에 이 태스크를 스위칭하기 위해 점프한다.

- R0~R3은 CPU의 ABI에 따라, 시작 함수에 전달하는 선택적 인수를 포함하고 있다. 이 장 예제의 경우는 task_create의 호출자에 의한 시작 함수에 주어질 단일 인수 값을 전달한다.

- **실행 프로그램 상태 레지스터**[xPSR, execution program status register]는 24비트의 필수 썸[thumb] 플래그만 설정할 수 있도록 프로그래밍해야 한다.

- **링크 레지스터**[LR, link register]는 시작 함수가 반환하는 경우 호출되는 프로시저에 대한 포인터를 갖고 있다. 예제의 경우, 태스크는 시작 함수로부터 반환할 수 없도록 되어 있기 때문에, task_terminated 함수는 그저 무한 루프를 실행하며 시스템 오류로 간주된다. 그 밖의 경우에는 태스크가 종료되도록 하면, 시작 함수에서 반환될 때 클린업[cleanup] 연산을 수행하기 위해 태스크를 위한 일반적인 종료점으로 함수를 설정할 수 있다.

일단 초기 스택 프레임이 생성되면, 태스크는 멀티태스킹에 참여할 수 있으며, 반환되지 않는 다른 모든 태스크와 같은 상태에서 언제든지 스케줄러의 선택으로 실행을 재개할 수 있다.

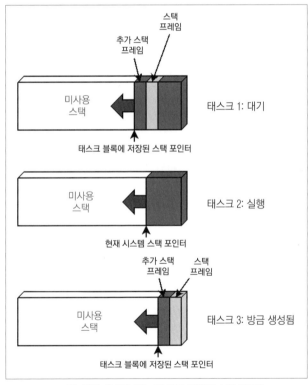

▲ 다른 실행 상태에 있는 세 가지 작업의 스택 포인터

이제 간단한 커널 메인 함수가 프로세스를 생성하고 스택을 준비할 수 있지만, 사실상 스케줄러 내부를 구현할 때까지 실행할 수 없다. 이런 경우 시간 관리가 유용하므로, 시작 시 SysTick을 활성화하여 시스템에서 시간을 추적하자. 커널의 태스크 블록이 초기화되고, 2개의 새로운 태스크가 생성된다.

```
void main(void) {
    clock_pll_on(0);
    systick_enable();
    led_setup();
    kernel.name[0] = 0;
    kernel.id = 0;
    kernel.state = TASK_RUNNING;
    task_create("test0",task_test0, NULL);
    task_create("test1",task_test1, NULL);
    while(1) {
        schedule();
    }
}
```

2개의 주요 태스크가 각기 다른 시작 함수와 NULL 인수를 가리키며 만들어졌다. 실제로 두 함수는 결코 반환돼서는 안 되며, 인터럽트될 수 있고 구현된 스케줄러 정책에 따라 재개될 수 있다.

계속해서 진행해나가려면, 방금 정의한 병렬 태스크의 실행을 실제로 시작하고 대체하기 위해 스케줄러 내부가 구현돼야 한다.

▌ 스케줄러 구현

시스템의 아키텍처는 스케줄러 구현 방식에 따라 달라진다. 자발적으로 CPU를 다음 태스크로 넘길 것을 결정할 때까지 협업 모델에서 태스크를 실행하거나, 태스크 스위칭 및 다음 태스크 선택을 위한 우선순위 사이의 간격을 결정하는 특정 정책을 적용해 OS가 은 밀히 실행 태스크를 스왑swap하는 인터럽트를 촉발할 것인지를 결정할 수 있다. 두 가지 경우 모두, 이용 가능한 슈퍼바이저supervisor 호출 중 하나에서 컨텍스트 스위칭이 발생한다. 다음으로 스케줄링하고 컨텍스트 스위칭을 수행할 태스크를 결정하기 위해서다. 이번 예제에는 PendSV를 통해 전체 컨텍스트 스위칭 프로시저를 예제로 추가한 다음, 몇 가지 가능한 스케줄링 정책을 분석하고 구현한다.

슈퍼바이저 호출

스케줄러의 핵심 요소는 PendSV와 SVCall 같은 시스템 인터럽트 이벤트와 관련된 예외 핸들러로 구성된다. Cortex-M에서 PendSV 예외는 주소 0xE000ED04의 SCB에 위치한 인터럽트 제어 및 상태 레지스터의 비트 28에 해당하는 PENDSET 플래그를 설정하고, 항상 소프트웨어에 의해 촉발될 수 있다. 플래그 설정으로 컨텍스트 스위칭을 초기화하도록 간단한 매크로를 정의한다.

```
#define SCB_ICSR (*((volatile uint32_t *)0xE000ED04))
#define schedule() SCB_ICSR |= (1 << 28)
```

커널에서 스케줄링을 위한 호출 및 그다음의 모든 호출은 컨텍스트 스위칭을 일으킨다. 지금 컨텍스트 스위칭은 PendSV 핸들러에 구현되어 있다. 컨텍스트 스위칭을 완료하기 위해, 핸들러는 다음 단계를 수행해야 한다.

1. SP 레지스터의 현재 스택 포인터를 태스크 블록에 저장한다.
2. store_context를 호출해, 추가 스택 프레임을 스택에 푸시한다.
3. 현재 태스크의 상태를 TASK_READY로 변경한다.
4. 재개할 새로운 태스크를 선택한다.
5. 새로운 태스크의 상태를 TASK_RUNNING으로 변경한다.
6. 해당 태스크 블록에서 새로운 스택 포인터를 검색한다.

7. restore_context를 호출해, 스택에서 추가 스택 프레임을 팝한다.

8. PendSV 서비스 루틴의 마지막에 스레드 모드를 활성화하기 위해, 인터럽트 핸들러를 위한 특정 반환 값을 설정한다.

store/restore_context 함수를 통해 CPU 레지스터에 직접 접근하기 때문에, isr_pendsv 함수에 naked를 붙여야 한다.

```
void __attribute__((naked)) isr_pendsv(void)
{
    store_context();
    asm volatile("mrs %0, msp" : "=r"(TASKS[running_task_id].sp));
    TASKS[running_task_id].state = TASK_READY;
    running_task_id++;
    if (running_task_id >= n_tasks)
        running_task_id = 0;
    TASKS[running_task_id].state = TASK_RUNNING;
    asm volatile("msr msp, %0"::"r"(TASKS[running_task_id].sp));
    restore_context();
    asm volatile("mov lr, %0" ::"r"(0xFFFFFFF9));
    asm volatile("bx lr");
}
```

반환 전에 LR에 로딩된 값은 이 인터럽트의 마지막에 스레드 모드로 반환되고 있음을 나타내기 위해 사용된다. 마지막 3비트의 값에 따라, 인터럽트로부터 반환될 때 서비스 루틴은 어떤 스택 포인터가 사용되는지 CPU에 알린다. 이번 경우에 사용된 0xFFFFFFF9 값은 메인 스택 포인터를 사용하는 스레드 모드에 해당한다. 다른 값은 나중에 커널과 프로세스 사이에 별도의 스택 포인터를 지원하기 위해 예제를 확장할 때 필요할 것이다.

이제 PendSV 서비스 루틴 내에 완벽한 컨텍스트 스위칭이 구현됐다. 이 구현은 이제 단순히 다음 태스크를 선택하고, 배열의 마지막 태스크 이후에는 ID 0을 갖는 커널을 실행하기 위해 넘긴다. 서비스 루틴은 스케줄 매크로가 호출될 때마다 핸들러 모드로 실행되도록 촉발된다.

협업 스케줄러

시스템에서 태스크 실행을 대체하기 위해 다양한 정책들을 정의할 수 있다. 가장 단순한 경우에는, 각 태스크의 주요 함수가 스케줄러 매크로를 호출해 자발적으로 실행을 중단한다.

예제 구현에서는 2개의 스레드를 정의했다. 두 스레드 모두 LED를 켜고 1초 동안 비지 루프busy loop에 CPU를 붙들어둔다. 그런 다음 LED를 끄고, 컨텍스트 스위칭을 촉발하기 위해 schedule() 함수를 명시적으로 호출한다.

```c
void task_test0(void *arg)
{
    uint32_t now = jiffies;
    blue_led_on();
    while(1) {
        if ((jiffies - now) > 1000) {
            blue_led_off();
            schedule();
            now = jiffies;
            blue_led_on();
        }
    }
}

void task_test1(void *arg) {
    uint32_t now = jiffies;
    red_led_on();
    while(1) {
        if ((jiffies - now) > 1000) {
            red_led_off();
            schedule();
            now = jiffies;
            red_led_on();
        }
    }
}
```

이 작은 운영체제는 잘 작동하며, 커널은 두 태스크를 순서대로 스케줄링하고 있다. ID 0 태스크도 각 루프 초기에 재개되지만, 위 예제에서 커널 태스크는 루프에서만 스케줄을 호출하여 ID 1 태스크를 즉시 재개한다. 이 설계를 이용하면, 각 태스크가 CPU를 무기한으로 점유하고 다른 태스크의 실행을 막을 수 있기 때문에, 시스템의 반응성은 전적으로 태스크의 구현에 달려 있다. 협업 모델은 매우 특별한 상황에서만 사용된다. 각 태스크는 직접 자신의 CPU 주기를 조정하고 다른 스레드와 협력할 의무가 있고, 이는 전체 시스템의 응답성 및 공정성에 영향을 줄 수 있다.

여기서는 그 간편성 때문에 jiffies 변수의 되돌림^{wrap-around}를 고려하지 않았다. 밀리초마다 증가한다면 사실상 42일 후에는 최댓값을 넘길 수 있다. 위와 같은 간단한 예제와 달리, 실제 운영체제는 여기에 표시되지 않은 시간 변수를 비교하는 적당한 메커니즘을 구현해야 한다. 시간차를 계산하면서 이 되돌림을 감지할 수 있다.

동시성과 타임 슬라이스

각 태스크에 짧은 간격의 CPU 시간을 할당하고, 계속해서 매우 짧은 시간 간격으로 프로세스를 스와핑하는 다른 방식도 있다. 선점형 스케줄러는 자체적으로 태스크의 명확한 요청이 없어도 다음 태스크를 재개하기 위해 실행 태스크를 인터럽트하고, 다음에 실행될 태스크 선택과 각 태스크에 할당되는 CPU 시간 간격의 지속 시간, 즉 타임 슬라이스에 대한 정책을 적용한다.

태스크의 관점에서, 이제 실행은 지속적이며 스케줄러로부터 완전히 독립적일 수 있다. 즉, 이면에서 각 태스크를 지속적으로 인터럽트하고 재개하여, 모든 태스크가 실제로 같은 시간에 실행되고 있다는 착각을 불러일으킨다. 2개의 다른 시간 간격에 LED를 깜빡이도록 스레드를 다시 정의할 수 있다.

```
void task_test0(void *arg)
{
    uint32_t now = jiffies;
```

```
        blue_led_on();
        while(1) {
            if ((jiffies - now) > 500) {
                blue_led_toggle();
                now = jiffies;
            }
        }
    }

void task_test1(void *arg)
{
    uint32_t now = jiffies;
    red_led_on();
    while(1) {
        if ((jiffies - now) > 125) {
            red_led_toggle();
            now = jiffies;
        }
    }
}
```

라운드 로빈 스케줄링으로 태스크를 대체하기 위해, SysTick 핸들러 내의 PendSV 실행을 촉발한다. 이는 일정한 시간 간격으로 태스크 스위칭이 발생하게 한다. 새로운 SysTick 핸들러는 TIMESLICE 밀리초마다 컨텍스트 스위칭을 촉발한다.

```
#define TIMESLICE (20)
void isr_systick(void)
{
    if ((++jiffies % TIMESLICE) == 0)
        schedule();
}
```

이 새로운 환경설정으로 더 완전한 모델이 되었고, 여러 태스크를 독립적으로 실행하고 커널의 완벽한 감독하에 스케줄링하게 됐다.

블록되는 태스크

지금까지 구현된 단순한 스케줄러는 태스크의 두 가지 상태 TASK_READY와 TASK_RUNNING
만 제공한다. 태스크가 이벤트나 타임아웃을 기다리고 있어 블록됐기 때문에, 재개될 필
요가 없는 태스크를 정의하기 위해 세 번째 상태를 구현할 수 있다. 태스크는 다음과 같
은 특정 종류의 시스템 이벤트를 기다리며 대기한다.

- 태스크가 사용 중인 입력/출력 장치의 인터럽트 이벤트
- TCP/IP 스택 같은 또 다른 태스크로부터의 통신
- 현재 사용 불가능한 시스템의 공유 자원에 접근하는, 뮤텍스나 세마포어 같은
  동기화 메커니즘
- 타임아웃 이벤트

스케줄러는 다양한 상태를 관리하기 위해 이벤트 대기 중인 태스크들과 현재 실행 중인
태스크나 실행 준비 중인 태스크를 분리하여 2개 이상의 리스트를 구현할 수 있다. 그런
다음 스케줄러는 TASK_READY 상태의 태스크들 중에서 다음 태스크를 선택하고, 블록된
태스크 리스트에 있는 태스크는 무시한다.

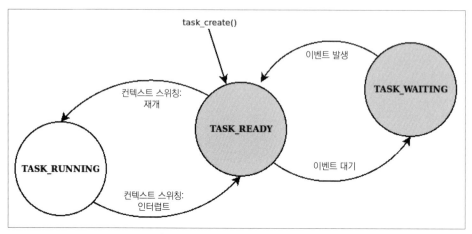

▲ 태스크의 실행 상태를 설명하는 상태 시스템

두 번째 버전 스케줄러는 배열의 인덱스 대신 전역 포인터를 사용하여 현재 실행 중인 태스크를 계속 추적하고, 태스크를 2개의 리스트로 정리한다.

- tasklist_active: 실행 태스크를 위한 태스크 블록과 TASK_READY 상태의 모든 태스크를 포함하여, 스케줄링을 기다림
- tasklist_waiting: 현재 블록된 태스크에 대한 태스크 블록을 포함함

이 새로운 메커니즘 구현을 가장 쉽게 보여주는 것은 sleep_ms 함수다. 이 함수는 태스크를 일시적으로 대기 상태로 전환하고, 후에 스케줄링을 위해 재개 지점을 설정하기 위해 사용한다. 이런 종류의 기능을 제공하면, 비지 루프를 실행하는 대신 반복적으로 타이머 만료를 검사하기 위해 LED 토글 동작 사이에 태스크를 슬립할 수 있다. 이러한 새로운 태스크는 비지 루프로 CPU 사이클을 낭비하지 않기 때문에 더 효율적일 뿐만 아니라, 좀 더 가독성이 있다.

```c
void task_test0(void *arg)
{
    blue_led_on();
    while(1) {
        sleep_ms(500);
        blue_led_toggle();
    }
}

void task_test1(void *arg)
{
    red_led_on();
    while(1) {
        sleep_ms(125);
        red_led_toggle();
    }
}
```

리스트에 있는 태스크 블록을 정렬하기 위해 다음 요소에 대한 포인터를 구조체에 추가하고, 두 리스트를 런타임에 덧붙인다. sleep_ms 함수를 관리하기 위해, 태스크가 재개를 위한 활성 리스트에 들어가야 할 때의 시스템 시간을 추적하기 위한 새로운 필드를 추가한다.

```c
struct task_block {
    char name[TASK_NAME_MAXLEN];
    int id;
    int state;
    void (*start)(void *arg);
    void *arg;
    uint8_t *sp;
    uint32_t wakeup_time;
    struct task_block *next;
};
```

삽입/삭제 요소를 위한 2개의 간단한 함수를 가지고 리스트를 관리할 수 있다.

```c
struct task_block *tasklist_active = NULL;
struct task_block *tasklist_waiting = NULL;

static void tasklist_add(struct task_block **list,struct task_block *el)
{
    el->next = *list;
    *list = el;
}

static int tasklist_del(struct task_block **list, struct task_block *delme)
{
    struct task_block *t = *list;
    struct task_block *p = NULL;
    while (t) {
        if (t == delme) {
            if (p == NULL)
                *list = t->next;
```

```
            else
                p->next = t->next;
            return 0;
        }
        p = t;
        t = t->next;
    }
    return -1;
}
```

2개의 추가 함수는 활성 리스트에서 대기 리스트로 태스크를 이동하거나 그 반대의 경우를 위해 추가됐으며, 또한 태스크 자체의 상태를 변경한다.

```
static void task_waiting(struct task_block *t)
{
    if (tasklist_del(&tasklist_active, t) == 0) {
        tasklist_add(&tasklist_waiting, t);
        t->state = TASK_WAITING;
    }
}
static void task_ready(struct task_block *t)
{
    if (tasklist_del(&tasklist_waiting, t) == 0) {
        tasklist_add(&tasklist_active, t);
        t->state = TASK_READY;
    }
}
```

sleep_ms 함수는 재개 시간을 설정하고 태스크를 대기 상태로 옮긴 후, 스케줄러를 활성화하여 태스크를 선점하게 한다.

```
void sleep_ms(int ms)
{
    if (ms < TASK_TIMESLICE)
        return;
```

```
    t_cur->wakeup_time = jiffies + ms;
    task_waiting(t_cur);
    schedule();
}
```

새로운 PendSV 핸들러는 활성 리스트에서 실행할 다음 작업을 선택한다. 커널 주 태스크는 결코 대기 상태에 있을 수 없으므로, 이 리스트에는 항상 최소 하나의 태스크가 포함되어 있다고 가정한다. 새 스레드는 tasklist_next_ready 함수를 통해 선택된다. 또한 현재 태스크가 활성 리스트에서 제거됐거나 리스트의 마지막으로 이동된 경우, 활성 리스트의 첫 요소[head]가 다음 타임슬라이스에 선택됐음을 말한다.

```
static inline struct task_block *tasklist_next_ready(struct task_block *t)
{
    if ((t->next == NULL) || (t->next->state != TASK_READY))
        return tasklist_active;
    return t->next;
}
```

이 작은 함수가 이중 리스트[double list]에 기반을 둔 새로운 스케줄러의 핵심이며, PendSV에서 다음 활성 태스크를 선택하기 위해 각각의 컨텍스트 스위칭 도중에 호출된다.

```
void __attribute__((naked)) isr_pendsv(void)
{
    store_context();
    asm volatile("mrs %0, msp" : "=r"(t_cur->sp));
    if (t_cur->state == TASK_RUNNING) {
        t_cur->state = TASK_READY;
    }
    t_cur = tasklist_next_ready(t_cur);
    t_cur->state = TASK_RUNNING;
    asm volatile("msr msp, %0" ::"r"(t_cur->sp));
    restore_context();
    asm volatile("mov lr, %0" ::"r"(0xFFFFFFF9));
```

```
    asm volatile("bx lr");
}
```

마지막으로, 잠자는 태스크 각각의 웨이크업 시간을 점검하기 위해, 커널은 대기 태스크 리스트를 점검하고 웨이크업 시간이 지나면 활성 리스트에 태스크 블록을 다시 옮긴다. 이제 커널 초기화에는 부트 시 실행 태스크 리스트에 커널 태스크가 스스로 삽입됐음을 보장하기 위한 몇 가지 추가 단계가 포함된다.

```
void main(void) {
    clock_pll_on(0);
    led_setup();
    button_setup();
    systick_enable();
    kernel.name[0] = 0;
    kernel.id = 0;
    kernel.state = TASK_RUNNING;
    kernel.wakeup_time = 0;
    tasklist_add(&tasklist_active, &kernel);
    task_create("test0",task_test0, NULL);
    task_create("test1",task_test1, NULL);
    task_create("test2",task_test2, NULL);
    while(1) {
        struct task_block *t = tasklist_waiting;
        while (t) {
            if (t->wakeup_time && (t->wakeup_time < jiffies)) {
                t->wakeup_time = 0;
                task_ready(t);
                break;
            }
            t = t->next;
        }
        WFI();
    }
}
```

자원 대기

주어진 시간 간격 동안의 블로킹은 태스크가 일시적으로 활성 리스트에서 배제될 가능성 중 한 가지일 뿐이다. 커널은 스케줄러 루프로 태스크를 다시 가져오기 위해 다른 이벤트 및 인터럽트 핸들러를 구현할 수 있으므로, TASK_WAITING 상태에 있는 동안 태스크는 특정 자원의 I/O 이벤트 대기를 차단할 수 있다.

예제 코드에서는, 멈춘 후 버튼이 눌렸을 때만 반환하는 태스크에서 버튼의 상태를 얻는 읽기 함수를 구현할 수 있다. 그때까지 호출 태스크는 대기 리스트에 남아 있고 결코 스케줄링되지 않는다. 녹색 LED를 토글하는 태스크는 버튼이 눌릴 때마다 블로킹 지점으로 button_read()를 사용한다.

```c
#define BUTTON_DEBOUNCE_TIME 120
void task_test2(void *arg)
{
    uint32_t toggle_time = 0;
    green_led_off();
    while(1) {
        if (button_read()) {
            if ((jiffies - toggle_time) > BUTTON_DEBOUNCE_TIME) {
                green_led_toggle();
                toggle_time = jiffies;
            }
        }
    }
}
```

button_read 함수는 호출 태스크를 계속 추적하여, 태스크 웨이크업을 위해 버튼이 눌렸을 때 button_task 포인터를 사용한다. 태스크는 대기 리스트로 옮겨지고, 읽기 연산이 드라이버에서 초기화된 후, 태스크가 선점된다.

```c
struct task_block *button_task = NULL;
int button_read(void)
```

340

```
{
    if (button_task)
        return 0;
    button_task = t_cur;
    task_waiting(t_cur);
    button_start_read();
    schedule();
    return 1;
}
```

버튼이 눌릴 때마다 스케줄러에 알리기 위해, 드라이버는 콜백을 사용한다. 이 콜백은 초기화 동안 커널에 의해 지정되고, button_setup에 인수로 전달된다.

```
static void (*button_callback)(void) = NULL;

void button_setup(void (*callback)(void))
{
    AHB1_CLOCK_ER |= GPIOA_AHB1_CLOCK_ER;
    GPIOA_MODE &= ~ (0x03 << (BUTTON_PIN * 2));
    EXTI_CR0 &= ~EXTI_CR_EXTI0_MASK;
    button_callback = callback;
}
```

커널은 button_wakeup 함수를 드라이버 콜백과 연결 짓는다. 그 후 태스크가 버튼 눌림 알림을 기다리고 있을 때 이벤트가 발생하면, 활성 태스크 리스트로 다시 이동되고 스케줄러가 실행할 태스크를 선택하는 즉시 재개된다.

```
void button_wakeup(void)
{
    if (button_task) {
        task_ready(button_task);
        button_task = NULL;
        schedule();
    }
}
```

블로킹 연산을 초기화하기 위해 버튼 드라이버에서는 인터럽트가 활성화되고 버튼 누름 이벤트에 해당하는 신호의 상승 에지와 연결된다.

```
void button_start_read(void)
{
    EXTI_IMR |= (1 << BUTTON_PIN);
    EXTI_EMR |= (1 << BUTTON_PIN);
    EXTI_RTSR |= (1 << BUTTON_PIN);
    nvic_irq_enable(NVIC_EXTI0_IRQN);
}
```

이벤트가 탐지되면 인터럽트 컨텍스트에서 콜백이 실행된다. 인터럽트는 다음 button_start_read 호출까지 비활성화된다.

```
void isr_exti0(void)
{
    nvic_irq_disable(NVIC_EXTI0_IRQN);
    EXTI_PR |= (1 << BUTTON_PIN);
    if (button_callback)
        button_callback();
}
```

연관된 태스크의 잠금해제를 위한 인터럽트 핸들링에 의존하는 장치 드라이버나 시스템 모듈은 콜백 메커니즘을 사용해 스케줄러와 상호작용할 수 있다. 유사한 블록 전략을 사용하여, 스케줄러 코드의 콜백으로 원하는 이벤트가 탐지되고 처리될 때까지 대기 리스트의 호출 태스크를 유지하도록 읽기 및 쓰기 연산을 구현할 수 있다.

베어메탈 임베디드 애플리케이션을 위해 설계된 그 밖의 시스템 구성요소 및 라이브러리는 블록 호출을 운영체제에 통합하기 위한 추가 계층을 필요로 한다. lwIP와 picoTCP 같은 임베디드 TCP/IP 스택 구현은, 다른 태스크에서 사용된 소켓 API와의 통신을 관리하기 위한 별도의 태스크 내에 루프를 실행하도록 구현된 블록 소켓 호출을 포함하는 이식성 있는 RTOS 통합 계층을 제공한다. 뮤텍스와 세마포어 같은 잠금 메커니즘은 요청된 자원이 사용 불가할 경우 태스크를 일시 중단^{suspend}하는 블록 호출을 구현했을 것이라 여긴다.

지금까지 예제에 구현된 스케줄링 정책은 반응이 빠르고 태스크 간에 완벽한 수준의 상호작용을 제공하지만, 실시간 시스템 설계에 필요한 우선순위 수준은 예측하지 못한다.

실시간 스케줄링

실시간 운영체제의 주요 요구사항 중 하나는, 짧고 예상 가능한 시간 안에 관련 코드를 실행하여 선택한 수의 이벤트에 대응할 수 있는 능력이다. 엄격한 타이밍 요구사항을 갖춘 기능을 구현하기 위해, 운영체제는 처리량이나 공정성 같은 메트릭스보다 빠른 인터럽트 핸들링과 디스패칭^{dispatching}에 집중해야 한다. 각 태스크는 실행을 시작하거나 중지해야 할 정확한 시간을 나타내는 기한^{deadline}이나 시스템의 다른 태스크에 대한 의존성을 유발할 수 있는 공유 자원에 관련된 특정 요구사항을 갖고 있다. 유한한 시간 요구사항을 가진 태스크를 실행하는 시스템은 측정 가능하고, 고정된 시간 동안에 기한을 지킬 수 있어야 한다.

실시간 스케줄링에 대한 접근은 복잡한 문제다. 해당 주제에 관한 권위적인 문헌이 존재하므로, 여기서 이 주제를 광범위하게 설명하지는 않는다. 런타임 시 태스크 스위칭에 사용되는 적절한 전략과 각 태스크에 할당된 우선순위를 결합한 여러 접근법이, 실시간 요구사항에 대한 일반적인 솔루션을 제공하기 위해 충분한 근사치를 제공한다는 연구 결과가 있다.

확정 기한을 가진 경성 실시간 태스크를 지원하기 위해, 운영체제는 다음과 같은 특성의 구현을 고려해야 한다.

- 스케줄러에 구현된 빠른 컨텍스트 스위칭 절차
- 인터럽트 비활성화 상태로 시스템이 동작하는 측정 가능한 시간 간격

- 짧은 인터럽트 핸들러
- 인터럽트 우선순위 지원
- 경성 실시간 태스크의 대기 시간을 최소화하기 위한 태스크 우선순위 지원

태스크 스케줄링 관점에서 볼 때, 실시간 태스크의 대기 시간은 대부분 외부 이벤트가 발생할 때 해당 태스크를 재개하는 시스템 기능과 관련이 있다.

선택한 태스크 그룹에 대한 확정 대기 시간을 보장하기 위해, RTOS는 주로 태스크 생성 시에 할당되는 고정 우선순위 수준을 구현하여 스케줄러의 슈퍼바이저 호출 실행 때 다음 태스크 선택 순서를 결정한다.

시간이 중요한 연산은 더 높은 우선순위를 가진 태스크로 구현돼야 한다. 시스템 응답 속도를 유지하고 우선순위가 낮은 태스크의 기아^{starvation} 가능성에 관련된 문제들을 허용하면서, 실시간 태스크의 반응 시간을 최적화하기 위해 많은 스케줄러 정책이 연구됐다. 특정 시나리오에 대한 최적의 스케줄링 정책을 찾는 것은 매우 힘들고, 실시간 시스템에서 대기 시간 및 지터^{jitter}의 결정적 연산을 위한 세부사항은 이 책의 범위를 벗어난다.

제안된 접근 방법 중 하나가 실시간 운영체제에서 매우 널리 사용되고 있다. 스케줄러 슈퍼바이저 호출 때마다 실행 준비 중인 태스크 중 우선순위가 가장 높은 태스크를 선택함으로써, 실시간 태스크에 즉각적인 컨텍스트 스위칭을 제공한다. **정적 우선순위 기반 선점형 스케줄링** static priority-driven preemptive scheduling 으로 알려진 이러한 스케줄링 정책이 모든 경우에 최적은 아니다. 태스크의 지연 시간은 우선순위가 동일한 태스크의 수에 따라 다르며, 높은 시스템 부하를 가지면서 더 낮은 우선순위를 갖는 태스크의 잠재적인 기아 상태를 방지하기 위한 메커니즘이 없다. 그러나 이는 우선순위 메커니즘이 실시간 태스크의 지연 시간에 미치는 영향을 시연하기 위해 구현이 쉬운 간단한 메커니즘이다.

또 다른 가능성 있는 접근 방식은, 태스크의 특성을 기반으로 런타임에 동적으로 우선순위를 재할당하는 것이다. 실시간 스케줄러는 마감 시간이 가장 가까운 태스크가 먼저 선택되도록 보장하는 메커니즘으로부터 이점을 얻을 수 있다. **최단 마감 우선** EDF, earliest-deadline-first 스케줄링으로 알려진 이 접근법은 부하가 더 많은 시스템에서 실시간으로 마

감 시간을 맞추는 데 더 효율적이다. 리눅스 버전 3.14부터 포함된 SCHED_DEADLINE 스케줄러에 이러한 메커니즘이 구현됐다. 구현이 비교적 간단함에도 불구하고 임베디드 운영체제에서는 그다지 인기가 없다.

이 예제는 정적 우선순위 구동 스케줄러의 간단한 구현을 보여준다. 예제에서는 시스템에서 지원하는 각 우선순위 수준에 대해 하나씩 활성 태스크를 저장하기 위해 별도의 리스트 4개를 사용한다. 우선순위 수준은 각 태스크 생성 시에 할당되며, 커널은 다른 모든 태스크가 슬립 상태일 때, 슬립 상태 태스크의 타이머를 검사할 목적으로 실행되는 주요 태스크를 갖고 우선순위 0을 유지한다. 태스크가 준비되면 상응하는 우선순위 수준과 함께 활성 태스크 리스트에 추가되고, 블록되면 대기 리스트로 옮겨진다. 태스크의 정적 우선순위를 추적하기 위해, 태스크 블록에 우선순위 필드가 추가돼야 한다.

```c
struct task_block {
    char name[TASK_NAME_MAXLEN];
    int id;
    int state;
    void (*start)(void *arg);
    void *arg;
    uint8_t *sp;
    uint32_t wakeup_time;
    uint8_t priority;
    struct task_block *next;
};
```

동일한 우선순위를 가진 태스크의 리스트에서 태스크 블록을 빠르게 추가 및 삭제하는 2개의 단축 함수를 정의한다.

```c
static void tasklist_add_active(struct task_block *el)
{
    tasklist_add(&tasklist_active[el->priority], el);
}
```

```
static int tasklist_del_active(struct task_block *el)
{
    return tasklist_del(&tasklist_active[el->priority], el);
}
```

그 후 주어진 우선순위로 활성 태스크 상응 리스트에서 삭제하거나 삽입할 때, 새로운 버전의 task_waiting/task_ready 함수에서 이를 사용한다.

```
static void task_waiting(struct task_block *t)
{
    if (tasklist_del_active(t) == 0) {
        tasklist_add(&tasklist_waiting, t);
        t->state = TASK_WAITING;
    }
}

static void task_ready(struct task_block *t)
{
    if (tasklist_del(&tasklist_waiting, t) == 0) {
        tasklist_add_active(t);
        t->state = TASK_READY;
    }
}
```

시스템에 3개의 태스크를 생성하는데, 버튼 누름 이벤트 때 블록되는 태스크는 더 높은 우선순위 수준으로 생성된다.

```
void main(void) {
    clock_pll_on(0);
    led_setup();
    button_setup(button_wakeup);
    systick_enable();
    kernel.name[0] = 0;
    kernel.id = 0;
    kernel.state = TASK_RUNNING;
```

```
        kernel.wakeup_time = 0;
        kernel.priority = 0;
        tasklist_add_active(&kernel);
        task_create("test0",task_test0, NULL, 1);
        task_create("test1",task_test1, NULL, 1);
        task_create("test2",task_test2, NULL, 3);
        while(1) {
            struct task_block *t = tasklist_waiting;
            while (t) {
                if (t->wakeup_time && (t->wakeup_time < jiffies)) {
                    t->wakeup_time = 0;
                    task_ready(t);
                    break;
                }
                t = t->next;
            }
            WFI();
        }
}
```

다음 태스크를 선택하는 함수는 실행 준비된 태스크들 가운데 우선순위가 가장 높은 태스크를 찾기 위해 재작업한다. 그렇게 하기 위해, 가장 높은 우선순위에서 가장 낮은 우선순위까지 우선순위 리스트들을 찾아본다. 이 리스트 중 가장 높은 우선순위를 갖는 리스트와 현재의 태스크 중 하나의 우선순위가 같은 경우, 가능하면 다음 태스크 중 동일한 우선순위를 갖는 태스크를 선택한다. 동일한 우선순위 수준 내에서 CPU를 위해 경쟁하는 태스크 간의 라운드 로빈 메커니즘을 보장하기 위해서 말이다. 다른 경우에는 우선순위가 가장 높은 리스트의 첫 번째 태스크가 선택된다.

```
static int idx; static
inline struct task_block *
tasklist_next_ready(struct task_block *t)
{
    for (idx = MAX_PRIO - 1; idx >= 0; idx--) {
        if ((idx == t->priority) && (t->next != NULL) &&
```

```
            (t->next->state == TASK_READY))
                return t->next;
        if (tasklist_active[idx])
            return tasklist_active[idx];
    }
    return t;
}
```

ID가 2인 태스크의 버튼 누름 이벤트에 반응하는 특정 사용 사례에 대한 단일 우선순위 수준을 이용한 스케줄러와 위 스케줄러의 주요 차이점은 버튼 누름 이벤트와 태스크 그 자체의 반응성 간의 시간 간격이다. 두 스케줄러 모두 버튼 이벤트의 인터럽트 핸들러 내에서 즉시 태스크를 다시 준비 상태로 되돌려놓음으로써, 선점형을 구현한다.

그러나 첫 번째 경우에 태스크가 동일한 우선순위 수준의 다른 태스크와 경쟁하여 스케줄링되고 있는 회전대로 되돌아온다. 이는 최악의 시나리오에서 태스크의 반응을 대략 $N *$ TIMESLICE로 지연시킬 수 있다. 여기서 N은 인터럽트가 발생하는 순간에 실행 준비가 된 프로세스의 수다.

우선순위 기반 스케줄링 방식으로는 실시간 태스크가 인터럽트 발생 후 스케줄링되는 첫 태스크가 확실하므로, 태스크 재개를 위한 인터럽트로 소요되는 시간을 측정할 수 있으며, 그 사이 CPU는 모든 동작을 수행하기 위해 예측 가능한 양의 명령을 실행하기 때문에 몇 마이크로초 단위로 실행된다.

실시간 임베디드 OS는 대부분의 운송 및 의료 산업에서 중요한 핵심 시스템을 구현하기 위한 기본이다. 그러므로 이 OS는 기본 시스템 운영을 가능한 한 경량으로 유지하고, 시스템 호출 인터페이스 및 시스템 API를 위한 최소 오버헤드를 갖도록 하는 간소화된 모델을 필요로 한다. 정반대의 접근법은 처리량, 태스크 상호작용, 메모리 안전성 향상 및 기타 성능 지표 면에서 최적화를 이루기 위해, 커널의 복잡성을 증가시킬 수 있다. 이는 실시간 요구 조건이 덜하거나 존재하지 않는 많은 임베디드 시스템에 더 적합할 수 있다. 좀 더 엄격한 우선순위 기반 스케줄링 정책은 지연 시간을 개선하고 잘 제어되는 시나리오에서 실시간 응답을 보장하지만, 태스크 지연 시간보다 다른 제한사항들이 더 강요되는 범용 임베디드 시스템에서 사용하기에는 융통성이 부족하다. 여기에는 시간 기반 선점형 스케줄링 접근법이 더 나은 결과를 제공할 수 있다.

▌ 동기화

메모리, 주변장치, 시스템 접근을 공유하는 멀티스레드 환경에서, 시스템은 태스크가 시스템 전반의 사용 가능한 자원에 대한 접근 중재에 협력할 수 있도록 동기화 메커니즘을 제공한다.

뮤텍스와 세마포어는 대부분의 동시성 문제를 해결하기 위해 최소한의 세트를 제공하는 병렬 스레드 사이에 가장 일반적으로 사용되는 두 가지 동기화 메커니즘이다. 호출 태스크를 블록할 수 있는 함수는, 자원을 이용할 수 없을 때나 잠금해제 또는 세마포어 증가까지 태스크를 대기 상태로 이동시키기 위해 스케줄러와 상호작용할 수 있어야 한다.

세마포어

세마포어는 배타적인 접근으로 카운터를 제공하는 가장 일반적인 동기화 방식이며, 특정 공유 자원 사용에 대한 중재에 협조하기 위해 2개 이상의 스레드가 사용한다. 태스크에 제공되는 API는 배타적인 접근으로 카운터를 증가시키기 위해 객체를 사용할 수 있음을 보장할 수 있어야 한다. 일반적으로 배타적 접근은 약간의 CPU 보조 기능을 필요로 한다. 이런 이유로, 동기화 전략의 내부적인 구현은 타깃 프로세서에 구현된 마이크로 코드에 따라 다르다.

Cortex-M3/M4에서 배타적인 연산을 수행하기 위한 잠금 메커니즘 구현은 CPU가 제공하는 인스트럭션에 따라 달라진다. 레퍼런스 플랫폼의 인스트럭션 세트는 다음과 같은 2개의 인스트럭션을 제공한다.

- **LDREX**^{Load Register Exclusive} : 메모리 주소의 값을 CPU 레지스터로 로딩한다.
- **STREX**^{Store Register Exclusive} : 마지막 LDREX 인스트럭션에 상응하는 메모리 주소에 레지스터가 가진 새로운 값을 저장하려고 한다. STREX가 성공하면, 메모리에 값 쓰기가 배타적으로 발생하고 마지막 LDREX 호출 이후 그 값이 변경되지 않았음을 CPU가 보장한다. 2개의 LDREX/STREX가 동시에 발생하면, 단 하나만 레지스터 쓰기에 성공할 것이며, 두 번째 STREX 인스트럭션은 실패하여 0을 반환한다.

이러한 인스트럭션의 특성은 카운터에 대한 배타적 접근을 보장한다. 카운터는 세마포어와 뮤텍스의 기본인 원시 함수를 구현하는 데 사용된다.

sem_trywait 함수는 세마포어의 값을 감소시킨다. 세마포어의 값이 0(이는 즉시 실패를 야기한다)이 아니라면, 항상 연산을 허용한다. 함수는 성공 시 0을 반환하고, 세마포어의 값이 0인 경우 −1을 반환하며, 이 시점에 세마포어 값을 감소시키는 것은 불가능하다.

sem_trywait의 이벤트 순서는 다음과 같다.

1. 세마포어 변수의 값(배타적 로딩 및 저장 인스트럭션으로 접근되는 정수)은 함수 인수가 가리키는 메모리에서 레지스터 R1으로 읽어들인다.

2. R1의 값이 0이면 세마포어를 얻을 수 없으며, 함수는 −1을 반환한다.

3. R1의 값을 1씩 감소시킨다.

4. R1의 값은 함수 인수가 가리키는 메모리에 저장되고 STREX 연산의 결과를 R2에 저장한다.

5. 연산이 성공하면 R2 값은 0이고, 세마포어를 얻어 성공적으로 감소시키고, 함수는 성공 상태로 반환된다.

6. 저장 연산이 실패하면(동시에 발생한 접근 시도), 프로시저는 즉각 두 번째 시도를 위해 반복된다.

다음은 모든 단계를 구현한 어셈블리 루틴이다. 성공하면 0을 반환하고, 감소 실패는 −1을 반환한다.

```
sem_trywait:
    LDREX r1, [r0]
    CMP r1, #0
    BEQ sem_trywait_fail
    SUBS r1, #1
    STREX r2, r1, [r0]
    CMP r2, #0
    BNE sem_trywait
    DMB
    MOVS r0, #0
    BX lr
sem_trywait_fail:
    DMB
    MOV r0, #-1
    BX lr
```

다음 코드는 세마포어를 증가시키는 해당 함수로, 세마포어 카운팅을 증가시키고 여러 태스크가 동시에 세마포어에 접근하려고 시도하는 경우에도 연산이 성공한다는 점을 제외하면, 대기 루틴과 유사하다. 함수는 카운터 이전의 값이 0인 경우를 제외하고는 성공 시 0을 반환한다. 카운터 이전의 값이 0인 경우 1을 반환하고, 그 값을 증가시키는 대기 상태의 모든 리스너listener에게 알리도록 호출자에게 상기시킨다.

```
.global sem_dopost
sem_dopost:
    LDREX r1, [r0]
    ADDS r1, #1
    STREX r2, r1, [r0]
    CMP r2, #0
    BNE sem_dopost
    CMP r0, #1
    DMB
```

```
    BGE sem_signal_up
    MOVS r0, #0
    BX lr
sem_signal_up:
    MOVS r0, #1
    BX lr
```

sem_wait 함수의 블로킹 상태를 스케줄러에 통합하기 위해, OS에 의해 태스크에 노출된 세마포어 인터페이스는 블록되지 않은 sem_trywait 호출을 블로킹 버전으로 래핑wrapping한다. 세마포어의 값이 0인 경우 태스크를 블록한다.

세마포어 인터페이스의 블로킹 버전을 구현하기 위해, semaphore 객체는 자원에 접근하고 포스트post 이벤트를 기다리는 태스크를 계속 추적할 수 있어야 한다. 이런 경우 태스크의 식별자들은 listeners라는 배열에 저장된다.

```
#define MAX_LISTENERS 4
struct semaphore {
    uint32_t value;
    uint8_t listeners[MAX_LISTENERS];
};

typedef struct semaphore semaphore;
```

대기 연산이 실패하면 태스크는 잠기고, 다른 태스크의 포스트post 연산이 성공한 후에 다시 시도하게 된다. 태스크 식별자는 해당 자원에 대한 listeners 배열에 추가된다.

```
int sem_wait(semaphore *s)
{
    int i;
    if (s == NULL)
        return -1;
    if (sem_trywait(s) == 0)
        return 0;
```

```
    for (i = 0; i < MAX_LISTENERS; i++) {
        if (!s->listeners[i])
            s->listeners[i] = t_cur->id;
        if (s->listeners[i] == t_cur->id)
            break;
    }
    task_waiting(t_cur);
    schedule();
    return sem_wait(s);
}
```

만약 포스트 연산이 0에서 1까지의 증가를 촉발하면 어셈블리 루틴 sem_dopost는 양수 값을 반환한다. 즉, 리스너가 존재한다면, 막 사용 가능해진 자원을 얻으려 시도하기 위해 이들 리스너가 재개돼야 한다는 뜻이다.

뮤텍스

뮤텍스^mutex^는 **상호 배제**^mutual exclusion^의 약자로, 동일한 어셈블리 루틴을 사용해 구현됐다는 점에서 세마포어와 밀접한 관련이 있다. 뮤텍스는 다름 아닌 바이너리 세마포어로, 값 1로 초기화되어 첫 번째 잠금 연산을 허용한다.

값이 0에 도달한 후 카운터를 감소시키지 못하는 세마포어의 특성 때문에, 여기서 뮤텍스 인터페이스를 빠르게 구현하여 세마포어 기본 함수 sem_wait와 sem_post를 각각 mutex_lock과 mutex_unlock으로 변경했다.

두 태스크는 동일한 시간에 잠금해제된 뮤텍스를 감소시킬 수 있지만 단 하나만 성공한다. 다른 하나는 실패하게 된다. 예제 스케줄러를 위한 뮤텍스의 잠금 버전에서, 세마포어 함수의 최상위에 빌드된 뮤텍스 API를 위한 래퍼^wrapper^는 다음과 같다.

```
typedef semaphore mutex;
#define mutex_init(m) sem_init(m, 1)
#define mutex_trylock(m) sem_trywait(m)
```

```
#define mutex_lock(x) sem_wait(x)
#define mutex_unlock(x) sem_post(x)
```

세마포어와 뮤텍스로 지금까지 만들어진 예제 운영체제는 스케줄러와 통합된 동기화 메커니즘을 위한 완벽한 API를 제공한다.

우선순위 도치

통합 동기화 메커니즘을 이용해 선점형, 우선순위 기반 스케줄러를 가진 운영체제를 개발하는 경우 자주 발생하는 현상은 우선순위 도치^{priority inversion}다. 이 조건은 우선순위가 더 낮은 다른 태스크들과 자원을 공유하는 실시간 태스크의 반응 시간에 영향이 있으며, 경우에 따라 우선순위가 더 높은 태스크가 예상을 벗어난 시간 동안 자원을 얻지 못할 수도 있다. 우선순위가 높은 태스크가 우선순위가 더 낮은 태스크로부터 자원이 해제될 때까지 대기하는 경우에 이러한 일이 발생할 수 있다. 그동안에 시스템에서 관계없는 다른 태스크들이 선점할 수 있다.

이러한 현상을 촉발하는 사건의 순서는 다음과 같다.

1. T1, T2, T3는 3개의 실행 태스크이며 우선순위는 각각 1, 2, 3이다.
2. T1은 뮤텍스를 이용해 자원 X의 잠금을 얻었다.
3. T1은 우선순위가 더 높은 T3에 의해 선점된다.
4. T3는 공유 자원 X에 접근하려 하고 뮤텍스에서 이를 블록한다.
5. T1은 임계 영역에서 실행을 재개한다.
6. T1은 우선순위가 더 높은 T2에 의해 선점된다.
7. T1이 잠금을 해제하고 T3를 웨이크업하기 전에, 1보다 우선순위가 더 높은 임의 수의 태스크가 T1의 실행을 인터럽트할 수 있다.

이러한 상황을 피하기 위해 구현할 수 있는 메커니즘 중 하나를 우선순위 도치라 한다.

이 메커니즘은 일시적으로 자원을 공유하는 태스크의 우선순위를, 자원에 접근하는 모든 태스크 중 가장 높은 우선순위로 올리도록 구성된다. 이렇게 하면, 우선순위가 낮은 태스크로 인해 우선순위가 더 높은 태스크의 스케줄링 지연이 발생하지 않으며, 실시간 요구 사항이 충족된다.

▌ 시스템 자원 분리

이 책을 통해 빌드된 예제 운영체제는 이미 흥미로운 기능을 많이 갖췄지만, 여전히 메모리 세그먼테이션이나 권한 분리가 없는 플랫 모델이 특징이다. 최소한의 시스템은 시스템 자원을 분리하고 메모리 공간 접근을 규제하기 위한 어떤 메커니즘도 제공하지 않는다. 대신, 시스템의 태스크는 다른 태스크의 메모리를 읽고 변경하며, 커널 주소 공간에서 연산을 수행하고, 런타임에 주변장치 및 CPU 레지스터에 직접 접근하는 것을 포함하여, 권한 있는 연산을 수행할 수 있다.

타깃 플랫폼에서 이용 가능한 다양한 접근 방식이 존재한다. 다음과 같은 목적을 위해 커널에 대한 변경을 최소한으로 하여 시스템의 안전성 수준을 높인다.

- 커널/프로세스 권한 분리 구현
- 스케줄러에 메모리 보호 통합
- 슈퍼바이저 호출을 통해 자원에 접근하는 시스템 호출 인터페이스 제공

권한 수준

Cortex-M CPU는 두 가지 권한 수준으로 코드를 실행하도록 설계됐다. 권한 분리는 중요하다. 신뢰할 수 없는 애플리케이션 코드가 시스템에서 실행될 때, 커널이 항상 실행을 제어하고, 사용자 스레드의 오동작으로 인한 시스템 오류가 발생하지 않게 한다. 부트 시 기본 실행 수준은 커널이 부트할 수 있도록 하는 권한 수준이다. 애플리케이션은 사용자

수준으로 실행되도록 설정되며, 컨텍스트 스위칭 연산 동안 다른 스택 포인터 레지스터를 사용한다.

권한 수준 변경은 예외 처리 동안에만 가능하며, 컨텍스트 스위칭을 수행하는 예외 처리에서 반환되기 전에 LR에 저장된 특정 예외 반환 값을 사용한다. 권한 수준을 제어하는 플래그는 CONTROL 레지스터의 최하위 비트다. 예외 핸들러 반환 전, 애플리케이션 스레드를 사용자 권한 수준에서 수행하기 위한 이관을 할 때, 컨텍스트 스위칭 동안 변경될 수 있다.

또한 대부분의 Cortex-M은 별도의 두 가지 스택 포인터 CPU 레지스터를 제공한다.

- 마스터 스택 포인터 MSP, Master Stack Pointer
- 프로세스 스택 포인터 PSP, Process Stack Pointer

ARM 권장사항에 따라 운영체제는 사용자 스레드를 실행하는 데 PSP를 사용해야 하며, MSP는 인터럽트 핸들러와 커널이 사용한다. 스택 선택은 예외 핸들러 종료 시 특정 반환 값에 따라 다르다. 지금까지 구현된 스케줄러는 이 값을 0xFFFFFFF9에 하드코딩해뒀다. 이는 인터럽트 후 스레드 모드에서 반환하기 위해 사용되며, 코드를 권한 수준으로 계속 실행하게 한다. 인터럽트 핸들러의 반환 값 0xFFFFFFFD는 CPU로 하여금 스레드 모드로 반환할 때 PSP를 스택 포인터 레지스터로 선택하게 한다.

적절한 권한 분리를 구현하기 위해, 태스크 스위칭에 사용되는 PendSV 핸들러는 선점된 태스크와 선택된 스택을 위해 올바른 스택 포인터를 사용하여, 컨텍스트의 저장 및 복구를 위해 수정된다. 커널이 여전히 마스터 스택 포인터를 사용하므로, 지금까지 사용된 store_context와 restore_context 함수는 각각 store_kernel_context와 restore_kernel_context로 함수명을 변경한다. 2개의 새로운 함수는 새 컨텍스트 스위칭 루틴에서 저장 및 복구 스레드 컨텍스트에 추가되며, 스레드의 컨텍스트를 저장하고 복구하는 데 PSP 레지스터를 사용한다.

```
static void __attribute__((naked)) store_user_context(void)
{
    asm volatile("mrs r0, psp");
    asm volatile("stmdb r0!, {r4-r11}");
    asm volatile("msr psp, r0");
    asm volatile("bx lr");
}

static void __attribute__((naked)) restore_user_context(void)
{
    asm volatile("mrs r0, psp");
    asm volatile("ldmfd r0!, {r4-r11}");
    asm volatile("msr psp, r0");
    asm volatile("bx lr");
}
```

안전한 스케줄러 버전에서 PendSV 서비스 루틴은 컨텍스트를 저장하고 복구하기 위해 올바른 스택 포인터를 선택하고, 관련 루틴을 호출한다. 새 컨텍스트에 따라, LR에 저장된 반환 값은 새로운 스택 포인터로 사용되는 레지스터를 선택하는 데 사용되며, 권한 수준은 다음 스레드 모드에서 사용자나 특권 수준으로 전환하기 위해 각각 1 또는 0 값을 사용해 CONTROL 레지스터에 설정된다.

```
void __attribute__((naked)) isr_pendsv(void)
{
    if (t_cur->id == 0) {
        store_kernel_context();
        asm volatile("mrs %0, msp" : "=r"(t_cur->sp));
    } else {
        store_user_context();
        asm volatile("mrs %0, psp" : "=r"(t_cur->sp));
    }
    if (t_cur->state == TASK_RUNNING) {
        t_cur->state = TASK_READY;
    }
    t_cur = tasklist_next_ready(t_cur);
```

```
        t_cur->state = TASK_RUNNING;
        if (t_cur->id == 0) {
            asm volatile("msr msp, %0" ::"r"(t_cur->sp));
            restore_kernel_context();
            asm volatile("mov lr, %0" ::"r"(0xFFFFFFF9));
            asm volatile("msr CONTROL, %0" ::"r"(0x00));
        } else {
            asm volatile("msr psp, %0" ::"r"(t_cur->sp));
            restore_user_context();
            asm volatile("mov lr, %0" ::"r"(0xFFFFFFFD));
            asm volatile("msr CONTROL, %0" ::"r"(0x01));
        }
        asm volatile("bx lr");
}
```

CONTROL 레지스터에 비트가 권한 모드로 설정되어 실행하는 태스크는 시스템 자원에 접근하는 데 제한이 있다. 특히, 스레드가 SCB 영역의 레지스터에 접근하는 것은 불가능하다. 즉, NVIC를 통한 인터럽트 활성화 및 비활성화 같은 일부 기본 연산은 커널이 독점으로 사용하도록 예약되어 있다. MPU와 함께 사용되는 경우, 권한 분리는 접근 수준에서 메모리 분리를 하게 함으로써 시스템의 안전성이 훨씬 더 향상된다. 이는 애플리케이션 코드의 오작동을 감지하고 인터럽트할 수 있다.

메모리 세그먼테이션

동적 메모리 세그먼테이션 전략은 단일 태스크가 시스템 중요 구성요소에 접근하거나 사용자 영역으로부터의 접근 시 커널 감독이 필요한 자원에 접근하지 못하도록 하기 위해 스케줄러에 통합될 수 있다.

5장 '메모리 관리'에서는 연속된 메모리 세그먼트 범위를 정하고 시스템에서 실행 중인 코드가 특정 영역에 접근하지 못하도록 하기 위한 MPU 사용 방식에 대해 알아봤다. 사실상, MPU 컨트롤러는 더 세부적으로 단일 메모리 영역의 속성을 변경하는 퍼미션 마스크permission mask를 제공한다. 특히, CPU가 특권 수준에서 실행되는 중에만 일부 영역에 접근할 수 있다. 이는 사용자 애플리케이션이 커널의 감독 없이 시스템의 특정 영역에 접근하지 못하게 하는 효율적인 방식이다. 안전한 운영체제는 커널 전용 퍼미션 플래그를 이용해 주변장치 및 시스템 레지스터 영역에 애플리케이션 태스크가 접근하는 것을 완전히 제한하도록 결정할 수 있다. MPU 영역 속성 레지스터에서 특정 퍼미션과 관련된 값은 다음과 같이 정의할 수 있다.

```
#define RASR_KERNEL_RW (1 << 24)
#define RASR_KERNEL_RO (5 << 24)
#define RASR_RDONLY (6 << 24)
#define RASR_NOACCESS (0 << 24)
#define RASR_USER_RW (3 << 24)
#define RASR_USER_RO (2 << 24)
```

MPU 환경설정은 커널이 부트할 때 적용한다. 이 예제에서 플래시 영역은 전역 읽기가 가능하도록 RASR_RDONLY를 영역 0으로 설정하고, SRAM 영역은 전역 접근이 가능하도록 주소 0x20000000에 매핑시켜 영역 1로 설정한다.

```
int mpu_enable(void)
{
    volatile uint32_t type;
    volatile uint32_t start;
    volatile uint32_t attr;
    type = MPU_TYPE;
    if (type == 0)
        return -1;
    MPU_CTRL = 0;
    start = 0;
    attr = RASR_ENABLED | MPUSIZE_256K | RASR_SCB | RASR_RDONLY;
    mpu_set_region(0, start, attr);

    start = 0x20000000;
    attr = RASR_ENABLED | MPUSIZE_128K | RASR_SCB |
    RASR_USER_RW | RASR_NOEXEC;
    mpu_set_region(1, start, attr);
```

더 엄격한 정책을 통해 비권한 모드에서 사용자 태스크의 SRAM 사용을 제한할 수 있다. 그러나 태스크가 시작될 때 매핑된 .data와 .bss 영역의 재구성이 필요할 것이다. 이 예제에서는 시스템 자원에 대한 접근을 막고 다른 태스크의 스택 영역을 보호하기 위해, 태스크별 메모리 보호 정책을 스케줄러에 통합하는 방법을 간단히 보여준다. CCRAM 영역은 시스템의 커널 실행 스택 및 기타 태스크를 포함하고 있기 때문에 이를 보호해야 한다. 이를 위해, 커널이 독점적으로 CCRAM 영역에 접근하도록 영역 2로 표시하고, 후에 컨텍스트 스위칭 동안 선택된 태스크를 위해 예외를 생성해 자신의 스택 공간에 접근할 수 있게 한다.

```
start = 0x10000000;
attr = RASR_ENABLED | MPUSIZE_64K | RASR_SCB |
RASR_KERNEL_RW | RASR_NOEXEC;
mpu_set_region(2, start, attr);
```

주변장치 영역과 시스템 레지스터는 예제 시스템에 제한된 영역이므로, 이들 역시 독점 커널 접근으로서 런타임에 표시된다. 안전한 OS 설계를 위해, 주변장치에 접근하고자 하는 태스크는 감독을 받는 권한 연산을 수행하기 위해 시스템 호출을 사용해야 한다.

```
start = 0x40000000;
attr = RASR_ENABLED | MPUSIZE_1G | RASR_SB |
RASR_KERNEL_RW | RASR_NOEXEC;
mpu_set_region(4, start, attr);
start = 0xE0000000;
attr = RASR_ENABLED | MPUSIZE_256M | RASR_SB |
RASR_KERNEL_RW | RASR_NOEXEC;
mpu_set_region(5, start, attr);
SHCSR |= MEMFAULT_ENABLE;
MPU_CTRL = 1;
return 0;
}
```

컨텍스트 스위칭을 하는 동안 (isr_pendsv 서비스 루틴으로부터 반환되기 전에) 비권한 모드에서 스케줄러가 다음으로 실행할 태스크의 스택 영역에 임시로 접근할 수 있도록 하기 위해, 예제의 사용자 정의 MPU 모듈에서 내보낸 함수를 호출할 수 있다.

```
void mpu_task_stack_permit(void *start)
{
    uint32_t attr = RASR_ENABLED | MPUSIZE_1K |
    RASR_SCB | RASR_USER_RW;
    MPU_CTRL = 0;
    DMB();
    mpu_set_region(3, (uint32_t)start, attr);
    MPU_CTRL = 1;
}
```

이러한 추가 제한사항은 현재 구현된 태스크가 직접 자원에 접근할 가능성을 제한한다. 이전과 동일한 기능을 유지하기 위해, 예제 시스템은 이제 시스템 연산을 요청하는 태스크를 위해 안전한 새 API를 내보내야 한다.

시스템 호출

이 장에서 구현한 최신 버전의 예제 운영체제는 입력 및 출력 장치 같은 시스템 자원을 태스크가 더 이상 제어하지 못하도록 구현됐으며, sleep_me 함수가 컨텍스트 스위칭을 초기화하기 위해 대기^{pending} 플래그를 설정하지 못하게 되어 태스크가 자발적으로 블록되지 못하게 됐다.

운영체제는 SVCall 예외를 사용하는 시스템 호출 메커니즘을 통해 태스크가 접근할 수 있는 API를 제공한다. 이 예외는 isr_svc 서비스 루틴에서 처리되고, 태스크가 인스트럭션 svc를 사용하면 촉발된다.

이 간단한 예제에서는 단축 매크로 SVC()를 정의하여, 핸들러 모드로 전환하기 위한 svc 0 어셈블리 인스트럭션을 사용한다.

```
#define SVC() asm volatile ("svc 0")
```

C 함수 내에서 이 인스트럭션을 호출해 인수를 전달한다. 플랫폼용 ABI는 R0~R3 레지스터 내의 모드 전환 중 호출의 첫 네 인수를 제공한다. 이 예제 API는 시스템 호출에 어떤 인수도 전달할 수 없지만, 애플리케이션에서 커널로 전달되는 요청을 식별하기 위해 R0에 첫 번째 인수를 사용한다.

```
static int syscall(int arg0)
{
    SVC();
}
```

이런 방식으로 이 운영체제를 위한 전체 시스템 호출 인터페이스를 구현하는데, 다음과 같이 인수가 없는 시스템 호출로 구성된다. 각 시스템 호출은 arg0으로 전달되는 연관된 식별 번호를 갖는다. 시스템 호출 목록은 태스크와 커널 간의 인터페이스에 대한 약속이며, 태스크가 시스템에서 보호 자원을 사용할 수 있는 유일한 방법이다.

```
#define SYS_SCHEDULE 0
#define SYS_BUTTON_READ 1
#define SYS_BLUELED_ON 2
#define SYS_BLUELED_OFF 3
#define SYS_BLUELED_TOGGLE 4
#define SYS_REDLED_ON 5
#define SYS_REDLED_OFF 6
#define SYS_REDLED_TOGGLE 7
#define SYS_GREENLED_ON 8
#define SYS_GREENLED_OFF 9
#define SYS_GREENLED_TOGGLE 10
```

이 모든 시스템 호출은 isr_svc에서 처리한다. 주변장치 및 시스템 블록 레지스터의 제어는 핸들러 컨텍스트 내의 드라이버 함수 호출을 통해 허용된다. 비록 여기서는 그 간결

함을 위해 이뤄졌다 하더라도 말이다. 올바른 설계에서는, 완료돼야 하는 인스트럭션이 많은 연산은 커널 태스크에 의해 스케줄링된 다음 시간으로 그 실행이 연기돼야 한다. 다음 코드는 사용자 요청에 반응하여 시스템 API를 통해 보드에 LED 및 버튼을 제어하는 isr_svc의 가능한 구현을 보여주기 위해 사용되며, 블로킹 시스템 호출을 구현하기 위해 확장할 수 있는 메커니즘을 제공한다.

svc 서비스 루틴은 핸들러 그 자체에 인수로 전달된, 요청된 명령을 실행한다. SYS_SCHEDULE 같은 시스템 호출이 블록되면, 핸들러 내에 태스크 스위칭을 완료하기 위해 새로운 태스크가 선택된다.

이제 PendSV 루틴은 다음과 같이 내부 명령을 다룰 수 있다.

```c
void __attribute__((naked)) isr_svc(int arg)
{
    store_user_context();
    asm volatile("mrs %0, psp" : "=r"(t_cur->sp));
    if (t_cur->state == TASK_RUNNING) {
        t_cur->state = TASK_READY;
    }
    switch(arg) {
        case SYS_BUTTON_READ:
            button_start_read();
            /* 실패 */
        case SYS_SCHEDULE:
            t_cur = tasklist_next_ready(t_cur);
            t_cur->state = TASK_RUNNING;
            break;
        case SYS_BLUELED_ON:
            blue_led_on();
            break;
        /* case 구문 계속됨 */
    }
```

기타 LED 관련 시스템 호출에 대해서도 마찬가지다. 컨텍스트는 PendSV 내에서와 같은 방식으로 루틴의 마지막에 재개된다. 선택사항이지만, 호출이 블록돼야 하는 경우 태스크 스위칭이 발생할 수 있다.

```c
    if (t_cur->id == 0)
    {
        asm volatile("msr msp, %0" ::"r"(t_cur->sp));
        restore_kernel_context();
        asm volatile("mov lr, %0" ::"r"(0xFFFFFFF9));
        asm volatile("msr CONTROL, %0" ::"r"(0x00));
    } else {
        asm volatile("msr psp, %0" ::"r"(t_cur->sp));
        restore_user_context();
        mpu_task_stack_permit(((uint8_t *)((&stack_space)) + (t_cur->id << 10)));
        asm volatile("mov lr, %0" ::"r"(0xFFFFFFFD));
        asm volatile("msr CONTROL, %0" ::"r"(0x01));
    }
    asm volatile("bx lr");
}
```

기능이 제한되어 있긴 하지만, 모든 금지된 권한 호출이 태스크 코드에서 제거되고 새로 생성된 시스템 호출이 대신 호출되면, 애플리케이션 스레드를 다시 구동하기 위한 API를 내보낸다.

```c
void task_test0(void *arg)
{
    while(1) {
        syscall(SYS_BLUELED_ON);
        mutex_lock(&m);
        sleep_ms(500);
        syscall(SYS_BLUELED_OFF);
        mutex_unlock(&m);
        sleep_ms(1000);
    }
```

```
}

void task_test1(void *arg)
{
    syscall(SYS_REDLED_ON);
    while(1) {
        sleep_ms(50);
        mutex_lock(&m);
        syscall(SYS_REDLED_TOGGLE);
        mutex_unlock(&m);
    }
}

void task_test2(void *arg)
{
    uint32_t toggle_time = 0;
    syscall(SYS_GREENLED_OFF);
    while(1) {
        button_read();
        if ((jiffies - toggle_time) > 120) {
            syscall(SYS_GREENLED_TOGGLE);
            toggle_time = jiffies;
        }
    }
}
```

커널 영역에서 모든 연산을 구현하여, 허용된 모든 시스템 호출을 구현해 제공해야 하는 경우, 안전한 운영체제의 코드 크기가 급격히 커질 수 있다. 대신, 태스크 간 물리 메모리 분리라는 장점이 있으며, 애플리케이션 코드의 우발적인 오류로부터 시스템 자원과 기타 메모리 영역을 보호한다.

▌ 요약

10장에서는 임베디드 운영체제의 구성요소를 살펴봤다. 시스템의 내부를 학습하려는 목적만으로 바닥에서부터 하나씩 구현함으로써 말이다. 또한 얼마나 다양한 메커니즘을 스케줄러에 통합할 수 있고 블로킹 호출, 드라이버 API, 동기화 메커니즘을 태스크에 제공할 수 있는지도 살펴봤다.

유사한 플랫폼에서 실행할 수 있는 오픈소스 자유 소프트웨어 임베디드 운영체제가 여럿 존재한다. 11장에서는 몇 가지 임베디드 운영체제를 살펴보고, 구현 및 설계 선택에 대해 더 자세히 보기 위해 그 특성과 핵심 기능을 평가해볼 것이다.

11

임베디드 운영체제

임베디드 솔루션 설계에 있어 베어메탈, 단일 스레드 방식이 여전히 인기가 있지만, 멀티태스킹 스케줄링, 중앙 집중식 자원 관리, 그리고 좀 더 안전한 환경으로부터 많은 시스템이 이점을 얻을 수 있다. 특정 설계에서 잘 운영되는 운영체제를 선택함으로써 사용 가능한 다양한 기존 구현들이 존재한다.

사용자 솔루션에 맞춰진 스케줄러를 처음부터 빌드하는 것이 불가능하진 않다. 적절히 수행된다면 타깃 하드웨어가 제공하는 특정 기능에 초점을 두고 원하는 아키텍처에 가장 가까운 근사치를 제공한다. 그러나 실제 상황에서는 선택된 하드웨어 플랫폼을 지원하는 것 중에서 아키텍처에 통합할 준비가 되어 있는 여러 오픈소스 임베디드 운영체제 중 하나를 고려하는 것이 좋다. 사용 가능한 커널 중 몇몇은 개발이 활발히 진행되고 있으며, 임베디드 시장에서 잘 정립된 역할을 할 가치가 있고, 신뢰할 수 있는 임베디드 멀티태스킹 애플리케이션을 빌드하기 위한 기반을 제공하기에 충분히 테스트되어 있다.

여러 32비트 마이크로컨트롤러에서, 멀티스레드 시스템 설계를 용이하게 하기 위해 하드웨어 기능이 제공된다. 10장 '병렬 태스크와 스케줄링'에서 살펴봤듯이, 구현할 선택적 기능을 주의 깊게 선택하는 것은 시스템의 안전성과 그 성능 지표에 영향을 끼치는 중요한 요소다. 설계 선택은 OS 개발자가 지연 시간 및 성능, 그리고 코드 크기와 안전성 같이 구현을 위해 결정하는 절충 사안에 따라 달라진다. 이런 이유로 어떤 시스템도 다른 시스템과 동일하지 않고, 각 시스템은 대부분 플랫폼 또는 시스템이 설계된 사례에 따라 특정 목적에 맞춰 특유의 성질을 갖추고 있다.

애플리케이션에 제공된 API는 시스템의 특성을 반영하기 위해 보통 사용자 정의되어 있다. 이것은 경우에 따라 애플리케이션이 특정 시스템에서 실행되기 위해 제공된 API를 사용해 작성돼야 함을 의미한다. 개인 컴퓨터와 모바일 장치의 운영체제는 자원 제한 및 물리적 메모리 매핑을 고려하여 임베디드 시스템에서 구현 가능한 POSIX 같은 인터페이스 표준을 따른다.

개발이 진행 중일 때, 그 목적과 플랫폼에 최적인 운영체제를 선택하는 것은 까다로운 작업이다. 이 작업은 전체 아키텍처에 영향을 주고, 전체 개발 모델에 중요한 문제이며, 애플리케이션 코드에 API 의존을 일으킬 수 있다. 선택 기준은 하드웨어 특성, 서드파티 라이브러리 같은 구성요소와의 통합, 주변장치 및 인터페이스와의 상호작용을 제공하기 위한 기능, 그리고 가장 중요하게는 시스템이 설계된 사용 사례 범위에 따라 다르다.

몇 가지 예외를 제외하면 운영체제는 스케줄러 및 메모리 관리와 함께, 통합 라이브러리, 모듈, 도구 세트를 포함하고 있다.

- 플랫폼 특화 하드웨어 추상화 계층
- 공통 주변장치를 위한 장치 드라이버
- 연결을 위한 TCP/IP 스택 통합
- 파일시스템 및 파일 추상화
- 통합 전원 관리 시스템

스케줄러의 스레드 모델 구현에 따라, 일부 시스템은 컴파일 시간에 환경설정된 고정된 양의 사전 정의된 작업 실행을 예상한다. 반면, 다른 시스템들은 런타임에 새로운 스레드 생성 및 실행 중 특정 시점에 종료를 허용하는 좀 더 복잡한 프로세스와 스레드 계층 구조를 선택한다.

더 복잡한 시스템은 시스템 예외 처리 코드의 추가적인 로직으로 인해 약간의 오버헤드가 있으며, 중요한 실시간 작업에는 적합하지 않다. 이는 대부분의 성공적인 RTOS가 오늘날 단순한 아키텍처를 유지하고, 관리가 쉽고 추가적인 컨텍스트 스위칭이 필요하지 않은 플랫 메모리 모드에서 여러 스레드를 실행하기 위한 최소한만 제공하며 실시간 작업의 지연 시간을 낮게 유지할 수 있기 때문이다.

이러한 솔루션들은 통합된 신호 처리 시스템 같은 특정 목적을 가진 장치 구축을 지원하기 위해 설계됐지만, 연결된 저전력 장치의 인기가 높아지면서 연결 기능, 저전력 관리 API, 장치 드라이버, 그리고 레퍼런스 플랫폼을 위한 특정 시스템 지원을 통합한 새로운 운영체제를 개발하도록 권장됐다.

고성능 마이크로컨트롤러 또한 여러 목적을 위해 재사용할 수 있고, 융통성 있는 완전한 개발 플랫폼을 구축하기 위한 방법을 제공한다. 종종 새로운 애플리케이션 소프트웨어를 로딩하여 중지 시간downtime이 거의 없도록 기능을 향상하고 확장한다. 마이크로컨트롤러의 근황을 보면, 시장에서 사용 가능한 하이엔드high-end 플랫폼이 20년 전 일반 컴퓨터보다 더 강력해졌으며, 운영체제 실행을 위한 지원을 더 많이 제공하기 시작했다. 32비트 마이크로컨트롤러는 제한된 양의 자원과 MMU 부재에도 불구하고 권한 분리, 다중 스택 포인터, 메모리 보호, 그리고 슈퍼바이저 호출 덕분에 커널 모드로 운영체제를 실행할 수 있는 충분한 기능을 갖췄다.

범용 시스템의 지시에 따라, POSIX 표준에 맞춰 구현된 운영체제를 개발하고, 현대 유닉스 계열 시스템과 많은 유사성을 갖는 이식 가능 애플리케이션 소프트웨어의 개발을 권장하기 위해 연구되고 있다. POSIX 표준을 채택하는 것은 여러 수준에서 많은 이점을 얻을 수 있다.

다른 경우에는 시스템의 무결성이나 안정성에 영향을 줄 수 있는 애플리케이션 소프트웨어 결함을 찾고 대응하는 것이 중요하다.

권한 분리나 메모리 세그먼테이션 없이 플랫 메모리 모델에서 시스템을 운영할 경우, 시스템에 중요한 문제를 일으킬 가능성이 높아진다. 또한 상당한 수의 애플리케이션을 실행하는 이러한 시스템에서 식별이 어렵다는 문제가 있을 수 있다. 안전한 시스템은 시스템의 중요한 부분과 관련되어 있고 자원 및 예약된 메모리 영역에 대한 직접적인 접근을 거부하는 모든 작업을 감독하고 프로세스 분리에 요구되는 메커니즘을 제공한다. 새로운 소프트웨어 기술은 프로세스 분리를 위해 더 효율적인 전략을 제공해 안전한 운영체제를 구축할 수 있다.

11장에서는 가장 인기 있는 오픈소스 운영체제의 기능 및 설계 선택을 통해 그 일부를 분석하고 전원 관리, 연결성, 통신 보안 및 시스템 안전성 같은 기능에 대해 다른 커뮤니티가 취한 접근 방식에 대해 설명할 것이다.

설계 선택의 유사성 및 애플리케이션 분야를 근거로 몇 개의 오픈소스 시스템을 그룹화했다. 11장에서 다루는 내용은 다음과 같다.

- 실시간 애플리케이션 플랫폼
- 저전력 IoT 시스템
- POSIX 호환 시스템
- 안전한 임베디드 시스템의 미래

▌ 실시간 애플리케이션 플랫폼

특히 생명에 관련되어 있고 신뢰성이 높은 시스템에서 임베디드 운영체제에 요구하는 가장 중요한 특징 중 하나는 경성^{hard} 실시간 스케줄러의 존재다. 10장 '병렬 태스크와 스케줄링'에서 언급했듯이, 실시간 스케줄러는 시스템의 부하가 이용 가능한 자원을 초과하지 않는다면 실시간 작업을 위해 결정적이고 짧은 반응 시간을 제공한다. 이런 이유로, 시스템 개발자들은 종종 정적 우선순위를 가진 실시간 스케줄러에 기반한 설계를 한다.

견고하고 잘 설계된 스케줄러 구현은 선점형 실시간 시스템의 가장 기본적인 부분이며, 다른 모든 기능을 구축하기 위한 기반이 된다.

정적 우선순위를 가진 고정된 작업들을 실행하도록 설계된 임베디드 운영체제는 애플리케이션을 위한 표준 인터페이스를 구현하지 않고, 제한된 기능들로 적은 코드를 유지하며, 코드 크기 및 메모리 사용량을 최소화하는 경향이 있다. 하드웨어 추상화 및 고급 기능을 위한 라이브러리가 커널과 별도로 개발되고 유지관리될 수 있다.

안전성이 이러한 시스템의 목표 중 하나는 아니다. 그렇지만 일부 구현은 MPU 영역 및 작업 메모리 세그먼테이션을 기본적으로 지원하고, 커널에 정적 메모리 할당을 주로 또는 독점적으로 사용한다.

맞춤형 임베디드 솔루션에 통합되도록 설계된 실시간 스케줄러는 주로 커널과 사용자 영역 간의 실제 분리가 없는 아주 단순한 플랫 모델을 기반으로 한다. 이는 베어메탈 애플리케이션에서 멀티스레딩 환경까지, 고정된 일정한 작업량과 제한적인 기한을 바탕으로 더 나아가기 위한 이상적인 솔루션이다.

FreeRTOS

임베디드 장치를 위한 오픈소스 운영체제 가운데 가장 널리 사용되는 FreeRTOS는 15년 이상의 개발 역사를 가진 잘 정립된 프로젝트이며, 30개 이상의 하드웨어 특정 포트를 이용해 많은 임베디드 플랫폼에서 휴대성이 매우 뛰어나다.

적은 코드 공간과 간단한 인터페이스를 염두에 두고 설계된 이 시스템은, 완벽한 드라이버의 플랫폼이나 고급 CPU 특화 기능을 제공하지 않지만, 두 가지 스레드의 실시간 스케줄링과 힙 메모리 관리에 중점을 두고 있다. 그 설계의 단순함은 많은 수의 플랫폼에서 쉽게 포트를 사용할 수 있게 하고, 잘 테스트되고 신뢰할 수 있는 제한된 양의 연산들에 집중하여 개발되고 있다.

추가적으로, 서드파티 라이브러리와 하드웨어 제조업체가 제공하는 예제 코드가 종종 FreeRTOS와 통합되어, 이 스케줄러를 기반으로 더 복잡한 시스템을 구축한다. FreeRTOS에 통합되지 않은 서드파티 코드는 다른 솔루션의 경쟁을 촉진한다. 예를 들면 이들이 핵심 시스템의 일부도 아니고 커널에 조금도 통합되지 않았음에도, 네트워킹 지원을 위해 여러 TCP/IP 스택 구현과 이를 통합할 수 있다. 장치 드라이버는 커널에 포함되지 않지만 제조업체가 배포한 보드 지원 패키지와 FreeRTOS 통합을 기반으로 하는 완전한 시스템의 사례가 여럿 있다.

스케줄러는 선점형으로 공유 뮤텍스를 통해 고정된 우선순위 수준과 우선순위 상속을 이용한다. 하지만 FreeRTOS가 제공하는 가장 흥미로운 기능 중 하나는 다양한 설계에 최적화되어 다섯 가지 유형으로 사용 가능한 힙 메모리 관리다.

- **힙 1**: 메모리를 확보하지 않고 힙에서 단 한 번 정적 할당을 허용한다. 이는 시스템에서 다시는 동일한 메모리 공간을 이용할 수 없게 되는 경우로, 애플리케이션이 시작 시 필요로 하는 모든 공간을 할당하는 경우에 유용하다.
- **힙 2**: 메모리를 확보할 수 있지만, 해제된 블록을 다시 모으지 않는다. 이 메커니즘은 제한된 수의 힙 할당을 가진 구현, 특히 앞서 해제된 객체의 크기가 동일하게 유지되는 경우에 적합하다. 적절하지 않게 사용되는 경우, 이 모델은 할당된 객체의 전체 크기가 증가되지 않더라도 메모리 재구성의 부족 때문에 장기적으로 힙이 고갈될 위험과 함께, 심하게 단편화된 스택을 만든다.
- **힙 3**: 이 방식은 서드파티 라이브러리가 제공하는 malloc/free 구현을 위한 래퍼^{wrapper}다. 이는 FreeRTOS 멀티스레딩 컨텍스트에서 사용되는 경우, 래핑된 메모리 동작이 스레드에 안전함을 보장한다. 이 모델은 별도의 모델에 malloc/free 기능을 정의하거나 5장 '메모리 관리'에서 살펴봤듯이 라이브러리를 구현하고 sbrk() 시스템 호출을 추가하여 사용자 정의 메모리 관리 방식을 정의할 수 있다.

- 힙 4: 메모리 병합을 지원하는 고급 메모리 관리자다. 연속적인 free 블록이 병합되고 다른 스레드의 여러 종류들로 이뤄진 할당에 힙의 사용을 최적화하기 위해 관리 작업이 수행된다. 이 방법은 힙의 단편화^{fragmentation}를 제한하고 장기적으로 메모리 사용을 향상한다.

- 힙 5: 힙 4와 같은 메커니즘을 사용하지만, 연속되지 않은 여러 메모리 영역을 같은 스택 공간의 일부로 정의할 수 있게 한다. 이 방법은 초기화 중에 정의된 구역과 이용 가능한 API를 통해 시스템에 제공되고는, 물리적 단편화에 사용 준비가 완료된 솔루션이다.

MPU와 스레드 모드를 지원하며, 스레드는 제한된 모드로 실행될 수 있다. 접근할 수 있는 유일한 메모리는 특정 스레드에 할당된 메모리다. 제한된 모드에서 스레드를 실행하는 경우, 시스템 기능이 메모리의 특정 영역에 매핑되므로, 시스템 API를 계속 사용할 수 있다. 주요 안전 전략은 제한된 모드에서 자발적으로 작업을 배치하고, 메모리 접근 경계를 정의하는 것이다. 이는 태스크가 자신의 스택 또는 메모리에 매핑된 최대 세 환경설정 구역에 접근하는 것을 허용함으로써 가능하다.

저전력 관리는 슬립 모드로 한정되어 있으며, 딥슬립 메커니즘은 기본적으로 구현되지 않았다. 그렇지만 시스템은 스케줄러 콜백 기능을 재정의할 수 있게 하여 사용자 정의 저전력 모드로 들어갈 수 있다. 이는 맞춤형 절전 전략을 구현하기 위한 시작점으로 사용될 수 있다.

FreeRTOS 최신 버전에는 IoT 시스템용 보안 연결 플랫폼을 구축하기 위한 시작점으로서 서드파티 코드가 포함된 특정 배포판이 포함되어 있다. 동일 저작자가 FreeRTOS를 위해 설계된 TCP/IP 스택을 만들었고, 이는 보안 소켓 통신을 지원하기 위한 커널 및 wolfSSL 라이브러리와 함께 FreeRTOS 플러스 번들 패키지에 배포된다.

사용의 단순성을 위해 설계됐음에도 애플리케이션 API가 표준은 아니며, 독창적이고 시스템의 특정 구현에 맞춰져 있어, FreeRTOS용으로 작성된 애플리케이션은 다른 플랫폼으로 포팅하기가 매우 어렵다.

프로젝트는 최근 더 자유 재량이 있는 라이선스를 채택하기 위해 유서 깊은 GNU 변형 자유 소프트웨어 라이선스를 포기했다. 오픈소스 라이선스, 즉 그 이름에도 불구하고 프로젝트는 더 이상 자유 소프트웨어가 아니다.

ChibiOS

컨텍스트 스위칭 성능을 위해 설계된 ChibiOS의 실시간 커널은, 10년 이상의 활발한 개발과 열정적인 기여자 및 유지보수자들과 함께 확립된 역사를 갖고 있다. 스케줄러의 기본 개념은 우선순위 전도 회피를 위해 우선순위 상속 메커니즘을 이용하는, 고정된 우선순위 선점 방식이다. 스케줄러는 ChibiOS 아키텍처의 핵심 구성요소이며, 여러 장치들과 여러 플랫폼에서 일반적인 주변장치의 고수준 추상화를 포함한 완벽한 하드웨어 추상화 계층을 포함하고 있다.

설계는 여러 수준의 추상화를 기반으로 하며, 각각은 다른 것들과 가능한 한 독립적으로 설계됐다. 운영체제의 코어는 각기 다른 커널에서 구현되는 OS 추상화 계층인 경량 인터페이스를 사용해 HAL로 연결된다. 이는 전체 시스템의 아키텍처를 실시간 스케줄러의 선택과 독립적으로 만들어준다.

HAL은 스레드에서 직접 접근한다. 스레드는 항상 플랫 모드에서 실행되고, 보호된 시스템 호출을 통한 권한 분리는 지원하지 않는다. 각 작업은 할당된 주소 공간에서 다뤄지며 그 경계는 시스템에서 이용 가능할 때 MPU를 통해 확인되지만, MPU는 작업 전환에 전역 플래그를 사용하도록 설정되어 있어, 시스템 제어 레지스터나 주변장치 영역에 접근하기 위해 특권을 가진 코드 및 사용자 코드를 구별하지 않는다.

코어 메모리 안전성은 ChibiOS의 주요 강점 중 하나다. 커널의 완벽한 정적 설계 때문이다. 커널 코드는 단일 동적 할당을 필요로 하지 않고 컴파일 시간에 객체를 위한 메모리 할당에 특정 데이터 구조를 사용한다.

동적 메모리 사용이 권장되지 않는다 해도, 안전성 구현을 위해 별도의 선택적 모듈로 힙 할당자$^{heap\ allocator}$를 제공하며, 애플리케이션 코드에 의해 사용될 수 있다. 할당자는 풀^{pool} 분리를 지원한다. 아무것도 제공되지 않는다면, 공유 시스템 메모리의 기본 풀을 대체로 사용한다.

HAL에 특별한 저전력 모드가 구현되지는 않았다. 애플리케이션 로직에서 플랫폼에 특화한 저전력 모드를 구현하기 위한 API 함수를 사용해 단일 장치 드라이버를 미세조정하는 데 계층화된 설계가 도움이 된다고 하더라도 말이다.

ChibiOS는 자유 소프트웨어다. HAL과 그 인터페이스가 좀 더 관대한 오픈소스 라이선스에 따라 배포된다 하더라도, 커널 구현이 GNU 일반 공중 사용 허가서 아래 배포되기 때문이다. 제한된 서드파티 라이브러리 세트는 특정 OSAL 확장을 통해 커널과 상호작용하는 플러그인처럼 배포된다. 서드파티 라이브러리로는 FatFs 오픈소스 구현, TCP/IP 연결을 위한 lwIP$^{lightweight\ IP}$, IoT 프로젝트를 위한 전송 계층 보안 지원을 제공하는 wolfSSL이 포함된다.

▌ 저전력 IoT 시스템

Cortex-M0 같은 제한된 마이크로컨트롤러의 최상위에 구축된 저전력 임베디드 시스템은 보통 무선 기술을 이용하는 원격 서비스에 산발적으로 연결되기 때문에 작고, 배터리나 에너지 수집 장치로부터 전원을 공급받는다. 이런 작고 저렴한 시스템은 주로 유지보수 비용이 거의 들지 않는 단일 통합 전원으로 수년간 동작할 수 있는, 설치 후 잊어도 되는 경우에 사용된다.

베어메탈 아키텍처는 이런 시나리오에서 여전히 널리 사용되고 있지만, 전력 소비 절감 및 연결성에 특별히 집중하면서, 가능한 한 적은 자원을 이용해 작업을 구성하고 동기화하기 위해 초경량의 운영체제가 설계돼야 한다. 이런 종류의 운영체제 개발에 대한 노력으로 복잡한 네트워킹 프로토콜을 메모리 몇 킬로바이트에 맞추기 위한 방법을 찾는다. IoT 서비스를 위해 설계되어 미래를 대비한 시스템은 주로 6LoWPAN을 통해 IPv6 네트워킹을 제공하며, 소규모 메모리 공간을 위해 처리량을 희생하도록 설계된 최소 사양의 TCP/IP 스택을 잘 갖추고 있다.

적은 코드 크기로 인해, 이런 시스템들은 일부 고급 기능이 부족할 수 있다. 예를 들면, 이런 시스템들은 애플리케이션이 메모리에 매핑된 모든 자원에 접근할 수 있게 하는 플랫 모델을 기반으로 하기 때문에, 특정한 안전성 전략을 제공하지 않는다.

Contiki OS

Contiki OS는 저전력이며, 연결된 장치를 위해 설계된 오픈소스 실시간 운영체제이며, 대체로 6LoWPAN과 802.15.4 기술을 지향하는 IoT 애플리케이션을 개발하기 위해 간단한 플랫폼을 제공하는 데 초점을 두고 있다. Contiki 개발의 중심에는 IPv6 연결이 있다. 이 운영체제는 IPv6 및 6LoWPAN을 지원하는 최초의 임베디드 시스템 중 하나다. 비교적 간단한 스케줄러 외에, Contiki와 배포된 모든 라이브러리, 모듈, 구성요소 및 개발 도구가 이 시스템을 흥미롭게 만든다.

TCP/IP 지원은 한 번에 한 버퍼를 처리하도록 설계된 매우 작은 사용자 정의 프로토콜 스택의 구현체 uIP가 제공한다. 이런 특정 설계 선택은 스택에 필요한 메모리의 양을 최소한으로 줄여줌으로써, 몇 킬로바이트 메모리로 완전한 TCP/IP 소켓 기반 네트워킹을 제공한다. 스택 위에는, 표준 프로토콜을 사용하여 원격 서비스와의 종단 간 통신을 위한 CoAP와 MQTT 같은 몇 가지 IoT 메시지 프로토콜이 구현된다.

Contiki가 제공하는 또 다른 흥미로운 기능은 런타임에 모듈의 코드를 동적으로 로딩하여 실행할 수 있다는 것이다. 이 시스템에는 dlopen( ) 및 dlsym( ) POSIX 호출과 유사한 방식으로 위치에 의존적이지 않은 코드를 메모리에 로딩하여 애플리케이션이 실행할 수 있게 하는 ELF 로더가 포함된다. 이는 실행 중인 시스템에서 무선으로 원격 업데이트 실행을 용이하게 하여 해당 영역에서의 동작을 수정하거나 실행 중인 시스템에 새로운 기능을 도입할 수 있다.

커피^{Coffee} 모듈은 플래시의 읽기/쓰기 동작을 위해 설계된 작은 파일시스템으로, 플래시 접근 메커니즘을 도입하여 근본적인 복잡성을 숨긴다. 파일시스템은 쓰기 작업에서 각 블록의 임시 복사본을 생성하여 작성되고 있는 파일의 내용을 수정하고, 필요에 따라 물리 블록을 삭제하고, 메모리에 내용을 재저장한다. 내장 플래시의 파일시스템 지원 제공을 통해 통합된 플래시의 제한된 용량을 갖는 소규모 장치에서도 장기간 스토리지를 제공한다. 그리고 Contiki로 구현 가능한 사례의 범위를 늘려준다.

배터리 전원 및 에너지 저장 모드를 위한 인프라를 제공하기 위해 애플리케이션이 정지 및 대기 모드를 활성화할 수 있게 하는 저전력 지원을 시스템 서비스로 제공한다.

중요 기능 중 누락된 부분은 보안 소켓 통신의 지원이다. IPv6상의 호환 TCP 및 UDP 소켓 연결을 제공하기 위한 눈에 띄는 노력과 MQTT 및 CoAP 같은 기술이 지원됨에도, 애플리케이션 프로토콜을 보호하기 위해 시스템에서 사용 가능한 확장이 존재하지 않는다. Contiki 상위에 보안 솔루션을 구현하는 것은 여전히 가능하다. 그러나 서드파티 TLS 라이브러리의 수동 통합이 필요하다. 무선 링크를 통해 이동하는 암호화되지 않은 정보를 캡처하는 일이 얼마나 쉬운지를 감안하면 종단 간 전송 보안 메커니즘의 부재는 전체 배포 시스템의 보안 모델에 영향을 미칠 수 있다.

Riot OS

Riot OS는 요즘 임베디드 시스템 중 가장 빠르게 성장한 시스템 개발자 커뮤니티를 갖고 있다. 프로젝트의 목적은 대형 분산 시스템에서 장치를 통합하기 위한 요구사항을 고려하여, 적은 전력 소비를 위해 설계된 시스템을 제공하는 것이다. 컴파일 시간에 단일 구성요소를 제외시킬 수 있기 때문에, 핵심 시스템은 확장성이 매우 뛰어나다.

Riot은 IoT 친화적인 무선 드라이버와 네트워크 연결성을 제공하지만, 지금까지 보았던 다른 시스템에서 제공하는 시스템 API에 대한 다른 접근 방식을 취한다. Riot 커뮤니티는 API를 POSIX 계열 인터페이스로 표준화하기 위해 시도하고 있다. POSIX 계열 인터페이스는 배경이 다양한 프로그래머들의 애플리케이션 개발을 용이하게 하며, 시스템 자원에 접근하기 위해 C 언어가 제공하는 표준을 사용해 코드를 작성하게 한다. 그러나 시스템은 여전히 플랫 모델에서 실행된다. 권한 분리는 시스템 수준에서 구현되지 않았으며, 사용자 영역 애플리케이션은 여전히 직접 시스템 메모리를 참조해 시스템 자원에 접근해야 한다.

추가적인 안전 조치로, MPU를 사용해 스택의 바닥에 작은 읽기 전용 영역을 배치하여 단일 스레드에서 스택 오버플로를 감지할 수 있다. 이 스레드는 할당된 스택 영역의 한계를 초과하여 쓰기를 시도하는 경우 예외를 촉발한다.

Riot은 **GNRC**라는 자체 TCP/IP 스택을 구현하지만, 지원 기능 통합 또는 대체제로서 다른 네트워킹 구성요소를 포함하기 위한 인터페이스를 제공한다. GNRC는 IPv6만 제공하는 구현으로, 기본 802.15.4 네트워크의 특성에 맞춰져 있으며, IoT 애플리케이션 작성을 위한 소켓 구현을 제공한다. 시스템이 IPv4 통신을 구현해야 하는 경우 기본 TCP/IP 스택을 대신하여 lwIP 호환 계층을 제공한다. picoTCP 모듈 포트 역시 포함시킬 수 있다.

Riot OS에 기본으로 통합된 SSL이나 TLS 라이브러리가 없을지라도, 동일한 장치 드라이버 및 POSIX 호환 소켓 API를 위한 래퍼를 이용해 TCP/IP 스택을 대체할 수가 있다. 이는 IoT 애플리케이션의 보안 소켓 통신을 위한 기존 솔루션의 통합을 가능하게 한다.

Riot이 제공하는 흥미로운 기능 중 하나는 전원 관리 모듈을 통해 시스템에 통합된 저전력 모드 환경설정에 대한 접근이다. 이 모듈은 Cortex-M 플랫폼의 정지 및 대기 모드와 같이 플랫폼 특화 기능을 관리하기 위한 추상화를 제공한다. 실시간 클록, 워치도그 타이머, 그 밖에 정상 실행 모드로 되돌리기 위한 외부 신호 등을 사용하는 아키텍처 내의 저전력 전략의 통합을 용이하게 하기 위해 런타임에 애플리케이션 코드에서 저전력 모드를 활성화할 수 있다.

Riot OS는 자유 소프트웨어로, **LGPL** Lesser General Public License 로 배포된다. 이는 변형derivative들이 플랫폼 수준에서 제공된 API 코드를 변경하지 않는 한 동일한 라이선스를 이용해 애플리케이션 코드를 재배포할 필요가 없다. 이는 커뮤니티 개발, 오픈소스 소프트웨어, 그리고 개방형 표준 및 프로토콜의 채택을 촉진하여 IoT 시장의 개발에 적극적으로 참여하게 하는 것이다.

POSIX 호환 시스템

지금까지 분석된 모든 임베디드 시스템은 단일 태스크를 염두에 두고 설계된 전통적인 임베디드 시스템을 위한 이상적인 솔루션을 대표한다. 이들은 메모리 보호 및 작업 분리 같은 기능에 시스템 자원을 투자하는 데는 소극적이다. Riot OS는 임베디드 플랫폼용 소프트웨어 개발에 첫걸음을 내디딜 때 개발자가 경험하게 되는 학습 곡선을 다듬어줄 목적을 가지고, 주로 TCP/IP 기능에 접근하기 위한 POSIX API 호출의 하위 세트를 제공한다.

지난 10년 동안 마이크로컨트롤러 기반 임베디드 시스템의 눈에 띄는 발전으로, 독립적인 애플리케이션 실행을 위한 표준 API를 제공하는 범용 소프트웨어 개발 플랫폼의 개발도 불가능하지 않다는 사실을 보았다. 이러한 멀티스레딩 시스템으로의 접근을 위한 모델은 이미 다른 세계에 존재하며, 마이크로컨트롤러 기반 임베디드 시스템 이외의 장치 유형을 위한 운영체제를 구축하는 데 적용된다. 여전히 모바일 폰이나 개인 컴퓨터의 자원량과는 상당히 차이가 있고, 메모리 가상화가 없지만, 여전히 메모리 세그먼테이션, 권한 분리, 배타적 슈퍼바이저 호출에 기반한 적절한 커널—사용자 영역 통신을 제공하는 커널을 구현할 수 있다. 10장 '병렬 태스크와 스케줄링'에서 살펴봤듯이, 32비트 마이크로컨트롤러는 권한 분리, 컨텍스트 스위칭, 그리고 경우에 따라 메모리 세그먼테이션을 위해 하드웨어에 구현된 기술을 제공할 수 있다.

POSIX 표준은 이러한 종류의 도구를 범용 운영체제에 통합하도록 하는 가이드라인을 제공한다. 애플리케이션이 커널과 상호작용하고, 계획된 시스템의 안전 전략에 따라 감독이 필요한 특정 연산의 요청을 위한 표준 API를 제공함으로써 말이다.

POSIX 인터페이스 구현은 시스템에 몇 가지 이점을 가져온다. 첫 번째는 GNU/리눅스 또는 다른 일반적인 유닉스 계열 시스템과 같이 익숙한 환경에서 사용 가능한 자원에 접근하기 위해 표준 C 라이브러리 인터페이스의 유사성을 인지할 수 있는 개발자를 위한 것이다. 이는 운영체제를 작성할 때, 모바일 장치나 데스크톱 시스템에서 사용자 애플리케이션을 제작하기 위해 사용 가능한 API 호출과 그 시그니처를 갖도록 제공함으로써 가능하다. 그렇지만 POSIX 호환 시스템을 작성한다는 건, 프로세스 및 스레드 관리, 파일 시스템과의 상호작용, 프로세스 간 그리고 각 프로세스와 커널 간의 분리와 관련된 많은 다른 기능이 포함된다는 것을 의미한다.

POSIX 시스템은 정확한 계층적 부모 자식 구조로 조직 및 관리하기 위한 표준 인터페이스를 이용해 프로세스와 스레드 모두를 생성할 수 있어야 한다. POSIX는 커널 영역에 구현된 표준 호출을 통해 스레드 동기화 및 프로세스 간 통신을 위한 도구의 구현 전략을 보여준다. 전체 POSIX 사양은 주로 너무 커서, 여전히 제한된 자원과 가상 메모리 페이지가 없는 일반적이지만 아직은 작은 운영체제의 요구사항을 충족시킬 수 없다. 사용자 계정과 권한을 규제하는 POSIX 권장 기능의 일부는 다수의 사용자를 위한 설계가 아닌 시스템의 경우 지나칠 수 있다. 물론 다른 것들은 기능의 부족으로 구현이 불가능할 수 있다.

POSIX 구현에 관련된 임베디드 플랫폼의 한계에 대한 예로, 시스템에서 새 프로세스를 생성하기 위한 기본 메커니즘으로 서술되는 포크^{fork} 시스템 호출을 들 수 있다. 그 고유의 특징 때문에, 커널에서 포크의 구현은 가상 메모리 매핑을 필요로 한다. 주소 공간의 분리를 위한 생성 순간에, 부모와 자식 프로세스를 협력하게 하기 위해서 말이다. POSIX에 따르면, fork 시스템 호출은 vfork로 대체될 수 있다. vfork는 fork와 동일한 목적을 갖고 있지만, 자식 프로세스가 exec를 호출할 때까지 스케줄러가 부모 태스크로의 제어 반환을 허용하지 않는다. 이는 자식 태스크에서의 모든 로컬 참조를 리셋하고 주소 공간의 분리를 완료할 수 있게 한다.

멀티태스크 애플리케이션을 설계하기 위해 접근법을 변경할 수 있는 인터페이스 중 하나가 poll이다. poll을 구현하여 POSIX의 권고대로 모든 자원에 파일 디스크립터^{descriptor}

를 제공하는 시스템은 동시에 여러 종류의 자원을 감독하는 블로킹 시스템 호출을 제공할 수 있다. 유닉스 계열 시스템에서 모든 I/O 자원은 파일 추상화를 사용하는 프로세스에서 접근할 수 있다. 즉, 모든 입력 및 출력 동작에서 참조되는 동일한 핸들^{handle}, 파일 디스크립터를 공유한다는 것이다. 단일 poll 호출은 TCP/IP 소켓, 입력 센서 장치, 프로세스 간 통신 메커니즘, 직렬 포트 및 기타 자원을 동시에 관리할 수 있기에 주로 애플리케이션의 중심 블록 지점으로 사용된다. 프로세스나 스레드가 일시 중단된 동안, 다중 파일 디스크립터 폴링과 poll로 활성화된 이벤트 중 모든 관련 이벤트가 호출 프로세스를 깨울 것이다. 반면에 그중 누구도 활동이 없다면, 스케줄링되지 않을 것이다. 입력 및 출력 연산의 관리를 효율적으로 멀티플렉싱^{multiplexing}하기 위한 메커니즘의 부재로 인해, 전통적인 RTOS 설계가 요구하는 다중 스레드를 단일 poll이 대체할 수 있다.

POSIX 시스템의 융통성은 다른 플랫폼을 위해 쓰여진 소프트웨어를 통합하는 것을 쉽게 허용한다. 비록 표준 C 라이브러리의 중간 계층을 요구하지만 말이다. POSIX 호환 임베디드 시스템은 타깃 플랫폼에 구현되지 않은 시스템 호출의 하위 세트나 자원을 지나치게 사용하지 않으므로, 유닉스 계열 플랫폼을 위해 설계된 소프트웨어를 실행할 수 있다. 특히 이 기능은 작은 데몬에서 라이브러리까지 광범위한 소프트웨어를 직접 통합하도록 허용한다. 이들은 애플리케이션 프로토콜 및 IoT 애플리케이션의 전송 보안을 포함하는, 기존 소프트웨어의 통합을 용이하게 한다.

표준 C 애플리케이션, 컴파일러 및 인터프리터를 지원하는 것 외에, C 이외의 고수준 언어를 통합할 수도 있다. 표준 libc(C library의 축약)를 사용해 구축된 경우에 말이다. 다양한 언어와 패러다임을 시스템 수준에서 지원하면 범용 플랫폼을 제작할 가능성을 확대할 수 있다.

임베디드 시스템에서 POSIX 사양 채택으로 인한 가장 중요한 이점은 표준 계약을 이용한 일련의 시스템 호출로서 커널과 사용자 영역 간의 인터페이스 정의 및 작업 격리다. 커널은 시스템이나 실행 중인 다른 작업의 무결성에 영향을 미칠 수 있는 모든 작업을 감독하고, 어떤 결과가 나오기 전에 있는 오작동에 대응하도록 설계된다.

NuttX

NuttX는 여러 다양한 플랫폼 및 아키텍처에 이식 가능한, 임베디드 장치를 위한 또 다른 오픈소스, 실시간 운영체제다. 그 첫 번째 목적은 POSIX와 ANSI 표준 준수에 있으며, 원래 다른 플랫폼을 위해 작성된 기존 소프트웨어와의 폭넓은 호환성을 위해 아주 많은 인터페이스, 라이브러리 및 인스트럭션 도구를 제공한다.

스케줄러 내부를 포함해서, 각 기능을 컴파일 시간에 활성화하고 조정할 수 있다. 즉, 동일한 코드 기반으로, 가상 메모리 관리를 통한 실제 프로세스 분리를 지원하는 하이엔드 마이크로프로세서를 위한 기능이 풍부한 POSIX 시스템뿐만 아니라 작고 정적인 플랫 RTOS를 생산할 수 있다는 것이다. NuttX는 Contiki의 uIP를 기반으로 하는 커널 영역에 TCP/IP 스택을 통합하고, 저전력 IoT 시스템 분야에서 경쟁이 되게 하는 잘 설계된 전력 관리, 중지 및 대기 모드 등을 갖는다.

사용자 영역에는 사용자가 시스템과 소통할 수 있게 하는 셸에 통합된 기본 명령줄 도구 모음이 포함되어 있다. API 장치, 주변장치, 프로세스 관리 및 네트워크 통신은 POSIX가 정의한 것과 가능한 한 유사하게 했고, 애플리케이션의 표준 C 라이브러리 호출을 위해 인터페이스를 제공한다.

Cortex-M에서 기본적으로 NuttX는 작업 간 그리고 애플리케이션과 커널 간에 메모리 분리가 없는, 플랫 모드로 빌드된다. 애플리케이션이 시스템 호출을 직접 호출하고 그 자리에서 실행하며 커널과 스레드 모드 간의 전환도 없다.

커널과 사용자 영역 간의 분리는 보호 모드^{protected mode}로 시스템을 빌드하면 활성화된다. 직접적인 컨텍스트 스위칭 요청을 위해 애플리케이션이 SVCall 인터럽트를 사용해 시스템 호출을 호출한다. 시스템은 두 종류의 실행 유닛을 제공한다. 하나는 스레드로, 시스템은 기본 pthread 인터페이스를 이용한다. 다른 하나는 태스크로, 구현에 맞게 적용된 POSIX 프로세서와 유사하다. 시스템을 보호 모드에서 실행되도록 컴파일했다면, 사용자 애플리케이션은 시스템 호출 인터페이스를 통해 커널이 수행하는 작업 요청 외에 시스템의 드라이버 및 기타 구성요소의 기능에 접근해서는 안 된다. 이는 스택 영역의 분리를 보장하며, 모든 중요한 시스템 자원에 대한 접근을 커널이 감독하고 조정할 수 있게 한다. 태스크 종료 및 신호 처리 같은 몇몇 태스크 관리 동작은 표준에 비해 간단하고, 약간 변형됐다. 마이크로컨트롤러의 실시간 연산을 위한 적절하고 측정 가능한 기한을 보장하기 위해서 말이다.

NuttX 커널은 광범위한 드라이버, 임베디드에 맞춰진 파일시스템, 그리고 완전한 사용자 영역과 함께 배포된다. 여기에는 유닉스 계열 시스템에서 있을 만한 기본 내장 도구들의 일부가 포함되어 있는 명령줄 셸인 NSH^{NuttX Shell}가 포함된다. 그러나 실시간 컨텍스트에서 여전히 사용 가능한 시스템을 생산하기 위해 적절한 절충안을 고려해 개발됐다.

Frosted

Frosted는 현재 Cortex-M 마이크로컨트롤러에서만 실행되는 자유 및 오픈소스 운영체제로, 물리 메모리 매핑을 지원하는 장치에서 구현되는 메커니즘을 통해 완전한 사용자/커널 영역 분리의 가능성에 초점을 두고 있다. POSIX 인터페이스는 시스템 호출을 통해 고유하게 공개되며, 표준에서 요구하는 시그니처과 정확하게 동일하다.

NuttX와 달리, Frosted는 권한 분리 모드에서만 실행할 수 있으며, 프로세스는 엄격하게 부모 자식 관계를 유지한다. 커널 메모리와 다른 프로세스들 및 스레드의 스택 영역은 실행 중인 작업에 의해 접근될 수 없고, 이는 MPU를 통해 강제된다. 문제가 되는 프로세스에 치명적인 신호를 전달해 즉시 종료함으로써 말이다. 사용자 메모리 영역에 대한 포인터를 포함한 시스템 호출 인수는 관리자 모드에서 요청된 작업을 실행하기 전에 커널에 의해 신중하게 검사된다.

Frosted는 표준 POSIX 시스템 호출을 통해 BSD 소켓 인터페이스를 노출하는 picoTCP를 통해 커널 내 TCP/IP 구현을 제공한다. 커널은 프로세스와 pthread의 계층 구조, 신호 분배, 터미널 제어 및 사용 중인 자원 관리를 중심으로 설계됐다. 애플리케이션은 GCC 기반의 arm-frosted-eabi 툴 체인을 사용하고 수정된 newlib를 통합하여 독립된 이진 파일로 컴파일된다. 수정된 newlib는 표준 C 라이브러리를 구현하고 POSIX 함수 호출을 SVCall 이벤트를 통해 상대 커널 시스템 호출에 연결하기 위해 확장됐다. 셸 및 기타 기본 도구를 포함하는 시스템 도구 이진 파일은 별도의 리포지터리에 배포된다. 또한 커널 코드가 사용하는 것이 아닌, 별도의 파일시스템 파티션에 컴파일되고 어셈블링된다.

사용자 영역 코드와 커널 코드는 절대 같은 이진 파일로 섞이지 않으며 어떠한 심볼도 공유하지 않는다. 모든 애플리케이션은 독립적인 위치에 있으며 GCC 이진 파일 플랫 형식으로 링크되고 파일시스템에서 실행되거나 RAM에 로딩되어 실행된다.

대부분의 공통적인 시스템 호출이 Frosted에 구현됐다. 원래 코드를 거의 변경하지 않고 표준, 유닉스 계열 시스템용으로 작성된 애플리케이션을 실행하기 위한 플랫폼을 제공한다. 포함되지 않은 하위 세트 중 하나는, 타깃 플랫폼을 위한 유용한 기능이 아니지만 훨씬 더 큰 구현을 야기하는 사용자 계정 및 권한 메커니즘이다. 전원 모드 관리 같은 시스템 특화 인터페이스는 비표준 확장으로 구현되지만, 여전히 시스템 호출을 통해 접근된다.

Frosted 라이선스 모델은 리눅스에서 영감을 얻었다. 커널은 GNU GPL 라이선스로 배포됐지만 심볼 공유 없는 커널 영역 분리와 newlib의 더 많은 허용 라이선스로 인해, 사용자 공간 코드는 파생물로 간주되지 않는다. 따라서 라이선스를 가진 애플리케이션을 사용자 공간에서 실행할 수 있으며, 모든 커널 코드는 특별한 연결 예외를 위한 요구 조건 없이 GPL만으로 보장된다.

▌ 안전한 임베디드 시스템의 미래

마이크로전자공학의 발전으로 기술 시장은 가격이 낮아지고, 성능은 향상되고, 전력 소모가 적고, 크기가 작아진다. 시장에 나와 있는 새로운 마이크로컨트롤러는 단일 장치에서 실행되는 서비스의 복잡성이 증가함에 따라 좀 더 복잡한 실행 모델을 구현할 수 있다. 임베디드 장치가 다기능, 연결 및 재프로그래밍이 가능해지면, 서버 및 개인용 컴퓨터 같은 도메인에서 채택된 동일한 패러다임을 마이크로컨트롤러 맞게 적용하고 축소시켜야 한다.

최근에 발표된 차세대 ARM Cortex-M 마이크로프로세서는 메모리 보호 메커니즘을 확장하기 위해 MCU에 좀 더 광범위한 환경설정을 할 수 있는 메모리 영역과 신뢰된 실행 상태 내에서 새 실행 모드의 소개를 통해 추가적인 실행 계층을 제공한다. 임베디드 시스템의 실행 체인에 다른 수준의 신뢰를 도입하여 좀 더 강력한 안전 메커니즘의 정의를 용이하게 한다. 이 메커니즘은 신뢰할 수 없는 애플리케이션을 제한된 환경에서 실행하고 모든 관련 작업을 정확하게 감독할 수 있게 한다.

현재 사용 가능한 하드웨어에서, 같은 시스템에서의 프로세스 분리 향상과 상호 신뢰하지 않는 소프트웨어 태스크의 실행은 특정 커뮤니티에서 연구되고 있다. 이는 바로 Tock이라 불리는 임베디드 시스템이다.

프로세스 분리(Tock)

Tock은 협력 스케줄러와 러스트^{Rust} 프로그래밍 언어의 특성 탐구를 기반으로 하는 임베디드 장치를 위한 오픈소스 운영체제다. 임베디드 운영체제를 작성하기 위해 러스트로부터 고유의 안전 기능에 대한 장점을 취한다.

러스트는 최근에 개발되고 있는 프로그래밍 언어로, 수동으로 할당된 객체의 수명을 추적할 필요 없이, 가비지 컬렉터^{garbage collector}나 런타임 구성요소를 사용하지 않고도 컴파일 시 검사를 통해 메모리 안전성을 제공한다는 점에서 여타 언어와 차별화된다.

언어 그 자체는 차세대 보안 웹 브라우저 엔진의 개발을 목적으로 하지만, 런타임 구성요소의 부족과 인라인^{inline} 어셈블리 코드 작성 가능성, 그리고 강 타입^{strong typing}은 시스템 프로그래밍 언어 범주 내의 안정적인 위치에 러스트를 넣었다. 생성된 이진 파일은 대체로 C만큼 빠르며, 작다. 컴파일러에 의해 도입된 안전성 검사를 위한 작은 오버헤드는 성능에 큰 영향을 미치지 않으며, 언어에 내장된 모든 안전성 관련 패러다임을 사용할 수 있다.

연구자들은 안전한 운영체제를 만들기 위해 새로운 유형의 안전 언어를 찾고 있지만, 사용되는 언어의 특성 때문에 제안된 모델 중 요구 조건을 충족시키는 모델은 없었다. 러스트 이전에는, 메모리 참조를 풀기 위한 언어 내에 내장된 런타임 기능이나 가비지 컬렉터의 사용 없이 안전한 메모리 관리 모델을 제공하는 언어는 없었다. 위와 같은 기능은 임베디드 시스템의 엄격한 시간 조건에 잘 부합되지 않는다. 이들이 런타임에 그 할당을 할 수 있도록 실행 중 인터럽트가 불가하고 한계가 없는 일시 중지를 발생시키기 때문이다. 러스트의 메모리 관리는 언어의 문법으로 메모리 참조를 컴파일 시간에 해결하기 때문에 안전하다. 게다가, 명시적인 소유자 테크닉을 사용한 각 객체의 수명을 사전에 결정 가능하다. 그러므로 언어 로직상 가비지 컬렉터의 필요성을 제거한다.

Tock의 개발 목적은 러스트의 언어 특성을 사용해 본질적으로 안전한 시스템을 구현하기 위해 최고의 전략을 연구하는 것이다. 이는 안전하지 않은 모드에서의 실행을 허용하는 인스트럭션의 개수를 제한하기 위해, 컨텍스트 스위칭 같은 몇몇 치명적인 연산에 필요한 신뢰성 있는 코드의 양을 제한함으로써 이룰 수 있다. 프로젝트 목적 중 하나는 언어 코어 라이브러리 내에 러스트로 구현된 커널 코어와 언어 기능을 실행하는 데 필요한 모든 신뢰성 있는 코드를 명확히 식별하고 최소화하는 것이다. 이러한 접근 방식은 신뢰할 수 없는 애플리케이션 코드를 실행하는 다목적 임베디드 플랫폼에 유용하다.

▌ 요약

오픈소스 운영체제는 각기 다른 목적 및 사례를 위해 설계됐다. 11장에서는 임베디드 시스템 설계에 더 잘 맞는 이상적인 솔루션을 찾아, 사용 가능한 구현 및 연구 프로젝트 중 일부를 분석했다. 여기에는 프로세스 분리 및 표준 인터페이스로 더 진보적인 전략을 통해 순수하게 성능을 위해 설계된 경량의 RTOS부터, 새로운 프로그래밍 패러다임을 이용한 프로세스 분리를 통해 보안을 재정의하는 노력까지가 포함된다. 대부분의 임베디드 시스템에서 스레드 관리 메커니즘을 통해 나타나는 적은 부하를 갖는 조정된 솔루션이 여전히 선호되지만, 하이엔드 다목적 시스템은 더 복잡한 설계에서도 안정성이 높다는 장점이 있다. 그러나 증가된 안전성은 실시간 프로세스 지연 시간을 증가시키고 성능에 영향을 줄 수 있다. 결론적으로, 더 복잡한 아키텍처는 고급 운영체제의 추가적인 안전성과 호환성 이점이 있지만, 많은 프로젝트가 여전히 실시간 성능을 보장하고 공간을 적게 차지하면서 단순한 플랫 메모리 모델 스케줄러를 사용한다.

찾아보기

에이콘출판의 기틀을 마련하신 故 정완재 선생님 (1935-2004)

임베디드 시스템 아키텍처

사물인터넷을 위한 임베디드 시스템의 기초

발 행 | 2019년 3월 29일

지은이 | 다니엘 라카메라
옮긴이 | 김세영 · 정윤선

펴낸이 | 권 성 준
편집장 | 황 영 주
편 집 | 이 지 은
디자인 | 박 주 란

에이콘출판주식회사
서울특별시 양천구 국회대로 287 (목동)
전화 02-2653-7600, 팩스 02-2653-0433
www.acornpub.co.kr / editor@acornpub.co.kr

한국어판 ⓒ 에이콘출판주식회사, 2019, Printed in Korea.
ISBN 979-11-6175-283-9
ISBN 978-89-6077-210-6 (세트)
http://www.acornpub.co.kr/book/embedded-systems-architecture

이 도서의 국립중앙도서관 출판시도서목록(CIP)은 서지정보유통지원시스템 홈페이지(http://seoji.nl.go.kr)와
국가자료공동목록시스템(http://www.nl.go.kr/kolisnet)에서 이용하실 수 있습니다.(CIP제어번호: CIP2019010626)

책값은 뒤표지에 있습니다.